山鹿素行「中朝事実」を読む

"A soul-stirring reading of 'Chu-cho Jijitsu' results in the biggest engine of the Meiji Restoration"

現代語訳
荒井桂

致知出版社

はじめに

『中朝事実《ちゅうちょうじじつ》』とは、山鹿素行（一六二二〜一六八五年）の著述の中で最も有名なもので、素行の思想学問の集大成とされる著述の名称である。赤穂流謫《るたく》中、四十八歳の時の著作であった。

中朝とは、外朝支那で古来、中華と自称して来たことに鑑み、これと区別するために、日本を中朝と呼称した語である。ところで中華とは、漢民族が、周囲の文化的に遅れた各民族をそれぞれ、東夷、西戎、南蛮、北狄と蔑称し、自らを世界の中央に位置する文化国家であるという意識をもって自称したものであった。このような世界観、自国意識に立つ考え方は、中華思想または華夷思想と呼ばれている。

素行によれば、わが国日本こそ、文化的にも政治的にも中華と呼ばるべき存在であり、そのことは、『日本書紀』・『古語拾遺《こごしゅうい》』・『職原抄《しょくげんしょう》』・『先代旧事本紀《せんだいくじほんぎ》』・『本朝神社考』などの古典に明記されている歴史的事実によって明らかであるとされる。その主張を展開、論証する著述が『中朝事実』に他ならない。同時に、書名の由来でもある。

その『中朝事実』の大きな特色の一つは、応神天皇以前の『日本書紀』などの記述に基づいて、万世一系の皇統の優位性を、易姓革命と征服王朝とを繰り返し、そのたびに王朝の交替する「外朝」の歴史と比較しつつ、論証している点にあり、しかも、その論証が、『易経』の宇宙観や『中庸』の哲学などの、いわば客観的な理論や価値観に基づいている点にあるといわれている。

このように応神天皇以前に焦点を絞り込んだのは、漢籍がわが国に流入し、「漢意《からごころ》」の影響を受けてしまう以前の、より純粋な日本精神を見極めようとしたからである。

その特色の第二は、早熟の天才山鹿素行が、当時のあらゆる学問、学術を悉く究明しようと研鑽に励み、さまざまな精神遍歴を経た後、最終的に到達した「日本学時代」の成果が『中朝事実』という傑作に結実したということであり、広汎にわたる学問によって、日本人としての自覚と誇り、いわば民族的目覚めへの回帰に到達したとする記述である。

今日、激動・激変の国際情勢の中で、国の在り方や国民の意識に思いを致すとき、この『中朝事実』を改めて紐解いてみることは、極めて意義深いことであろう。

なお、本書の構成について触れておきたい。『中朝事実』は、あくまで歴史的事実に基づいて、その所論を展開している。

初めに『日本書紀』などの史書の該当部分を掲げ、これについて山鹿素行が論評を加える『中朝事実』の文章が続き、それを現代の言葉に訳注した「大意」が併記されている。「大意」は、能う限り、『中朝事実』の原文に忠実に訳注しようとしたため、現代の言葉としては、「生硬《せいこう》な」感じをまぬがれなかった。そのような場合は、素行の原文を併せ読んでいただければ有難い。因みに『日本書紀』も『中朝事実』も、原文は漢文であり、本書ではその読み下し文を用いている。

中朝事実自序

恆《つね》に蒼海《さうかい》の窮《きはま》りなきを觀る者は、その大《おほい》なるを知らず。常に原野の畦《かぎり》なきに居る者は、その廣きを識らず。是れ久しうして狃《な》るればなり。豈唯だ海野のみならんや。愚《われ》中華文明の土《くに》に生れて、未だその美なるを知らず。專ら外朝の經典《けいてん》を嗜《たしな》み、嘐嘐《かうく》としてその人物を慕ふ。何ぞその心を放《ほしいまま》にせるや、何ぞその志を喪《うしな》へるや。抑も奇を好むか、將《はたま》た異を尚《たふと》ぶか。夫れ　中國の水土は萬邦に卓爾《たくじ》として、人物は八紘《くわう》に精秀《せいしう》たり。故に　神明の洋洋たる、聖治の緜緜《めんめん》たる、煥乎《くわんこ》たる文物、赫乎《かくこ》たる武德、以て天壤に比すべきなり。

今歲《ことし》謹んで　皇統と武家の實事を紀《しる》さんと欲すれども、睡課《すいくわ》の煩《わづらは》しく、繙閲《はんえつ》の乏しきを奈《いかん》せん。冬十一月小寒の後八日、先づ　皇統の小册を編《あ》み、兒童をしてこれを誦《よ》みてその本《もと》を忘れざらしむ。武家の實紀はその成ること奚《いづ》れの日に在るやを知らず。

寛文第九己酉《つちのととりのとし》除日《おほみそか》の前二、播陽《ばんやう》の謫所《たくしよ》に於て筆を涉《と》る。

〔大意〕

つねに青海原《あおうなばら》のきわまりなく広いのを見ている者は、その広大なことに気付かず、つねに荒野原《あれのはら》のかぎりなく広い中に住む者は、その広がりを意識しない。それは永い間にすっかり慣れしたしんでしまったからである。このことは、海や野原についていえるだけではない。私もまた、中華文明の日本に生まれていながら、その優美なことに気付かず、もっぱら外来の経典を好み、得意になってその聖賢を慕ってきた。何と心をほしいままにしたことか、何と志を失ってしまったことか。まるで奇を好み、異を尚《とうと》ぶようである。

そもそも、中華文明の日本の海も国土も、万国にすぐれ、国民は世界の中の精秀といえる。それゆえに、その精神も洋々としており、聖天子の優れた統治も永続している。その文化も輝くばかりであり、武徳も勢いさかんであって、天地の偉大さにも匹敵するといえよう。

今年、謹んで皇統と武家の歴史を記述したいと考えたが、日常生活のあれこれに煩わされ、読書研究も思うようにできなかった。冬十一月二十四日、皇統の小冊子を編纂して、青少年に読ませ、この国の本を忘れないようにした。一方の武家の実紀、武家事紀が完成を見るのは、いつのことであろうか。

寛文九（一六六九）年十二月二十七日、播州赤穂《あこう》の流謫《るたく》の地にて執筆した。

山鹿素行「中朝事実」を読む　目次

附　録

装幀――川上成夫／編集協力――柏木孝之

・底本は、昭和十五年に岩波書店から出版された『山鹿素行全集思想篇』第十三巻を使用した。
・原文中に出てくる「自《オ》ら」という表記は、〝おのずから〟、「自《ミ》ら」という表記は、〝みずから〟と、読み仮名によって使い分けています。

皇統

天先章

天《あめ》先づ成りて而して地《つち》後に定まる。然して後に神明《かみ》その中に生《あ》れます。國常《くにのとこ》立尊《たちのみこと》と號《まう》す。

（『日本書紀』巻一より）

一書《あるふみ》に曰はく、高天《ノ》原に生《あ》れます神の名《みな》を天御中主尊《あめのみなかぬしのみこと》と曰《まう》す。

謹みて按ずるに、天は氣なり、故に輕く揚る。地は形なり、故に重く凝《こ》る。人[※1]は二氣の精神なり、故にその中に位す。凡そ天地人の生るるや、元《もと》先後なし。（これ）形・氣・神は獨り立つべからざればなり。天地人の成るや、未だ嘗て先後なくんばあらず。（これ）氣倡《いざな》ひ形和し神制すればなり。蓋し草昧屯蒙《さうまいちゆんもう》の間、聖神その中に立ち、悠久《いうきう》にして變ぜず。是れその神を尊びて　國常《くにのとこ》・天中《あめのみなか》と號する所以なり。

夫れ天道は息《や》むなくして高明なり。地道は久遠にして厚博なり。人道は恆久にして疆《かぎり》なきなり。天その中《ちゅう》を得て日月明かに、地その中を得て萬物載《の》り、人その中を得て天地位す。恆と中との義は、萬代の　神聖その　祚《くらゐ》を正したまふ所以なり。　二神の迹は今知るべからずと雖も、竊に幸に　常中の二尊號を聞くを得たり。是れ本朝の治教休明なるの實《じつ》なり。天下の治恆久にして、萬物の情《こころ》以て觀つべし。至誠息むなくして、以てその中を制して、禮乃ち明かなり。政《まつりごと》恆なれば變ぜず、禮行はるれば犯さず。　神聖の知德は萬世の規範なり。

〔大意〕

謹んで考えてみるに、天は気《き》なので軽く揚がり、地は形《けい》なので重く固まっている。人はその天地の精神[※2]なので、その中に位している。そもそも天地人の生成には、もともと先後がないのは、その三者（形・気・神）は共にそれぞれ独立しては存在しえないからである。一方、天地人の形成には、未だかつて先後がなかったことはない。天の気が誘い、地の形が和《わ》し、人の精神が制御するからである。

おそらく、天地創造の始め、万物の分明でないとき、聖神《せいしん》がその中に存立して悠久であり不変であった。そこでその神を尊称して、国常《くにのとこ》とか天中《あめのみなか》と呼んだのである。

だいたい、天の営みは息《や》むことなく高明であり、地の営みは久遠にして厚博である。人の営みも恒久で限りがない。天が中庸を得て日も月も明るく照らし、地がその中庸を得て万物がその上に載っており、人がその中庸を得てその間に存し、天地人、みな処を得て存在している。恒（庸、つね）と中（中正、過不及なし）の意義は、万代にわたって、聖神が、皇統を正されるゆえんである。国常立尊《くにのとこたちのみこと》と天御中主尊《あめのみなかぬしのみこと》の二神のその後は伝わらないが幸なことに、常《ぢゃう》と中《ちゅう》の尊称が伝えられている。これこそ、中朝であるわが国の治教が立派で明らかな実証である。天下の治平が恒久であり、万物の情況をみれば、それがよくわかる。至誠が息むことがなく、中庸が礼という文化として確立している。政は恒久不変であり、礼に依り秩序が保たれている。神聖の常と中（中庸）の美徳こそ、万世の規範となるものに他ならない。

※1…人は二氣の精神なり…人を以て天と地との霊妙なはたらきをする二気が結合して生じたものと考え、精神と呼んだ。精神とは、純粋にして霊妙なはたらきをするものを言う。

※2…天地の精神…人を以て天と地の霊妙なはたらきをする二気が結合して生じたもの、つまり精神であると見なしている。

凡そ神神相生《あひあ》れまして、乾坤《あめつち》の道相參《まじ》りて化《な》る。所以《このゆゑ》にこの男女《をとこをんな》を成す。國《くにの》常立尊《とこたちのみこと》より伊弉諾尊《いざなぎのみこと》・伊弉冊尊《いざなみのみこと》に迄《いた》るまで、これを神世七代《かみよななよ》と謂ふ者なり。

（『日本書紀』巻一より）

謹みて案ずるに、次第の　天神、生生悠久の間、天地の實に因り、以てこの　皇極を建つ。この間、庸愚《ようぐ》の舌頭を容《い》るべからず。

〔大意〕

謹んで考えてみるに、神代七代の神々が相次いで生々する悠久の間、天地の真実に基づいて、国家の根本原則が確立されたのであり、凡庸で愚かな者が口舌を差しはさむ余地などないのである。

伊弉諾尊《いざなぎのみこと》・伊弉册尊《いざなみのみこと》は國中《ノ》の柱《みはしら》を巡《めぐ》りて男女《をとこをんな》の禮を定め、大八洲《おほやしま》及び海川《うなばらかは》山《やま》・草木《くさき》・鳥獸《とりけもの》・魚虫《うをむし》を生みまして、蒼生《おほんたから》の食うて活くべきを致し、養蠶《こかひ》の道を教へたまひ、諸神《もろもろのかみ》たちを生みましてその分《わいだめ》を定め、功《こと》既に至りぬ、德《いきほひ》も亦大《おほい》なり。靈運當遷《あつしれたま》うて寂然《しづか》に長く隱れましき。（『日本書紀』巻一並びに一書より）

謹みて按ずるに、伊弉諾・伊弉册は陰陽唱和《しやうわ》の發語《はつご》なり。二神は陰陽の全く集まるなり。故に以てこの尊號を奉れるなり。蓋し草昧悠久の間、天神生生の後に、二神初めて中國を立てて男女の大倫を正したまふ。男女は陰陽の本にして五倫の始なり。男女ありて後、夫婦・父子・君臣の道立つ。序卦に曰はく、男女ありて然る後に夫婦あり、夫婦ありて然る後に父子あり、父子ありて然る後に君臣あり。二神終に大八洲《おほやしま》を制し、山川を奠《さだ》め河海を導き、禹貢に、高山大川を奠むと。草木は種藝し鳥獸は處を得、人は始めて平土を得て、五穀を播《ま》き桑麻を植ゑ、而して蒼生の衣食居足る。既に足れば教戒なくんばあらず、故に諸〻の神聖に命じ以てその境を有《たも》たしめたまふ。二神の功業は萬世以て左衽《さじん》を免る（所以なり）。丕《おほい》に顯《あきらか》なる哉、丕《おほい》に承くる哉。詩に曰はく、丕に顯なる哉文王の謨《ぼ》、丕に承くる哉武王の烈。

以上は天地生成の義を論ず。謹みて按ずるに、天地は陰陽の大極なり。陰陽は甚だその用を殊にして、互にその根《もと》を交《まじ》ふ。遠くして近く、近くして遠し。その形するところ五《ツ》あり。所謂木火土金水なり。木火は陽にして金水は陰なり。土はその二《ツ》を兼ねて而もその中に位す。陰は必ず陽を含む、故に水の形は柔《やはらか》なり。陽は必ず陰を萌《きざ》す、故に火の用は烈《はげしき》なり。水火は象《ありさま》《すがた》なり、金木は形《かたち》なり。火は氣なり、純《もつぱ》ら昇りて止《や》まず。水は形なり、専ら降りて科《あな》に盈《み》つ。陽の昇るや、陰必ずこれに従ふ。陰の降るや、陽必ずこれに従ふ。故に昇降も亦息《や》むことなし。

夫れ積氣の間、その精秀なるは日月星辰となり、その動静は河漢風雷となりて、雲雨霜雷の用あり。夫れ地は形滓《けいし》の凝《こ》りて以て土となるなり。その積むや、息まずして山岳・丘陵・川河・谷澤を載せて辭《いな》まず。陰陽窮《きはま》りなくして而も經緯あり四時あり、日の長短あり時の寒暑あり、一年一月あり一日一刻あり、二十四節あり七十二候あり、日月の蝕《しょく》あり氣盈朔虚《きえいさくきょ》あり。これ天地互に交《まじ》りて以て千態萬變を爲すなり。人も亦萬物の一に在りて、その精を稟《う》けその中を得たり。その智の靈なるや、これを致《きは》めて通ぜざることなし。その徳の明かなるや、これを盡して感ぜざるなし。故に天地不言の妙を形容し、乾坤幽微の誠を模様し、以て暦象を造り時日を考へ、人物の極を定め萬世の教を建つ。然れば乃ち天地は人倫の大原にして、神聖は天地の性心なり。人君仰ぎて觀、俯して察して、以て上下を正し尊卑を定め、その智を致《きは》めその徳を明かにし、而して后《のち》に天地に參《みつ》たるべし。或は疑ふ、天地に心ありやと。愚謂へらく、既にその形氣あれば未だ嘗てその性心なくんばあらず。天地は息むなきを以て心と爲す、故に消長往來し、終りて復た初まる。神聖は常中を以て心と爲す、故に常に彊《つと》めてその徳を明かにす。是れ天地と　神聖とはその原《もと》を一にする所以なり。

〔大意〕

謹んで考えてみるに、伊弉諾・伊弉册は、最初の陰陽唱和の象徴といえよう。陰陽そのものに他ならず、象徴としてその尊称がある。おそらく、天地創造の始め、万物の分明でない中で、神世七代の最後に、この二神が、中朝の国造りをして、男女の間の礼を正されたのである。男女は陰陽の本であり、人と人との正しい間柄の礼の五つの基本（五倫）の始めとなるものである。男女があって夫婦があり、夫婦があって、父子があり、父子があって、ひいては君臣の道も成立するのである。※3 二神は、終りに大八洲《おほやしま》というわが国の国土を造りあげ、山川、河海などの地形を形成、そこに草木が茂り、鳥獣が住み、人は始めて平土を得て農耕、養蚕を営んで衣食住をすることができるようになった。衣食住が充足すれば人としての教え戒め、つまり礼節がなければならぬ。そこで、諸神たちが、それぞれの分野を担われたのである。二神の功業のお蔭で、万世にわたって外国の侵略を受け、その風俗に従う恐れがなくなったのである。その恩恵は、なんと顕著で永遠なことであろう。

以上は、天地生成の意義を論述している。謹んで考えてみるに、天地は陰陽の根本である。陰陽は、全く役割を殊《こと》にして、その根本が交《まじ》わっている。殊にしていることからいえば遠く、交わっていることからいえば近く、逆もまた真である。陰陽の二気は、木火土金水の五行の形で現われる。木火は陽であり、金水は陰である。土は両者を兼ねて、その中間の存在である。陰は必ず陽を含んでいる。だから水の形は柔であり、陽は必ず陰を萌《きざ》している。そこで火の働きは烈しい。水火は状態であり、金木は形体である。火は気であってもっぱら上昇してやまず、水は形であってもっぱら下降して低いところを満たしゆく。陽の上昇には必ず陰が伴う。陰の下降には必ず陽がついてゆく。だから天地の間昇降の動きが息《や》むことがない。

その陰陽の二気の集積する中でも、精秀なるものは、日月星辰となり、その動静は天の河となり風電となって、雲となり雨となり、霜となり雷の現象・作用をなす。地は形が凝り固まって土となり、その集積により山岳や河川や谷沢を載せて耐えることができる。

陰陽きわまりなく、東西南北の経緯があり、四季はめぐり、日の長短・寒暑がある。年・月・日・時刻の時間が流れ、二十四節や七十二候などに分けられる季節・気候がある。日蝕・月蝕もあれば、満つることも欠けることもある。これらの森羅万象は、天地、陰陽が互いに交わって千態万変の現象をなすのである。人も亦《また》、万物の一つであるが、その精秀なものを稟《う》けて過不足なく中正を得て、その智は霊妙で、すべてに通暁している。その明徳は、すべてを感受してやまない。

そのゆえに、天地不言の妙を形容して把握し、乾坤幽微の真実を理解し模倣して暦象を造り、時日を考え、人物の理想と模範を定めて万世にわたる教えを確立した。だから、天地の様相こそ、人間の倫理の本原であり、神聖は天地の本性であり心である。人君は仰いで天を観、俯して地を察して、これに模して上下を正し尊卑を定め、天稟《てんぴん》の智を極め、天与の徳を明らかにすることによって、初めて天・地・人と三者並び立つことができたのである。

天地に心があるのかと疑う人がいるが、私が考えるには、形気があれば、その性心がなかったことはない。天地は生成化育の営みをやめないことを心としている。だから消長往来し、終始が循環している。神聖は常・中を以て、つまり中庸を以って心としている。そこで常に天稟の徳を明らかにすることにつとめてやまない。これこそ天地と神聖とがその原《もと》は一つである理由に他ならない。※4

※3…素行は易の序卦伝に「天地有りて然る後に万物有り、万物有りて然る後に男女有り、男女有りて然る後に夫婦有り、夫婦有りて然る後に父子有り、父子有りて然る後に君臣有り……」とあるのを踏まえて、このように論じているのであろう。

※4…此の議論は、即ち神が人であり、人が神であることを説くもので、素行独特の哲学である。そして人のほかに神はなく、神のほかに人はない。最初に発生した神は即ち霊智を具えた人である。これが国常立尊であり、その継承者が伊弉諾尊、伊弉册尊である。神代巻に見えた神を以て、みな人であるとした先駆者は、素行であり、新井白石も亦この説を採った。

中國章

天神《あまつかみ》伊《い》弉《ざ》諾尊《なぎのみこと》・伊《い》弉《ざ》册尊《なみのみこと》に謂《かた》りて曰《のたま》はく、豐葦原千五百秋瑞穗《とよあしはらちいほあきのみづほ》の地《くに》あり、宜《よろ》しく汝《いまし》が往《ゆ》いて循《しら》すべしとのたまひて、廼《すなは》ち天瓊戈《あめのとほこ》を賜ふ。瓊は玉なり、ここにはトと云ふ。

(『日本書紀』巻一の一書より)

一書に曰はく、豐葦原千五百秋之瑞穗《ノ》國は、大八洲未だ生《な》らざる以前已《すで》にその名あり、而して形相なし。強ひてその形を字《あざな》して天瓊矛《あめのとほこ》と爲すものなり。大八洲《ノ》國は即ち瓊矛の成れるところ、その中心を號して大日本日高見《おほやまとひたかみ》と曰ふ。大日本と名づくるは大日孁貴《おほひるめのむち》の降靈に由る、故にこの名あり。

謹みて按ずるに、是れ本朝の水土を謂ふの始なり。初め既にこの稱《な》あれば、その水土の美なること議せずして知りぬべし。蓋し豐は庶富の言《いひ》なり。葦原は草昧の稱《な》なり。千五百は衆多の義にして、秋瑞穂は百穀盛熟の意なり。天神の靈は通ぜずといふことなし。故に水土の沃壌、人物の庶富、教化以て施すべきことを知りたまふ。夫れその機を知るの謂か。　二神これに從つて以てその功を遂げたまふ。その繫《かか》るところは全く　天神に在り。懿《おほい》なる哉　本朝開闢の義、悉く　神聖の靈《くしび》に因る。是れ乃ち實に天これを授け人これに與《くみ》するなり。故に皇統は億兆の系あり、終に天壌《あめつち》と窮りなし。

〔大意〕

謹んで考えてみるに、この条《くだ》りは、わが国の国土の最初の論評である。初めにこの美称があるのは、その国土の美しさは、論を俟たないことの明証といえよう。思うに、豊《とよ》は富のゆたかさの表現である。葦原《あしはら》は、草昧（開墾されない以前の状態）の意味であり、千五百《ちいほ》は衆多《しゅうた》つまり数量の多い意味であって、秋瑞穂《あきのみづほ》は百穀盛熟を意味している。天神の霊はすべてに通じている。そこで国土の沃壌《よくじょう》、人物の庶富《しょふ》、人心の教化をすべて施すことを知りたまうのである。これこそ機先を知り勘所《かんどころ》を心得ているとの意味であろうか。二神はこれに従って、その成果を達成された。すべて天神のお蔭で、その恩恵は、何と偉大なことであろう。中朝であるわが国の国づくりの始めは、ことごとく神聖の霊妙なはたらきに因っている。これがとりもなおさず天が授け人が協力することに他ならない。そのゆえに、皇統は永遠であり、天地と同じく無窮なのである。

伊弉諾尊《いざなぎのみこと》・伊弉冊尊《いざなみのみこと》は磤馭盧嶋《おのころじま》を以て國《ノ》中《ちゅう》の柱《みはしら》と爲す。柱、ここにはミハシラと云ふ。**廼《すなは》ち大《おほ》日本《やまと》**日本、ここにはヤマトと云ふ。**豐秋津洲《とよあきつしま》を生み、始めて大八洲國《おほやしまのくに》の號《な》起れり。**邪麻止は又野馬臺、又は邪麻堆、皆同じ。

（『日本書紀』巻一より）

謹みて按ずるに、磤馭盧嶋は自凝《おのころ》の嶋にして、獨立して不倚《ふき》なるを言ふの稱《な》なり。磤馭盧は自凝の辭なり。二神天《ノ》浮橋の上に立ち、天《ノ》瓊矛を以て指下《さしおろ》して探《かきさぐ》りしかば、ここに滄溟《あをうなばら》を獲たまへり。その矛鋒《ほこのさき》より滴瀝《したた》るの潮《しほ》凝りて一の嶋と成るといふ、是れなり。國《ノ》中は中國なり。柱《みはしら》は建てて抜けざるの稱《な》にして、恆久にして變ぜざるなり。大は相對するなく、日は陽の精にして、明かにして惑はざるの稱《な》なり。本は根を深くし蔕《もと》を固むるなり。或は曰はく、大日孁貴の靈降るところの地、故にこの號ありと。豐は盛大の稱《な》にして、秋津はその形を象《かたど》るなり。蜻蛉、ここには秋津と曰ふ。大八洲とはその始め八の洲を生ずればなり。所謂土は陰の精なり、八は陰の極數にして八方を統《す》ぶるの義なり。後世天下を分ちて五畿七道と爲すは乃ち八洲を合するの義なり。蓋し是れ本朝生成の初なり。

凡そ地の洲《しま》あること猶ほ天の星あるがごとし。地は乃ち一陰水の相積みて、その間に洲嶋《しま》の相顯はるるあるなり。天の積氣の裏《うち》に星宿《ほし》音秀の相著《つ》くが如し。その洲或は連續してその域を異にし、或は相獨立してその洲を異にす。本朝は唯《ひと》り洋海に卓爾《たくじ》として天地の精秀を稟《う》け、四時違はず、文明以て隆《さか》えて、皇統終に斷えず。その名實相應ずること幷《あは》せ考ふべし。日本を以て耶麻騰《やまと》と號するは猶ほ山迹《やまあと》と言はんがごとし。上古の人民穴居《けっきょ》野處《やしょ》して易の繫辭に云はく、上古は穴居野處す。專ら山に凭《よ》つて營窟《えいくつ》を爲す。孟子曰はく、下なる者は巣を爲り、上なる者は營窟を爲る。故に人迹《じんせき》山に在り。神武帝東征の日《とき》、その山迹《やまのあと》の多きに因りて、以て州《くに》を建て都邑を設け、乃ち耶麻騰と稱號す。今の倭州《やまとのくに》これなり。これより耶麻止《やまと》を以て天下の通稱と爲す。神武帝は大倭州より起りたまふなり。外國に猶ほ夏・殷・周と稱するがごとし。或は倭國《わこく》と曰ひ、或は倭奴《わど》《わぬ》國《こく》と曰ふは、猶ほ吾國と曰ふがごとし。吾、ここには倭と曰ひ、倭奴と曰ふ。倭の音を以て假り用ふ。外國これを知らず、字義を以て論說す。尤も差謬せり。竊に按ずるに、その耶麻止と稱する者は、神武帝の朝已後史書追つて稱呼するなり。神武帝紀に曰はく、始めて秋津洲の號《な》ありと。然らば乃ち秋津も亦追稱か。

〔大意〕

謹んで考えてみるに、磤馭嶋《おのころじま》は、自凝《おのころ》の嶋の意味で、独立して不倚つまり他に頼らないことを表わす呼称である。二神が天浮橋の上に立ち、天瓊矛《あめのぬぼこ》《あめのとぼこ》を指下《さしおろ》して探ると、そこに滄溟《あをうなばら》を見つけられた。その矛先より滴る潮が凝り固まって一つの嶋ができた。これが磤馭嶋に他ならない。国の中《ちゅう》は中国の意味。柱《みはしら》は建てて抜けざるの表現で、恒久不変を意味している。大は絶対、日は陽の精であって明らかにして惑《まよ》うことのない表現である。本は根を深くして根柢《こんてい》を固める意味である。豊《とよ》は盛大の意味で、秋津《あきつ》は、その形（トンボの形《蜻蛉を、ここで秋津と曰ふ》）をいっている。大八洲とは、その始め八つの洲を生成したからである。いわゆる土は、陰の精であり、八は陰つまり偶数の極数であり八方を統治する意味を有している。まさしく、これが中朝たるわが国の生成の初めであった。だいたい地《ち》に洲《しま》があるのは、ちょうど天に星があるようなものである。地は陰の気の水が集積し、そしてその間に洲嶋《しま》が顕現する現象は、天の陽の気の集積の中に、星座が顕われるようなものである。その洲は、或いは連続してその域を異にしており、或いは相独立してその州を異にしている。中朝であるわが国は、唯《ひと》り洋海の中に卓爾《たくじ》（高くすぐれて）として、天地の清秀を稟《う》け、四季は正確にめぐり、文明も興隆して、皇統も永久《とこしえ》に断えることなく、その名実共に相応していることも併せて考えるべきである。

日本を耶麻騰《やまと》と呼ぶのは、ちょうど山迹《やまあと》と言うのと同じである。

わが国上古の人民は、穴居野処し、もっぱら山によって住居を営んできた。このため、人の住居は山にあったのである。神武天皇東征の頃、山の住居が多かったので、そこに建国し都邑を設け、耶麻騰と名づけたのである。今日の倭州《やまとのくに》がこれにほかならない。それ以来耶麻止《やまと》を以て、国全体の通称としたのである。或いは倭国《わこく》といい、倭奴国《わどこく》というのは、吾国というのと同じである。私見では、耶麻止という呼び名は、神武天皇以後、歴代の歴史書が継承して呼称したと考えられる。

皇祖高皇産靈尊《みおやたかみむすびのみこと》遂に皇孫天津彦彦火瓊瓊杵尊《すめみまあまつひこひこほのににぎのみこと》を立てて、以て葦原中國《あしはらのなかつくに》の主《きみ》と爲《せ》んと欲《おほ》す。

（『日本書紀』巻二より）

謹みて按ずるに、是れ　本朝を以て中國と爲《す》るの謂《いひ》なり。これより先き　天照大神天上《あめのうへ》に在《ましま》して曰《のたま》はく、葦原《ノ》中《ツ》國に保食神《うけもちのかみ》ありと聞くと。然らば乃ち中國の稱《な》は往古《いにしへ》より既にこれあるなり。凡そ人物の生成は一日も未だ曾て水土に襲《よ》らずんばあらず。故に平易の土《くに》に生成する者は、平易の氣を稟けて性情自《オ》ら平易なり。險難の土《くに》に生成する者は、嶮難の氣を稟けて性情危険に堪ふ。豈唯だ人のみならんや。鳥獸草木も亦然り。是れ五方の民皆性ありてその俗を異にする所以なり。王制に云はく、中國戎夷五方の民皆性有り、推し移すべからず。又曰はく、廣谷大川は制を異にするなり、民その間に生ずる者は俗を異にす。蓋し中に天の中あり、地の中あり、水土人物の中あり、時宜《じぎ》の中あり。故に外朝に土《くに》の中に服《つ》くの說あり。召誥に、自ら土の中に服くと。迦維《かゐ》に天地の中なりの言あり。瑞應經に云はく、天竺の迦維羅衞國は天地の中なり。耶蘇《ぜす》も亦天の中を得と曰ふ。愚《われ》按ずるに、天地の運《めぐ》るところ、四時の交《かは》るところ、その中を得れば、風雨寒暑の會《くわい》偏ならず。故に水土沃《よく》して人物精《くは》し。是れ乃ち中國と稱すべし。萬邦の衆《おほ》き、唯《ひと》り　本朝及び外朝その中を得て、本朝の　神代既に　天御中主尊《あめのみなかぬしのみこと》あり、二　神《ふたはしらのおほんかみ》は國《ノ》中の柱《みはしら》を建つ。則ち本朝の中國たるや、天地自然の勢なり。神神相生《う》み、聖皇連綿し、文武事物の精秀、實に以て相應ず。是れ豈誣《し》ひてこれを稱せんや。

〔大意〕

謹んで考えてみるに、これが、わが国をもって中国とする理由である。これに先だち、天照大神が、高天原に在《まし》まして、葦原中国《あしはらのなかつくに》に保食神《うけもちのかみ》ありと曰《のたま》われた。とすれば、中国の呼称は往古から既に存在したことになる。

そもそも人と物の生成は、一日も水土に依らないことはありえない。そこで平易の土地に生成する者は、平易の気を稟《う》けて、その性情ともに自《おのずか》ら平易となる。険難の土地に生成する者は、峻難の気を稟けて、その性情ともに危険に堪える。このことは、唯、人ばかりではない。鳥獣草木も亦《また》、同様である。これこそ各地方の民がみなそれぞれの性質があり、民俗があるゆえんにほかならない。

思うに、中《ちゅう》には、天の中、地の中、水土人物の中があり、時宜の中がある。そのゆえに支那には、土の中に従うという説がある。釈迦の生まれた印度は天地の中であるという説がある。耶蘇も亦、天の中を得ているといわれる。愚考してみると、天地の展開するところ、四季の回るところ、その中を得れば、風雨寒暑の気候もかたよることなく、そのため、水土は肥沃で、人も物もすぐれ、このような国こそ、中国ということができよう。世界の多くの国々の中で、ただ、わが国と支那とが中を得て、わが国の神代に既に、天御中主尊あり、二神は、国中の柱を建てた。このことはとりもなおさず、わが国が中国であることが、天地自然の勢いであることの証しである。神代七代以来、皇統が連続として、文武の事物がそれぞれ精秀であることが実によく相応している。どうして在りもしないことを在るように誣《いつわ》る必要があるだろうか。

神武帝神代《かみよ》の迹を繼ぎて、日向ノ國宮崎ノ宮に都《みやこ》したまうて曰《のたま》はく、東に美地《よきくに》あり、青山四《よも》に周《めぐ》れり。彼《そ》の地《くに》は必ず以て天業《あまつひつぎ》を恢弘《ひろめのべ》て、天下《あめのした》に光宅《みちを》るに足りぬべし。蓋し六合《くに》の中心《もなか》かと。遂に東を征《う》ちたまうて、初めて中州《なかつくに》を平《む》けて、大倭國《やまとのくに》畝傍山《うねびやま》の東南《たつみのすみ》、橿原《かしはら》の地《ところ》を觀て、帝宅《みやこ》を經《つく》り始む。

（『神皇正統記』及び『職原鈔』、『日本書紀』巻三より）

謹みて按ずるに、運《よ》は鴻荒《あらき》に屬《あ》ひ、時は草昧《くらき》に鍾《あた》れり。蛇龍鳥虫はその處を得、異人は疆《さかひ》を分けて陵《しの》ぎ礫《きし》ろふ。唯この西邊以て治むべし。故に　天孫先づここに降《あまくだ》りて多《さは》に年を歴て、以て　正《ただしきみち》を養ひたまふ。　神武帝に逮《およ》びて　王澤既に霑《うるほ》ひ、當に天業《あまつひつぎ》を恢弘《ひろめの》べ、天下ノに光宅《みちを》るに足る。故にこの東征ありて、始めて中州《なかつくに》の實を攄《おしひろ》む。蓋し西は金にして、東は木なり。西より東に及ぶは征伐の相克《さうこく》なり。東より西に及ぶは化育の相生なり。左旋右行は乃ち天地日月五行の道にして、至誠息むことなきなり。聖皇の征治は乾坤《あめつち》以て法《のつと》るべし。或は疑ふ、二《ふたはしらの》神は磤馭盧嶋を以て國中《ノ》の柱《みはしら》と爲し、廼《すなは》ち大日本を生みたまふ。然らば乃ち 天孫《あめみま》の降《あまくだ》りたまふこと、何ぞ西の偏《ほとり》に在りやと。愚竊に謂《おも》へらく、是れ末季《まつき》の俗意《いやしきこころ》を以て上古の 靈神を量る、甚だ意見臆説に渉《わた》るなり。神聖の道は悠久にしてその功成る。先づその易《やすき》に因りてその極を建て、その過化を考へて、而もその業《わざ》を洪《ひろ》む。故にその成るや久しく、その根本や固し。實に萬世不拔の大基にして、博厚は地に配し高明は天に配し悠久疆《きはまり》なきなり。 二神國中《ノ》の柱と爲《す》るものは、大日本《おほやまと》の中州と爲すべき所以の言なり。二神の聖、既に萬世を鑑《かんが》みて、この洲《くに》を以て中國と爲し、天孫を以てこの洲《くに》に主《きみ》たらしむ。その天鑒《てんかん》巍巍《ぎぎ》たる哉。

〔大意〕

謹んで考えてみるに、世運は大変荒れた状況であり、時勢は万物が分明されず草昧な時にあたっていた。その中で蛇龍鳥虫ばかりが、得たりとばかりはびこり、あやしい土蜘蛛のような土着の人種が分立して、陵《しの》ぎ合い競い合っている。このような状況と時勢を、西辺だけでも平定せねばならぬ。そのために、天孫が先ずこの地に降臨し、年月をかけて、正道を養成したまうたのである。神武天皇の時に至って、王道の恩恵がしみわたって、天孫による統治が浸透し定着したので、東征が実施され、始めて中朝たる実績を拡張することができた。まさしく五行では西は金であり東は木である。五行の相克説では、金は木に克つ、つまり、西が東に克つのが自然の成り行きである。この逆は、五行相生説でいう化育の動きである。天は左より旋り、地は右に行くのは、天地日月五行の道であって、この原則・法則は全く正確である。天皇の征服統治は、天地自然の法則にのっとって進推されねばならない。二神は磤馭盧嶋を以て国中の柱とされ、大日本をお生みになられた。とすれば、天孫の降臨が、なぜ、その西の辺境だったのだと疑念が湧く。私見では世の末の俗意でもって霊神の心を邪推した甚だ臆説ということになる。神聖の道は、悠久（悠遠・長久）で、成果が達成される。先ず為し易いことを為し遂げて、大本を建立し、次第に感化生育しつつ、難きに及ぶ。だから、一たび成功すれば、永続し、その根本が確固とす。これこそ万世にわたって揺らぐことのない大基であって、神聖の道の博厚なることは、地の博厚に、高明なることは、天の高明に当たり、悠久で限界がないのである。

二神が国中の柱とされたのは、大日本の中州となすべきゆえんをいわれたのである。二神の聖徳（徳と才を極める）は、永遠に万世を展望配慮されて、この洲《くに》を以て中国とされ、天孫を以てこの国の統治者としたのである。天神の鑑定は、何と偉大なことであろうか。

神武帝の三十有一年《みそぢあまりひととせのとし》、夏四月乙酉朔《きのととりついたちのひ》、皇輿巡幸《すめらみことめぐりいでま》す。因りて腋上嗛間丘《わきのかみのほほまのをか》に登《のぼ》りまして、國狀《くにのさま》を廻望《めぐらしおほ》せて曰《のたま》はく、妍哉乎國之獲《あなにゑやくにみのえ》つ。妍哉、ここにはアナニヱヤと云ふ。内木綿《うつゆふ》の眞迮國《まさきくに》と雖も、蜻蛉《あきつ》の臀呫《となめ》せるごとくしあるか。これに由《よ》りて始めて秋津洲《あきつしま》の號《な》あり。昔伊弉諾尊はこの國を目《なづ》けて曰《のたま》はく、日本《やまと》は浦安國《うらやすのくに》、細戈千足國《ほそほこのちたるくに》、磯輪上秀眞國《しわかみほつまくに》と。秀眞國、ここにはホツマクニと云ふ。復た大己貴《おほなむちの》大神は目《なづ》けて曰《のたま》はく、玉牆内國《たまがきのうちつくに》と。饒速日命《にぎはやひのみこと》の天磐船《あめのいはぶね》に乗りて太虚《おほぞら》を翔《め》行《ぐ》りて、この郷《くに》を睨《おせ》るに至るに及びて降《あまくだ》りたまふ。故《か》れ因りて目《なづ》けて、虚空見日本國《そらみつやまとのくに》と曰ふ。

（『日本書紀』巻三より）

謹みて按ずるに、本朝の地形は廣《にしひがし》に東西を廣と曰ふ。長く袤《きたみなみ》に南北を袤と曰ふ。短し。西上東下皆豐大なり。

艮位《こんゐ》を背にして離明《りめい》に嚮《むか》ふ。蜻蛉《あきつ》の臀呫《となめ》せるに象《かたど》り、洋海四方を廻《めぐ》る。唯《ひと》り西方少《しば》らく外域の船《ふね》を寄すべし、而も襲來の畏れなし。故に浦安國《うらやすのくに》、玉墻內國《たまがきのうちつくに》と稱す。これ內木綿之眞迮《うつゆふのまさき》國《くに》なり。その形弋の如くにして品物《ひんぶつ》備はらざることなく、尤も秀精の地《くに》なり。故に細戈千足國《ほそほこのちたるくに》、磯輪上秀眞國《しわかみほつまくに》と曰ふ。

帝の曰《のたま》はく、妍哉乎國之獲《あなにゑやくにみのえ》つと。噫《ああ》、大なる哉。蓋し國の地に在ること枚擧すべからず。而してその文物、古今の稱するところは外朝を以て宗《もと》と爲し、日本・朝鮮これに次げりと（云ふものあり）。愚竊に考へ惟《おもんみ》るに、四海の間、唯だ　本朝は外朝と共に天地の精秀を得て、神聖その機を一にす。而れども外朝も亦　未だ本朝の秀眞なるに如《し》かざるなり。凡そ外朝はその封疆太《はなは》だ廣くして四夷に連續し、封域の要なし、故に藩屛の屯戍《とんじゆ》甚だ多くして、その約を守ることを得ず。失《しつ》これ一なり。近く四夷に迫る、故に長城要塞の固《かため》世世人民を勞す。失これ二なり。守戍の徒或は狄に通じて難を構へ、或は狄に奔りてその情を泄《もら》す。失これ三なり。匈奴・契丹・北虜その釁《すき》を窺ふこと易《やす》くして、數〻《しば〱》以て劫奪《かうだつ》せらる。その失四なり。終にその國を削りその姓を易《か》へて天下衽《えり》を左にす。大失その五なり。況や河海の遠くして、魚蝦《ぎよか》の美、運轉の利給《た》らず、故に人物も亦その俗を異にす。牛羊を啖《くら》ひ、毳裘《ぜいきう》を衣《き》、榻床《たふしやう》に坐するが如き、以てこれを見るべきなり。況や朝鮮の蕞爾《さいじ》たるをや。獨り　本朝は天の正道に中《あた》り地の中國を得《え》、南面の位を正しうして北陰の險を背にす。上西下東、前に數洲を擁して河海を利し、後は絶峭《ぜつせう》に據りて大洋に望み、毎州悉く運漕の用あり。故に四海の廣きも猶ほ一家の約《つづまやか》なるがごとく、萬國の化育は天地の正位を同じうして、竟に長城の勞《つかれ》なく、戎狄の膺《うつこと》なし。況や鳥獸の美、林木の材、布縷《ふる》《ぬのいと》の巧《たくみ》、金木の工、備へずといふことなし。聖神稱美の嘆、豈虚ならんや。

昔大元の世宗は外朝を奪つて、その勢に乘じ　本朝を撃ち、大兵悉く敗れて彼の地《くに》に歸る者僅に三人のみ。その後元の主數〻窺つて我が藩籬《はんり》《かきね》をも侵すを得ず。況や朝鮮・新羅・百濟は皆　本朝の藩臣たるをや。　聖神大虚《おほぞら》に翔行《しやうかう》してこの郷《くに》を睨《み》て降りたまふこと、最も宜なる哉。後漢書に曰はく、大倭王は邪麻堆に居ると。唐の東夷傳に曰はく、日本は古の倭奴なりと。是れ皆商賈販人の言に因りてその事を記す。故に以て證とするに足らざるなり。　○以上、本朝の水土を論ず。

〔大意〕

謹んで考えてみるに、わが国の地形は、東西に長く、南北に短い。西に上っても東に下っても、みな豊大である。西北を背にして明朗の東南に向いている、蜻蛉（とんぼ）が自分の尾をなめている形象をしており、洋海が四方を廻っている。僅かに西方に外国の船が寄航できるだけであり、襲来の心配はない。その故に、浦安国《うらやすのくに》、玉墻《たまがきの》内国《うちつくに》と呼ばれているのである。これまさに、※5内木綿之真迮国《うつゆふのまさきくに》に他ならない。その形は、戈の形に似て、さまざまの物品が、備わりととのっていて、尤《もっと》も秀精の地《くに》である。その形だから※6細戈《ほそほこの》《くはしほこの》千《ち》足国《たるくに》、磯輪上秀真国《しわかみほつまくに》とも称されるのである。物資は皆備わっていて尤も秀精の地《くに》なので、細戈《ほそほこの》《(くわし)》千《ち》足国《たるくに》、磯輪上秀真国《しわかみほつまくに》というのである。

神武天皇も、何と美しい国を見つけ得たのかとのたまわれた。ああ何と偉大なことであろう。おそらく全国土に存在する物事は、いちいち挙げては数えきれないほどだろう。こうして、その文物について昔からいわれてきたところは、外朝たる支那を第一として、日本、朝鮮がこれに次いできたということであった。

しかし私がひそかに考え思いみるに、世界中で唯中朝たるわが国のみ、外朝支那と共に天地の精秀を得て、それぞれの神聖が、機を一にしている。とはいっても、その外朝もまた、わが国の秀真なことには及ばないのだ。

だいたい、外朝支那は、その領域が広大で、四方の夷・戎・蛮・狄の異民族に接続していて領域の要《かなめ》がない。そのため、国を守る駐屯兵が甚だ多く、国の統一を守ることができない。これが外朝の本朝に及ばない失、欠点の一つである。近隣の異民族の侵入の危惧があり、そのため長城や要塞の土木事業に、いつの時代も、人民を労してきた。これがその二である。国境守備兵が、時には異民族に通じて事変を起こし、時には、異民族の国に逃亡して機密を洩らす。これがその三である。匈奴・契丹・北虜が、国境守備の隙をうかがいやすく、しばしば侵入掠奪される。これがその四である。そして終にその国土が征服され、王朝が変わり、異民族の風俗に変えられてしまう。これが、その五で最大の失である。ましてや、河海が遠くて水産物の供給も交通の便もくるしく、そのため地方ごとに人も物も俗を異にしている。牛や羊を食べ、毛皮を着て、長椅子にこしかけることのようなことからそれがよくわかる。いわんや朝鮮の国の小さいことからなおさらよくわかる。ひとり、中朝たるわが国のみ、天の正道に中《あた》り、地の中国を得て、南面して君主の位を正しくすることができ、北の山陰の天険を背にしている。東西の交通も、前にはいくつかの洲を擁《よう》して、河海の水運の便にめぐまれ、背後はけわしい地形に守られ、太洋に面して、州ごとにみな、運漕の便がある。このため、国土が広くても、一家が親密なように統一が保たれて、国中の生成化育は、天地の正位を同一にして、結局、外朝のような長城の労苦なく、異民族の防衛戦も不必要である。そのうえ鳥獣の美、林木の材、織物の技術、金土木工の技術、ともに皆、備わっていないものはない。聖神のこの国のすばらしさをたたえることばがどうして虚言であろうか。昔、蒙古のフビライ汗は、外朝支那を征服した勢いに乗じて本朝を攻撃したが、大兵が皆敗北して彼の地に帰れたのは、僅に三人のみであった。その後の君主も、しばしばわが国境を窺《うかが》ったがわが国を侵略できなかった。ましてや朝鮮・新羅・百済は本朝の藩臣に過ぎないのだ。饒速日命《にぎはやひのみこと》が、大空を翔行して見おろし、この国に降りられたのは、まことにもっともなことである。

※5…内木綿之真迮国《うつゆふのまさきくに》…うつゆふの（虚木綿の）は枕詞で、「隠《こも》る」「まさき」「まさきく（真幸く）」に係る。

※6…細戈千足国《ほそほこのちたるくに》…普通は、クハシホコノと読んでいる。

崇神帝の十年七月、群卿《まへつきみだち》を選びて四方《よも》に遣はす。同年十月、四道将軍《よものみちのいくさのきみたち》に命ずるに、戎夷《ひな》を平《む》くるの状《あるかたち》を以てす。

（『日本書紀』巻五より）

謹みて按ずるに、是れ　中國を四道に分つの始なり。この時、王化未だ習はず、故にこの命あり。

〔大意〕

謹んで考えてみるに、これは、中朝たるわが国を四道に区分した始めであった。この時には未だ、皇朝の影響力が地方にまで行き渡っておらず、従ってこの四道将軍の任命がなされたのである。

成務帝の五年秋九月、山河を隔《さか》ひて國縣《くにあがた》を分ち、阡《たたさのみち》陌《よこさのみち》に随つて以て邑里《むら》を定む。因りて以て東西を日縱《ひたたし》と爲し、南北を日横《ひよこし》と爲し、山陽《やまのみなみ》を影面《かげも》と曰ひ、山陰《やまのきた》を背面《そとも》と曰ふ。ここを以て百姓《おほんたから》安居して天下事なし。（『日本書紀』巻七より）

謹みて按ずるに、是れ　中國國の境を分ち諸道を定むるの始なり。蓋し　景行帝の五十五年、彦狭嶋王《ひこさしまのおほきみ》を以て東山道《あづまのやまのみち》十五國の都督《かみ》に拜《ま》けたまふ。則ち東山道等の名既に前朝に在るなり。崇峻帝の二年、東山・北陸・東海の觀察使あり、この時或は七道に定むるか。孝徳帝新式を定むるに及びて、始めて五畿七道の制あり。○孝徳帝の二年、改新の詔を宣ひて、初めて京師畿内郡里の田段を修む、云々。

凡そ村里は以て縣に統べ、縣は以て郡に統べ、郡は以て國に統べ、國は以て道に統ぶ。是れ一より十に迄《いた》り、十より一に歸す。猶ほ身の臂を使ひ臂の指を使つて、一元氣の四支百骸を周還するがごとし。故に　天下の大、四海の遠《とほき》、　王化の通ぜずといふことなく、正朔を受けずと云ふことなきなり。　王畿は七道のこれを宗《もと》とする所以なり。畿内は　王室の小天下なり。畿内の制明かなるときは、七道風に随ひて正し。是れ乃ち北辰のその所に居て衆星のこれに共《むか》ふなり。　聖帝は水土の制を詳にして、百姓安居し天下無事なり。萬世これに因りて以て損益す。　帝の功亦大ならずや。以上、道境を分つの始を論ず。

〔大意〕

謹んで考えてみるに、これは、中朝たるわが国を区分して諸道を定めた始めであった。思うに、景行天皇の五十五年、彦狭嶋王《ひこさしまのおおきみ》を以て東山道《あづまのやまのみち》十五国の都督に任命された。これはとりもなおさず、東山道などの名称が、既に前朝にあったということである。

そもそも、村里は県に統合し、県は郡に、郡は国に、国は道に統合している。これは、地方と全国とが一体となっていることが、体が臂《ひじ》を使い、臂が指を使って、一つの元気が手足全身にめぐりわたるようなものである。そのため、天下が広く、四海が遠くても、皇朝の影響力が及ばないことはなく、統治が至らないことはない。畿内は、地方七道の模範とされる理由である。畿内は皇室の小天下であり、その制度が明確であれば、七道は、そのやり方を見習って制度を正してゆく。これすなわち北極星を中心にして衆星がこれをめぐって運行するようなものである。天子は地方制度を詳細に定めて、人民は安居し天下は無事となる。以後万世にわたり、これを基準にして加減調整していけば十分なのである。成務天皇の功績は何とまた偉大なことではなかろうか。

神武帝東征の己未年《つちのとひつじのとし》、令《のり》を下《くだ》して曰《のたま》はく、當《まさ》に山林を披《ひら》き拂《はら》ひ宮室を經營《をさめつく》りて、恭んで寶位《たかみくらゐ》に臨んで以て元元《おほむたから》を鎭《しず》むべし。上は則ち乾靈《あめのかみ》國を授けたまふの徳に答へ、下は則ち皇孫正《すめみまただしき》を養ひたまふの心を弘めん。然して後に六合《くにのうち》を兼ねて以て都を開き、八紘《あめのした》を掩《おほ》ひて宇《いへ》と爲さんこと、亦可《よ》からずや。觀れば夫《か》の畝傍山《うねびやま》畝傍山、ここにはウネビヤマと云ふ。**の東南《たつみのすみ》橿原《かしはら》の地《ところ》は、蓋し國の墺區《もなか》か。治《みやこつく》るべし。即ち有司《つかさ〳〵》に命《おほ》せて帝都《みやこ》を經《つく》り始む。**

（『日本書紀』巻三より）

先人曰はく、帝神代の蹤《あと》を繼ぎ、日向《ノ》國宮崎《ノ》宮に都したまふ。

謹みて按ずるに、是れ　中州營都の初なり。墺區《もなか》は猶ほ最中と言ふがごとし。墺は四方の土の居るべきなり。區は物の止まり藏るべきなり。蓋し　帝天下の蒼生を平章するを以て大任と爲したまうて、天帝授命の重きを守り、天孫悠久の業を開くことを深く思ひ切に謀りたまひ、遂に東征して以て　中州を制し、始めて都宮の地を議し、後世の規《のり》を建て、以て　祚《そ》《くらゐ》を萬萬世に永くす。この後國勢富庶《ふしょ》、人物日に盛にして、代代遷都あり。　元明帝に至りて都を平城《なら》に遷して、以て七代の　聖風を揚ぐ。終に　桓武帝、先聖の成烈を篤くし億民の止《とど》まるところを安くし、天の休《きう》を敬ひ人の順《じゅん》を致さんと欲《おぼ》して、詔して達《あまね》く新都の地を視たまふ。洛誥に曰はく、前人の成烈を篤くす。敢へて天の休を敬せずんばあらず。又曰はく、召誥に云はく、達く新邑の營を觀る。惟《こ》れ土《くに》以て中《ちゅう》し、惟れト《ぼく》以て食《は》み、惟れ民以て與《くみ》す。故に大いに庶官《もろく》に命じて以て土《くに》の中《ちゅう》に服《つ》き、都を山州平安城に遷し、明德を萬億世に振ひたまふ。桓武延暦十二年正月、藤小黑・紀古佐美及び沙門賢璟に詔して、帝城の地を相《み》せしむ。同十三年冬十月廿三日南京より北京に遷る。是れ乃ち　神武帝の墺區《もなか》の實なり。

古人云はく、遷都の君は皆復た振はずと。蘇軾云はく、後世遷都の數君は、皆復た振はずして亡國の徵ありと。中州の遷都は豈それ然らんや。夷狄の害を違《さ》くるにあらず、盗劫の難を畏るるにあらず、唯だ富庶世《よよ》充ちて土壤《とち》給《た》らず、故に遷都して日に振ひ、國勢彌《いよ》〻張れり。夫れ京師が四方の極たることは、猶ほ紫宮の周天の極たるがごときなり。その都邑を選ぶことはその中《ちゅう》にあらざれば、乃ちその實を得ず。所謂中は精秀の義なり。天地以て位し、四時違はず、陰陽惟《こ》れ中し、寒暑過たず、人民以て止まり、萬物以て聚まり、禮義惟れ立ち、武徳以て行はる。而して後に墺區《もなか》と稱すべく、土中と謂ふべし。

本朝は始より中柱《なかのみはしら》・中國《なかつくに》の號《な》あり。況や　神武帝中州を制し墺區《もなか》に都するをや。共に皆その精秀を得たり。平安城に及びては、選の極、中の至り、一に　神聖國を立つるの道に歸す。故に時序《じじょ》正しくして寒暑過たず、土壌膏沃《かうよく》にして人物文章あり。中州・中華の名實相齊《ひと》しく、建都の制大いに備はる。是れ乃ち墺區《もなか》の生成なり。以上都邑を建つるの始。

〔大意〕

謹んで考えてみるに、これは、中朝の帝都造営の最初である。墺區《もなか》とあるのは、ちょうど最中というようなものである。思うに神武天皇は、天下の人民をみな安んじて平にし、それぞれの分を守って形に明らかにさせること、つまり礼を行わせることを天子の任務としたまうて、天帝のその授命の重任を守り、天孫長久の事業を展開しようと、深く思い、切に謀りたまい、遂に東征して以て、中州を制し、始めて都宮の地を議《ぎ》し、後世の規範を確立して、以て皇統を万世に永続せしめたのである。

この後、国勢は富みさかえ、人も物も日に日に盛んとなって、代々、都を遷し、元明天皇の御代に至って平城京に都し、七代の天皇が統治された。終に、桓武天皇は、先聖の成し遂げた功績を重んじて、人民の安定と天の下した美命を敬い、人民が従順するよう欲して、全国的に新都の地を調べさせたまうた。国土の中央、占卜も協《かな》い、民も参同したので、庶官に命じて、土《くに》の中に従い、都を山城国平安京に遷し、明徳を万億世に振るいたまうたのである。これこそとりも直さず、神武天皇の墺區の具体化に他ならない。

蘇軾《そしょく》の言に、遷都した君主はみな不振で、亡国の徴候ありとあるが、中朝たるわが国の遷都には、そんなことはないのだ。それは、異民族の侵入の害を避けるためでもなく、盗却の難を恐れるためでもない。わが国のそれは、時につれて代々、富と人が増し、以前の都では狭くなって、遷都したのであるから、広い都に遷って日に日に発展し、国勢もいよいよ拡張したのである。

そもそも、京師つまり都周辺が、地方の極、つまり中央であり、模範であることは、天帝が在《おわし》ます紫宮が周天の極であるのと同じである。そこで都邑を選ぶには、その国の中《ちゅう》でなくては、その名実に適わない。いわゆる中は、精秀の意味である。それによって天地が処を得て安定し、四季も正確にめぐり、陰陽共に中し、寒暑も狂わず、したがって、そこには万物が集まり、文化や礼儀もととのい、武徳も振るい得る。そのような土地こそ、壌區と称することができて土地の中と謂うことができるのである。
中朝であるわが国には、始めから、中柱《なかのみはしら》・中国《なかつくに》の名称があり、まして神武天皇が国土を平定し壌區に都したのである。名も実も皆、中の精秀を得ているといえる。
平安京への遷都に及んでは、選地の極、中の至りであり、ひとえに、神聖が建国したまう主旨に徹している。それゆえに、時の流れ季節の動きも順調であり、土壌も肥沃で人物も文化も栄え、中州・中華の名実共にととのい、建都の制度が完備した。これこそ、壌區の実現・具体化といえよう。

伊弉諾尊《いざなぎのみこと》・伊弉冊尊《いざなみのみこと》は磤馭盧嶋《おのころじま》に降居《あまくだりま》して、八尋《やひろ》の殿《との》を化作《みた》つ。又天柱《あまのみはしら》を化竪《みた》つ。

(『日本書紀』巻一より)

謹みて按ずるに、是れ天神宮殿《てんしんきゅうでん》の始なり。今その制は言ふべからず。八は四方四隅の数にして、天は人物の法《のり》とするところなり。能くその實を詳《つまびらか》にせば、萬世の規制又ここに始まらん。

〔大意〕

謹んで考えてみるに、これは天神の宮殿の始まりである。その制度は不詳であるが、八は、四方四隅を意味する数で、人は天を模範とするところであるから、天神の制度の実際を詳《つまびらか》にすれば、万世の規範は、ここから始まってゆくであろう。

神武帝の辛酉《かのととりのとし》、畝傍《うねび》の橿原《かしはら》に、底磐之根《したついはね》に宮柱《みやばしら》太《ふと》しき立て、高天之原《たかまのはら》に搏《ち》風峻峙《ぎたかし》りて。

（『日本書紀』巻三より）

一書に曰はく、神武帝、都を橿原に建て、帝宅《おほみや》を經營《つく》る。仍つて天富命《あまとみのみこと》（太玉命の孫。）をして手置帆《たおきほ》負《おひ》・彦狭知《ひこさしり》二神《ふたはしらのかみ》の孫《みこ》を率ゐて、齋斧《いんをの》・齋鉏《いんすき》を以て、始めて山の材《き》を採り正殿《みあらか》を構立《つくりた》つ。所謂底都磐根《したついはね》に宮柱ふとしき立て、高天の原に搏風《ちぎ》高しり、排《おほとおしひら》きて皇孫命《すめみまのみこと》の美豆《みづ》の御殿《みあらか》を造り奉仕《まつ》れり。故にその裔《はつこ》今に紀伊ノ國ノ名草ノ郡御木《みき》・麁香《あらか》の二の郷《さと》にあり。古語に正殿はこれを麁香と謂ふ。材《き》を採る齋《いん》部《べ》の居るところはこれを御木と謂ひ、殿《みや》を造る齋部の居るところはこれを麁香と謂ふ。

謹みて按ずるに、是れ　人皇宮殿の始なり。この時荒濛《くわうもう》の世を去ること未だ遠からず、唯だ正殿を構へて以て神代の天柱に象《かたど》り、萬世の洪基《こうき》を始むるなり。凡そ宮は室なり、殿は堂の高大にして屋の嚴正なるなり。人必ず居あり、居あるときは未だ嘗て宮殿なくんばあらず。況や人君をや、況や　帝居をや。既に宮殿あるときは制度なくんばあらず。故に經始の營《いとなみ》は上《かみ》天の時を正して以て文明を象《かたど》り、下《しも》水土に隨つて以て豐約を量り、中《ちゅう》百世を考へて以て聖賢を模《も》し、樸《ぼく》にあらず斲《たく》にあらず、泰《おごり》を去り甚しきを去り、折中して以て當時に儀形し萬代に垂示す。是れ乃ち　天神天柱の實か。蓋し中州代々の經營は、專ら簡樸にして力を溝《こう》洫《きょく》に盡し、唯だ大極殿・大安殿の名あり、是れ乃ち宮殿なり。大極殿は以て朝に臨み、大安殿は以て群臣を宴す。是れ宮と殿となり。○魏の青龍二年、大極殿を起す。晉より以降正殿は皆これを名とす。本朝　桓武帝大內營作の後は、八省院の正殿を大極殿と曰ひ、又最大殿とも曰ふ。八省院は朝堂殿と號し、天子朝に臨み、位に卽き、諸司朝に告ぐるの所なり。桓武帝は都を平安城に遷して　先王を牢籠し、異域を鑒察して大いに規模を張る。新門を造り新宮を營み、その門に名《なづ》けて金榜《きんぼう》《きんのふだ》を題し、釋弘法・橘逸勢・野道風・藤行成、その字を書す。その殿に名《なづ》くるに嘉言を以てす。前殿を紫宸と曰ひ、その制外朝の明堂に肖《の》れり。乃ち萬國を饗し諸侯を朝するの所なり、秦漢には前殿と曰ひ、周には明堂（又は）路寢と曰ひ、帝居を以て天の紫宮に象るなり。又南殿と曰ふ、天子黼扆《ふい》を負ひ南に嚮つて以て政を聽くの義なり。中殿を清涼と曰ひ、常の　宸居《しんきょ》の所なり、又は御殿と曰ふ、平生宴遊の所なり。後殿を貞觀と曰ふ、乃ち后宮なり。この外宮殿・堂樓・院閣・丹墀《たんち》・靑瑣《せいさ》・金鋪《きんほ》・玉戺《ぎょくし》音俟、砌なり。・井欄《せいらん》・綺窓《きそう》、善を盡し美を盡さずといふことなし。圖するに河洛の賢聖を以てして、大舜の古人の象を視るに法《のつと》り、像《かたど》るに乾坤の儀形を以てして　聖皇宮柱を立つるの太《ふとしき》を守り、九重の深邃《しんすゐ》を嚴にし九條の廣路を拔《ひら》く。十二の通門迭《たがひ》に洞《ほがら》かに、十七の寶殿珠のごとく聯《つらな》る。紫宸・仁壽・承香・常寧・貞觀・春興・宜陽・綾綺・溫明・麗景・宣耀・安福・校書・清涼・後涼・弘徽・登花を十七殿と謂ふ。大極・豐樂殿等の六はこの外なり。ここを以て　宸儀仰げば彌〻高く、法座則《のつと》れば彌〻正し。彼《か》の固陋を事とすると紛奢《ふんしゃ》を愛するとの如きは、日を同じくしてこれを語るべからざるなり。以上、宮城を制するの義。

〔大意〕

謹んで考えてみるに、これが人皇の宮殿の始めである。この時代は、まだ草昧未開の世から遠くなく、ただ、正殿のみ構築して、それで神代の天柱の形象とし、万世にわたる大いなる基を始めたのである。おしなべて宮は、室を意味しており、殿は、堂の高大で屋の厳正なのをいう。人には必ずすまい。すまいには、必ず、室あるいは殿がなくてはならなかった。ましてや人民の君主の場合、ましてや帝王のすまいの場合は、なおさらのことである。宮殿は、制度がなくてはならない。だから、宮殿の造営にあたっては、上《かみ》は、時を正して以て文明をかたどり、下は、水土、つまり国土に随って規模を計量、中は、歴史に鑑みて聖賢の教えに従い、素樸《そぼく》に過ぎず華美に走らず、贅沢や極端を取り去って、その中を勘案することによって、その時々に適《ふさ》わしい制度を定めて、永く後世に模範を垂示せねばならない。天神の天柱は、とりもなおさずその実例であろうか。思うに、わが国の代々の経営は、もっぱら、簡単素樸で、溝洫《こうきょく》つまりみぞやほりなどの水路には力を尽くした。ただ大極殿や大安殿と呼ばれ宮殿は例外であった。

　桓武天皇は平安京遷都に際し、先王の美点をすべて採り用い、外国の先例も、考え合わせて規模を大きく設計したのである。

　新門や新宮を造営する際、名筆の手になる金榜つまり金の札で題をつけ、新殿を造営すると嘉言を以て命名した。前殿を紫宸殿と名づけ、外朝支那の明堂に当たるもの、つまり諸侯の朝貢を受け饗応するところとした。これは別名南殿ともいう。それは、天子の位を背に負い南面して政を聴くところの意味である。中殿を清涼殿といい、日常の天子の住居で、またの名を御殿という。平生ゆっくり過ごされる場所である。後殿を貞観殿という。すなわち后宮である。このほか、宮殿・堂楼・院閣・丹墀《たんち》（朱塗りの庭、青塗りの門、金の金具）・青瑣《せいさ》・金鋪《きんほ》・玉戺《ぎょくし》（玉の階段）・井欄《せいらん》（井字形の欄干）・綺窓《きそう》、など皆、善・美を尽くすものばかりである。紫宸殿の障子に外朝の聖人賢者三十二人を描かせ、それによって古の聖天子舜が先人の聖治のあり方に学んだことを模範として、それが天地のあり方に模倣したことを自覚した。このため、聖皇宮の柱を立てるには、太を守し、九重の深邃《しんすい》を厳重にして九条の広路を開発している。十二の通門は内外に広く開け、十七の宝殿は、まるで数珠《じゅず》のように連《つらな》っている。これによって、天皇の統治は、仰げば、いよいよ高く、法令は、いよいよ正しい。よくある固陋《ころう》を事とし紛奢を愛するような類とは、同日に論ずるべきではないのである。

崇神帝の十年冬十月乙卯朔《きのとうついたちのひ》、群臣に詔して曰《のたま》はく、今返者《そむけりしものことごと》悉に誅《つみ》に伏し、

畿内《うちつくに》に事なし。唯だ海外《わたのほか》の荒俗騒動《あらぶるひとどもとよぐこと》未だ止まず、その四道将軍《よものみちのいくさのきみだち》等今忽《すぐ》に發《まか》れと。丙子《ひのえね》、將軍等共に發路《みちたち》す。十一年夏四月壬子《みづのえね》朔《ついたち》、己卯《つちのとうのひ》（二十八日）、四道將軍戎夷《ひな》を平《む》けたるの狀《あるかたち》を以てこれを奏す。この歳異俗《あだしくにのひと》多く歸《まうき》て國の內安寧《やすらか》なり。

（『日本書紀』巻五より）

謹みて按ずるに、二神守るべきの境を定めたまふの後、鴻蒙草昧《こうもうさうまい》にして封疆未だ分たず、神武帝　天業を經綸《けいりん》し　中州を制したまふの後、又未だ化德を弘恢《こうくわい》せず、帝、識性聰敏尤も雄謀あり。故に大いに四方を開き以て邊要を規《ただ》す。下に逸民なく教化流行し、終に蒼生の課役を正しくし、船舶の運轉を利して、天下大いに平なり。

〔大意〕

謹んで考えてみると、二神が、守るべき境界を定められた後、万物が渾沌として明確に区別されず、領土の境界も明らかでなかった。神武天皇が、平定を為し遂げ国土を制したまう後も、教化の徳はまだ全国に普及しなかったが、天皇は、識性聰敏であり、最も偉大な謀《はかりごと》の雄図を抱いておられた。それゆえに、四方を開発し周辺の地方を秩序立てられた。その統治下では、恩恵に浴さぬ民はなく、政治の最重要課題の教化も、盛んに行き渡った。終には、一般人民の課税や労役の義務も、適正なものとなり、船舶の運転を利用して産業もひらけ、天下は太平となったのである。

景行帝の二十五年秋七月庚辰朔《かのえたつついたち》、壬午《みづのえうまのひ》、武内宿禰《たけのうちのすくね》を遣はして北陸《くぬがのみち》及び東方《あづま》の諸國《くにぐ》の地形《くにかた》且《ま》た百姓の消息《あるかたち》を察《み》せしむ。二十七年春二月辛酉朔《かのとのとりついたち》、壬《みづのえ》子《ね》、武内宿禰東國《あづまのくに》より還《かへ》りまうきて奏《ま》言《う》さく、東夷《あづまのひな》の中に日高見國《ひたかみのくに》あり、その國人男女《ひとをとこめのこ》並に椎結《かみをあげ》、身を文《もとろ》げて、人となり勇悍《たけし》、これを摠《す》べて蝦夷《えみし》と曰ふ。四十年夏六月、東夷《あづまのひな》多く叛きて邊境騷動《ほとりさわぎとよ》む。冬十月、日本武尊《やまとたけるのみこと》に命《みことのり》してこれを征《う》たしむ。蝦夷《えみし》罪に服《したが》ふ。五十三年、東海を巡狩《めぐりみ》たまふ。

（『日本書紀』巻七より）

謹みて按ずるに、帝、西州を征してより、東方に巡狩《じゅんしゅ》して、七十餘子を封建し、各〻その國に如《ゆ》かしむ。是れ乃ち四方の邊境を定めて　王室の藩屏と爲《す》るなり。

〔大意〕

謹んで考えてみるに、景行天皇は、日本武尊《やまとたけるのみこと》に命じて、西方の地方を征服させた後、次に東方の地方に巡狩（天子の巡回視察）して、七十余子を封建し分轄統治させた。これは、四方の辺境を鎮定し、皇室の藩屏《はんぺい》（周辺の防備を垣根や屏風《びょうぶ》にたとえた）としたことに他ならない。

成務帝の四年春二月丙寅（朔）《ひのえとらついたちのひ》、國郡《くに》に長《をさ》を立て、縣邑《あがた》に首《おびと》を置き、當國《あたれるくに》の幹了者《をさ〱しきひと》を取りて、その國群《くに》の首長《をさ》に任《ま》けよ。これを中區《うちつくに》の蕃屏《かくし》と爲す。五年秋九月、山河を隔《さか》ひて國縣《くにあがた》を分ち、阡《たたさまのみち》陌《よこさまのみち》に隨つて以て邑里《むら》を定む。因りて以て東西を日縦《ひたたし》と爲し、南北を日横《ひよこし》と爲し、山陽《やまのみなみ》を影面《かげも》と曰ひ、山陰《やまのきた》を

背面《そとも》と曰ふ。

（『日本書紀』巻七より）

謹みて按ずるに、天下の邊要、帝に逮《およ》びてその制相成る。蓋し邊要は天下の藩屏なり。四邊は唯だ陸奥・出羽・佐渡・對馬・多褹を以て邊要の國と爲し、太宰府《だざいのふ》・鎭守府《ちんじゅふ》を以て藩鎭の所と爲す。鎭西府《ちんぜいのふ》は異域の襲來に備へ、鎭守府は蝦夷の跋扈を征す。異域竟に邊境を侵すことを得ずして、蝦夷數《しば》〻《く》東藩に寇す。故に國守あり將軍あり、兩國の按察使府《あぜちふ》・秋田城介《あきたのじやうのすけ》あり、信夫《しのぶ》郡以南の租税を以て國府《こふ》の公廨《こうかい》に充て、苅田《かつた》以北の稻穀《たうこく》を以て鎭府の兵粮に充て、常に五千人の兵を置き、許多《そこばく》の兵器を運送す。是れ邊要を愼めばなり。凡そ承平の治は　王化の澤《めぐみ》浴せずといふことなくして、而も邊境の廣き（により）、遠人の俗必ず教を異にし風を殊にす。故にその弊或は盜賊劫竊し山に入り險に據り、或は吏務の奸謀に因つて邊民恨を含むの事、未だ嘗てこれなくんばあらず。故に吏幹の才を擇び、巡察の使を詳にして以て邊疆を安んず。是れ上古の　聖戒なり、豈忽《ゆるがせ》にすべけんや。以上、邊要を守るの備。

以上は水土の規制を論ず。謹みて按ずるに、地は天の中に在り、中又四邊なくんばあらず。而してその中を得るを中國と曰ふ。言ふこころは、天地の中を得ればなり。天地の中は何ぞ。

四時行はれ寒暑順ひて、水土人物それ美にして過不及の差《たがひ》なき、是れなり。萬邦の衆《おほき》、唯だ中州及び外朝のみ天地の中を得《う》、故に人物事義大いに異ならず。その極を建てて以て聖教を致すこと、殆ど節を合《あは》せたるが如し。朝鮮も亦水土を同じくす。然して朝鮮は外朝と封域を同じくして、唯その東藩に在るのみ。蓋し土地あるときは國郡あり、國郡あるときは都鄙の分《わかち》ありて、王畿を設け、都宮を建て、道路を制し、四方以て通じ、四藩以て屛《おほ》ふ。故にその規や、その制や、未だ嘗てその道を盡さずんばあらず。凡そ上天《かみ》の象《かたち》を法《のつと》り、下《しも》地の勢を詳にし、人物の計會を校《かんが》へ、治亂の機を察して、以てその禮用を致《きは》め、以てその至誠を盡すときは、遠近都鄙内外その俗を同じくし、その利を通ぜざるなし。天下の大《おほい》なる、國郡の區《まちく》なる、一擧すべからずと雖も、朝廷より邦畿に及び、王畿より四方に及び、四方より四疆《しきやう》に至ること、猶ほ一元氣の四支百骸を周流營衞《えいゑい》して以てこれを一胸臆に統《す》ぶるがごとし。然らば乃ち　朝廷王畿は天下の規範にして、兆民の具《つぶさ》に瞻《み》るところなり。豈一人の私を縦《ほしいまま》にし當時の治に伐《ほこ》つて、その規制を致《きは》めざらんや。

〔大意〕
謹んで考えてみるに、成務天皇の御代に至って、国の辺境の防備のしくみが出来上がった。思うに、辺境の防備こそ、天下の藩屏に他ならない。四方の辺境は、陸奥・出羽、佐渡・対馬、多褹（種子島か）を以て辺要の周とし、太宰府・鎮守府を以て藩鎮の所としている。鎮西府は、外国の襲来に備え、鎮守府は、蝦夷の跋扈《ばっこ》を征するのである。外国が辺境を侵すことは、結局は無かったが、蝦夷は、しばしば東の藩屏を寇した。このため国守や将軍が置かれ、陸奥・出羽両国の按察使府《あぜちふ》・秋田城介《あきたのじょうのすけ》が必要であった。信夫郡以南の租税を以て国府の役所の費用に充て、苅田以北の郡の稲穀を以て鎮守府の兵粮に充てて、常時五千人の兵を置き、多くの兵器を運び入れた。辺境の防備のためにほかならない。

　そもそも承平の治とは朝廷の政治が全国に行き渡った成果を称えた語であるが、それでも、なお辺境は広く、遠人の教化・風俗には及ばなかった。このため、その弊害として、盗賊が山険に拠って劫竊《ごうせつ》※7（奪い、盗み取る）したり、官吏の奸謀によって辺境の民の恨みを増すことは、なくなることはなかった。そこで、吏幹の人材を抜擢《ばってき》し、巡察の使《し》に詳細に監察させて、辺境の安定を図る必要があったのである。これこそ、上古の聖戒であって、軽視し手を抜くことなど、どうしてできようか。できないのだ。

　以上は、国家の規則・制度を論じてきた。謹んで考えてみるに、国土は、天の中に立地しており、中なればこそ、四方の辺境が存在する。このようにして中を得て立地しているので中国というのである。その言わんとするところは、天地の中を得ているからということである。では天地の中とは何か。四季の移り替わりも、寒暑の気候の変化も、みな順調であり、国土も人も物も亦《また》みなすぐれて、過不及の差もないことを意味している。万邦の数多い中で、わずかに中朝たるわが国及び外朝たる支那のみが、天地の中を得ているがゆえに人物事義ともに大きな相違が無いのである。その根本原則を確立して聖教をきわめている点は、まるで符節を合わせたかのように一致している（朝鮮も亦水土を同じくしてはいるが、しかし朝鮮は、外朝支那の東の藩屏となってしまっている）。思うに、国土があれば、国郡があり、国郡があれば、都鄙の区分もあって、中心となる王畿を設け、都宮を建て、道路を整備することで四囲の地方に通じ、それぞれの藩屏で守備している。だからその規模やその制度は、その方途、工夫を尽くさないことはなかったのである。全く、上は天の形象を模範とし、下は地の地勢を研究して、人民・財物を計量・考合し、治乱のきざしを察するなど、それによって、法令規則の運用施行をきわめ、その至誠・真実を尽くすときには、遠近都鄙内外その風俗を同じくし、その利を互いに通じ合えるのである。天下は広大であり、国郡はそれぞれに異なって、一挙にすることはできないけれども、まず朝廷よりその膝元の邦畿に徹底し、王畿より四方に及んで、四方の地方から、それぞれの辺境に至ることは、まるで一元気が身体の手足や諸器官に行き渡り健康が保たれることが、一つの心に統制されているようなものである。とすれば、朝廷王畿は、天下の規範であって、億兆の人民の具《つぶさ》に見守るところである。どうして一私欲をほしいままにして、その時々の政治が安定しているからといって、どうして国土の規制・制土の在り方を究め尽くさないでよいであろうか。

※7…劫竊（窃）…奪い取り盗み取る。

皇統章

伊弉諾尊《いざなぎのみこと》・伊弉冊尊《いざなみのみこと》共に議《はか》りて曰《のたま》はく、吾《あ》れ已《すで》に大八洲國《おほやしまのくに》及び山川草木《やまかはくさきのかみ》を生めり、何ぞ天下《あめのした》の主者《きみたるひと》を生まざらんやと。ここに於て（共に）日神《ひのかみ》を生みます。大日孁貴《おほひるめのむち》と號《まう》す。［大日孁貴、ここにはオホヒルメノムチと云ふ。孁の音は力丁の反なり。一書に云はく、天照大神なりと、一書に云はく、天照大日孁尊なりと。］この子《みこ》光《ひかり》華明彩《うるはしく》して六合《くに》の内に照徹《てりとほ》る。故《か》れ二神《ふたはしらのかみ》喜んで曰《のたま》はく、吾が息《こ》多《さは》ありと雖も、未だかく靈異之兒《くしびにあやしきみこ》はあらず。久しくこの國に留《とど》めまつるべからず。自《ミ》ら當に早く天《あめ》に送りまつりて授くるに天上《あめのうへ》の事を以てすべし。この時天地《あめつち》相去ること未だ遠からず。故に天柱《あめのみはしら》を以て天《ノ》上に擧《おくりあ》ぐ。次に月神《つきのかみ》を生《う》みまつります。［一書に云はく、月弓尊、月夜見尊、月讀尊と。］その光彩《ひかりうるはしきこと》日に亞《つ》げり、以て日に配《なら》べて治《しら》すべし。故に亦これを天に送りまつる。次に蛭兒《ひるこ》を生む。已に三歳になるまで脚《あし》猶ほ立たず。故《か》れ天磐櫲樟《あめのいはくす》船に載せて順風《かぜのまにま》に放ち棄つ。次に素戔嗚尊《すさのをのみこと》を生む。一書に云はく、神《かん》素戔嗚尊、速素戔嗚尊と。この神勇悍《いさみたき》うして安忍《いぶりなること》あり、且《ま》た常に哭泣《なきいざつる》を以て行《わざ》と爲す。故《か》れ國内《くにのうち》の人民《ひとくさ》をして多《さは》に以て夭折《あからさま》にす、復た青山《あをやま》をして變枯《からやま》にす。故れその父母《かぞいろは》の二神素戔嗚尊と勅《ことよさ》したまはく、汝《いまし》甚だ無道《あぢきなし》、以て宇宙《あめのした》に君臨《きみたる》べからず、固《まこと》に當《まさ》に遠く根國《ねのくに》に適《い》ねとのたまひて、遂に逐《やら》ひき。

（『日本書紀』巻一より）

一書に曰はく、伊弉諾尊曰《のたま》はく、吾《あ》れ御宇之珍子《あめのしたをしらすべきうづのこ》を生まんと欲ひて、乃ち左の手《みて》を以て白銅鏡《ますみのかがみ》を持《と》りたまふとき則ち化出《なりませ》るの神ます、これを大日孁尊《おほひるめのみこと》と謂《まう》す。右の手に白銅鏡を持りたまふとき則ち化出るの神ます、これを月弓尊《つきゆみのみこと》と謂《まう》す。又首《みぐし》を廻《めぐ》らして顧眄之間《みるまさかり》に則ち化《な》る神ます、これを素戔嗚尊と謂《まう》す。即ち大日孁尊及び月弓尊並《ならぶる》これ質性明麗《ひととなりうるはし》、故れ天地《あめのした》を照し臨ましむ。素戔嗚尊はこれ性殘害《ひととなりそこなひやぶること》を好む、故《かるがゆゑ》に下して根國《ねのくに》を治《しら》さしむ。

謹みて按ずるに、是れ中國その主《きみ》を定むるの始なり。大日孁《おほひるめの》字書に曰はく、郎丁の反、女なり。貴《むち》は即ち日神にして、伊勢州《いせのくに》に鎮坐まします　大神宮・宗廟の嚴神・本朝の元祖なり。月弓尊は　月神にして、是れ又伊勢の別宮たり。倭姫命の世紀に曰はく、月夜見命二座なりと。一書に曰はく、御形は馬に乗る男にして太刀を帯《は》くと。蛭兒《ひるこ》は攝津州西宮《にしみやの》社夷《えびす》三郎これなり。素戔嗚尊は出雲州《いずものくに》の大社これなり。或は曰はく、大社は天神大己貴の爲に造り供ふるところなり。素戔嗚は根國に行く、故に中國に於て降迹なし。後世大己貴を祭る、故に素戔嗚を合祭するものなり。世に一女三男と號するは是れなり。凡そ氣聚まり形生ずるときは、必ずその精あり、これを心と謂ひ、これを性と謂ふ。是れその主なり。天地相成りて陰陽の精《せい》懸象著明なる、これを日月と爲す。日月は天地の主なり。四時の運行、寒暑の去來、一日と云ひ一月と云ひ一歳と云ふ、皆日月を以て綱紀と爲す。天地の氣候正しからざるときは縣象又著明ならず。人民の君長ある、亦然り。人民の精以てこれに主たるべし、その精を以てせざれば、人物その性を盡す能はざるなり。

蓋し　二神共に議するはその事を容易にせざるなり。神鏡を以てするは明にして倚《かたよ》らざるなり。天神の靈と雖も、天下の主を生ぜんと欲《おぼ》して、而も惟《こ》れ精《せい》惟《こ》れ一《いち》なる、以てこれを見つべし。故にその生ずるところは　日となり　月と爲《な》りたまうて、天地茲《ここ》に位す。蛭兒となり、素戔嗚となつて、河海猛惡も亦その長あり。夫れ共に生ずるところ皆　天神の子にして、その量に因りてその分を命ず。噫、神の德大なる哉、公《おほやけ》なる哉。

竊に按ずるに、天神天下の主を生ぜんと欲して　日神以て生ず。故に　日神を以て　地神の太祖　朝廷宗廟の第一と爲す。然らば乃ち歴代の　聖主、二神の精一を守り縣象著明の實を致《きは》めざれば、豈神明の統を承けんや。或は疑ふ、二神の聖、何ぞこの二《ふたはしら》の不肖を生むや。愚謂へらく、噫《ああ》、是れ何と言ふぞや。二氣五行の變未だ嘗て過不及なくんばあらず。天地の大、その精は日月星辰となり名山大川となり、その粗は風雲雷雨となり潢汙《くわうを》《みづたまり》丘陵となり、精粗相因りて而して後に萬物遂《と》げて、天共に覆ひ、地共に載す。是れその至大なり、至公なり。人物の天地に在るも亦然り。故に明暗曲直、柔剛弱强、並び行はれて各〻その性を盡す。是れ　神聖のその化を贊《たす》くるなり。　二神は是れ天地なり、この明暗柔猛を生んで以て萬物に主とし、萬物各〻その性を盡す。その道亦偉《おほい》ならずや。子《し》が說に因るときは、上を取りて下を遺《わす》れ、桑麻《さうま》を貴んで菅蒯《くわんくわい》《すげかや》を棄つるなり。この四神を生みて天下始めて安く、萬民所を得《う》。　二神の共に議するところは、俗學の以て疑ふべきなし。以上、本朝の主を定む。

〔大意〕

謹んで考えてみるに、これは、中国たるわが国が君主を定めた始めである。大日孁《おほひるめの》貴《むち》は、日の神であり、伊勢の国に鎮座されている大神宮、皇室の宗廟の厳神、中朝たるわが国の元祖である。月弓尊は、月の神であり、是れも亦《また》、伊勢の別宮である。蛭《ひる》児《こ》は、摂津の国、西宮社《にしのみや》の夷《えびす》三郎がこれである。素戔嗚尊は、出雲の国の大社がこれである。世に一女三男というのはこのことである。

だいたい気が集まり形が生ずるときは、必ずその精がある。これを心といい、性という。これがその主である。天地が共に形成され、陰陽の気の精の中で天上に懸って著明なものが日月にほかならない。日月は天地の君主である。四季の運行、寒暑の去来、一日といい一月といい一歳という、みな日月を以て綱紀（物事の締めくくり）とするのである。天地の気が正しくないときは、日月も著明ではない。人民の君主においても同様である。人民の精は、以て人民の君主とならねばならない。その精を以てでなくては、人も物もその性を尽くすことはできないのである。

思うに、二神が協議するのは、その事を安易に考えないからである。神鏡を以って神々を生み出されたのは、明徳・中庸を期したのである。天神の霊であっても、天下の君主の生成を念願して、ひたすら専一（一意専心に徹した）であったことが、その証しである。それゆえ生まれ出たものは、日となり、月となられて、天地ともに処を得たのである。他方、蛭子となり、素戔嗚となって、河海や猛悪（つまり根国《ねのくに》など、苦難の所）も亦、その主長を得たのである。そもそも双方共に天神の子として生まれ、それぞれの器量に応じて、それぞれの分際を命じたということである。ああ、天神の徳は、何と正大、公明なことであろうか。

ひそかに考えてみるに、天神は、天下の主を生もうとして日の神が生まれた。そこで、日の神をもって国の神の太祖つまり朝廷の祖先神の最初としたのである。とすればこれに続く歴代の天皇は、二神の精一つまり一意専心を保ち守って、日月が天上に懸って著明であるような実績を達成しなくては、神明の伝統を継承したとはいえない。

ところで、二神は聖であるのに、なんでこの二柱の不肖（蛭児と素戔嗚尊）を生まれたのかと疑う人がいる。この疑問について私は次のように考える。

ああ、何という言であろうか、陰陽五行の展開する中で、過不及の変が無かったことは未だかつてなかった。天地を大観すれば、その精なるものは、日月星辰となり名山大川となり、その粗なるものは、風雲雷雨となり潢汚《こうお》（湖沼）丘陵となって、精と粗とそれぞれ相因って而る後に万物が生成され、これをみな天が覆い地が載せている。この天地の展開は至大であり至公そのものである。

人と物との天地に在る在り方も亦、同様である。そこで明暗曲直も柔剛弱強も、同時に展開して、それぞれに天与の性を完《まっと》うしているのである。これこそ神聖がその展開を賛助していることにほかならない。二神は天地そのものであり、このような明暗も柔猛もみな生み成して万物の主とされ、万物それぞれにその天与の性を完うしている。二神の営為は何と偉大なことではないか。

疑う人の説に因るときには、上だけ注目して下を忘れ、桑麻のみを大切に考え菅蒯《かんかい》（すげかや）を捨ててしまうことになってしまう。四神（大日孁尊、月弓尊、蛭児、素戔嗚尊）を皆そろって生んで始めて天下は安寧であり、万民がこぞって所を得るのである。伊弉諾、伊弉册の二神が協議して成されたことは、低俗な学問からは疑いを挟《さしはさ》むべきではないのである。

天照大神《あまてらすおほんかみ》の子正哉吾勝勝速日天忍穂耳尊《みこまさやあかつかつはやひあまのおしほみみのみこと》は、高皇産靈尊《たかんみむすびのみこと》の女《みむすめ》栲幡千千姫《たくはたちぢひめ》を娶《めと》つて天津彦彦火瓊瓊杵尊《あまつひこひこほのににぎのみこと》を生《あ》れます。故《か》れ皇祖《みおや》高皇産靈尊と遂に皇孫《すめみま》を立て以て葦原《ノ》中《ッ》國の主《きみ》と爲さんと欲《おほ》す。八十諸神《やそもろかんたち》を召集《めしつど》へて問はして曰《のたま》はく、吾《あ》れ葦原《ノ》中《ッ》國の邪鬼《あしきもの》を撥《はら》ひ平《む》けしめんと欲《おも》ふ、當《まさ》に誰を遣はさば宜《よ》けん、惟《ねがは》くは

爾諸神《いましもろかんたち》知らんところをな隠《かく》しましそ。僉曰《みなまう》さく、天穂日命《あめのほひのみこと》これ神の傑《すぐれたる》なり、試みたまはざるべきや。ここに俯して衆言《もろ〳〵のこと》に順つて、即ち天穂日命を以て往いて平《む》けしむ。然れどもこの神は大己貴神《おほあなむちのかみ》に佞《おもね》り媚《こ》びて、三年《みとせ》になるまで尚ほ報聞《かへりことまう》さず。この後高皇産靈尊更《ま》た諸神を會《つど》へて、當《まさ》に葦原《ノ》中《ツ》國に遣はすべき者《ひと》を選びたまふ。經津主《ふつぬしの》神・武甕槌《たけみかつちの》神、諸《もろ〳〵》の順はぬ鬼神《かんたち》等を誅《つみな》ひ、果《つひ》に以て復命《かへりごとまう》す。時に高皇産靈尊は眞床追衾《まとこおふのふすま》を以て皇孫《すめみま》を覆《おほ》ひてこれを降りまさしむ。日向の襲《そ》の高千穂峯《たかちほのたけ》に天降《あまくだ》ります。吾田長屋笠狭之碕《あだのながやかささのみさき》に到りたまふ。

（『日本書紀』巻二より）

一書に云はく、天照大神乃ち天津彦彦火瓊瓊杵尊《あまつひこひこほのににぎの》に、八坂瓊曲玉《やさかにのまがたま》、及び八咫鏡《やたのかがみ》、草薙劍《くさなぎのつるぎ》、三種《くさ》の寶物《たからもの》を賜ふ。また中臣の上祖天兒屋命《とほつおやあまのこやねの》・忌部《いんべ》の上祖太玉命《とほつおやふとだまの》・猿女《さるめ》の上祖天鈿女命《あまのうずめの》・鏡《かがみ》作《つく》りの上祖石凝姥命《いしこりとめの》・玉作《たますり》の上祖玉屋命《たまのやの》、凡《すべ》て五部神《いつとものをのかんたち》を以て配《そ》へて侍《はんべ》らしむ。因りて皇孫《すめみま》に勅《のたま》して曰はく、葦原千百秋之瑞穂國《あしはらのちいほあきのみづほのくに》はこれ吾《あ》が子孫《うみのこ》の王《きみ》たるべきの地《くに》なり、宜しく爾皇孫就《いましすめみまゆ》いて治《しら》せ、行矣《さきく》、寶祚《あまつひつぎ》の隆《さか》えまさんこと當《まさ》に天壤《あめつち》と窮《きはま》りなかるべし。

一書に曰はく、天兒屋命・太玉命を天忍穂耳尊に陪從《そへ》て以て降《あまくだ》す。この時天照大神手《みて》に寶《ノ》鏡を持ちたまひて、天忍穂耳尊に授けて祝《ほ》ぎて曰《のたま》はく、吾《あ》が兒《こ》この寶鏡を視まさんこと、當《まさ》に吾れを視るがごとくすべし、與《とも》に床を同じくし殿《みあらか》を共《ひとつ》にして以て齋鏡《いはひのかがみ》と爲すべし。復た天兒屋命・太玉命に勅すらく、惟《ねがは》くは爾《いまし》二《ノ》神も亦同じく殿の內に侍《さぶら》ひて善く防ぎ護ることを爲せ。又勅して曰はく、吾が高天原《ノ》に御《きこしめ》す齋庭《ゆには》の穂《いなほ》を以て亦吾が兒に當御《まかせまつ》る。則ち高皇產靈尊の女號《むすめみな》は萬幡姫《よろづはたひめ》を以て天忍穂耳尊に配《あは》せて妃《ひめ》と爲して降《あまくだ》りまつらしめたまふ。故《か》れ時に虛天《おほそら》に居て兒《みこ》を生む。天津彥火瓊瓊杵尊と號《なづ》く。因りてこの皇孫《すめみま》を以て親《みおや》《かぞのみこと》に代りて降《あまくだ》しまつらんと欲《おぼ》す。故《か》れ天兒屋命・太玉命及び諸部《もろとものを》の神等《かんたち》を以て悉く皆相授く。且《ま》た服御之物《みぞつもの》一つに前《さき》に依りて授く。然して後天忍穂耳尊天に復還《かへ》りたまふ。故《か》れ天津彥火瓊瓊杵尊日向の槵日《くしひ》の高千穂の峯《たけ》に降到《あまくだ》りまします。

一書に曰はく、天祖《あまのみおや》天照大神・高皇產靈尊乃ち相語《かた》りて曰《のたま》はく、夫《そ》れ葦原瑞穂國は吾《あ》が子孫《うみのこ》の王《きみ》たるべきの地《くに》なりと。卽ち八咫鏡及び薙草劍二種《くさ》の神寶を以て皇孫《すめみま》に授け賜ひて、永《ひたぶる》に天璽《あまのしるし》と爲す。所謂神璽の劍鏡。

謹みて按ずるに、是れ　天孫降臨《あめみまあまくだ》りたまふの始なり。一書《あるふみ》に云はく、大國主神《おほくにぬしの》亦の名は大物主神《おほものぬしの》、亦國作大己貴命《くにつくりおほあなむちの》と號す、亦葦原醜男《あしはらのしこを》と曰《まう》す、亦は八千戈神《やちほこの》と曰す、亦は大國玉神《おほくにたまの》と曰す、亦は顯國玉神《うつしくにたまの》と曰す。その子凡《すべ》て一百八十一神《ももはしらあまりやそはしらあまりひとはしらのかみ》あり。夫《か》の大己貴命と少彦名命《すくなひこなの》と、力を戮《あは》せ心を一にして天下を經營《つく》るといへり。蓋し　二神寂然《せきぜん》として長く隱れたまふの後、大己貴命素戔嗚尊の子。・少彦名命高皇産靈尊の子。この國を平げ、大造《おほよそ》の績《いたはり》を建て、大己貴命及びその子事代主神《ことしろぬしの》、乃ち八十萬の神たちを天高市《あまのたけち》に合《あつ》め、帥ゐて以て天に昇り、その誠欵《まこと》の至りを陳《まう》す。而して后に　天孫《あめみま》この國に天降りたまふなり。

凡そ　天神は生知の聖神にして、事ごとにこれを問ひたまうて、俯して衆言《もろ〳〵のこと》に順ひたまふ。その兼容《かねいるる》の量、噫《ああ》、至れる哉。五神を配侍せしむるは共にこの國に大功あればなり。寶祚之隆《エマサンコ》當《ニ》シ下與二天壤一無上《カル》窮の十字は、天孫の永祚、天地の徳に合《かな》ひたまはんことを祝《ほ》ぎたまふなり。眞床追衾《まとこおふふすま》は覆うて外なきの義を表はす。澤《めぐみ》を蒼生に蒙《かふむ》らしむるの名なり。三種の寶物は乃ち　天神《あまのかみ》の靈器《くしびのうつはもの》、傳國《くにをつたふる》の表物《しるしのもの》なり。その寄《よせ》甚だ重し。神武帝、饒速日命に謂《つ》げて曰はく、是れ實に天神の子ならば必ず正に表物あり、相示すべしと。蓋し傳國の表物を言ふ。天照大神手《みて》に寶鏡を持ちたまひて祝《ほ》ぎたまふの　神勅、至れり盡せり。聖主萬萬世の嚴鑑なり。この時未だ教學授受の名あらずと雖も、謹みてこの一章を讀みて以てその義を詳にするときは、帝者治を爲すの學は唯だ力をここに用ふるに在らんか。異域の堯・舜・禹受授の說も亦豈これに外《す》ぎんや。以上、天孫臨降。

〔大意〕

謹んで考えてみるに、これが天孫降臨《あめみまあまくだ》りたまう始めであった。一書《あるふみ》によれば、大國主神《おおくにぬしのかみ》、別名大物主神《おおものぬしのかみ》、また國作大己貴命《くにつくりおおあなむちのみこと》とも号され、または八千戈神《やちほこのかみ》、または大國玉神《おおくにたまのかみ》、または顯國玉神《うつしくにたまのかみ》ともいわれた。その子《みこ》は、合計一百八十一神《ももはしらあまりやそはしらあまりひとはしらのかみ》おられた。

その大己貴命と少彦名命《すくなひこなのみこと》と、力を合わせ心を一つにし天下を統治したといわれている。

そもそも、二神がおかくれになられた後、素戔嗚尊の御子である大己貴命と高皇産霊尊の御子である少彦名命とが協力されてこの国を平定され、おおむね治績をあげて後、大己貴命とその御子事代主神《ことしろぬしのかみ》が、八十万の神たちを集め、統帥して天に昇り、忠誠心の至りを陳上したのである。そのようにして後、天孫がこの国に天降りたまったのであった。

そもそも、天神は、生まれながらにして知りたまう才徳を具備されている聖神にておわしますうえに、更に事あるごとに諮問され、謙虚に衆議による答申に順い、みな包容したまう御心の器量の何と至れることであろうか。五神を配し侍《はべら》しめたのは、それぞれみな、この国に大功があるからである。寶祚之降當ニシ下與二天壤一無カル上レ窮の十文字は、天孫の祚《みくらい》を永くしたまうことが、天地の徳に合することを祝したまうことにほかならない。真床追衾《まとこおうふすま》（寝床全体）を掛け布団（夜具）で覆い尽くしているのは、天孫統治の恩沢が国民のすべてにゆきわたることの象徴である。三種の寶物は、とりもなおさず天神の霊器で、皇位継承の表徴にほかならない。その理由（いわれ）は、きわめて重いものがある。明徳と中庸の象徴である寶鏡を持ちたまいて、祝したまわれた、至れり尽くせりの神勅は、聖天子の永遠の厳鑑である。この時にはまだ、教学授受の表現はなかったが、謹んでこの一章を読んでその意義を詳《つまびらか》に考え合わせると、帝王学の要諦は、ここに力を傾注するに在るのではなかろうか。外朝の聖天子、堯・舜・禹が、有徳者に帝位を禅譲した説も、これに過ぎなかったのである。

神日本磐余彦天皇《かんやまといはあれひこのすめらみこと》、諱《ただのみな》は彦火火出見《ひこほほでみ》、彦波瀲武鸕鷀草葺不合尊《ひこなぎさたけうがやふきあはせずの》の

第四子《よはしらにあたりたまふみこ》なり。年四十五歳《みとしよそあまりいつとせ》に及びたまうて、諸《もろ〳〵》の兄《いろね》及び子等《みこたち》に謂《かた》りて曰はく、昔我が天神《あまつかみ》、高皇産靈尊・大日孁尊この豐葦原瑞穂國《とよあしはらのみづほのくに》を擧《のたまひあ》げて我が天《あまつ》神《みおや》彦火《ノ》瓊瓊杵尊に授けたまへり。ここに火瓊瓊杵尊《ひのににぎの》天關《あまのいはくら》を闢《ひきひら》き雲路《くもぢ》を披《おしわ》け駈山蹕《みさきはらひお》ひ以て戻止《いたり》ます。この時に運《よ》鴻荒《あらき》に屬《あ》ひ時草昧《くらき》に鍾《あた》れり。故に蒙《くら》くして以て正《ただしきみち》を養つてこの西の偏《ほとり》を治《しら》す。皇祖皇考《みおやのみおや》、乃神乃聖《かみのひじり》にして慶《よろこび》を積み暉《ひかり》を重ね、多《さは》に年所《とし》を歴たり。天神《あまつみおや》の降跡《あまくだりま》してより以逮《このかた》、今に一百七十九萬二千四百七十餘歳《ももよろづとせあまりななそよろづとせあまりここのよろづとせあまりのふたちとせあまりよほとせあまりななそとせあまり》なり。而るを遼邈《とほくはるか》なる地《くに》猶ほ未だ王澤《うつくしび》に霑《うるほ》はず、遂に邑《むら》に君あり村《あれ》に長《ひとこのかみ》あらせしめつ。各〻自《ミ》ら疆を分ちて用《も》つて相凌《しの》ぎ躒《きし》ろふ。抑《はた》又鹽土老翁《しほつつのをぢ》に聞きしく曰《(に)いへ》らく、東に美地《よきくに》あり、青山四《よも》に周《めぐ》れり、その中に亦天磐船《あまのいはふね》に乗りて飛び降る者ありといひき。余謂《おも》ふに、彼《そ》の地《くに》は必ず以て天業《あまつひつぎ》を恢弘《ひろめのべ》て天下《あめのした》に光宅《みちを》るに足りぬべし。蓋し六合《くに》の中心《もなか》かと。遂に東を征《う》ちて中州を定む。

(『日本書紀』巻三より)

謹みて按ずるに、人皇　中州を平げ　天祖の降跡を續ぐの始なり。

〔大意〕

謹んで考えてみるに、神武天皇が東征して、この国を平定したのは、天孫降臨の統治理念を継承、実現した始めであった。

辛酉《かのととり》春正月庚辰朔《かのえたつついたちのひ》、天皇大倭州の橿原宮《かしはらのみや》に即帝位《あまつひつぎしろしめ》す。是歳《ことし》を天皇の元《はじめの》年《とし》と爲す。正妃《むかひめ》を尊びて皇后《きさき》と爲し、皇子《みこ》神渟名川耳《かんぬなかはみみの》尊を立てて皇太子《ひつぎのみこ》と爲す。

（『日本書紀』巻三、紀元元年より）

謹みて按ずるに、是れ　天皇即位の始なり。初め　天神《あまつかみ》礙馭盧嶋《おのころじま》を以て國中《ノ》の柱《みはしら》と爲し、國の柱を分ち巡り、天孫《あめみま》浮渚在平處《うきにまりたひら》に立《たた》して宮殿《おほみや》を立つ。立於浮渚在平處、ここにはウキニマリタヒラニタタシと云ふ。皆後世即位の意なり。洪濛の間悠久にして以て正《ただしき》を養ひたまふ。帝は明達大雄にして善く　乾靈《あまつかみ》の志を繼ぎ、善く　皇孫《すめみま》の事を述べ、一たび戎衣して東方服す。故に　人皇の洪基を建て　即位の大禮を開きたまふ。

蓋し即位とは何ぞ。　天子大寶の位に即きたまふなり。人君天に繼ぎ極を建て、萬國以て朝し、元元《おほんたから》以て仰ぎまつり、四海始めて　天子の以て崇《たふと》ぶべきを知り、明徳を　中州に明かにしたまふの義なり。即位の大禮は人君綱紀をその始に正すなり。豈忽《ゆるがせ》にすべけんや。これより代代の　聖主各〻この儀を正殿《みあらか》大極殿、これを朝堂殿と謂ふ。に行ひ、大臣左右に扶翼し、大神、天兒屋命・太玉命に勅して、惟れ爾二神も亦同じく殿の内に侍り善く防護《まも》ることを爲せと。是れその儀なり。百官圍護して以て　天儀を拜し奉る。外國の所謂「月正元日に、舜文祖《ぶんそ》に格《いた》る」といふ、是れなり。元は始なり、本なり。元年は即位の初年にして、その根本をここに深くして傾かず拔けざるの謂《いひ》なり。この時既に暦數紀年あり。唐の暦本は百濟の釋觀勒が推古の十年にこれを獻ず。皇后を立つるは、男女の別を正し、嫡媵《ちやくよう》の辨を明かにし、廢奪の失を懲すなり。太子を建つるは、神武帝の四十二年に在り。父子の親を著はし、嫡庶の分を嚴にし、宗廟の統を固くするなり。故に人君は即位の禮を嚴にして而して後天下の君臣その分定まる。后妃の道を重んじて而して後に天下の男女その別正し。建立の法を定めて而して後に天下の父子親し。三つの者は人の大倫なり。三綱立ち行はるるときは、則ち身修まり家齊《ととの》ひ治平の功坐《いながら》にして以て俟つべし。　帝　皇極を　人皇の始に建て規模を萬世の上に定め、而して　中國明かに三綱の遺《わす》るべからざることを知る。故に　皇統一たび立ちて億萬世これに襲《よ》つて變ぜず、天下皆正朔《せいさく》を受けてその時を貳《ふたつ》にせず、萬國　王命を稟けてその俗を異にせず、三綱終に沈淪せず、徳化塗炭に陷らず。異域の外國豈企て望むべけんや。

夫れ外朝は姓を易ふること殆ど三十姓にして、戎狄入りて王たる者數世なり。春秋二百四十餘年にして臣子その國君を弑する者二十又五なり。況やその先後の亂臣賊子は枚擧すべからず。朝鮮は箕子《きし》受命以後姓を易ふること四氏なり。その國を滅して或は郡縣と爲し、或は高氏滅絶すること凡そ二世、彼の李氏二十八年の間に王を弑すること四たびなり。況やその先後の亂逆は禽獸の相殘《そこな》ふに異ならず。唯《ひと》り　中國は、開闢より人皇に至るまで二百萬歳に垂《なんく》として、人皇より今日に迄《いた》るまで二千三百歳を過ぐ。而して　天神《あまつかみ》の皇統竟に違はず、その間弑逆の亂は指を屈してこれを數ふべからず、況や外國の賊竟に吾が邊藩を窺ふことを得ざるをや。　後白河帝の後、武家權を執りて既に五百有餘年なり。その間未だ嘗て利觜《ときくちばし》・長距《ながきけづめ》以て場《には》を擅《ほしいまま》にすることを得《え》、冠猴《くわんこう》・封豕《ほうし》の火を秋蓬《しうほう》に縱《はな》つの類《たぐひ》なくんばあらず。

西征賦に曰はく、沐猴に冠して縦つと。注に、楚辭に曰はく、火を秋蓬に縱つが若しと。又曰はく、項羽既に秦の宮室を燒き、東に歸らんことを思ふ。説く者曰はく、人の言ふ楚人は沐猴にして冠するが如きのみと、果して然りと。沐猴は獼猴なり。天の與ふるものを取らざるを謂ふなり。而して猶ほ　王室を貴び君臣の義を存す。是れ　天神　人皇の知徳、縣象著明にして世を沒《をは》るまで忘るべからざるなり。その過化の功、綱紀の分、然《しか》く悠久に然く無窮なる者は、至誠に流出すればなり。三綱既に立つときは條目の著はるるは治政の極致に在り。凡そ八紘《くわう》の大、外國の汎《はん》《ひろぐ》たるも、中州　皇綱の化と文武の功に如《し》くことなし。その至德豈大ならずや。以上、人皇の即位。

以上　皇統の無窮を論ず。謹みて按ずるに、天下は神器にして、人君は人物の命を繫《か》く。その與授の間、豈一人の私を存せんや。　皇統の初、　天神以て授け　天孫以て受く。然らば乃ちその知德天地に愧ぢずして而して後に神器の與授を謂ひつべし。凡そ天言《ものい》はず、人代つて言ふと。天下の人仰歸すれば、天これに命ずるなり。天下の歸仰するところ更に他《ほか》ならず、唯だ　天祖眷眷の命に在るのみ。

〔大意〕

謹んで考えてみるに、これこそ天皇即位の始めに他ならない。初め伊弉諾尊、伊弉冊尊二神が国中《くにのなか》の柱《みはしら》を巡って男女の礼を定められた後、天孫が、浮渚在平處《うきにまりたいら》にお立ちになって宮殿を建てられたことなど、皆、後世の即位の意味であった。大いに濛昧渾沌の悠久な時を経過する中で、次第に正しい在り方を養成して来たが、神武天皇は、明達大雄におわしまして、善く天神の志を継承し、善く皇孫の事業を祖述したまい、時を定めて、武装、出兵し、東方が服従したので、天皇統治の基盤を確立して即位の大礼を創始されたのである。

そもそも即位とは何か。天子が、帝位に即《つ》きたまうことである。人君が天意を継承して天子の至尊の位を確立して、多くの外国が朝貢し、万民が仰敬し、これによって世界が始めて天子の崇敬すべきを認識し、天子の明徳を中朝たるこの国全土に明らかにしたまうというのが、即位の意義にほかならない。このように即位の大礼は、人君が国の綱紀・秩序を始めに正すことであり、どうしてゆるがせになどできようか。これ以後代々の天皇がそれぞれ正殿に於いて挙行され、大臣は左右に扶翼し、両官が囲護して、天皇の儀礼を拝し奉るのである。外朝のいわゆる「舜帝が正月元旦に即位を祖廟に奉告した」というのは、この事に外ならない。元は始めであり、根本である。元年は即位の初年であり、その根本を深く傾かず抜けざるようにするという意味である。

皇后を立てるのは、男女、夫婦の別を正し、正妻と妾との弁別を明確にして、正妻がその地位を失うなどのないようにするのである。

太子を立てるのは、父子の親を明確にして嫡子・庶子の分際を厳格にし、宗廟の伝統を確固なものにするのである。そこで人君が即位の礼を厳正にして而《しか》る後に、天下の君臣の秩序が確定し、后妃の道を重んじて而る後に、天下の男女夫婦の別が正しくなり、太子建立の法を確定して而る後に、天下の父子の親が確立する。この三者は、人倫の最も大切なところで、この三つの人倫の大綱（三綱）が、立派に行われるときは、則ち、修身・斉家・治国・平天下の実績が、居ながらにして期待できるのである。神武天皇が、天皇統治の大法を人皇の始めに建て、その範例を万世の上に定め、而る後に、中朝であるわが国に、君臣（の義）・夫婦（の別）・父子（の親）の三綱の忘るべからざることが明らかに知られたのである。このため、皇統が一たび確立して以来、万世にわたって世襲されて変わらず、天下みな天皇の統治の下に統一され、国中が天皇の統治の下、民は俗を異にせず、三綱は永遠に衰微せず、天皇の徳化が地に堕ちることなど全く無い。これは異域の外国など到底、企て望むことなどとてもできはしないのではなかろうか。

そもそも外朝支那は、易姓革命が三十回近くおこり、そのうえ戎狄（周辺異民族）の侵入王朝も数世に及んでいる。春秋時代二百四十余年の間、臣下が国の君主を弑《ころ》した例もまた二十五回に及んでいる。ましてやその先後の乱臣賊子の数は、いちいち挙げて数えることもできないほど多い。

朝鮮も、箕子が王となった後、四王朝が交替した。国が滅びて支那の郡県（直轄領）となったり、あるいは、高氏滅絶すること二世、あの李氏二十八年の間に王を弑すること四度であった。ましてやその先後の乱逆のさまは、まるで禽獣が傷つけ合うようであった。

そのような中で、中国たるわが国だけは、開闢《かいびゃく》より神武天皇に至るまで、二百万年に近く、更にそれより今日に至るまで二千三百年が経過した。しかも、その間、天神の皇統は違うことなく続き、弑逆《しいぎゃく》の乱は、指を屈して数えるまでもない少なさであった。ましてや外国の賊がわが辺境の藩を窺《うかが》うことなど、ついぞできなかったことは、当然であった。

後白河天皇の後、武家政権となって五百年余。その間、平将門・清盛のような猛禽や北条・足利氏のような猿豚の類が出没はしたものの、しかもなお、王室を貴んで君臣の義は存続した。これは、天神、人皇の知徳の偉大さが顕著で永遠に忘れ去ることができないからなのである。そして、功績と綱紀のあり方が、これほど悠久かつ窮まり無いのは、至誠に基づいているからにほかならない。君臣（の義）・夫婦（の別）・父子（の親）の三綱が確立して国の秩序が整うのは、政治の極致である。世界は大きく、諸外国が広くても、中洲たるわが国の天皇統治の成果に匹敵する国は見あたらない。その至徳の何と偉大なことであろうか。

以上、この章では、皇統の無窮を論じた。謹んで考えてみるに、天下は神器であり、人君は、人と物との命をつなぐものである。その授与にあたって一点の私心も、なかったのである。皇統の初め、天神がこれを授け、天孫がこれを受けた、とすれば、その知徳は天地に恥じないがゆえに、神器の授与と謂うことができるのだ。そもそも天はものを言わないので、人が代わってものを言うというのは、天下の人が仰敬・帰依する人物こそ天命を受けるという意味にほかならない。

天下の人が仰敬・帰依するところとは、他でもない。唯《ただ》、先祖の天神のいつも心にとめたまう命に在るのみなのである。

神器章

伊《い》弉《ざ》諾尊《なぎのみこと》・伊《い》弉《ざ》冊尊《なみのみこと》天《ノ》浮橋の上に立たして共に計《はから》ひて曰はく、底下《そこつした》に豈國《あにくに》無《な》からんやと。廼《すなは》ち天之瓊《あまのと》（瓊は玉なり、ここにはトと云ふ。）矛《ほこ》を以て指し下《おろ》して探《かきさぐ》りしかば、ここに滄溟《あをうなばら》を獲《え》き。その矛鋒《ほこのさき》より滴瀝《したた》る潮《しほ》凝《こ》りて一つの嶋と成れり。これを名づけて磤馭盧嶋《おのころじま》と曰ふ。（瓊矛は或は瓊戈に作る。）

（『日本書紀』巻一より）

一書に云はく、天祖《あまつみおや》伊弉諾・伊弉冊二尊に詔して曰はく、葦原千五百秋瑞穂之地《くに》あり、宜しく汝《いまし》往いて修《しら》すべしと。則ち天《ノ》瓊戈を賜ふ。（舊事記。）

一書に曰はく、天照大神・高皇産靈尊乃ち相語《かた》りて、二種《くさ》の神寶を以て皇孫《すめみま》に授け賜ひ、永に天璽《あまつしるし》と爲す。矛玉自《オ》ら従へり。（忌部廣成記。）

一書に云はく、豐葦原千五百秋之瑞穗國は、大八洲未生《みしやう》以前已にその名あり、名字ありと雖も而も形相なし。強ひてその形を字して天《ノ》瓊矛と爲すものなり。大八州國は卽ち瓊矛の成るところ、その中心を號して大日本《おほやまと》日《ひ》高見《たかみ》と曰ふ。源親房記。

謹みて案ずるに、神代の靈器一ならず、而して　天祖　二神に授くるに瓊矛を以てして、任ずるに開基を以てす。瓊《と》は玉なり、矛は兵器なり。矛に玉を以てするは、聖武にして殺さざるなり。蓋し草昧の時、暴邪を撥平《はつへい》し殘賊を驅去するには、武威に非ずんば終に得べからざるなり。故に　天孫の降臨にも亦矛玉自《オ》ら從ふといふ、是れなり。凡そ中國の威武、外朝及び諸夷竟に企望すべからざるは尤も由《よし》あるなり。以上、神戈。

〔大意〕

謹んで考えてみるに、神代の霊器は一つではない。天祖《あまつみおや》が伊弉諾・伊弉冊二尊に瓊矛を授けて、この国の開基に任じた。瓊《と(ぬ)》とは玉であり矛は武器である。矛と玉の組み合わせは易の「神武不殺」（正しき武は残虐を事とせずの意）の寓意にほかならない。思うに、天地創造の始め、万物の分明でない草創期、暴邪を平定し残賊を除去するには、武器の威力でなくては、為し得なかったのである。そこで天孫の降臨にも、矛と玉との組み合わせが自然であったということである。いったい、中国たるわが国の威武の力に外朝たる支那や諸国が企て望むべくもないのは、深い理由があるといえよう。

天孫《あめみま》天降《あまくだ》りたまふ時、天照大神《あまてらすおおみかみ》乃ち八坂瓊曲玉《やさかにのまがだま》及び八咫鏡《やたのかがみ》・草薙劒《くさなぎのつるぎ》三種《みくさの》寶物を賜ふ。　（『日本書紀』巻二の一書より）

一書に曰はく、天祖《あまつみおや》天照大神・高皇産靈尊乃ち相語りて曰《のたま》はく、夫れ葦原瑞穂國は吾が子孫《こうみのこ》の王《きみ》たるべきの地《くに》なりと。即ち八咫鏡及び薙草劒、二種《くさ》の神寶《かんだから》を以て皇孫《すめみま》に授け賜ひて、永《ひたぶる》に天璽《あまつしるし》と爲す。所謂神璽の劒鏡これなり。矛玉自《オ》ら従へたまふ。

謹みて按ずるに、是れ　皇代受授の三種の神器なり。蓋し八坂瓊曲玉は櫛明玉命《くしあかるたまのみこと》の造《つく》るところの瑞玉なり。櫛明玉は又の名は羽明玉《はあかる》、の名は天明玉、伊弉諾尊の子《みこ》。又八咫鏡は石凝姥神《いしこりとめのかみ》の鑄《い》るところの靈鏡なり。石凝姥は天糠戸《あまのぬかと》命の子、作鏡《かがみつくり》の遠祖なり。薙草劒は大蛇の尾に在るの寶劒なり。共にこの國に大功あり。而して玉は以て溫仁の徳を表はすべく、鏡は以て致格の知を表はすべく、劒は以て決斷の勇を表はすべし。その象《かたど》るところ、その形《かたち》するところ、皆　天神の至誠なり。この時未だ嘗て三徳の名あらず、而も自らその名義を存するのみにあらず、又この靈器の相備はるあり。唯この靈器あるのみにあらず、又この靈器の成功あり、最《いと》も可畏《かしこき》の甚《きはみ》なり。

竊に按ずるに、三器は　天神の功器、三徳の全備なり。　聖主これを用ひて內はその　睿心《えいしん》を鑒《かんが》みたまひ、外はその治教を制したまふ。是れ乃ち　神代の遺勅か。若し專ら三器を擁して內を正したまはざれば、虚器にして靈用なし。若し唯だ性心のみを弄して外を知らざれば、空を雕《ゑ》つて神器を無《なみ》するなり。凡そ外朝に、夏《か》に九鼎あつて殷・周に相傳へ、秦は卞玉《べんぎょく》を刻んで以て國璽《こくじ》と爲し、漢は斬蛇《ノ》劍を以て傳國の寶と爲し、後世は明堂に坐して、傳國の璽を執り、九鼎を列《つら》ぬるを以て、天下の三器と爲す。　中州の神器に比すれば、日を同じくしてこれを語るべからざるなり。況や赤刀《せきたう》・大訓《たいくん》・弘璧《こうへき》・琬琰《わんえん》の屬《たぐひ》は唯だ宗器のみ。

蓋し　皇統の受授は必ず三神器を以てして、而も　寶祚の永久を期し、傳國の信誠を表はし、　聖主必ず殿を同じくし床を共にして、以て治平の道を崇《あが》む。　中州の渾厚、系連綿邈《けいれんめんばく》の無窮、皆　神聖の致すところなり。以上、三種神器。

〔大意〕

謹んで考えてみるに、これこそ皇位継承に伴う三種《さんしゅ》の神器《じんぎ》にほかならない。たぶん、八坂瓊曲玉《やさかにのまがたま》は櫛明玉命《くしあかるたまのみこと》の造るところの瑞玉であり、八咫鏡《やたのかがみ》は石凝姥神《いしこりとめのかみ》の鋳るところの霊鏡であり、薙草劔（草薙劔《くさなぎのつるぎ》）は大蛇の尾に在った宝劔である。いずれもこの国に偉大な功績があって、そのうえ、玉は温仁の徳の、鏡は致知格物の知の、劔は決断の勇の象徴であるといえる。それらは皆、天神の至誠をあらわす象《かたどり》・形《かたち》（象徴）にほかならない。この時代にはまだ知仁勇の三徳が知られていなかったにもかかわらず、その名義のみならず、この霊器も皆、備わっており、霊器だけでなく更に霊器の偉大な功能まで備わっていたことは、最も畏れ多いことといわねばならない。

ひそかに考えてみるに三種の神器は、天神の才徳のはたらきをあらわす功器であり、仁・知・勇の三徳を全て具備している。聖天子たる天皇は、これを用いて、内心の明徳を明かにしたまい、外にあっては、臣民の統治・教化の制度を整えしろしめされるのである。これこそとりもなおさず、神代の、後世に遺された勅命といえるのではなかろうか。もし三器を擁して、内心の明徳を明らかにしたまわなければ、外形だけの三器となってしまって霊妙なはたらきをなさない。また、もし、内心の明徳を明らかにすることのみに専心して、外に臣民の統治・教化をないがしろにしたとすれば、実効のない絵空事となってしまって、神器の霊妙なはたらきを活用しなかったことになってしまう。

だいたい、外朝支那の例をとってみると、夏王朝の九鼎を伝国の璽として殷・周両王朝に相伝え、秦王朝は、卞玉《べんぎょく》を刻んで国璽とし、漢王朝では、斬蛇劔を伝国の宝とし、更に後の王朝になると、国家の重要な儀式を行う天子の太廟、つまり明堂に坐し、伝国の璽を執り、九鼎を列ねることをもって三器とした。これを中朝たるわが国の神器と比較してみると、全く同日に論じられることではない。ましてや、赤刀・大訓・弘璧・琬琰の類などは、宗教儀式に用いた宝物に過ぎない。

そもそも、皇位継承に当たっては、必ず三種の神器の授受を伴い、しかも、皇位皇統の永久を期し、この国の統治権を継承していく信念と誠意を表明するために、聖天子は、同じ殿の屋根の下、同じ部屋に在って、治国平天下の道を尊崇してやまない。このような中朝の渾厚は精神に基づく皇統が、連綿として久遠に途絶えることなく、無窮に継承されていく。これ皆、聖神の致すところにほかならない。

天照大神《あまてらすおおみかみ》手《みて》に寶鏡《ノ》を持ちたまひて、天忍穂耳尊《あまのおしほみみのみこと》に授けて祝《ほ》ぎて曰《のたま》はく、吾《あ》が兒《こ》この寶鏡を視《み》まさんこと、當《まさ》に吾れを視るがごとくすべし、與《とも》に床を同じくし殿《みあらか》を共《ひとつ》にして、以て齋鏡《いはひのかがみ》と爲すべし。

（『日本書紀』巻二の一書より）

一書に曰はく、日神《ひのかみ》天石窟《あまのいはや》に入るの時、思兼神《おもひかねの》の議《はかりごと》に従つて石凝姥神《いしこりとめの》をして日像《ひのかたち》の鏡を鑄せしむ。初の度鑄るところ少《いささ》か意《こころ》に合《かな》はず。是れ紀伊國日前神なり。次の度鑄るところはその狀美麗《かたちうるはし》。是れ伊勢大神なり。

一書に云はく、乃ち鏡作部《かがみつくり》の遠祖《とほつおや》天糠戸者《あまのぬかどのかみ》をして鏡を造らしむ。日神（方《まさ》に）磐戸を開《あ》けて出でます。この時鏡を以てその石窟に入れしかば、戸に觸れて小《すこ》し瑕《きづつ》けり。その瑕今に猶ほ存《うせず》。此れ即ち伊勢に崇祕《いつきまつ》る大神《おほんかみ》なり。

謹みて按ずるに、神代の靈器は一ならずして、而も天祖は唯だ三種の神寶を以て天孫の表物《しるしもの》と爲したまひ、大神《おほんかみ》は唯り寶鏡を以て神勅を詳にしたまふこと此の如し。蓋し鏡は本《もと》明かにすべきの象あり。これを琢しこれを磨して息まざるときは、日に新にして暗《くら》からず、襲藏深祕《しふざうしんぴ》して以て顧みざるときは、日に暗くして新ならず、猶ほ人君明かにすべきの質《しつ》ありて、これを致《きは》めこれを盡して止まざればその知日に新なり、威を高くし下に遠ざかりて以て規《ただ》さざればその徳正しからざるがごときなり。

夫れ人君の道は、要はその知を明かにするに在り。その知明かならざれば、寛仁と云ひ果斷と云ひ、共にその節に中《あた》らず。知至りて而して后徳と云ひ勇と云ひ、以てこれを行ふべし。

古より人君を稱するに明暗を以てすること、その寄《よせ》重き哉。

大《ン》神手《みて》に寶鏡を持《ち》して、別に　神勅を示し、床《ゆか》を同じくし殿《みあらか》を共にすることを以てす。是れ乃ち日に新に日に彊《つと》めて以て息むことなきの實なり。治教の義、大なる哉。凡そ　二神既に白銅鏡《ますみのかがみ》を以てし、大《ン》神伊勢州《いせのくに》に鎮坐したまふにも亦鏡劔これ従ふときは、乾靈《あめのかみ》　大神の神慮は唯だ寶鏡のみ。その重きこと劔璽の類《たぐひ》にあらず。故に代代の　聖主は日暮　賢所を敬拝するを事と爲《し》たまふ。是れ乃ち　神勅に因りてなり。以上、神鏡。

〔大意〕

謹んで考えてみるに、神代の霊器は一つだけではなくて、しかも、天祖は、唯《ただ》、三種の神器を以て、天孫の表物《しるしもの》（証明）と為《な》したまい、更に、大神は、唯《ひと》り宝鏡を以て、神勅の内容を詳《つぶさ》に教えたまいしこと、引用文の通りである。思えば、鏡は、本《もと》もと、明徳を明らかにする象徴であり、常にこれを琢磨して息《や》まなければ、明徳は、日に新たに、日々に新たにして、一層、明らかになってゆく。もし大切に収蔵してしまって、深く秘蔵して、琢磨しないときは、日に新たなることなく、更に暗くなってしまうのだ。このことは、人君に明らかにすべき美質がそなわっていて、これを究《きわ》め尽くしてやまないときには、日に新たになっていくのに、思いあがって謙虚でなくなって自ら修正しなければ、せっかくの美徳が正しく発揮されないということと同じである。

そもそも人君の道の要諦は、知を明らかにすることである。その知が明らかでないと、寛仁（心寛い思いやり）といい、果断（勇気ある決断）といっても節（最も適切な在り方）に適中しないものである。知を究めて、然る後に、寛仁の徳も、果断の勇も、これを実践することができる。古来、人君を明君と暗君との呼称で弁別した意味合いは、何と重いことであろうか。

天照大神が宝鏡を手に持って、「吾が児この宝鏡を視まさんこと、当に吾れを視るがごとくすべし、與に床を同じくし殿《みあらか》を共にして、以て齋鏡《いはひのかがみ》と為すべし」（天孫よ、この宝鏡を視るのは大神を視ることに他ならない。常に同じ住居に一緒に在ることで、そのように努めなさい）との神勅を示したまうたのであった。このことは、とりもなおさず、「日に新たに日々に新たに」「自彊《じきょう》して息《や》まず」知を明らかにし明徳を明らかにすべしという古訓の実態に他ならない。治教（統治と教化）の意義の、何と大きいことであろうか。

そもそも、高皇産霊尊《たかみむすびのみこと》・天照大神の二神が（既に）白銅鏡《ますのかがみ》を以て示された上に、大神が伊勢の国に鎮座したまうにも亦《また》、鏡と劔が従ったことを考えてみれば、神慮は、唯《ただ》宝鏡のみにあったのであって、その比重は、劔や璽とは、較《くら》べものにならなかったのである。その故《ゆえ》に天皇は、朝《あした》に夕《ゆうべ》に、宝鏡の在《いま》す賢所《かしこどころ》を敬拝することに努めたまうのである。これはとりもなおさず、神勅に因っていることにほかならない。

崇神帝《すじんてい》の六年、百姓流離《さすら》へぬ。或は背叛《そむくもの》あり、その勢徳《うつくしび》を以て治め難し。ここを以て晨《つと》に興《お》き夕《ゆふべまで》に惕《おそ》りて神祇を請罪《のみまう》す。これより先き天照大神《あまてらすおおみかみ》・和《やまと》の大國魂《おほくにたま》の二神《ふたはしらのかみ》を天皇の大殿《みあらか》の内に並に祭《いはひまつ》る。然してその神の勢《みいきほひ》を畏れて共に住みたまふに安からず。故《か》れ天照大神を以ては豊鍬入姫命《とよすきいりひめのみこと》を託《つ》けまつりて倭《やまと》の笠縫邑《かさぬひのむら》に祭りたまふ。仍りて磯堅城神籬《しかたきのひもろぎ》神籬、ここにはヒモロギと云ふ。**を立て、亦日本《やまと》の**

大國魂神《おほくにたまのかみ》を以《もち》ては、渟名城入姫命《ぬなきいりひめの》に託《つ》けて祭《いはひまつ》らしむ。然るに渟名城入姫髪《かみ》落《お》ち體痩《やせか》みて祭《いは》ふこと能はず。

（『日本書紀』巻五より）

一書に曰はく、神武帝の時、天富命《あまとみの》諸〻《もろ〳〵》の齋部《いつきべ》を率ゐて、天璽《あまつしるし》の鏡劔を捧げ持ちて正殿《みあらか》に安《お》き奉る。この時に當りて、帝《きみ》と神《かみ》とその際未だ遠からず、殿を同じうし床を共にしてこれを以て常と爲す。故に神物《かんたから》・官物《みやきもの》も亦未だ分別《わいだ》めず。宮の内に藏を立て齋藏《いみくら》と號し、齋部氏《いつきべのうち》をして永くその職に任ず。磯城瑞垣朝《しきみづかきのみかど》に至りて漸く神威を畏れ、殿を同じうしたまふこと安からず。故に更に齋部氏をして石凝姥神《いしこりとめの》の裔、天目一神《あめのめひとつのかみ》の裔の二《ふたつ》の氏を率ゐて、更に鏡を鑄《い》、劔を造りて、以て護りの御璽《みしるし》と爲す。是れ今踐祚《あまのひつぎしろしめす》天の日に獻《たてまつ》るところの神璽《かみのしるし》鏡劔なり。仍つて倭《やまと》の笠縫ノ邑に就《いた》りて、殊に磯城神籬《しきのひもろぎ》を立て、天照大神及び草薙ノ劔を遷し奉る。皇女豐鍬入《すめらみむすめとよすきいり》姫命《ひめのみこと》をして齋ひ奉る。

一書に曰はく、神武天皇都を大和ノ國橿原に定めたまふ。時に天照大神の御靈《みたま》八咫ノ鏡及び草薙ノ劔を以て大殿《みあらか》に安置して床を同じくして坐したまふ、往古の神勅の如し。皇居と神宮と差別なし。宮中に庫藏《こざう》を立てこれを齋藏《いみくら》と云ふ。官物《みやけもの》・神物の分《わいだめ》なし。

一書に曰はく、崇神帝漸く神威を畏れ、鏡造石凝姥神の孫に勅して鏡を改め鑄《い》、天《あめの》目《め》一筒神《ひとつのかみ》の孫、劒を改め造り、この二種《ふたくさ》の寶を大和の宇陀郡《うだのごほり》に移して、以て護身と爲して同殿に置く。その上古より傳ふるところの神鏡及び靈劒は、即ち皇女豐鋤入姫に附し、神籬《ひもろぎ》を大和の笠縫ノ邑に立てて以てこれを祭る。これに由りて新宮・皇居差別あり。

一書に曰はく、纏向日代朝《まきむくのひしろのみかど》に至り、日本武尊に令《みことのり》して東夷《あづまのひな》を征討《うた》しむ。仍《よ》りて枉道《よぎりみち》し伊勢ノ神宮に詣《いた》り、倭姫命《やまとひめのみこと》に辭見《まかりまう》したまふとき、草薙ノ劒を以て日本武命に授けて教へて曰《のたま》はく、愼みてな怠りそと。日本武命既に東虜《あづまのひな》を平《しづ》めて還りたまうて、尾張ノ國に至りて宮簀媛《みやすひめ》を納《めしい》れ、淹留《ひさしくとどまり》月を踰《こ》えて、劒を解きて宅に置き徒行《かちよりゆ》く。膽吹山《いぶきやま》に登り毒《くすり》に中《あた》りて薨《かんさ》りましぬ。その草薙ノ劒は今尾張ノ國熱田ノ社に在り。神書に云はく、草薙劒は尾張國吾湯市村《あゆちのむら》に在り。即ち熱田の祝《はふ》部《りら》が掌るところの神これなり。吾湯市村は今の愛智郡《えちのごほり》これなり。

謹みて按ずるに、是れ　神器を別所に置くの始なり。天孫より今に至るまで　神勅に任せて床を同じくし殿を共にす。天下の承平久しくして萬機の政令繁《しげ》し、神人の間、數〻《しば〱》すれば瀆《けが》る。　帝敬してこれを遠ざく。故に靈樣に模《も》してこれを溫明殿に安置し、神器を別處に崇《いは》ひ奉る、亦時宜の節にして、　神人相去るの機なり。蓋し　帝、鏡劒を改模《かいも》して璽《しるし》を留め、神、劒を以て日本武尊に與へて鏡を留めたまふ。然らば乃ち寶鏡は　神の全體にして、神璽《しんじ》は人君の體とするところ、寶劔は人臣の司るところなり。三般の神器、その徳明かなる哉。凡そ神は鏡なり。倭訓神を以てカミと訓す。カガミの中略と爲す。愚按ずるに、鏡の音は居慶の反、唐音カムなり。ムとミと叶音、故に神はその訓鏡なり。故に　天孫の後に天照大神と稱したてまつる者は、皆寶鏡なり。是れ吾《あ》が兒《みこ》この寶鏡を視まさんこと當に吾れを視るがごとくすべしとの　神勅に因ればなり。然らば乃ち人君は日に彊《つと》めて息まず、君子の道長《ちやう》じ小人の道消《せう》するは、是れ善く　神を敬して常に　神を視たまふの實なり。而して寛仁の量を體し、親《しん》を親《しん》とし賢を賢とするときは、靈璽《れいじ》の徳日に以て厚し。人臣四海の柄を執り、善く人情に通じ、淹滯《えんたい》を明かにして、禮を立て政を正すときは、寶劔の靈威中《あた》らずといふところなし。面して后に君臣相因り、天下の化行はれて、而も三器の用虚《むな》しからざるなり。

以上、神器を別處に置く。

以上、寶器の實を論ず。謹みて按ずるに、事あるときは物あり。物は乃ち器なり、以てその用を利し以てその誠を通ず。故に物あるときは必ず則《のり》あり。衣食の物たる、家宅用器の制たる、金玉の財、文武の器、各〻その禮あり。器ありてその用通ぜず、その制正しからざれば、君子これに與《くみ》せず、況や寶器をや。夫れ一人の私器、一事の利物は、寶にあらず。神と曰ひ寶と曰ふは、則ち天下の大器なり、萬民の利用なり、神聖の靈器なり、古今の法器なり。

而して后に　天子以て敬すべく、天下由りて治まるべし。三器の神なるや寶なるや、併せ案ずべし。

蓋し上古その人を賀しその徳を稱しその威を示すには、必ず玉劔鏡を以てす。仲哀帝征西の時、筑紫の伊観縣主《いとのあがたぬし》五十迹手《いそとて》、賢木《さかき》に三器を掛け、穴門《あなと》の引嶋《ひくしま》に参り迎ふ。因りて奏して言《まう》さく、天皇は八尺瓊《やさかに》の勾《まが》れるが如く、以て曲妙《たへ》に御宇《みよしろしめ》せ、且《ま》た白銅鏡《ますみのかがみ》の如く、以て分明《あきらか》に山川海原を看行《みそなは》せ、乃ちこの十握劔《とつかのつるぎ》を提《とりあは》せて天下を平らげたまへとなりとまうす。又日本武尊の東を征《う》ちたまふにも、大鏡《おほいなるかがみ》を王船《きみのみふね》に懸けたまふ。是れ乃ち往古の遺則《のこれるのり》なり。景行の十二年、征西したまふ。神夏磯媛《かみかしひめ》賢木に三器を挂けて以て迎へ啓《まう》すも亦然り。

〔大意〕

謹んで考えてみるに、これが、神器を皇居と別の所に置くようになる始めである。天孫降臨から今に至るまで、神勅の通り、天皇は、同じ殿堂の同じ部屋に居りたまうた。天下が永く平安で、万機の政令が多忙になって、神・人の関係がそこなわれがちになってきたので、天皇が、神器を敬して遠ざけることになったのである。そのため神器を別処に崇奉して、模造の器を温明殿（賢所）に安置し、神器を別処に奉崇したのは、礼節の時宜を得たことで、神と人との分別の契機であった。

おそらく、天皇が鏡劔を改模して神器《璽》のしるしを身近に留め、神が劔を日本武尊に授与され、鏡のみを留めたまうとすれば、宝鏡こそが、神の全体をあらわし、仁の象徴の玉は天皇の体する所であり、勇の象徴の劔は臣の司る所である。三種の神器の徳（役割区分）の何と明らかなことであろうか。

だいたい神は鏡である（カミはカガミのガを略したもの）。だから天孫降臨の後に天照大神と称したてまつるものは皆、宝鏡を意味している。これは「吾が児《あみこ》この宝鏡を視まさんこと当に吾れを視るがごとくすべし」との神勅に因っているからである。とすれば人君は、日々に勉めて息《や》まず、易にいう「君子の道長《ちょう》じて小人の道消す」というのは、善く神を敬して常に神を視たまうの実効である。そして寛仁の量を身に体し、「親を親とし賢を賢とする」ときは、霊璽の功徳は、日に日に厚くなってゆく。人臣が、天下の政柄を執り善く人情に通じ、賢才が下位に止まって、礼を確立し政を是正するときには、宝劔の霊威は広く行きわたる。こうして君臣が協力し補完し合って天下の教化が行われ、かくて三種の神器の効用は充実するのである。

以上、宝器の実効を論じてきた。謹んで考えてみるに、事あるときは、それに応ずる物がある。物とは、器のことである。それを利用してその誠が通ずるので、物があれば、必ずそれに応ずる則がある。物である衣食・制である家宅用器、金玉の財、文武の器、皆おのおのの礼（在り方）がある。器があっても利用できず、その制が正しくなければ、君子は賛同しない。ましてや宝器においては、尚更《なおさら》のことである。そもそも一人の私器、一事の利物は宝とはいえない。神宝というのは、つまり大器のことであり、万民の利用するところであり、神聖の霊器、古今の法器にほかならない。然る後に、天子も崇敬し、天下も、それで治まることができる。三器の神宝なることは併せて考えてみるべきであろう。

思うに、上古、その人を祝賀し、その徳を称賛し、その威を提示する場合は、必ず玉劔鏡を以てした。仲哀天皇征西のとき、筑紫の伊覩県主《いとのあがたぬし》である五十迹手《いそとて》が、神木に三器を掛け、今の長門の彦島に参ってお迎えした。その際、奏上して、天皇は八咫《やさか》瓊《に》の勾《まが》れるように、曲妙に天下を統治され、また白銅鏡《ますみのかがみ》のように、明らかに山川海原を御覧になり、この十握劔《とつかのつるぎ》をとって天下を平定したまえと申し上げた。また、日本武尊《やまとたけるのみこと》が東国を征討したまうにも、大鏡を玉船のへさきに懸けたまうた。これらは、往古の遺則《のこれるのり》にほかならないのである。

神教章

伊弉諾尊《いざなぎのみこと》・伊弉册尊《いざなみのみこと》は磤馭盧嶋《おのころじま》を以て國中《ノ》の柱《みはしら》と爲して、陽神《をかみ》は左より旋《めぐ》り、陰神《めかみ》は右より旋る。國の柱《みはしら》を分巡《めぐ》りて同じく一つ面《おもて》に會《あ》ひき。時に陰神先づ唱へて曰《のたま》はく、憙《あなうれし》や可美少男《うましをとこ》に遇ひぬ。少男、ここにはヲトコと云ふ。陽神悅びずして曰はく、吾《あ》れはこれ男子《ますらを》なり、理當《ことわりまさ》に先づ唱ふべし、如何《いかん》ぞ婦人《たをやめ》の反つて言先《ことさいだ》つや。事既に不祥《さがなし》、宜《むべ》以て改め旋るべしと。ここに二神却《かへ》つて更に相遇《めぐりあ》ひたまひぬ。

（『日本書紀』巻一より）

謹みて按ずるに、是れ　天神教學《けうがく》の義なり。陰陽唱和《しやうわ》の道は天地至誠の實なり。凡そ天に中道あり、これを天の經《けい》と爲す。日はここに左に旋り、月はここに右に旋り、二十有九日有奇《あまり》にして日月相會し、以て一月と爲す。月の日に及ばざること常に十有二度有奇《あまり》、是れ陰陽の道なり。　陰神先づ唱へて　陽神以てこれに教へ、　陰神過を改めたまふ。その教學の義甚だ明かなるかな。天下の間は陰陽に外ならず、人倫の大綱は端を夫婦に造《な》す。陰陽和して萬物育し、夫婦別ありて五典秩《つい》づ。萬化の本一にこれをここに原《もと》づく。陽徳は天に合し陰靜は地に配し、而して後　神子生《あ》れまして以て宇宙に主たるべく、以て宗廟を承くべし。夫れ　二神この禮を正して萬福の原《もと》を教示したまへども、猶ほ選立の道を失ひ狡媚《かうび》の寵《ちよう》に蕩《たう》《ながれ》し、適媵《ちやくよう》の辨を失して宮闈《きゆうゐ》政に預り、外家權を擅《ほしいまま》にす。正始の道は　王化の基なり。その繫《かかは》るところ大なる哉。以上、天神教學の義。

〔大意〕

謹んで考えてみるに、これは、天神の教学の意義にほかならない。陰陽唱和の道、つまり、陰陽の順序、秩序のあり方は、天地の真実の核心である。だいたい天に中道があり、天体運行の大道、即ち経となっている。日は、経により左に廻り、月は右に廻って、二十九日余りで、日月が相会し、これを一か月としている。月が、先行する日に後行すること十二回余り、これが常となっている。これが日月つまり陰陽の順序・秩序である。

この順序を違えて、陰神が先に唱えた過誤を陽神が教えて改めたまうたことが述べられていることで、教学の意義が、甚だ明確になっている。天地の万物は陰陽の道に拠っており、人のふむべき道、人倫の要諦の端緒は、まず夫婦間に形成される。陰陽の道が適合調和して万物が生成化育し、夫婦の秩序から五典、つまり人倫の大綱である、父子の親、君臣の義、夫婦の別、長幼の序、朋友の信が秩序づけられる。すべての生成化育の営みは、みなここに基づいている。

陽の活発なはたらきは、天となり、陰の静かな従順は、地にふさわしく、その陰陽・天地があって後に、神子即ち日神（天照大神）と月神（月弓尊）が生まれまして、宇宙の主となり、その子孫が皇位を継承していくこととなったのである。

伊弉諾・伊弉冊二神が、ここに天地陰陽の順序・秩序を正して、万福の原《もと》つまり教学の意義を教示したまうたのである。しかしそれでもなお、この教示に違う過誤（太子選立、賢人登用、後宮・外戚の秩序などの過誤）が絶えなかったのである。このような中で、始めを正すは王化の基礎なりといわれるが、二神の示したまう教学の意義は、何と広範多岐にわたり、偉大な影響力を有しているのであろうか。

二神、素戔嗚尊《すさのおのみこと》に勅して曰はく、汝《いまし》甚だ無道《あぢきなし》、以て宇宙《あめのした》に君とし臨むべからず。固《まこと》に當に遠く根國《ねのくに》に適《い》ねとのたまひて遂に逐《やら》ひき。

（『日本書紀』巻一より）

一書に曰はく、日月既に生《あ》れまして、次に蛭兒《ひるこ》を生みたまふ。この兒年三歳《みことしみとせ》に満《な》りぬれども脚《あし》尚ほ立たざりき。初め二神《ふたはしらのかみ》柱《みはしら》を巡《めぐ》りたまふの時、陰神先づ喜ぶ言《こと》を發《あ》ぐ。既に陰陽《めを》の理《ことわり》に違《たが》へり。所以《このゆゑ》に今蛭兒を生む。

謹みて按ずるに、二神《ふたはしらのかみ》建立の謀《はかりごと》を嚴にし、諭教の法を正《ただ》すこと此の如し。無道《ニシテ》不レ可《カラ》三以《テ》君《トシ》二臨《ム》宇宙《ニ》一の九字は、萬世太子を建つるの教戒なり。宇宙の洪《おほい》なる、人物の衆《おほ》き、人君に因りてその性を盡すことを得《う》。人君正しからざるときは、政禮中《あた》らず。政禮中らざるときは、人民手足を措くところなく、品物夭折《えうせつ》し災害並び臻《いた》る。所謂道は人物が由りて行くところの名なり。人物が由りて行くべからざれば、善しと雖も徴《しるし》なく尊《たふと》からず。人君この道に由りて宇宙を御せざるときは、人君にあらず。故に今無道を言ひてこの神を戒めて、以て後世に垂るるなり。

蓋し太子を建つることは、宗廟社稷を重んずる所以にして、天下の大義なり。唯だ子孫の愛寵を思ひて天下を忘れ、天下の大寶を謀りて教諭を失ふときは、二ノ神が天下を公《おほやけ》にするの心《みこころ》にあらず。ここを以てこれを戒むれども、猶ほ嫡庶の分を失ひ廢奪の用を逞しくし、好惡の私に從ふことあり。噫、神の一言至れり盡せり。外朝の聖賢が世子建諭の原《もと》は千差萬別なるも、亦道あると道なきとに在るのみ。ここに至りてこの道を言《のたま》ふ、是れ乃ち　聖神教學の實にして、後世由りて行ふところなり。況や陰《め》陽《を》の理に違《たが》ひて以て蛭兒を生むとは、是れ　天神《あまつかみ》が胎教《たいけう》の戒《いましめ》なり。以上、諭教を建立するの義。

〔大意〕

謹んで考えてみるに、二神は、このようにして、後嗣建立の謀《はかりごと》を厳格に定め、諭教の原則を正されたのである。

無道《ニシテ》不レ可《カラ》三以《テ》君《トシ》二臨《ム》宇宙《ニ》一（無道にして以て宇宙に君とし臨むべからず）の九文字は、永く万世にわたる太子建立の教戒にほかならない。広大な宇宙や衆多《しゅうた》の人や物は、君主に依拠して始めて、その性質を尽くすことができるのである。従ってその君主が正しくないときは、政・礼ともに不適切となってしまって、人民はどう世に処したらよいか判らず、事物は時を失い災害が頻発する。世に謂う道とは、人も物も、それに依って行く所を意味している。もし人も物も、それに依って行くことができないとすれば、善い道といっても、実効がなくては尊重されることはない。君主が道に依って世を統治しないときは、君主とは言えない。それゆえに、二神は、無道について論じて素戔嗚尊を戒め、後世に範を垂れたのである。

思うに、太子を建立することは、宗廟、社稷を重んずるゆえんであり、天下の大義にほかならない。ただ、子や孫への愛情のみを思って天下の統治をないがしろにし、皇統のために謀りながら教諭を忘れるとすれば、二神が天下を公明正大に統治された精神からかけ離れてしまうことになろう。

二神が、このように教戒されているのに、前述のさまざまな過誤が、なおあとをたたなかった。このことを思えば、神の一言は、何と至れり尽くせりであったことか。外朝支那の聖賢の世子建諭、つまり後継者を定め、教諭したことが広範多岐にわたっても、その要は、この道に則していたか否かに過ぎなかったのである。ここに至って、この道について言及したまうたのは、聖神の教学の要諦を示されたことであり、後世の範例となるところにほかならない。ましてや陰陽の理に違反したため蛭児を生んだことは、これまさに天神の胎教の教戒に他ならない。

天照大神《あまてらすおおみかみ》天石窟《あまのいはや》に入りまして磐戸《いはと》を閉《さ》して幽居《こもりま》す。故《か》れ六合《くに》の内常闇《とこやみ》にして、晝夜の相代《あひかは》るわきも知らず。時に八十《やそ》萬神《よろづのかんだち》、天安河邊《あめのやすのかはら》に會合《かんつどひ》してその禱《いの》るべきの方《さま》を計《はか》らふ。故《か》れ思兼神《おもひかねのかみ》深く謀り遠く慮《たばか》りて、遂に常世《とこよ》の長鳴鳥《ながなきのとり》を聚《あつ》めて互に長鳴せしむ。亦手力雄神《たちからをのかみ》を以て磐戸の側《とわき》に立《かくした》てて、中臣連《なかとみのむらじ》の遠祖《とほつおや》天兒屋命《あまのこやねのみこと》と忌部《いんべ》の遠祖太玉命《ふとだまのみこと》と、天香山《あまのかごやま》の五百箇眞坂樹《いほつのまさかき》を掘《ねこ》にして、上枝《かんつえ》には八坂瓊《やさかに》の五百箇御統《いほつのみすまる》を懸《とりか》け、中枝《なかつえ》には八咫鏡《やたのかがみ》ある一に云はく、眞經津鏡《まふつの》。を懸《とりか》け、下枝《しづえ》には青和幣《あをにぎて》和幣、ここにはニギテと云ふ。・白和幣《しらにぎて》を懸《とりし》でて、相與《とも》に致其祈禱《のみいのりまう》す。又猿女君《さるめのきみ》の遠祖《とほつおや》天鈿女命《あめのうずめのみこと》は則ち手に茅纏《ちまき》の矟《ほこ》を持ち、天石窟戸の前に立たして、巧に作俳優《わざをぎ》す。

（『日本書紀』巻一より）

謹みて按ずるに、是れ　神代思學の義なり。初め　二神の共議するありと雖も、天浮橋の上に立ちて共に計りて曰はく、又二神共に議りて曰はく、天下の主者《きみたるひと》を生まざらんやと。未だ然《しか》く詳なるに及ばず。凡そ學は思《おもひ》に成る。思ふことは學に審なり。蓋し思兼神は　神代思學睿聖の神か。思ふこと兼《かぬる》に在り、兼ねざれば思ふこと臆説に在り。然れば乃ち思ふことは內その知慮を致《きは》むるなり。兼ぬることは外その事物を盡すなり。宜なる哉、天安河邊《あめのやすのかはら》の謀《はかりごと》その道を得て、大神《おほんかみ》その初に復《かへ》りたまひ、萬億世これその幸《さきは》ふことを被り、此れ斯の民の直道なることや、一に思兼神に在り。噫、深い哉この謀《はかりごと》、遠い哉この慮《たばかり》や。天兒屋命・太玉命の寛仁なる、手力雄神・天鈿女命の勇略なる、その懸《か》くるところの靈璽・寶鏡、その持つところの茅纏《ちまき》の矟《ほこ》、その嚱樂《ゑらく》の悠然たる、事物ここに善盡き美盡く。　神何ぞその初に復《かへ》りたまはざらんや。今竊に　神代の説に因りて以て聖學の道を演《の》ぶるに、亦これに外ならず。

夫れ人の人たる、思はず學ばざるときは、禽獸に異ならず、思學せずして以て自《ミ》ら足れりと爲すときは、猶ほ闇室《あんしつ》に物を求むるがごとし。手足も亦措《お》くところなけん。況や事物をや。今その道を修《しう》せんと欲せば、先づこれを思ふに在り。これを思ふことはこれを兼ぬるに在り。これを思ひこれを兼ぬるときは、學習自《オ》ら存す。而れども尙ほ有道に就きて以てこれを正さずんばあらず。この間力行あり積累あり、近く本《もと》づくあり遠く徴《こころ》むるあり、これを天地に建てこれを鬼神に質《ただ》すことあり、或は以て說《よろこ》び或は以て樂しむ。而して後に惺惺《せいせい》明明として通ぜざることなく、教學竟に倦厭《けんえん》せず。是れ乃ち天の行健《みちすこやか》にして、懸象著明なるなり。萬世の今、この一章を讀みて、以て聖學の淵源《えんげん》ここに始終することを知る。　神の道はその誠の揜《おほ》ふべからざること此の如し。以上、神代思學の說。

〔大意〕

謹んで考えてみるに、これは、神代の思考と学問（思いかつ学ぶこと）の意義を明らかにした記述である。当初、伊弉諾・伊弉冊二神が共議された先例があるといっても、これほど詳細な協議には及ばない。

そもそも、学問は思考によって補完される。つまり、思いて学び、学びて思うことによって、一層、審《つまび》らかになるのである。

思うに、思兼神は、神代の思考・学問・叡智を兼ねた完璧の神にましましたのではあるまいか。思考（思うこと）は、諸般の情況を総合的に勘案することである。そうでないと思考に片寄りが生じ臆説をまぬがれない。だから、思考には、内（主観的）に知慮をきわめると共に外（客観的）に、万般の事物について知り尽くすことが必要である（格物致知）。

天安河邊《あめのやすのかはら》に神々が会合して、事態打解を協議された謀《はかりごと》は、極めて道理に適《かな》ったものであったので、その結果として、天照大神が天岩窟を出でまして元初に復帰され、後万世にわたってその恩恵をこうむることができ、この国民にとって最善の方途であったことは、まことに当然のことといわねばならない。これひとえに思兼神のお蔭にほかならないのだ。ああ、何と深謀遠慮であることか。

天兒屋命・太玉命の寛仁、手力雄神・天鈿女命の勇略、加えて、五百箇眞坂樹に懸けた霊璽、宝鏡、茅纏《ちまき》の矟《ほこ》を持つ天鈿女命の巧妙な演技、これを観て湧き立つ神々の悠然とした楽しそうな声、事も物も、これだけ善・美を尽くしては、天照大神としても、どうして元初に復帰したまわぬことがあろうか。今、ひそかに、神代の伝説に基づいて聖学の在り方を説明しようとすれば、これ以外の説明のしようはない。

そもそも、人の人たるゆえん、禽獣と異なるゆえんは、「思ひて学び、学びて思ふ」ところにある。そのように思学を兼ね合わせず、そのままで自分で満足してしまっては、まるで、真暗《まっくら》な部屋で物を探し求めるようなことになってしまう。これでは、自分の手足の挙措動作《きょそどうさ》も、どうしてよいか判らず、まして自分以外の事や物については、尚更《なおさら》のことである。学問・修徳しようとすれば、諸般の状況を総合的に勘案せねばならず、そうすれば必然的に学習せねばならず、その学習も道徳のそなわる賢者に就いて正してゆかねばならない。その過誤においては、努力を重ね、一つ一つの成果を積み重ね、卑近な事に根拠を求めたり高遠な理論で証明しようとしたり、果ては天地に徴したり、鬼神に質したりして、時に喜んだり、時には楽しんだりする。そうした後に始めて、静かに悟り、明白に知り尽くして、教学に倦《う》み厭《いと》うことなき境地に達することができるのである。これこそ、『易経』に「天行健なり、君子以て自強して息《や》まず」（天地の生成化育の営為、つまり造化は偉大で一時とて息むことがない。その賛助者という偉大な役割を担う人も亦《また》、その役割に尽力して息むことはないの意）とある意にほかならず、同じ『易経』に「懸象著明なること日・月よりも大なるもの無し」（同前の営為を明確に象徴するものとして、日・月より大きなはたらきをするものはない）に説く所にほかならない。

神代から万世を隔てた今日、この一章を読んで、聖学の淵源が、実にここにこそ存したことを確認することができる。神の道の真実無妄は、被い隠すことなどできないことは、この一章に明確である。

皇祖《すめらみおや》高皇産靈尊《たかみむすびのみこと》は皇孫《すめみま》を葦原《ノ》中《ツ》國の主《きみ》と爲さんと欲《おぼ》す。故《か》れ高皇産靈尊は八《や》十《そ》諸《よろづの》神を召集《めしつど》へて問はして曰はく、吾《あ》れ葦原《ノ》中《ツ》國の邪鬼《あしきもの》を撥《はら》ひ平《む》けしめんと欲《おも》ふ、當《まさ》に誰を遣はさば宜《よ》けん、惟《ねがは》くは爾諸神《いましもろかんだち》知らんところを隱《かく》しましそ。僉曰《みなまう》さく、天穗日命《あまのほひのみこと》はこれ神の傑《すぐれたる》なり、試みたまはざるべきやと。ここに俯して衆言《もろ〱のこと》に順ひて、即ち天穗日命を以て往いて平《む》けしむ。然れどもこの神大《おほ》己貴神《あなむちのかみ》に佞《おもね》り媚《こ》びて、三年《みとせ》に比及《なるまで》尙ほ報聞《かへりごとまう》さず。故《か》れ高皇産靈尊更に諸神《もろかんたち》を會《つど》へて、當に遣はすべき者を問ひたまふ。僉曰《みなまう》さく、天國玉《あまのくにたま》の子天稚彦《あめわかひこ》これ壯士《たけきひと》なり、宜《よろ》しく試みたまへ。ここに高皇産靈尊は天稚彦に天鹿兒弓《あまのかごゆみ》及び天羽羽矢《あまのはばや》を賜《たま》はりて以て遣《つか》はす。この神も亦忠誠《まめ》ならず。この後高皇産靈尊は更に諸神《もろかんだち》を會《つど》へて、當に葦原《ノ》中《ツ》國に遣はすべき者を選みたまふ。僉曰《みなまう》さく、經津主《ふつぬしの》神これ將佳《よけん》と。遂に武甕槌《たけみかづちの》神を以て經津主神に配《そ》へて葦原《ノ》中《ツ》國を平《む》けしむ。

（『日本書紀』巻二より）

一書に曰はく、天稚彦報命《かへりごとまう》さず。故《か》れ天照大神、乃ち思兼神を召してその不來《まうこざる》の狀《かたち》を問ひたまふ。

謹みて按ずるに、是れ　天《ツ》神問學の義なり。人必ず長あり短あり、問うて以てその情を盡し、各〻その至善に止《とど》まるときは、天下の美これに歸す。若し己れに從つて欲を縱《ほしいまま》にし、短を護り言を塞《ふさ》ぎ、或は問うてその兩端を盡さざれば唯だ虛問のみ。問ふことを好むの道大なる哉。夫れ　乾神《あまつかみ》の靈を以て問を好みて遂に大功を成すを得。その問ふことの審なるや、その俯して衆言に順ふや、後の　聖主諫《いさめ》を求め直言を納るるの戒至れり。蓋し人君は九重の深きに位し億兆の上に立つ。特《ただ》に雷霆の威あるのみにあらず、特に萬鈞の勢あるのみにあらず、前に龍喉の鱗あり、後に鼎鑊《ていかく》の責《せめ》あり。（ゆゑに）言はず威《おど》さずして人民先づ懼栗《くりつ》す。況や短を護り諫を拒みて、以て嚴肅威猛なるときは、言路何ぞ通ぜんや。抑〻冕旒《べんりう》の目を蔽ひ、黈纊《とうくわう》の耳を塞ぎ、出づるに警して入るに蹕《ひつ》するをや。故に人に假《ゆる》すに顏色を以てしてその諫を導き、己れを虛しくして以てこれを採納し、その言を待ちて奬進激勸して、天下の善を來す者は人君の德なり。外朝の聖主も亦事にここに從ふ。帝堯の咨《と》ひ若《したが》ひ、帝舜の問ふことを好みて而も四目を明かにし四聰を達する、禹の昌言を拜し、湯の坐して以て旦《あくる》を待ち、周の三王を思ひ兼ね而も善く萬化を經綸する、幷せ按ずべきなり凡そ草昧の始、軍機の要は君臣詳に議《はか》ると雖も、思慮の失、擧措《きよそ》の間未だ嘗てその過《あやまち》なくんばあらず。天《ツ》神すら既に然り、後世豈容易ならんや。その戒を遺示《ゐし》するところ又明かならずや。以上、天神問學の義。

〔大意〕

謹んで考えてみるに、これは、天神の学問の意味である、人には必ず長所あり短所あり、学び問うて情況をきわめ尽くし、それぞれその至善に止まる（『大学』の三綱領の一つ）ときには、天下の美質が実現する。もしそうでなくて己《おのれ》の私欲に従って人欲も縦《ほしいまま》にし、欠点短所を改めないまま、忠告善言に耳を塞いでしまって、『中庸』にある「舜は問を好み、好んで邇言《じげん》を察し、悪を隠して善を掲げ、其の両端を執《と》って其の中《ちゅう》を民に用ふ」（舜は好んで人にものをたずね、そのうえ身のまわりのつまらないことまでよくよく吟味して、その悪いところは抑えて善いところをあらわしひろめ、ものごとの両端をとらえて、その中ほどを人民のあいだに適用した）とあるようにしなければ、それは唯《ただ》に、学問として空虚なものにすぎない。問うことを好む真の学問は、何と偉大なものであることか。乾神の霊妙な力を以て更に学び問うことを好んで、遂に大功を達成することができた。

『中庸』に説く「博くこれを学び、審らかにこれを問い、能くせざれば措かざるなり」や同じ『中庸』に説く「俯して衆言に順ふ」など、皆、後世の聖主が、諫言《かんげん》を臣下に求め、臣下の直言を嘉納すべしとする訓戒の極致である。

思うに人君は、九重を隔つ深窓に在って、しかも億兆（衆多《しゅうた》の人民）の上に立って統括する。雷霆《らいてい》の威厳・万鈞《ばんこう》の威勢あるのみならず、逆鱗《げきりん》に触れて殺される恐怖や刑死の恐怖が前後に伴っている。そのゆえに、言わず威さずして人民が懼《おそ》れおののいている。ましてや短所を更《あらた》めず、諫言《かんげん》を受け付けずに、厳粛にして威猛のままであれば、人民の言いたいことが人君に通ずることなど、ありえないことである。そうでなくても、冕旒《べんりゅう》の玉のかざりでさまたげて目を蔽《おお》ってしまい、黈纊《とうこう》の玉のかざりでさまたげて耳をふさいでしまっている上に、人君の出入のたびに警《けい》・蹕《ひつ》の声で人民を畏怖させているのだから尚更のことである。

それだから顔色に寛容なることを見せて人民の諫言できるように誘導し、己を虚しくして、その諫言を受け入れ、その諫言の求めるところを、できる限り奨励し実践することによって天下を善に導くことこそ、人君の徳として強調されるのである。外朝支那の聖天子もまた統治にはこの道に従っている。書経に見えるように、堯帝が人民に諮問しその通りに行い、舜帝も、問うことを好んで、四方の事情に視・聴を達成し、禹帝が、盛徳の言を崇拝し、湯王が、横になって寝ることなく坐したまま朝に人民の声を聴けるのを待ち、周公旦が、夏の禹王、殷の湯王、周の武王を崇拝して思い合わせ、しかも、人民を善く教化統治したことなど、皆、考え併せていかねばならないことである。

だいたい、草創蒙昧の始めにあっては、軍事の枢機の要は、君臣が詳かに協議したとしても、思慮の失敗や、挙措の間違いなど、過誤がなかったことはない。天神ですらそうなのであるから、後世において、どうして容易に過なくなしうるはずがあろうか。その戒めを後世に遺したことは、明らかではないか。

天照大神《あまてらすおおみかみ》手《みて》に寶鏡《ノ》を持ちたまひて、天忍穂耳尊《あまのおしほみみのみこと》に授けて祝《ほ》ぎて曰はく、吾《あ》が兒《こ》この寶《ノ》鏡を視まさんこと當に猶ほ吾《あ》れを視るがごとくすべし。與に床《ゆか》を同

じくし殿《みあらか》を共《ひとつ》にして以て齋鏡《いはひのかがみ》と爲すべし。

（『日本書紀』巻二の一書より）

先人曰はく、往古の神勅なりと。北畠准后の記。

謹みて按ずるに、是れ往古の　神勅なり。當《ニ》スベシ㆑猶《ホ》ク㆑視《ルガ》㆑吾《レヲ》の四字は乃ち　天祖皇孫傳授の天教にして、千萬世　皇統謹守の顧命なり。その言簡にしてその旨遠し、堯・舜・禹の十六字と雖も豈これに外《す》ぎんや。蓋し人子《じんし》恆《つね》に如在《によざい》の敬《つつしみ》を存するときは、怠惰の氣終に張るべからず。或は始《はじめ》を克《よ》くしてその終《をはり》を保たず、或は此れに敬して彼れに慢《おこた》る者は、日に遠くしてこれを忘れ、欲に從ひて愼まざればなり。その祖《おや》を祖《おや》とする者はその下《しも》を下とす。未だその祖を遺《わす》れてその民を親しむものはあらざるなり。後の聖人は三年父の道を改むるなきを以て孝と爲す、亦可ならずや。凡そその人を思ふときは猶ほその樹を愛す。その人を愛するときは猶ほその烏に及ぶ。周公曰はく、その人を愛する者は、愛その屋上の烏に及ぶと。況や杯圏《はいけん》《さかづき》をや、況やその書をや、況やこの寶鏡をや。向《むか》つてその形《かたち》を視るときは明正無窮の象あり、切にその道を修むるときは日に彊《つと》めて息まざるの誠あり、況や日月とその光を合《あは》せ、天地とその道を明にするをや、況や　大神《おほんかみ》乃ちこれ寶鏡なるをや。

蓋し鏡の物たるや、秋金の剛精を採《と》つて以て銀錫《ぎんしやく》の淬磨《さいま》を力《つと》めて、遂に光彩の明を來す。是れ三徳これ成るにあらずや。己れを虚しくして以て物を容れ、未だ來らざるは迎へず、既に往《い》にしをば將《おく》らず、掩《おほ》ふときは藏《かく》れ、用ふるときは見《あらは》る。これを照して藏《かく》すことなく、これを明かにして私《わたくし》せず、磨涅《までつ》して又磷緇《りんし》せず、精錬して悠久なり。これを用ふること道あり。數ゝ《しばく》弄すれば明察に過ぐ、久しく襲《おほ》ふときは鉎澁《せいしふ》《さび》を生ず。出すに時あり、入るるに節あり、日に新にして息むなくして、大いに明鏡の實を得べし。凡そ天下の鏡皆然り。故に以て人君の存養、學者の察省を爲すに足れり。外朝の黄帝は神鏡を鑄《い》、武王は鏡の銘を作り、太宗は三鑑の戒を存し、玄宗は水心の鏡を異《い》なりとす。幷せ按ずべし。而して　大神《おほんかみ》の寶鏡は豈これ等の屬《たぐひ》ならんや。　聖主善く愼みて以て　神勑を護り、靈鏡の徳を宗としたまはば、則ち洋洋乎として　神恆に在《いま》し、徳日に新なること、唯だ天威顔を違《さ》らず、食坐に羹墻に見るのみにあらず。左（傳）僖（公）九年の傳に云はく、王、宰孔をして齊侯に胙《そ》を賜はしむ。齊侯將に下拜せんとす。孔曰はく、伯舅が耋老《てつらう》せるを以て、加勞して一級を賜ひて、下拜することなからしむと。對へて曰はく、天威顔を違らざること咫尺なり、小白余、敢へて天子の命を貪りて下拜することなくば、云々。下拜して登りて受く。○後漢書李固傳に、昔し堯殂《そ》するの後、舜仰慕三年、坐すれば堯を墻に見、食すれば堯を羹に覩る。而して以て頃刻《しばらく》も忘れざるなりと。○

以上、往古の神勑。

〔大意〕

謹んで考えてみるに、これは、往古の神勅である。當《ニ》ベシレ猶《ホ》クスレ視《ルガ》レ吾《ヲ》（まさに猶《なお》吾を視るがごとくすべし）の四文字は、天祖の天孫に伝授する天教にほかならず、千万世に亘《わた》る、皇統の謹守すべき天子の御遺言である。その言葉は簡潔でその主旨は深遠であり、堯・舜・禹の三帝の『書経』大禹謨《だいうぼ》に見える禅譲の際の言葉「人心惟レ危《フク》、道心惟レ微《カナリ》、惟《ダ》精惟《ダ》一、允《ニ》執《レ》二厥《ノ》中《ヲ》一」（人心惟《こ》れ危《あや》うく、道心惟《こ》れ微《かすか》なり。惟《た》だ精、惟だ一、允《まこと》に厥《そ》の中《ちゅう》を執《と》れ）の十六文字も（最も重い言葉とされているが）、どうしてこの四文字より も重いとされようか。思うに、人の子が恒《つね》に、神のいますが如き敬を失わないときは、孝において怠惰の気持ちが広がることはあり得ない。或いは始めを克くしながら終わりまで維持することができず、或いはこの場合は敬するが、他の場合は敬を慢《おこた》るようでは、日に日に疎遠になって忘却してしまう。これは、私欲に従って慎まないからである。その祖先を祖先として敬する者こそ、その子孫を子孫として慈しむのだ。その祖先を敬することを遺却しておきながらその人民を親愛する者は、決してありえない。『論語』に孔子が、「三年父の道を改むるなきを以て孝と為す」としているが、大変良いことではなかろうか。いったい、ある人を深く思うときは、その人がその木陰に憩うた木をも愛すると『詩経』にあり、ある人が愛するときは、その人の住まいの屋根の鳥にまで愛が及ぶと兵書『六韜《りくとう》』に見えている。ましてや、その飲んだ杯圏（さかづき）や、その人が書いた書においては尚更のことであり、ましてや天神が特に重んじた宝鏡においては尚更のことである。面と向かってその形を視るときは、明正無窮の形象があり、切実にその道を修めようとするときは、日月に勉強して慢らない誠実さがあらわれる。ましてや、日月とその輝きを合わせ、天地もその道を明らかにする聖人であれば、尚更のことである。天神がそのまま宝鏡とされるこの場合は、尚更のことである。

思うに、鏡という物は、秋金（勇を象徴する）の剛精を以て銀錫（仁の象徴）を磨き鍛えあげて光彩（知の象徴）の明るさに到達したもので、いわば、勇・仁・知の三徳によって成り立つといえるのではあるまいか。

鏡を考えてみると、前に立ったものだけをそのまま映し、まだ来ないものを、前もって映そうともしないし、過ぎ去ってしまえば、もはやそのものをたくわえて映すようなこともしない。覆ってつつみかくすこともできるし、とり出して使用することもできる。前にあるものをすべて映し出して、自分の所に止め置くことなく、皆、明るく映して選り好みはしない。外物のために動かされることもなく、磨きあげていれば、悠久の存在といえる。

その鏡の活用の心得を考えてみると、あまりたびたび使用しすぎると、明察に過ぎてしまうし、永く使用しないと錆び付いてしまう。出し入れに時節を考慮し、毎日休まず活用して明鏡の恩恵を享受すべきである。

そもそも、天下の鏡一般についても、みな然りである。そのゆえに人君の修養にも、学者の察省にも十分に役立つところである。外朝支那の黄帝は神鏡を鋳造し、周の武王は鏡の銘を作って自ら戒め、唐の太宗には三鑑の戒（銅を以て鏡となせば以て衣冠を正すべく、古を以て鏡となせば以て興替《こうたい》を知るべく、人を以て鏡とせば以て得失を明らかにすべし）があり、玄宗は、鏡を愛し水心鏡を重んじた等の例を考え合わせてみなければならない。大神の宝鏡も亦《また》、これらと同類に属するのではなかろうか。

聖天子が、善く慎んで、神勅を守り、霊鏡の徳を宗として尊重したまえば、満ちあふれ行き渡って、神が常にましまし、神徳が日々に新たなることは、あたかも、『左伝』にあるごとく、天威を真近に拝し、舜帝が、坐すればかきねに、食すれば食物に堯帝の遺影を見て、永く堯帝を追慕して忘れなかった故事の如《ごと》くである。

譽田天皇《ほむたのすめらみこと》の十五年秋八月壬戌《みづのえいぬのついたち》朔、丁卯《ひのとう》、百濟王《くだらの》阿直岐《あとき》を遣はして良馬《よきうま》二匹《ふたつ》を貢《たてまつ》る。即ち輕坂上《かるのさかの》の廐《うまや》に養ふ。因りて阿直岐を以て掌《つかさど》り飼はしむ。故にその馬を養ひし處を號《なづ》けて廐坂《うまやさか》と曰ふ。阿直岐亦能く經典《ふみ》を讀めり。即ち太子菟道稚郎子《うぢのわかいらつこ》の師《ふみよみひと》としたまふ。ここに天皇阿直岐に問ひて曰《のたま》はく、如《も》し汝《いまし》に勝《まさ》れる博士《ふみよみひと》亦ありやと。對《こた》へて曰はく、王仁《わに》といふ者あり、これ秀《すぐ》れたりと。時に上毛野君《かみつけぬのきみ》の祖《おや》荒田別《あらたわけ》・巫別《かむなぎわけ》を百濟《くだら》に遣はして、仍《よ》りて王仁を徵《め》さしむ。その阿直岐は阿直岐史《あときのふむひと》の始祖《とほつおや》なり。

十六年春二月、王仁來《まう》けり。則ち太子菟道稚郎子師《みふみよみ》としたまうて、諸《もろ》〳〵の典《ふ》籍《み》を王仁に習ひ、通達《とほりさと》らざるなし。故《か》れ所謂王仁はこれ書首《ふみのおふとら》等の始祖《とほつおや》なり。

（『日本書紀』巻十より）

百濟王《くだらのこきし》眞道《まみち》後に菅野姓を賜ふ。上表して延暦朝曰《まう》さく、眞道等の本系は百濟國の貴須《きす》王より出づ。貴須王は百濟の始興《しこう》第十六世の王なり。夫れ百濟の太祖都慕《とぼ》大王は日神降靈し、扶餘《ふよ》に奄《いた》りて國を開く。

天帝籙《ろく》を授け諸韓を惣べて王と稱す。降りて近肖古王《きんせうこわう》に及び、遙に聖化を慕ひ始めて貴國に聘《へい》す。是れ則ち神功の攝政の年なり。その年應神天皇、上毛野《かみつけぬの》氏の遠祖荒田別《とほつおやあらたわけ》に命じて百濟に使して、有識の者を捜し聘《め》す。國主貴須王恭《うやうや》しく使の旨を奉じ、宗族を採擇《さいたく》し、その孫辰孫《しんそん》王（一名智宗王。）をして、使に隨つて入朝せしむ。天皇これを嘉《よみ》して、特に寵命を加へて以て皇太子の師と爲したまふ。ここに於て始めて書籍を傳へ、大いに儒風を闡《ひら》き、文教の興ること誠にここに在り。仁德天皇は辰孫王が長子（太）阿郎王を以て近侍と爲す。

桓武の朝、武生連眞象《たけふのむらじまかた》等言《まう》さく、漢の高祖の後を鸞《らん》と曰ひ、鸞の後王狗《わうく》なるもの轉じて百濟に至る。久素《きうそ》王の時、聖朝使を遣はして文人を徵召す。久素王卽ち狗が孫王仁を以てこれを貢す。是れ文《ふみ》・武生《たけふ》等が祖なり。

謹みて按ずるに、是れ　中國が外國の經典を學ぶの始なり。學は己れを修め人を治むるを以て本と爲す。己れを修め人を治むるの道は、人情事物に通ぜざれば卽ちその誠を得ず。夫れ天《ツ》神の生知なる、通ぜざるなく、天祖《あまつみおや》の明教は盡さざるなし。故に　神武帝は洪基《こうき》を建て、綏靖帝は至孝にして、　崇神帝は日《ひび》に一日よりも愼み、　垂仁帝は矯飾《けうしよく》するところなく、　景行帝の雄謀なる、　成務帝の兢惕《きようてき》せる、皆これ　乾靈《あまつかみ》の正德に從ひ、　大神《おほんかみ》の明教を繹《たづ》ねて、以て人物の情を詳にし當世の急務を施し、天秩《てんちつ》以て敍《つい》で人物處を得ればなり。是れ乃ち　中州　神聖の學原往古に著明にして、萬世以てこれを法《のつと》るに足れるなり。　仲哀帝に及びて、住吉《すみよしの》《すみのえ》大神有寶の國を賜うて　神功帝親《みづか》ら三韓を征《う》ちたまふ。三韓面縛《めんばく》して服從し、武德を外國に耀《かがや》かす。これより三韓は毎年朝聘獻貢《てうへいけんこう》して船の楫《かじ》を乾《ほ》さず。故に外國の諸器及び經典具《そな》はらずといふことなし。百濟王懇欵《こんくわん》の餘り博士女工等をここに貢《こう》す。中州始めて漢字を知る。　應神帝は聖武《せいぶ》にして聰達《そうたつ》なり、博《ひろ》く外國の事に通ぜんことを欲して、王仁《わに》を徵《め》し典籍を讀ましめ、太子これを師として以て能く漢籍に通達す。凡そ外朝の三皇五帝禹・湯・文・武・周公・孔子の大聖なる、亦　中州往古の　神聖とその揆《き》一なり。故にその書を讀むときはその義通じて間隔するところなく、その趣向猶ほ符節を合せたるがごとく、採挹斟《さいいふしん》酌《しやく》するときは又以て　王化を補助するに足る。竊に按ずるに、譽田《ほむだ》帝己れを虛しくして百濟の博士を徵《め》して後、中國廣く外朝の典籍に通じ、聖賢の言行を知る。是れ乃ち住吉《すみよしの》《すみのえ》大神の賚《たまもの》なり。

或は疑ふ、外朝は我れに通ぜずして而も文物明かなり、我れは外朝に因りてその用を廣くするときは、外朝我れより優れるかと。愚按ずるに、否《しからず》。開闢より　神聖の德行明教兼ね備はらざるなく、漢籍を知らずと雖も亦更に一介の闕くることなし。幸に外朝の事に通じ、その長ずるところを取りて以て　王化を輔くること、亦寛容ならずや。何ぞ唯だ外朝のみならん。凡そ天下の間、詳《つまびらか》に知り幷び蓄《たくは》へて短を校《くら》べ長を考へ、用を待ちて遺《のこ》すことなく、事に従つてこれ適《かな》ふは、量の大なるなり。内外相持して人物以て成る。短を護りて外を拒《ふせ》ぐが若《ごと》きは君子の爲すところにあらず。況や外朝と我れとその致《むね》を一にして、その歴世尤も久しく、その封域太《はなは》だ廣く、その人物衆《おほ》く、政事の損益する、共に以てこれを観《み》るに足れるをや。是れ　中州の八紘《くわう》に冠《くわん》たる所以なり。後世勘合《かんがふ》絶えて鄰交の好《よしみ》を修めざるも、亦我れ足らざること無きこと、幷せ考ふべし。

或は疑ふ、王仁徳高くして且つ毛詩を善くす、故に難波津の詠《うた》を爲《つく》り、遂に　仁徳帝の聖《ひじり》を成せりと。愚按ずるに、否《しからず》。王仁は漢籍に通ずる博士なり、この時人未だ漢字に通ぜず、故に端を彼れに造《な》せるのみ。後阿知使主《あちのおみ》と王仁とをして官物の出納を記《しる》さしめしときは、古語拾遺を見よ。その職掌知りぬべし。難波帝《なにはのみかど》は謙徳寛仁の明主にして、時に遺賢なく朝に謬擧《びうきよ》なし。古今以て　聖帝と爲す。王仁が才徳は國史に著《あら》はれず、食祿唯だ文首《ふひと》たれば、恥づべきの至りなり。俗學末儒　中國を蔑《なみ》して以て外邦を信ず、是れ耳を貴びて目を賤しむの徒にして、附益助長の弊なり。以上、外朝の文を學ぶ。

以上、教學の淵源を致《きは》む。謹みて按ずるに、學は效《ならふ》なり、その知らず能《よ》くせざるを效ふなり。近きものは見てこれを知り、遠きものは聞きてこれを知る。人の生るるや幼孩《えうがい》より壯老に至るまで、未だ嘗て教學に由らずんばあらず。蓋し人の萬物に長たるは知あればなり。知の靈《れい》なる、思うて通ぜざることなく、致《きは》めて盡さざることなし。故にその小人たり、その君子たるは、皆學の習ふところに因る。

夫れ火は然《も》ゆべきの質ありて、而も薪柴《しんさい》を用ひて加ふるに風《かぜ》を以てせざれば、その威を長ずること能はず。水に流るべきの素ありて、而も卑下に因りて以て疏導せざれば、その源を深くするを得ず。或は暴《ぼう》し或は鑿《さく》すれば、その害人物に及ぶ、豈水火のみならんや。學の人に於ける、愼まざらんや。故《か》れ　天《ツ》神の生知なる、動いて感じ言うて通ずるが如きも、猶ほ思兼議謀の詳《つまびらか》なるあり。天孫《あめみま》の臨降に及びて神勅の嚴《おごそか》なるあり、神器の常に守るべきあり、二神の以て輔養するあり。その身を修め人を治むるの道至れり盡せり。是れ後世聖教の淵源にあらずや。

或は疑ふ、中朝は書史に乏しく、久しく學校進士の設《まうけ》を絶つ。故に人才未だ成ることを得ざるかと。愚謂《おも》へらく、神聖は見て知りたまふ。後世は聞きてこれを知る。その差謬《さびう》せんことを恐れて紀録相續ぐ、（然れども）その筆削《ひつさく》は聖人にあらざれば未だ臆說たるを免れず。編簡《へんかん》日に盛にして、人〻書を以て學と爲し、聖教漸く隱れ日用大いに晦《くら》く、その端を異にしてその白《はく》を堅《けん》にす、而も空虚を雕《ゑ》り氷水を刻む。況や學校進士の設その實を得ざれば、詐僞《さぎ》を競ひ利勢に趍《はし》るのみ。夫れ博識を以てすれば、華夷の書を盡すとも未だ多と爲すべからず。能くその道に通ずるときは、一言も以て少と爲すべからず。況や史編の闕けざるをや。

〔大意〕

謹んで考えてみるに、これは、中国たるわが国が、外国の経典を学んだ始めであった。学問は、己を修め人を治めることをもって本旨としている。己《おのれ》を修め人を治める道は、人情事物に通暁していなくては、その要諦の真実に達しない。そもそも、天神は生まれながらにして（学ばずして）知りたまいて、通暁しない所はなく、天祖の明教は、至れり尽くせりである。このゆえに、神武天皇は、国家統治の基を建て、綏靖天皇は、至孝の徳に充ち、崇神天皇は、日月に慎み、垂仁天皇は、矯飾するところなく、景行天皇は、雄謀で知勇にすぐれ、成務天皇は、畏れ慎しんで己を修めたまうた等、皆これ、乾霊《あまつかみ》（高皇産霊尊《たかみむすびのみこと》）の正徳に従い、大神（天照大神《あまてらすおおみかみ》）の宝鏡を以てする明教を継承して、人と物の情況を詳にし、当世の急務を実施し、天の恩恵に加えて人も物も皆、処を得たからである。これが、とりもなおさず、中朝たるわが国において、神聖の学源が往古から著明であり、永く万世に亘って、これに則るに足るからである。

仲哀天皇の御世に、住吉大神が神託を以て新羅の国を賜わったので、神功皇后が三韓に親征したまうたのである。三韓は、自ら手を後に縛《しば》って服従し、中朝であるわが国の武徳を外国に耀《かが》やかしたのである。これ以来、三韓は、毎年、朝貢を欠くことなく、為に朝貢船の楫《かじ》が乾くことないと譬えられるほど、絶えることなく続いたのである。そのため、外国のさまざまな器具や経典は、皆具備して欠けたところはなきに至った。百済王は、昵懇《じっこん》な友好関係を重んじて、博士、女工等を献貢してきた。中朝たるわが国に始めて漢字が知られることになった。応神天皇は、聖武にして聡達にましましたので、博く外国の事に通達しようと欲して、博士の王仁を徴聘《ちょうへい》したまい、聖経賢伝の典籍を読解させ、太子に、これを師として能く漢籍に通達するように学ばせたまうたのである。そもそも外朝支那の三皇五帝、夏の禹王、殷の湯王、周の文王・

武王・周公旦・孔子等の大聖であることと、中朝たるわが国往古の神聖の大聖たることとは、まさにその揆《き》を一つにしているのである。それだから、外朝支那の大聖の書を読んでみると、その意義は、合致して間隔するところなく、その主旨趣向は、符節が互いにぴたりと合うように一致しており、これを採用して考え合わせていけば、皇統の教化・統治を補助するに足るのである。

ひそかに考えてみるに、誉田《ほむだ》天皇が、虚心に己を虚しうして百済の博士を徴聘された以後、中朝たるわが国に、広く外朝支那の典籍が流通して、聖経賢伝の言行が知られることになった。これはとりもなおさず、住吉大神の宣託の賜物であった。

ところで、外朝支那は、わが国に通せずして文物が明らかだったのに、わが国は、外朝に通じて始めてその文物の用を広くしたとすれば、外朝はわが国よりも優れているのかという疑念が湧く。私が考えてみるに、決してそうではない。わが国は、開闢以来、神聖の徳行も明教も、兼備しており、外朝の漢籍など知らなかったとしても、少しも不足することはなかった。

たまたま幸にして外朝の事物に通じ、その長所を受容して、皇統の王化を輔足したのは、また何と寛容なことではなかろうか。それは外朝だけに限らない。広く天下全般にわたって、詳細に知り蓄積して、それぞれの短所と長所を比較考量して、その効用あるところは、すべて活用し、事態に適応したのは、度量が大きく、包容力に富むということである。いったい人も物も、内外補完して完成するものである。内の短所を守るために、外の長所を受容しない頑《かたく》なな姿勢は、君子の為すところではない。ましてや、外朝とわが国ともにその求めるところを一にして、永い歴史を閲《けみ》し、それぞれの領域も広大であり、人も物も大量であって、互いの政事に貢献し合っているなど、共に見るに足る実績があることを考えれば、尚更のことである。これこそ中州たるわが国が、世界に冠たるゆえんである。後世、勘合符《かんごうふ》貿易が絶えて、善隣、修好が無い時でも、わが国に何ら不足を生じなかったことなど、併せて考慮すべきである。

王仁は徳が高く、そのうえ『詩経』も善くしていたので、難波津の詠《うた》（難波津にさくやこの花冬ごもり今をはべると咲くやこの花）を作ったりした結果、仁徳天皇の聖徳が成ったのかという疑念が湧く。私は、そうは思わない。王仁は漢籍に明るい博士であったので、わが国のこの時代の人はまだ、漢字に通じていないために、王仁が、漢字に通ずる端緒を開いたということだけの話である。後に、阿知使臣と王仁に官物の出納の記録をさせたことを考えれば、その役割が何であったのか理解できる。

仁徳天皇は、謙徳寛仁の明君であり、その時代には野に遺賢なく、その朝廷には失政など見られず、古今を通して聖帝とされている。王仁は、才も徳も、国史に著われることなく、朝廷の地位も、文首に限られ、卑官を恥ぢる地位であった。疑念を抱いた俗学末儒が中国たるわが国を軽く見て外邦を重く信じたのは、耳で聞く外国のことを尊重して、目で見るわが国を軽視する類にほかならず、外国崇拝を助長している弊害といえよう。

以上、教学の淵源を探究している。謹んで考えてみるに、学ぶということは、習い効《なら》うことである。自分がまだ知らずよくできないことを習いまねぶことである。近いものは、自分で見て知り、遠いものは、他から聞いて知るのである。人は生まれると、幼少から壮老に至るまで、教学に由らずに済んだことはいまだかつてなかった。思うに人が万物の霊長といわれるのは、教学による知があればこそのことであろう。知の霊妙なるはたらきによって人は、思考して通じないことはなく、研究して尽くさないことはない。ゆえに、小人であるか君子であるかの区別は、みな学習のいかんにかかっているのである。

そもそも、火には、もともと燃える性質があるが、薪や柴を用いて、更に風が吹かないと、燃え盛らない。水には、やはり流れる素質があるが、低所に向けて流れを導かなければ、深い源となしえない。暴風や決壊のような場合には、火災や水害が人と物にも及ぶことがあるが、これは、水・火だけのことではない。(有効性が危険性を伴うことは、水火の場合と同様)、人の教学もまた慎重に取扱わなければならない。

そこで、天神が、生まれながらに知る才徳や感通する言動がありながら、更に思兼神による神々の詳細な謀議が行われたのである。そのうえ、天孫の降臨の際には、厳淑な神勅があり、常に守るべき神器があり、二神の輔養が尽くされている。修己治人の学は、至れり尽くせりであった。これこそ後世の聖教の淵源にほかならなかったのではあるまいか。

ところで中朝たるわが国には、書籍が乏しく、永く学校や進士の制度がなかったので、いまだに人も才も育成されなかったのではないかとの疑念も湧くが、私が思うには、神聖は近く見て知りたまい、後世には、遠く聞いて知るものであり、間違いのないよう用心して歴史や記録が重ねられたのである。

しかしながら、著述は聖人によるものでないと、臆説となってしまって、著述そのものは盛行したが、その著述を学ぶことが中心になってしまって、それにつれて本来の聖教そのものが次第に衰えて、聖学の実践は弱まり、異端が生じて、是非の区別が乱れ、空理空論の傾向が強くなったのである。

ましてや、学校や進士の制度は、実効が得られないと、詐偽を助長したり、利益追求の趨勢《すうせい》を生じさせるのみに終わってしまう。博識という点からいえば、中朝外朝、和漢の文献を皆、読み尽くしても、まだ足りないことになろう。教学の道に通じている場合には、一言でも十分足りることになろう。ましてや、『日本書紀』その他、歴史を語る古典が、そなわっているのだから尚更のことである。

神治章

天照大神《あまてらすおおみかみ》皇孫《すめみま》に勅して曰《のたま》はく、葦原千五百秋之瑞穂國《あしはらのあいほあきのみづほのくに》は、これ吾《あ》が子孫《うみのこ》の王《きみ》たるべきの地《くに》なり。宜しく爾皇孫《いましすめみま》就いて治《しら》せ、行矣《さきく》、寶祚《あまつひつぎ》の隆《さか》えまさんこと當に天壌《あめつち》と窮《きはまり》なかるべき者《もの》なり。

（『日本書紀』巻二の一書より）

一書に曰はく、大己貴命《おほあなむちのみこと》は少彦名命と力を戮《あは》せ心を一《ひと》つにして天下《あめのした》を經營《つく》る。嘗《むか》し大己貴命少彦名命に謂《かた》りて曰《のたま》はく、吾れ等の所造《つくれ》る國は豈善く成《な》せりと謂《い》へらんや。少彦名命對へて曰はく、或《ある》は成せるところもあり、或は成さざるところもありと。この談《ものがたり》や、蓋し幽深《ふか》き致《むね》あり。大己貴神興言《ことあげ》して曰《のたま》はく、夫《か》れ葦原《ノ》中《ツ》國は本《もと》より荒芒《あらび》たり、磐石草木《いほくさき》に至及咸《いたるまでことごとく》く能く強暴《あじか》る。然れども吾れ已《すで》に摧《くだ》き伏《ふ》せて和順《まつろは》ずといふことなし。遂に因りて言《のたま》はく、今この國を理《をさ》むるは、唯だ吾《わ》れ一身《ひとり》のみなり。それ吾《あ》れと共に天下を理むべき者は、蓋しこれありやと。時に神光《あやしきひかり》海を照《てら》し、忽然《たちまち》に浮び來る者あり、曰《い》はく、如《も》し吾れ在らずんば汝何《いましいかん》ぞ能くこの國を平《む》けんや。吾れ在るに由りての故に、汝はその大造《おほよそ》の績《いたはり》を建つることを得たりと。この時大己貴神問ひて曰はく、然らば汝はこれ誰れぞ。對へて曰はく、吾《あ》れはこれ汝が幸魂奇魂《さきみたまくしみたま》なり。大己貴神曰はく、唯然《しかり》、廼《すなは》ち知りぬ、汝はこれ吾《あ》が幸魂奇魂ならん。今何處《いづこ》にか住《す》まんと欲《おも》ふや。對へて曰はく、吾《あ》れは日本國《やまとのくに》の三諸山《みもろのやま》に住まんと欲《おも》ふと。故《か》れ卽ち彼處《かしこ》に營宮《みやつくり》して就《ゆ》きて居《ましま》さしむ。此れ大三輪《おほみわ》之《の》神なり。

謹みて按ずるに、是れ　天《ツ》神治道の始なり。與㆓天壤㆒無㆑窮の五字は寶祚《あまつひつぎ》を祝《ほ》ぎて以て治平の道を盡せり。夫れ天地は至誠息むことなく、悠遠博厚にして物を覆ひ物を載す、而してこの無窮を得《う》。君子以て自ら彊め以て德を厚くすれば、往くとして利ならずといふことなし。人君これを體して四海を御《をさ》むるときは、萬國咸《ことごと》く寧《やす》し。是れ天壤と窮りなき所以なり。天道は盈《えい》を虧《か》き、地道は盈を變じ、鬼神は盈を害し、人道は盈を惡む。故に緩なれば必ず失するところあり、升りて已まざれば必ず困《くる》しむ、（飾を致して然る後に）亨《とほ》るときは盡くと。序卦に云はく、緩必ず失するところあり、故にこれを受くるに損を以てす。又升りて已まざれば必ず困しむ、故にこれを受くるに困を以てす。又曰はく、亨《とほ》るときは盡く、故にこれを受くるに剝を以てす。是れ謙德のその終《をはり》を保つ所以なり。大己貴命・少彦名命の共に言《のたま》ふところは、謙は亨《とほ》るの謂《いひ》か。然らば乃ち　聖主乾坤の徳に法《のつと》りて以て六龍に乗じ、下済《かさい》の謙に居て、（謙の彖に曰はく、天道は下に済《まじは》りて光明なりと。）以て四海を御《をさ》むるときは、治教の道、天壌の窮りなきに應ず。

〔大意〕

謹んで考えてみるに、これは、天神の政治の道の始めである。與二天壌一無レ窮（天《あめ》壌《つち》と窮《きわまり》無《な》かるべし）の五文字は皇統を祝福して、治国平天下の道を言い尽くしている。そもそも天地は、至誠（真理の極《きょく》、生命の力である）の徳によって、長久であり、永遠の治平を得るのである。そしてこの無窮が可能となった。そこで、君子が自ら努めて徳を厚くすれば、全てに亘って、うまくいくのである。人君がこの至誠の徳を使って、国を統治すれば、全国がみな、安寧に治まるのである。これこそ天壌無窮のゆえんにほかならない。易の謙《けん》の卦《か》にあるように、天の道は、満つれば欠き、地の道は、高きは低くなり、低きは高くなる。また鬼神は盈満《えいまん》を害し、人の道は盈満を嫌い謙を好む。そこで、危険を免かれて心ゆるむと、必ず失うところがあり、昇進してやまないと、必ず行きづまる。そこで終身謙徳をもって終わりを完《まっと》うすることができる。大己貴《おおなむちの》命《みこと》と少彦名命《すくなひこなのみこと》の対話の意味は、終身、謙を守り通すのは難しく君子だけが為し得るということであろうか。とすれば、聖天子が天地の徳に則って、時勢に応じ、天道は下に交わりて光明なりとする謙の姿勢で国を統治してゆけば、治教の道が、天壌無窮の道に相応したことになるのである。

神武帝の己未年《つちのとひつじのとし》、春三月辛酉朔《やよひかのととりついたち》、丁卯《ひのとうのひ》、令《のり》を下して曰《のたま》はく、我れ東を征《う》ちしよりここに六年《むとせ》なり。皇天《あめのかみ》の威《みいきほひ》を頼りて凶徒《あだ》就戮《ころされ》ぬ。邊土《ほとりのくに》は未だ清《しづま》らず餘妖《のこりのわざはひ》尙ほ梗《こはし》と雖も、而も中洲《うちつくに》の地に復た風塵《さわぎ》なし。誠に宜しく皇都《みやこ》を恢《ひろ》め廓《ひら》き大壯《みあらか》を規《はか》り摹《つく》るべし。而るを今運《とき》この屯蒙《わかくくらき》に屬《あ》ひ、民心朴素《おほんたからのこころすなほ》なり。巣に棲《す》み穴に住《す》む、習俗《しわざ》惟常《つね》となれり。夫れ大人制《ひじりのり》を立つ、義《ことわり》必ず時に隨ふ。苟《いやしく》も民に利《くぼさ》あらば、何ぞ聖造《ひじりのわざ》に妨《たが》はん。且つ當《まさ》に山林を披《ひら》き拂《はら》ひ宮室を經《をさ》め營《つく》りて恭《つつし》みて寶位《たかみくらゐ》に臨む、以て元元《おほんたから》を鎭《しづ》むべし。上は則ち乾靈《あめのかみ》の國を授けたまふの徳《うつくしみ》に答へ、下は則ち皇孫《すめみま》の正《みち》を養ひたまふの心《みこころ》を弘めん。然して後に六合《くにのうち》を兼ねて以て都を開き、八紘《あめのした》を掩《おほ》ひて宇《いへ》と爲さんこと、亦可《よ》からずや。

（『日本書紀』巻三より）

謹みて按ずるに、是れ　人皇　中國を定め極を建てて治道を　詔するの始なり。大人《ひじり》とは聖人位に居るの稱《な》なり。制は禮樂刑政の制なり。義は損益沿革してその道を品節するなり。民を利するとは人民その樂《たのしみ》を樂しみ、その利を利するなり。聖造《ひじりのわざ》は天祖皇孫《あまつみおやすめみま》建てたまふところの道なり。蓋し天下の治は必ず時あり、時を知らざれば大人の道にあらず。天祖皇孫永悠の際、王中《くにのなか》既に定まり、天下大いに造《な》ると雖も、運《とき》は洪荒に在りて、唯《ひと》り正《たちしきみち》を西の偏《ほとり》に養つて、以て　皇系嗣興の時を待ちたまふのみ。帝勃起してこれを經綸し、初めて中州を制す。この時に當りて義必ず時に隨ふにあらずんば、急務の實を得ず。故に　詔を下して寶位《たかみくらゐ》に臨みたまふ。時に隨ふの義大なる哉。易の象に曰はく、天下は時に隨ふ、時に隨ふの義大なる哉。帝恆に國を授け正を養ふの志に拳拳《けんけん》として、民心を以て心と爲す。是れ乃ち民の父母たるなり。萬世この　聖詔を以て制を立つれば、乃ち天下の蒼生《おほんたから》を謬《あや》まらざらんか。

〔大意〕

謹んで考えてみるに、これは、天皇が、中国たるわが国を統一し、諸制度を創建して、施政方針を詔した始めである。大人《ひじり》とは、聖人が皇位に就いた時の呼称である。制《のり》とは、礼楽刑政などの国家の諸制度である。義《ことわり》とは、増減改変して万事を調整することである。民を利するとは、人民が、それぞれの楽しみを楽しみ、それぞれの利を利とするようにさせることである。天皇の施策の方針は、天祖皇孫の建てたまう大原則に立脚している。

思うに、天下の政治には、必ず、時（時勢）というものがある。為すべき時を知らなくては、皇位に在る聖天子の道とはいえない。

天祖以来皇孫継承の悠久の歴史の中で、国中が既に平定され、統治体制が出来たといっても、時勢は草創期で、先ず、降臨した西国で国力を養いながら、皇統隆盛の時を待ちたもうのみであった。このような中で、神武天皇が、時勢を察して勃興し、国家統治を推進し、中州たるこの国を征服したのである。

この時に当たって、義《ことわり》が必ず時に随う、つまり時宜を得ていなければ、この急務は実効を得ることはできない。そのゆえに、神武天皇は、この詔を下して即位したまうたのである。易に「天下は時に随ふ、時に随ふの義大なる哉」とあるのは、まさにこのことをいっているのである。

神武天皇は、天神が皇統に国を授けたまう恩徳に答え、天皇統治の正しい在り方を養成しようとする志を最重視して、民心を以て統治の方針とされたのである。これこそ、『詩経』や『大学』に説く「民の好む所之を好み、民の悪《にく》む所之を悪む。此《これ》を之れ民の父母と謂ふ」とある王道の理想そのものにほかならない。

万世にわたって、この聖詔の精神に立って統治を進めれば、人民を苦しめる失政はあり得ないところであろう。

崇神帝の四年冬十月庚申朔《かのえさるついたち》、壬午《みづのえうまのひ》、詔して曰《のたま》はく、これ我が皇祖諸〻《みおやもろもろ》の天《すべら》皇等《みこたち》の宸極《あまつひつぎ》を光臨《しろしめ》すことは、豈一身《ひとはしら》の爲ならんや。蓋《けだ》し人神《ひと》を司牧《ととの》へて天下を經綸《をさ》めたまふ所以なり。故《か》れ能く世玄功《よよはるかなるいたはり》を闡《ひら》き、時に至徳《いたれるうつくしび》を流《し》く。今朕大運《われあまつひつぎ》を奉承《うけたまは》つて黎元《おほんたから》を愛育《めぐみやしな》ふ。何當《いかにして》か皇祖《みおや》の跡に聿遵《のべしたが》ひて、永く窮りなき

の祚《さいはひ》を保たん。その群卿百僚《まへつきんだちもものつかさ》、爾《いましたち》の忠貞《ただしきこと》を竭《つく》して並に天下を安んずる、亦可《よ》からずや。

（『日本書紀』巻五より）

謹みて按ずるに、人君大寶を私するときは、天必ず與《くみ》せず、故に災害並び起る。帝の天下を公にするの詔、無窮の祚《さいはひ》の因つて成る所以なり。大寶を私するが故に群臣に議せず、天下を公にするが故に爾《いましたち》の忠貞を共にす。大なる哉　帝の徳や。宜なる哉外國の朝貢するや。崇神帝六十五年秋七月任那國入朝す。蓋し人君の治道は公私の間に在り。苟も富貴を以て一身に奉ずるときは、佞臣進みて賢良日に疏《うと》し。貴《たつと》きことは天子たり、富は四海を有《たも》ち、宴安その心を狂《くるは》し、聲色その耳目を聾瞽《ろうこ》にす。この時に當りて、祖宗・黎元の重きを顧みず、群臣諤諤の諫に因らずんば、殆どこの間に卓爾たること難けん。故にその謬《あやまり》は公私の毫差《がうさ》に在りて、而してその流《はて》は四海の困窮に至る。天祿の安危、その機微なる哉。以上、治道の要を謂ふ。

〔大意〕

謹んで考えてみるに、君主が、その帝王の位を私物化するときは、天が味方となって援助してくれることは、決してありえない。だから災害が次々に起こるのである。

崇神天皇が、天下を公のものとするこの詔書こそ、無窮の宝祚《あまつひつぎ》、皇統が因って成るゆえんにほかならない。帝王の位を私物化するゆえに、群臣に協議せずとするやり方と、天下を公にするゆえに、政治の在り方を百僚と協議するやり方とを対比してみると、崇神天皇の徳の何と偉大なことであろうか。諸外国が朝貢するのも、当然の成り行きだったといえよう。このように見てくると、君主の統治の在り方は、公・私によって左右されることが明らかである。仮りにも、富貴を君主一身の私物とするときは、悪賢こく媚《こ》び佞《へつ》らう臣下が用いられて賢良な臣下が疏《うと》んぜられてしまうものである。天子の位は貴く、国を保有して富み、すべて安定してしまうと、油断して心が乱れ、美しい姿や声がその耳目をふさいでしまうことになる。そのような状況に置かれて、祖宗の尊厳と人民統治の重責を顧みることなく、賢良なる群臣の喧喧囂囂《けんけんごうごう》（口やかましく騒ぎ立てる）の諫言（君主を諫める声）に依拠しないとすれば、このような状況に於いては、君主として卓越することは困難であろう。そのゆえに、君主の過誤は、公か私かのわずかな差違を原因としながら、その結果は、国全体の困窮に連ってしまうのである。君主の位の安危の別れの契機の何と微妙なることであろうか（以上、治道の要について論評した）。

大物主神《おほものぬしのかみ》及び事代主神《ことしろぬしのかみ》乃ち八十《やそ》萬神《よろづのかみ》を天高市《あまのたけち》に合《あつ》め、帥《ひき》ゐて以て天に昇り、その誠欵《まこと》の至りを陳《まう》す。高皇産靈尊《たかみむすびのみこと》、大物主神に勅《みことのり》すらく、汝《いまし》若し國神《くにつかみ》を以て妻と爲さば、吾れ猶ほ汝を疏心《うときこころ》ありと謂《おも》はん。故《か》れ今吾が女《むすめ》三穗津姫を以て汝に配《あは》せて妻とせん。宜しく八十《やそ》萬神《よろづのかみたち》を領《ひき》ゐて永《ひたぶる》に皇孫の爲に護り奉《まつ》れと。乃ち還り降らしむ。

（『日本書紀』巻二の一書より）

謹みて按ずるに、是れ封建の義を命ずるなり。大物主神その子凡《すべ》て一百八十一神あり、以て天下を經營し、百姓大いにその恩賴《みたまのふゆ》を蒙る。その功甚だ大なり。天孫降臨の時、八十萬神を帥ゐて以て天に昇り、その懇欵《こんくわん》を叩く。故に　天神《あまつかみ》これを封建し、永く　皇孫の藩屏と爲《し》て以て　皇家を護り奉る。これより大神又曰はく、大和の三輪神なりと。の孫《みこ》大いにこの國に盛なり。事代主神は一男一女を生む。天日方奇日方命《あめひがたくしひがたのみこと》は橿原朝に食國政申大夫となる。媛蹈鞴五十鈴媛命は正后となる、乃ち綏靖帝の母なり。

〔大意〕

謹んで考えてみるに、これは、封建の意義を指示したものであった。大物主神（大国主神と同じといわれている）は、その御子百八十一神を使って、天下の経営を進めたので、人民は、大いにその恩恵をこうむった。その功績は甚大であった。更に、天孫降臨の際、八十万神を統帥して天に昇り親密な友好関係を確立した。天神は、その功績を評価して、この国に封建し、永く、皇統を護り奉る藩屏《はんぺい》としたのである。それ以来、大神の子孫が、この国に繁栄したのである。

景行帝の四年、七十餘《ななそあまり》の子《みこ》は皆國郡《くにぐ》に封《ことよ》さして、各〻その國に如《ゆ》かしむ。故《か》れ今の時に當りて諸國《くにぐ》の別《わけ》と謂ふは、即ちその別王《わかれみこ》の苗裔《みあたすゑ》《のち》なり。天皇の男女前後幷せて八十子なり、然して今七十子封建す。

五十五年春二月戊子朔《つちのえねついたち》、壬辰《みづのえたつのひ》、彦狹嶋王《ひこさしまのみこ》を以て東山道十五國《あづまのやまのみちのとをあまりいつくに》の都督《かみ》に

拜《ま》けたまふ。これ豐城命《とよきのみこと》の孫なり。然れども早く世《みまか》りぬ。五十六年秋八月、御諸別王《みもろわけのみこ》に詔して曰《のたま》はく、汝《いまし》が父《かぞ》彦狹嶋王は任所《ことよさすところ》に向《まか》ることを得ずして早く薨《まか》れり、故《か》れ汝專《たう》して東國《あづまのくに》を領《をさ》めよ。ここを以て御諸別王は天皇《すめらみこと》の命《おほせごと》を承りて、且《ま》た父の業《ついで》を成さんと欲《おぼ》す。則ち行きて治めて早《すみやか》に善政《よきまつりごと》を得つ。ここを以て東のかた久しく事なし。これに由りてその子孫《うみのこ》今に東國《あづまのくに》にあり。

（『日本書紀』巻七より）

謹みて按ずるに、是れ　人皇封建の始なり。宗子《そうし》を封建して以て　王室を護るは治道の要なり。彦狹嶋王を東山道の都督《かみ》に拜《ま》くるは、乃ち東方の伯なり。この時封建方伯の制あり、以て　中國を藩屛持維するなり。以上、封建の制を謂ふ。

〔大意〕

謹んで考えてみるに、これは、天皇による封建の始めである。一族の重要な子弟をそれぞれ封建することによって王室を護る藩屛《はんぺい》とするのは、国家統治の要諦にほかならない。彦《ひこ》狹《さ》嶋王《しまのみこ》を東山道十五国の都督に任命したのは東方の方伯《ほうはく》（方面軍司令官）としたのである。この時から方伯を封建して、中国を藩屛する制度が確立したのである（以上、封建の制度について論評した）。

成務帝の四年春二月丙寅朔《ひのえとらついたち》、詔して曰はく、我が先皇大足彦天皇《さきのみかどおほたらしひこのみかど》は聰明《さとく》神《たけ》武《く》まして籙《ついで》に膺《あた》りて圖《しるし》を受けたまへり。天に治《くら》べ人に順つて、賊を撥《はら》ひ正に反《かへ》りたまふ。德《めぐみ》は覆《おほ》ひ燾《の》するに侔《ひと》しく、道は造化《なしつくる》に協《かな》ふ。ここを以て普天率土《あめのした》、不王臣《まうしたがはざる》なし。稟氣懷靈《よろづのものいづく》何か非得處《やすからざらん》。今朕《あれ》嗣《つ》ぎて寶祚《あまつひつぎ》を踐《し》りて、夙《つと》に夜《よは》に兢《わなな》き惕《おそ》る。然れども黎元《おほんたから》は蠢爾《むぐめくむしのごとく》にして野心《あしきこころ》を悛《あらた》めず。これ國郡《くに》に君長《ひとこのかみ》なく、縣邑《あがた》に首渠《おびと》なければなり。今より以後《のち》、國郡に長《かみ》を立て、縣邑に首《おびと》を置く。即ち當國《あたれるくに》の幹了者《をさく〳〵しきひと》を取りて、その國郡の首長に任《ま》けよ。これを中區《うちつくに》の蕃屛《かくし》と爲せと。

五年秋九月、諸國《もろくに》に令《のりごと》して、國郡を以て造長《みやつこ》を立て、縣邑《あがた》に稻置《いなぎ》を置き、並に楯矛を賜うて以て表《しるし》と爲す。則ち山河を隔《さか》ひて國縣を分ち、阡陌《たたさのみちよこさのみち》に隨ひ以て邑里《むら》を定む。因りて東西を以て日縱《ひたたし》と爲し、南北を日横《ひよこし》と爲す。山陽《やまのみなみ》を影面《かげとも》と曰ひ、山陰《やまのきた》を背面《そとも》と曰ふ。ここを以て百姓《ひゃくせい》居《すみか》に安んじて天下事なし。

（『日本書紀』巻七より）

先人曰はく、國造《くにのみやつこ》は乃ち國司の名なり。後に改めて守《かみ》と云ふ。聖武天皇の天平寶字二年、諸國の司《つかさ》に勅して四箇年を以て任限と爲す。寶龜十一年、太宰府に勅して任限を五箇年と爲す。

謹みて按ずるに、是れ天下を郡縣にするの始なり。帝に至りて始めて封境を定め、國郡を制し、造長《みやつこかみ》を立て、稻置《いなぎ》を置く、是れ乃ち郡縣の制なり。これより歴代因循して國ごとに守《かみ》・介《すけ》・掾《じよう》・目《さくわん》及び郡司《ぐんし》・大領《だいりやう》・少領《せうりやう》・主帳《しゆちやう》等あり、邊要の地には、帥《そつ》・大少貳《に》・監《げん》・典《てん》・將軍・軍監《げん》・軍曹《さう》・按察《あぜち》等あり。任限を以て考課し、公文を勘《かんが》へて黜陟《ちゆつちよく》す。（故に）終に 王室に封建の義なし。夫れ封建は侯王を天下に封じて、以て王家の藩屛と爲し、巡狩述職の禮を行つて、朝覲會同《てうきんくわいどう》の儀を爲すなり。郡縣は侯公を邦國に封ぜず、國郡の司を立て任限を以て交替し、租税を以て公廨《こうかい／くがい》に收め、諸子功臣に分賜するなり。竊に按ずるに、天下を平にせんと欲する者は先づその國を治む。その國を治めんと欲する者は先づその家を齊ふ。家聚まりて邑縣となり、邑縣聚まりて郡となり、郡聚まりて國となる。天下は郡の大集せるなり。故に封建・郡縣は天下の治法なり。聖人の天下を治むるや、その勢を量りてその制を立て、その義に隨つてその禮を詳にす。（故に）封建も亦得、郡縣も亦得《う》。暗主の天下に於けるやこれに反す、故に封建も亦失し、郡縣も亦失す。然してその法は未だ嘗て可不可なくんばあらず。

愚謂へらく、封建は天下を公にするが如くにして天下を私《わたくし》す。王侯を世《よよ》にするが如くにして王侯を害す。百姓を利するが如くにして百姓を毒す。王室を護るが如くにして王室に敵《あだ》す。上に政令の正《ただしき》ありと雖も下必ず跋扈の志を存す。是れ悉くその人を得べからざると、一たびこれを封ずるときは天子も速にこれを變ずることを得ず、執政《しつせい》も直ちにこれを規《ただ》すことを得ざるとなればなり。郡縣の如きはこれに異なり、任限あり、交替《かうたい》あり、黜陟あり、輔佐あり、監察あり、その任を移し易く、その過を規《ただ》し易し。上に政教の化なしと雖も、下に尾大にして掉《ふる》はざるの失なし。故に人を撰んで以て任ず、是れ天下を公にするなり。王公坐してその祿を食つて自ら險に據るの暴なし、是れ王公を世《よよ》にするなり。罪を恐れ欲を逞《たくま》しくせず、遷ることを志して吏務を勵ます、是れ百姓を利するなり。土地辟《ひら》け人民庶《おほ》きは、是れ王室を護るなり。二の者の可不可此の如くにして、而もこれを行ふことは天下の勢に在り。中國草昧《さうまい》の時は民各〻聚結陵躒《しゆうけつりようれき》して、或はその勇悍を恐れ或はその姦計に服し、或はその惠施《けいし》に懷《なつ》きて以てこれに屬してその黨を立て、自ら封境を定めて相屯《たむろ》すること既に久し。天孫降臨（のとき）も亦民を易へずして治む、故に八十萬神《やそよろづのかみ》を封建す。是れ巳むことを得ざるの勢なり。その後子孫漸く微にして　帝郡縣の制を行ふを得たり。是れ乃ち天下の勢なり。凡そ封建一たび行はるるときは郡縣と爲《す》ること難し。當時郡縣大いに行はれて　王統連綿し、公室絕えず。幷せ按ずべし。

蓋し外朝の制を考ふるに、上古より三王に至るまで皆封建を以てす。郡縣は暴秦の定むるところにして李斯《りし》が奏するところなり。魏の曹元首・晉の陸士衡は封建を是《ぜ》とし、唐の李百藥・柳宗元は郡縣を是とす。二說の可否は諸儒一決せず。然れども封建を以て天下を公にすと爲し、郡縣を以て天下を私にすと爲し、且つ暴主これを定めて二世にして滅ぶるを以て凶例と爲す。

今按ずるに、郡縣の如きは、秦の暴強にあらざれば一時の侯王を挫くを得べからず、その制するところは古法にあらずと雖も、尤も治道の要を得たり。（然れども）李斯が奏するところ、始皇の行ふところは、その實天下を私するなり。故にその制明かならず、その法正しからず、遂に亂賊の基となる。是れ宗元が所謂、失は政に在りて制に在らざるなり。以上、郡縣の制を論ず。

〔大意〕

謹んで考えてみるに、これは、天下の統治方法を封建制から郡県制に転換する始めである。成務天皇の御代に至って始めて、地方統治のため、国郡に造長《みやつこかみ》を立て県邑に稲置《いなぎ》を置いた。これこそ郡県制にほかならない。

これ以後、歴代の天皇がこの制度を踏襲《とうしゅう》して、国ごとに守《かみ》・介《すけ》・掾《じょう》・目《さかん》及び郡《ぐん》司《じ》・大領《たいりょう》・少領《しょうりょう》・主帳《しゅちょう》等が置かれ、重要な辺境には、帥《そつ》・大弐《だいに》もしくは少弐《しょうに》・監《げん》・典《てん》・将軍・軍監《げん》・軍曹《そう》・按察使《あぜち》などが任命されたのである。これらの地方官には、任務成績を評価し、先例を勘案して栄転左遷を行ったのである。このゆえに王室には封建の制度は適用されず、王室の藩屏とするために、侯王と天下に封建したのである。

そのうえで、天子が、封建した諸国を巡り祝祭したまう巡狩《じゅんしゅ》や、諸侯が天下の下に伺候して情況を報告する述職《じゅっしょく》の制度、つまり、諸侯が参内して天子に拝謁することや諸侯を会合する朝覲会同《ちょうきんかいどう》の儀礼が確立したのである。郡県制では、候公を邦国に封建することはなく、国司や郡司のような官僚を派遣し、任期を定めて交替させ、国郡の役所に租税を収めさせて、諸皇子功臣に分賜することになったのである。

ひそかに考えてみるに、『大学』に説くように、天下を平らかにしようと欲する者は、先ずその国を治め、その国を治めようと欲する者は、先ずその家を斉える。その家が集まって邑となり県となり、その邑県が集まって郡となり、郡が集まって国となってゆく。天下は、郡の大集したものにほかならない。そのゆえに、天下統治の制度として封建と郡県の両制度があるのである。

聖天子が天下を統治するに当たっては、時勢を勘案して、両制度のうちのいずれかを選んで、それぞれの精神に随い、儀礼を明らかにして統治したので、封建制でも郡県制でも功を成すことができたのである。これに反して暗愚の君主が天下を統治すると、封建制でも郡県制でも、失政をまぬがれないことになってしまう。制度の善いか悪いかではなくて、統治する者のいかんによるのである。

私が思うに、封建は、天下を公にするように見えて実は、天下を私にしている。王侯の世襲が王侯の為にならない。中央の政令が正しいといっても、地方に勢力を有する者があれば地方に行き渡らない。地方に封建する王侯に人を得られず、一たび不適任者を任命してしまうと、天子でも、すぐには変更することは叶わず、監督官も、直ちに、指導、匡正《きょうせい》することはできないからである。

他方、郡県制の場合は封建と異なって、地方官に任期があって交替し、勤務評定による人事異動があり、更に輔佐する官僚もあり又《また》それを監察する官僚も置かれる。人事異動も指導監督もなし易いのである。この制度であれば、中央に政教の指導力が十分でない場合でも、地方の勢力が大き過ぎて中央の命令が行われない事態の心配はない。そこで適任者を選んで地方官に任命することができる。このことは天下を公にすることにほかならない。

封建の場合は、封建された王侯は、その封地の禄によって安定した生活を送っているので、自ら反乱を起こそうとはしない。これは、王侯の世襲を認める制度といえる。郡県制の場合は、任命された地方官は、法令に違反して罰せられないよう私欲を抑制するものであるし、更に、栄転昇進できるよう官吏の職務に精励することになる。これは、国民の生活に利益をもたらしている。

いずれにしても、国土が開拓され、人民が増加することは、王室を護持することにほかならない。封建・郡県両制度の長所短所は、前述の通りであるが、そのどちらを施行するかは、天下の趨勢《すうせい》、時勢いかんにかかわることである。中国たるわが国も、また草創の困難な時代には、人民は、集落で団結して困難を乗り越えようとし、勇強の者に従い、智謀を威服し、恵施を与える者に慕い寄る等、社会集団を形成して一定の地域を生活の場として集落・郷村を作って久しかった。

天孫降臨のときも亦《また》、そのような人民の状況のまま、それに即して統治した。そのため八十万神を各地に封建したのである。これは時勢、天下の趨勢から已《や》むを得ないことであった。その後、封建された八十万神の子孫の勢力が、次第に弱まり衰える成り行きの中で、天皇が、郡県制を施行して、直轄統治を推進できるようになった。これこそ天下の趨勢にほかならない。だいたい、封建制が、確立してしまうと、郡県制を推進することは困難になってしまう。そのような中で、当時、郡県制が盛行して、皇統が連綿として継承され、皇統を支持する公室も絶えなかったのである。これらの諸般の状況を総合的に考え合わせてみなければならない。

たしかに外朝支那の制度を考察してみると、上古より、夏の禹王、殷の湯王、周の文王、武王に至るまでは、皆、封建制に基づく国家統治であった。郡県制は、暴虐とされた秦帝国で始めて制定・施行されたもので、法家思想家の宰相李斯《りし》の奏上した制度であった。三国時代の魏の曹操や次の時代の晋の陸士衡（名は機）は封建（地方分権）を正しいと主張し、唐代の李百藥（詩人史家）や柳宗元（唐宋八大家の一人）は、郡県（中央集権）を正しいと主張した。このようにこの両説の是非・可否については、諸学者の見解は一致していない。けれども、或いは封建を以て天下を公にすと解し、或いは、郡県を以て天下を私にすと説いて、しかも暴君であった秦の始皇帝が制定したものの二世で滅びてしまったので、凶例であるとされているのである。

いまこの歴史を考察してみると、郡県制の実現のような大事業は、秦の暴強な中央集権政策に拠らなければ（割拠している戦国の七雄といわれた他の六国を滅ぼして天下を統一せねばならない状況だったので）推進し得ないところであった。秦の制定した郡県制度は、古《いにしえ》には先例がなかったとして批判されそうだが、この制度こそ、最も良い国家統治の在り方の要諦をそなえているといえる。

しかしながら李斯が提案し、始皇帝が施行した郡県制の実態は、天下を私物化しようとしていたので、この制度の趣旨も明確でなく、方法も正しくなかった。その結果、秦末の反乱の原因となってしまったのである。このことを柳宗元が、その封建論の中で論評して、秦が二世で滅びたのは、郡県制度の悪いためではなく、政治を行う者の心が正しくなかったからだとしている。

天照大神《あまてらすおおみかみ》天上《あめ》に在《まし》し曰《のたま》はく、葦原《ノ》中《ツ》國に保食神《うけもちのかみ》ありと聞く、宜《よろ》しく爾《いまし》月夜《つくよ》見尊《みのみこと》就《ゆ》いて候《み》よと。月夜見尊勅を受けて降ります。已にして保食神の許《もと》に到りたまふ。保食神乃ち首《かうべ》を廻らして國に嚮《むか》ひしかば、口より飯《いひ》出づ。又海《うなばら》に嚮ひしかば、鰭廣《はたのひろもの》・鰭狹《はたのさもの》亦口より出づ。又山に嚮ひたまひしかば毛麁《けのあらもの》・毛《け》柔《にこもの》亦口より出づ。夫《か》の品物《くさぐさのもの》悉く備へて百机《ももとりのつくゑ》に貯《あざ》へて饗《みあ》へたてまつる。この時月夜見尊忿然作色《いかりおもほてり》して曰はく、穢《けが》らはしきかな、鄙《いや》しきかな。寧ろ口より吐《たぐ》れる物を以て敢へて我れに養《か》ふべけんやとのたまひて、廼《すなは》ち劍を拔いて擊ち殺しつ。然して後に復命《かへりことまう》す。具《つぶさ》にその事を言《まう》したまふの時、天照大神怒《いかり》ますこと甚《はなはだ》しうして曰《のたま》はく、汝はこれ惡神《あしきかみ》なり、相見じとのたまひて、乃ち月夜《つくよ》見尊《みのみこと》と一日《ひとひ》一夜《ひとよ》隔て離れて住《す》みたまふ。この後に天照大神復た天熊《あめのくまう》（大）人《し》を遣して往《ゆ》いて看《み》せたまふ。この時に保食神實に已に死《まか》れり。唯《ただ》しその神の頂《いただき》に牛馬化爲《なれる》あり、顱《ひたひ》の上に粟生《な》れり、眉《まゆ》の上に蠒《かひこ》生《な》れり、眼の中に稗《ひえ》生れり、腹の中に稲生れり、陰《ほと》に麥及び大豆《まめ》小豆《あづき》生れり。天熊《あめのくまう》（大）人《し》悉く取り持ち去《ゆ》いて奉進《たてまつ》る。時に天照大神喜んで曰はく、この物は顯見蒼生《うつしきあをひとくさ》の食《くら》つて活くべきものなりとのたまひて、乃ち粟稗麥豆を以て陸田種子《はたつもの》と爲し、稲を以て水田種子《たなつもの》と爲す。又因つて天邑君《あめのむらぎみ》を定む。卽ちその稲種《いねたね》を以て始めて天狹田《あめのさなだ》及び長田《ながた》に殖《う》う。その秋の垂穎《たりほ》八握《やつか》に莫莫然《しないで》甚だ快し。又口の裏《うち》に蠒を含みて便《すなは》ち絲を抽《ひ》くことを得たり。これより始めて養蠶《こかひ》の道あり。

（『日本書紀』巻一の一書より）

謹みて按ずるに、是れ百穀を播《ほどこ》すの始なり。蓋し　中州は本秋瑞穂《もとあきのみづほ》の稱あり、則ち水土の美、嘉禾《かくわ》の瑞、固有の地なり。天神、保食神の教に因つて大いに稼穡《かしょく》養蠶の道を成す。これより天下の人民は食以て給《た》り、衣以て防ぐ。皆是れ　神の洪德なり。以上、穀を播するの初。

〔大意〕

謹んで考えてみるに、これは、さまざまな穀物を栽培した始めである。思うに、中州たるわが国には、もともと秋瑞穂《あきのみずほ》の国という呼称があった。つまり美しい国土も、豊かな稲作も、固有の地であった。天照大神と農耕を司る保食神《うけもちのかみ》の教えに因って農耕や養蚕の道が広く行われ、これによって天下の人民は、食糧も充足しており衣服も防寒に足りた。皆これは、神の広大無辺な功徳なのである。

天照大神《あまてらすおおみかみ》、天狭田《あめのさなだ》・長田《ながた》を以て御田《みた》と為したまふ。又方《まさ》に神衣《かむみそ》を織りつつ、齋服殿《いんはたどの》に居《まし》ます。

（『日本書紀』巻一より）

謹みて按ずるに、是れ　天神《ツ》が民の事を重んずるなり。夫れ　天神《ツ》の尊き（を以て）、織るべきの人なきにあらずして、その事を躬《みづか》らする所以のものは、但だ親《みづか》らその誠信《まこと》を致して以て神衣《かむみそ》を為《つく》るのみにあらず、令二に、孟夏季秋に神衣祭あり、乃ち伊世（勢）神宮祭なり。参河赤引の神調《かんつき》の糸を以て神衣を織り作し、以て神明に供ふ。故に神衣と曰ふ。先んじ勞して蠶織の艱難を備《つぶさ》にし、盤中の辛苦を嘗《な》めて以て天下の農桑を帥《ひき》ゐるなり。蓋し人君躬《みづか》ら耕し后妃親ら蠶《こがひ》して、上帝の粢盛《しせい》に供へ、祭祀の禮服を爲《な》すものは、皇極の無逸を建て　王業の大本を示すなり。繼體の詔に曰はく、帝王躬ら耕して農業を勸め、后妃親ら蠶して桑序《くはのとき》を勉む。況や厥の百寮より萬族に曁《いた》るまで農績を廢《す》てて殷富に至る者あらんやと。然らば乃ち上古に王后親ら耕蠶するの義ありしなり。後世に及んで、祈年穀《きねんこく》二月八月。・神衣祭《かんみそのまつり》四月九月。・神今食《じんごんじき》六月。・新嘗會及び大嘗會、皆農事を以て朝政を行ふなり。往古はその事を重んじその誠を盡す。以て鑒《かんがみ》つべし。

〔大意〕

謹んで考えてみるに、これは、天照大神が、民の仕事を重視したのである。だいたい天神《あまつかみ》の尊貴を以て、他に機織をすべき人が無いわけでもないのに、御自身でなさったゆえんは、但《ただ》に親しくその誠《まこと》信を尽くして神衣を織《お》られたというだけでなく、率先して蚕織《さんしょく》の艱難辛苦を躬行《きゅうこう》されて天下の農耕蚕織《のうこうさんしょく》を率先垂範《そっせんすいはん》されたのである。思うに、人君みずから農耕に携わり后妃みずから蚕織に従事されて、神前の供物とし、祭祀の礼服を作られたのは、『書経』の無逸篇[※8]の「皇位にありては逸するなかれ」との戒めを確立して、王業の大本を示されたことにほかならない。

後世になって、二月と八月とに穀物の豊穣を祈る祭りが、四月と九月に神衣を織って奉供する祭りが、六月に天照大神に新炊の御飯を供し天皇が親祭し又《また》自ら食し給う行事が行われ、更に、新嘗会及び大嘗会も行われるのは、いずれもみな、農事を以て朝政を行ったことを意味している。このように往古は、農事を重んじて誠を尽くしていた。模範として鑑戒すべきである。

※8…無逸篇…この篇は周公旦が、甥の成王に対して、人の上に立つ者は、逸予《いつよ》（逸楽つまり遊び楽しむこと）してはならぬ旨を諭教したことを叙述している。逸は、安逸、逸予の意で、怠惰で為すべき事をせず遊楽を事とすることをいう。無逸は、勤勉精励の意。帝王躬《みずか》ら耕して農業を勧め、后妃親《みずか》ら蚕して、養蚕を勉めることを以て王業の大本を示すとしている。

神武帝の詔に曰はく、恭んで寶位《たかみくらゐ》に臨む、以て元元《おほんたから》を鎮むべし。上は則ち乾靈《あめのかみ》の國を授けたまふの徳《うつくしび》に答へ、下は則ち皇孫《すめみま》の正《ただしきみち》を養ひたまふの心を弘めん。

崇神帝の六年、百姓《ひゃくせい》流離《さすら》へぬ。或は背叛《そむくもの》あり。その勢徳《うつくしび》を以て治め難し。ここを以て晨《つと》に興《お》き夕《ゆふべまで》に惕《おそ》りて神祇を請罪《のみたま》ふ。

（『日本書紀』巻三より）

謹みて按ずるに、國は民を以て體と爲す。民勞するときは國衰へ、民安んずるときは國興る。乾靈授けたまふところのものは、則ちこの蒼生《さうせい》なり。二帝の恭惕《きようてき》したまふところ至れる哉。民はこれ國の本なり、本固きときは邦寧し。五子の歌、その一に曰はく、民は近づくべくして下すべからず。民はこれ邦の本なり、本固ければ邦寧し。故に或は　中國を制し、或は民教を垂れたまふ。その徳大なる哉。以上、民の事を重んず。

〔大意〕

謹んで考えてみるに、国は、民をもって（本）体としている。民が疲労するときは、国が衰退するし、民が安定するときは、国が興隆するといえよう。天神が授けたまうものは、蒼生《そうせい》つまり数多の人民にほかならない。神武天皇と崇神天皇の二帝が、おそれつつしみたまうところ、何と至れり尽くせりであったことか。そもそも民は国の本である。その本たる民が安固なときは邦は安寧といえる。（『書経』の五子の歌の一を引用）このゆえに、或いは中国たるわが国を統一し、或いは民教を垂示《すいじ》したまうたのである。両帝の徳の何と偉大なことであろうか。

仁徳帝の四年春二月己未朔《つちのとひつじついたち》、甲子《きのえねのひ》(六日)、群臣に詔して曰はく、朕高臺《あれたかどの》に登りて以て遠く望むに、烟氣《けぶり》域《くに》の中に起たず、以為《おも》ふに百姓《ひゃくせい》既に貧しくして家に炊者《いひかしぐひと》なきか。朕《あれ》聞く、古の聖王の世《みよ》は、人人詠徳之音《ほむるこゑ》を誦《あ》げて、家家康哉之歌《やすらかなりといふうた》ありと。今朕億兆《おほんたから》に臨みて於茲三年《みとせになりぬ》。頌音《ほむるこゑ》聆《きこ》えず、炊烟《いひかしぐけぶり》轉《いよ〱》疎《おろそか》なり。卽ち知りぬ五穀《いつつのたなつもの》登《みの》らで百姓窮《せま》り乏しからん。封畿之内《うちつくに》すら尚ほ給《つ》がざる者あり、況や畿外諸國《とつくに〱》をやとのたまふ。三月己丑朔《つちのとうしついたち》、己酉《つちのととりのひ》、詔して曰はく、今より之後《ゆくさき》三載《さい》に至るまで、悉《ことご〱》に課役《おほせつかふこと》を除《や》めて百姓の苦を息《いこ》へよと。この日より始めて黼衣《おほんそ》鞋履《おほんくつ》弊《やぶ》れ盡きざれば更に爲《つく》らず、温飯煖羹《おほものおほあつものすへ》酸り餧《くさ》らざれば易へず、心を削《とく》し志《みこころざし》を約《せ》めて以て無爲《しづか》に從事《おはしま》す。ここを以て宮垣《みかき》崩《やぶ》るれども造らず、茅茨《かやしり》壊《こぼ》るとも葺《ふ》かず、風雨隙《すき》に入りて衣《おほんぞ》被《おほんふすま》を沾《ぬら》し、星《ほしの》辰《ひかり》漏《も》りて壊《やれま》よりいりて床蓐《みゆかみまし》を露《あらは》にせり。この後に風雨時に順つて五穀《のたなつもの》豊穣《ゆたか》なり。三稔《みとせ》之間《ころへ》、百姓富寛《ゆたか》なり。頌徳《ほむるこゑ》既に滿ちて炊烟《いひかしぐけぶり》また繁し。七年夏四月辛未《かのとひつじ》朔《ついたち》、天皇臺《たかとの》上に居《ま》して遠《はるか》に望みたまふに、烟氣《けぶり》多《さは》に起《た》つ。この日皇后《きさきのみや》に語りて曰《のたま》はく、朕《あれ》既に富めり、豈愁《うれひ》あらんや。皇后對《こた》へて諮《まう》さく、何をか富めりと謂《い》はん。天皇曰はく、烟氣國に滿てり、百姓自《オ》ら富めるか。皇后且《ま》た言《まう》さく、宮垣壊《みかきやぶ》れて修《をさ》むることを得ず、殿屋《おほどの》破れて衣被露《ふすまつゆ》にうるほふ、何ぞ富めりと謂《のたま》ふや。天皇曰はく、其れ天の君を立つることはこれ百姓の爲《ため》なり、然らば君は百姓を以て本と爲す。ここを以て古の聖王《ひじりのきみ》は一人《ひとり》も飢寒《うゑこご》ゆるときは、顧みて身《おのれ》を責む。今百姓貧しきは則ち朕《あ》が貧しきなり。百姓の富むは則ち朕が富むなり。未だこれあらず、百姓富みて君の貧しきことはと。秋八月己巳朔《つちのとみついたち》、丁丑《ひのとうしのひ》(九日)、大兄《おほねの》《え》去來《いざ》穂《ほ》別《わけの》皇子《みこ》の爲に壬生部《にぶべ》《み》を定め、亦皇后の爲に葛城《かつらぎ》部《べ》を定む。

九月、諸國《くにぐに》悉《ことごとく》に請《まう》して曰《まう》さく、課役《おほせつかふこと》並に免《ゆる》されて既に三年に經《な》りぬ。これに因りて宮殿《おほみや》朽壞《くちやぶ》れて府庫《みくら》已に空し。今黔首《おほんたから》富饒《とみにぎ》て遺《のこり》を拾はず、ここを以て里に鰥寡《やもをやもめ》なく、家に餘儲《あまりのたくはへ》あり。若しこの時に當りて稅調《おほちからみつぎ》を貢《みつ》ぎて以て宮室《おほみや》を修理《つく》るにあらざれば、懼《おそ》らくはそれ罪を天《あめ》に獲《とら》んか。然れども猶《な》ほ忍びて聽《ゆる》したまはず。

十年冬十月、甫《はじ》めて課役《おほせつかふこと》を科《おほ》せて以て宮室《おほみや》を構造《つく》る。ここに於て百姓の領《うなが》されで、老を扶《たす》け幼を携へて材《き》を運び簣《こ》を負ひ、日《ひ》と夜《よ》と不問《いはず》して力を竭《つく》して爭《きそ》ひ作る。ここを以て未だ幾時《いくばく》も經《たた》ずして宮室悉《ことごと》に成りぬ。故に今までに聖帝《ひじりのみかど》と稱《ほめまう》す。

（『日本書紀』巻十一より）

謹みて按ずるに、是れ民の産を豊にし民の力を寛《くわん》にするの極《きはみ》なり。夫れ民の生を遂げ性を盡すことは、天下の人君に繫《かか》れり。一人を以て億兆の父母たる、君道厥《そ》れ惟《こ》れ艱《かた》い哉。唯《ひと》り仁徳帝その任に勝《た》へたまふか。躬《おんみ》を倹にして以て民の家を賑《にぎは》し、無告《むこく》を救ひ、民の貧富を以て　天子の貧富と爲したまうて、その天の君を立つることこれ百姓の爲なりと曰《のたま》ふ。然も君は百姓を以て本と爲すの　詔、實に人君民《たみ》を養ふの至戒たり。故に宮室の造《な》るや、庶民子のごとくに來り、百姓罪を天に獲んことを懼る。吁《ああ》、至れる哉、大《おほい》なる哉。蓋し先に　仲哀帝の早崩したまへるあり、　神功帝の西征したまへるあり、後に天地不順にして稔穀登《ねんこくみの》らざるの患《うれへ》あり、君子徳を倹にして難を辟《さ》くるの義、亦亨《とほ》らずや。後世民を賑《にぎは》し土木の功《わざ》を興《おこ》すに、唯この　帝徳を以て規則《のり》と爲《な》せば、大なる過《あやまち》なからんのみ。外朝の聖主、宮室を卑《ひく》くし倹徳を尙《たふと》ぶも、豈これに過ぎんや。以上、民の産を豊にす。

〔大意〕

謹んで考えてみるに、これは、民の産業を振興し、民の生活の基盤を余裕あるものとした政治の至極といえる。そもそも民が生活を完《まっと》うして、天与の性命を発揮することができるかできないかは、天下の人君の統治の在り方いかんに懸かっているのである。

人君は一人で億兆、つまり数多の人民の父母として、人民に恩恵を施すことを任となすのである。人君の道の何と艱難なことであろうか。この大任に耐えたまふたのは、唯、仁徳天皇のみといえるのではなかろうか。御自身は倹素にされて、民の家を豊かにし、民の貧富は天子の貧富にほかならないとされ、天が君を立てるのは、民、百姓の為であるともいう。その上、君は百姓を以て本と為すという詔こそ、実に人君は民を養育せねばならないとする教えの至戒ということができる。そのゆえに宮室の造営が行われることになると、人々がこぞって参加し、互いに励まし合って競って作業に当たったのであった。仁徳天皇の徳の何と至大なことであろうか。

思うに、これに先立って仲哀天皇が夭逝《ようせつ》崩御され、神功皇后が親ら三韓征服され、その後、気候不順で不作の患難もあった。

易に「天地交はらざるは否なり。君子以て徳を倹にして難を辟《さ》く」とあるように、時運が否であれば、君子は徳を治めて時艱を克服する意義が、何と順調に進んでいることか。

後世、同様に、民政に配慮しつつ土木事業を実施する場合には、唯この仁徳天皇の仁政を模範とするならば大過はないといえよう。外朝支那の聖天子が、自らの宮室を質素にして、倹素の徳政を重んじたのも亦《また》、この例に則っているに過ぎないのではなかろうか。

崇神帝の十二年春三月丁丑朔《ひのとうしついたち》、丁亥《ひのとゐのひ》、詔《みことのり》すらく、朕《あれ》初めて天位《たかみくらゐ》を承けて宗《くに》廟《いへ》を保つことを獲《え》、明《ひかり》も蔽《さは》るところあり、徳《いきほひ》も綏《やすき》こと能はず。ここを以て陰《ふゆ》陽《なつ》謬り錯《たが》ひて、寒く暑きこと序《ついで》を失へり。疫病《えやみ》多《さは》に起りて百姓《ひゃくせい》災を蒙《こうむ》る。然して今罪を解《はら》へ過《あやまち》を改めて敦く神祇を禮《ゐや》ふ。亦教《のり》を垂れて荒俗《あらぶるひとども》を綏《やす》くし、兵を擧げて以て不服《まつろはぬ》を討つ。ここを以て官《おほやけ》に廢事《すたれたること》なく、下に逸民《かくるたみ》なく、教化《をしへ》流行《ゆきおこな》はれて衆庶《おほんたから》業を樂《よろこ》ぶ。異俗《あだしくにのひと》譯《をさ》を重ねて海外《わだのほか》に來《まうき》、既に歸化《まうおもむ》きぬ。宜しくこの時に當りて更に人民《おほんたから》を校《かんが》へて長幼《このかみおとと》の次第《ついで》及び課役《おほせつかふこと》の先後《さきのち》を知らしむべし。

秋九月甲辰朔《きのえたつついたち》、己丑《つちのとうしのひ》（十六日）、始めて人民を校へて更に調《つぎ》役《え》を科《おほ》す。これを男の

弭調《ゆみはづのみつぎ》、女の手末調《ただすゑのみつぎ》と謂ふ。ここを以て天神地祇共に和享《まご》みて、風雨時に順ひ百穀《もものたなつもの》用って成り、家給《つ》ぎ人足りて、天下大いに平なり。故《か》れ稱《ほめまう》して御肇國天皇《はつくにしらすすめらみこと》と謂《まう》す。

（『日本書紀』巻五より）

謹みて按ずるに、是れ民の産を制するなり。既に庶《もろく》あり既に富めり、未だ嘗て以て教へずんばあらず。人皆欲あり、民はその蠢爾《しゅんじ》たるものなり。情ありて節を知らず、欲ありて制を知らず。故に唯《ひと》りこれを養つて制を加へざれば、その身を保つことを得べからず。専らこれを戒めて以て養はざるときは恒の心を得べからず。撫育教導互に持《ぢ》して而して后に家給《つ》ぎて恥を知る所以なり。帝、民を養ふを以て心と爲し、民を導くを以て教と爲し、始めて調賦の先後を制したまひ、長幼の次序を教へたまふ。その化大なる哉。以上、民の産を制す。

〔大意〕

謹んで考えてみるに、これは、人民の産業を統制したのである。崇神天皇の時代になると、人民も増加し富裕にもなったので、次に教育に着手したのである。人には皆、欲情があり、民の心には、それがうごめいている。養育するだけで、その欲情に節制を加えないままだと、民はその身を正しく保てない。逆に、人民を戒めて養育しないと、人心は安定することがない。人民の撫育と教導とが互いに補完し合って、「恒産《こうさん》あれば恒心《こうしん》あり」で、産業も教育も興るのである。崇神天皇が、人民の養育にも教育にも配慮されて、税制を調え社会秩序を教えられたのは、その影響するところはまことに偉大なことであった。

六十二年秋七月乙卯朔《きのとうついたち》、丙辰《ひのえたつのひ》（二日）、詔して曰はく、農《なりはひ》は天下の大なる本なり、民の恃《たの》んで以て生くるところなり。今河内の狭山《さやま》の埴田《はにた》は水少《すくな》し、ここを以てその國の百姓は農事《なりはひのこと》に怠れり。それ多《さは》に池溝《うなて》を開《ほ》りて以て民の業《なりはひ》を寛《ひろ》めよと。冬十月依網池《よさみのいけ》を造りたまひ、十一月苅坂池《かりさかのいけ》・反折池《さかをりのいけ》を作りたまふ。一に云ふ、天皇桑間《くはまの》宮に居《いま》しこの三つの池を造るなりと。

（『日本書紀』巻五より）

謹みて按ずるに、是れ農の利を盡すなり。百穀を利するもの水より大なるはなし。今狭山及び三つの池を浚《ふか》くして力を溝洫《こうきょく》に盡すこと此の如し。これより歴代因循して水利を開き非常に備ふ。　垂仁帝は池を諸國に作りたまひ、景行帝は相續ぎて力を竭したまふ。（故に）百姓大いに富み天下大いに平なり。竊に按ずるに、外朝の周は農を以て國を爲《をさ》むるの後、（南軒張氏曰はく、周家の國を建つるや、后稷農事を以て務と爲してより、歴世相傳へ、その君子則ち稼穡の事を重んず。）これを重んずること漢の文・景二帝に如《し》くはなし。文帝の曰はく、農は天下の大本なりと。景帝の曰はく、農は天下の本なりと。先儒の曰はく、文帝この　詔《みことのり》ある凡そ三たび、景帝・武帝も亦皆この言を以て詔の先《はじめ》に冠《かうむ》らしむ。漢人は古を去ること未だ遠からずして、猶ほ重んずるところを知るなり。今《いま》　帝の詔と更に異ならず。國に　中外ありと雖も、民事に惓惓《けんけん》たるに至りては一なり。（以上、農の利を盡す。）

〔大意〕

謹んで考えてみるに、これは、農業振興策への尽力である。農業振興で何より大切なことは水利にほかならない。今、狭山及び三つの池を※9浚渫《しゅんせつ》し又《また》水路を整備した。これより以後、歴代これに従って水利事業を進めて、いざという場合に備えたのである。

垂仁天皇は諸国に貯水池を作られ、景行天皇は、この事業を継承して尽力された。その結果、人民の生活が豊かになり、天下は太平となった。ひそかに考えてみるに、外朝支那の周王朝で農を国の本とする施策を進めた以後、漢の文帝及び景帝は、特に農政を重んじ、文帝は「農は天下の大本なり」とし、景帝は、「農は天下の本なり」とされた。先儒の説では、文帝は、三度もこの詔を出され、続く景帝及び武帝もみな、文帝のこの言葉を詔の始めに書き添えた。漢の諸帝は、古《いにしえ》から時が経っていないのに、農本主義を重視したことがわかる。崇神天皇の詔の趣旨と少しも異なっていない。国は異なっても、民政に深く配慮すべきことは全く同じであるということができる。

※9…浚渫…浚《ふか》くする。泥などをさらい取って、底を深くすること。

仁徳帝の十一年夏四月戊寅朔《つちのえとらついたち》、甲午《きのえうまのひ》(十六日)、群臣に詔して曰はく、今朕《あれ》この國を視れば郊澤《のさは》曠《ひろ》く遠《とほ》くして田圃《はたけ》少《すくな》く乏《とぼ》し、且た河の水横に逝《なが》れて以て流末《かはしり》駃《と》からず、聊か霖雨《ながあめ》に逢へば海潮《うしほ》逆上《さかのぼ》りて巷里《むらさと》(の人)船に乗り、道路《みちおほぢ》また埿《うひぢ》あり。

故に群臣共に視て、横《よこしま》なる源《みなかみ》を決《さぐ》りて海に通し、逆《さかしま》なる流《ながれ》を塞いで以て田《なり》宅《ところ》を全くせよと。冬十月、宮の北の郊原《のはら》を掘りて、南の水を引きて以て西の海に入れ、因つて以てその水を號《なづ》けて掘江と曰ふ。又北の河の澇《こか》を防《ほせ》がんとして以て茨田《まむた》の堤を築く。この時に兩處の築《たえて》ありて、乃ち壊れて塞《ふさ》ぎ難し。時に天皇夢に神これを誨《をし》ふるあり、塞《ふさ》ぐことを獲てその堤且つ成る。

（『日本書紀』巻十一より）

謹みて按ずるに、是れ民の害を除くなり。天地の間、民の害を爲すもの、天に旱潦《かんらう》の災あり、地に河海の暴あり。人君民を爲《をさ》むるに志ある者は、豫め備へ先づ謀りて以てこれが制を爲すときは、その災殆ど逭《のが》るべし。是れ人心の精一なるところは物の以て勝つべきなきなり。既にその害を除くときは民の利百倍なり。　帝甚だ民の生を以て要と爲したまひ、河を開きて以て是れを疏《とほ》し、堤を築きて以てこれを塞《ふさ》ぐ。民以て子のごとくに來り、神以て佑《たす》く。故に隄岸《ていがん》の崩るるなく、泉源の涸《か》るるなく、沙土の淤《たまり》なく、畛域《しんゐき》《あぜざかひ》の失はるるなし。吁《ああ》、その德大なる哉。その後大いに力を溝洫《こうきょく》に盡したまひ、百姓寛饒《くわんぜう》にして凶年の患なし。況や橋路を爲りて以て人民を利し、氷室《ひむろ》を以てその政を規《ただ》し改め、大いに　乾靈國《あまつかみ》を授けたまふの徳に答へたまふなり。以上、民の害を除く。

〔大意〕

謹んで考えてみるに、これは、人民の災害を除去したことの記述である。天地の間で人民の災害としては、天候に旱魃《かんばつ》（ひでり）や大雨続きの災害があり、地上に河や海の水害があったりする。人君として人民を治める志有る者は、これらの災害を予防し制御して、災害を未然に回避することができる。人君・人民協力し、一意専心、力を尽くすときは、それが可能となり、それによって災害を未然に回避できれば、人民の利益は、百倍にもなるのである。

仁徳天皇は、人民の生活生業を最重視したまい、河水の流れを良くし、堤防を築いて河水の横流を防いだので、その土木工事のために、人民は、親を助けようとする子のように進んで協力し、天佑神助も得られたのであった。そのため、堤防の岸が崩れることもなく、水源が涸れることもなかった。土砂がたまって流れをさまたげることもなく、田のあぜや境が流失することもなかったのである。仁徳天皇の人君としての徳の何と偉大であったことか。その後も、水路の開発に尽力したまい、その恩恵によって人民百姓は、豊かで余裕が生じ、凶作の年の憂患がなかった。ましてその上に、橋や路を造成して人民に利便をもたらし、果ては、氷室を以て、陰陽寒暑を調整するなど、政の在り方を常に規制し改善して、天神が、この国を授けたまうた恩恵に応答したまうのである。

天照大神《あまてらすおおみかみ》因って天邑君《あめのむらきみ》を定む。即ちその稲種《いねたね》を以て始めて天狭田《あめのさなだ》及び長田《ながた》に殖《う》う。その秋の垂穎《たりほ》八握《やつか》に莫莫然《しないで》甚だ快《こころよ》し。

成務帝の五年秋九月、諸國《もろくに》に令《のりごと》して國郡《くに》を以て造長《みやつこ》を立て、縣邑《あがた》に稲置《いなぎ》を置く。百姓居《すみか》に安んじて天下事なし。

（『日本書紀』巻一より）

謹みて按ずるに、是れ　天人、民の長を建つるの始なり。凡そ物相聚まるときは未だ嘗て長ありて以てこれを統べずんばあらず。鳥獣の群《むれ》すら必ずその先《さきんずる》あり、況やその人をや、民その業あるをや。業には必ず教《をしへ》あり、人には必ず欲あり。その教を知らざるときは、百穀時を違《たが》ひ稼《か》穡《しょく》節を失つて、民は恆《つね》の産を得ず。その欲を制せざるときは、闘諍相起り獄訟日に盛にして、民以て死亡に至る。故に 神の靈なる、既に邑君ありて以て時《こ》の百穀を播《ほどこ》す。後世豈これを忽にすべけんや。

成務帝始めて國郡《くに》を分け封域を定め、造長《みやつこひとこのかみ》は國郡《くに》を主《つかさど》り、稲置《いなぎ》は縣邑《あがた》を司る。宜なる哉百姓安居し天下事なきこと。夫れ天の烝民《じょうみん》を生ずる、自ら治むること能はずして、遂にこれが君あり。君萬民を統べて獨り理《をさ》むること能はずして、これを百官に付す。百官の理むるところ、その揆《みち》これ萬《よろづ》にして、その繫《かかは》るところ悉く民に在り。然らば乃ち百官の設《まうけ》は民の爲にあらずや。人君の重きことは民の爲にあらずや。既に天民《たみ》の爲に已れを立つることを知るときは、民を重んずるを以て先務と爲《せ》ざることなし。民を重んずることは必ず民の長を撰ぶことを重んずるに在り。人その人にあらざれば官明かならず、官明かならざれば民の情致《きは》むべからず、民の情塞《ふさ》がるときは民の長にあらず。後世民安く國豐なることを得るものはその人を得ればなり。民苦しみ國衰ふることあるものはその人を得ざればなり。故に郡主縣令を輕んずることは是れ民を輕んずるなり。民を輕んずるは是れ天下國家を輕んずるなり。天下國家を輕んずるは　乾靈國《あまつかみ》を授けたまふの德に背き、天孫統を垂るるの基を廢するにあらずや。四方嘉靖《かせい》の休《よろこび》、萬國咸寧《かんねい》の化、その機《きざし》端《まさ》にここに在り。以上、民の長を建つ。

以上、治道の要を論ず。愚謂《おも》へらく、天下の治道は古今の論岐《わかれ》多し。人君これに臨んで未だ嘗て亡羊の失なくんばあらず。夫れ天下の本は國家に在り、國家の本は民に在り、民の本は君に在り。君明かなるときは民安く、民安きときは國治まり家齊ふ。國家治まり齊ふときは天下平なり。國家を治むるの道は封建と郡縣とに在り。侯王を封建するときは、親を親とし、賢を賢として、その邦に因りてその卿を命じ、方伯を建て三監を立つ。天子巡狩して禮を規《ただ》し俗を觀《み》、黜陟《ちゅっちょく》の政を明かにし、諸侯朝聘《てうへい》して王室を勤め正朔を受け、退いて顏を違《さ》ること咫尺の敬を存す。故に宗子惟《こ》れ城たり、侯王惟れ藩たり。郡縣を以て守令を命ずるときは、任限を定めて吏務を察し、考課を明かにして賞罰を正し、按巡の察使を以てその土地人民の實を監《かんが》む。然らば乃ち共に國家を維持し、大寶の祚《くらゐ》竟に傾くべからず。是れ國家治まりて后《のち》に天下平なるなり。

凡そ人君の尊き、下民の賤しき、九重の邃《ふか》き、市井の卑しき、若し輕んじてこれを遠ざくるときは、その阻《へだ》たれること猶ほ天壌の杳《はるか》なるがごとし。心誠にこれを求むるときは、猶ほ天の地を覆ひ日月の萬物を照すがごとく、甚だ近くして掩《おほ》ふべからず。これを求むるの道は養を以て先と爲す。物は必ず養あり、草木鳥獣の水土羽毛枝葉あるは皆然り。況や民をや。衣食給《た》らざれば恆の心なく、恆の心なければ刑罰に陥る。是れ人君忍ぶべきの道にあらず。これを養ふの道は、經界を定め産業を考へ、農家を具《つぶさ》にして而して后に賦斂《ふれん》を正しくするに在り。既に庶《おほく》あり既に富むときは、教を以て本と爲す。衣食足りて教へざるときは、民又恆の心を失ふ。教の道は人倫を秩《つい》で風俗を正し、その機を抑揚し、その志を勸懲して、以て利を利とし樂《たのしみ》を樂しむに在り。專ら愛するときは、情を縦にし欲を逞しくして業を廢することを知らず。專ら戒むるときは、民免れんとして恥なし。養教相持して民安し。

然れども又天地は常なく、人民は必ず幸否あり。故にその備を無事（の日）に設けて以てその害を除き、窮民を救ひ賑恤《しんじゅつ》を周《あまね》くす。否《いな》なれば乃ち百姓必ず溝壑《こうがく》に轉ず。人君荒政の設《まうけ》、年穀の祈《いのり》、是れその誠を盡す所以なり。これを養ひこれを教ふること、人君一人の眇《すくなき》を以て豈天下の衆《おほき》に及ばんや。故にその長を建つ。長を建つるの道は、民間に保伍を立てしめ以てこれを親しく察し、その爭訴論事皆先づこれに付し、而してこれを規《ただ》しこれを和してその諍獄の機《きざし》を防ぎ、背教の萌《きざし》を折《くじ》き、その止むことを得ざるに及びて、下吏これを計り、守令これを制す。伍には必ず長あり、村里には必ず老あり、これを郡縣に總べ、これを國司に轄《とりしま》る。是れ乃ち長を建つるの道なり。然れどもその議を致《きは》めずその道を盡さざれば、唯だ虚名にして實なし。古來年限を定め黜陟《ちゅっちょく》を明かにするは、皆民の長を重んずればなり。民安ければ國平なり。是れ民の國家に繫《かかは》る所以にして、人君天下を以て大寶と爲し、拳拳服膺して恒に守るべきの道を致《きは》め、失ふべきの過《あやまち》を顧み、神聖開端の誠に因りて以てこれを擴充せば、天壤と窮り無からん。是れ治道の要は大都《おほむね》人君の志を本とする所以なり。

〔大意〕

謹んで考えてみるに、これは、天照大神が、人民の長（統率者）を置いた始めである。人民が集まって社会集団を構成する場合には、必ず、その集団を統率する指導者がいなければならない。鳥や獣の群れにすら、これを率いる者がいるものである。ましてや、人の場合は、なおさら、指導者が必要である。そのうえ人には生業があるので、一層、それが必要なのだ。生業には、必ず先達の教えが無くてはならない。人にはさまざまな欲があって、その教えを知らなくては、穀物類も季節外れとなり、農耕の在り方も混乱してしまって、人民の生活の安定を図ることができなくなってしまう。人民の欲を抑制しないときには、争って互いに訴訟し合う事になり共倒れになってしまう。そこで、霊妙な神の配慮がなされ、集団を統率する指導者が置かれて、人民の生活を支える農産物を供給し得たのである。後世の為政者は、どうしてこのような配慮を軽視しえようか。

成務天皇が、天下を国郡に分けてそれぞれの領域を定めて、国造は国郡の主宰者となり稲置は、県邑を治めたのである。このため天下は無事に治まり、人民の生活は安定したのである。そもそも、天が諸々の人民を生み出したけれども、人民は自ら治めることはできないので、どうしても治める君主が必要となるが、君主は一人で万民を統治することができないため、代わりに官僚群に統治させることになるのである。官僚群による統治は万端に及ぶが、要するに人民をどうするかということが課題なのである。こう考えてくれば、官僚制度の整備も、君主の権威も、すべて人民の為ということになるのではなかろうか。

このようにして、すべて人民の為ということが認識されれば、人民を重んずることを最優先させなければならない。そして人民を重んずることになれば、当然、人民の指導者を選ぶことを重んずることになる。人民の指導者に適任者を得られなくては、制度の趣旨が明確にならず、そうなると、民情に通達できず、それでは人民の指導者として適任とはいえない。後世、人民の生活が安定し、国が富み得るのも、人民が苦しみ国が衰えるのも、適任者を得られるかどうかに係《かか》っているのである。そのゆえに、国郡や県邑の統治者を軽視することは、人民を軽視することになり、ひいては天下国家を軽視することになるのである。こうして天下国家を軽視することは、天神がこの国を授与した恩徳に背き、天孫垂統、皇位継承の基盤を廃することになってしまうのではなかろうか。四方の国がよく治まり、万国がみな安泰なる政治ができるかどうかの機微は、まさに係ってここにあるといえよう。

以上、政治の要諦を論じてきた。私が考えてみるに、天下の政治論は、古来、多岐《たき》に亘《わた》っており、君主がどれを選択するか迷うことが多かった。

そもそも、天下の本は国家に在り、国家の本は人民に在り、人民の本は君主に在る。そこで人君が賢明なときは人民は安定し、人民が安定するときは、国は治まり、家は斉《ととの》う。国家ともに治まり斉うときは天下は平らかとなるのである。

ところで国家を治める制度には、封建（地方分権）と郡県（中央集権）の二つがある。封建制では、封建諸侯ごとにそれぞれの親族や賢者を重んじて、諸侯はそれぞれ大臣や将軍や監察官を任命して国を治め、天子は、その諸侯の国を巡回視察して、統治の成果によって人事を行うのである。一方諸侯は、天子の都に参覲《さんきん》し、勤王に努め天子の統治に服して深く敬意を表するのである。このゆえに、諸侯一族の結束は固く、封建諸侯は天子の藩屏となっている。

これに対して郡県制では、天子の直轄の官僚に統治させ、官僚には任期や勤務評定があり、信賞必罰の法治主義が行われる。その統治の監察のため中央から官僚が派遣されて土地人民の実情を調査するのである。

こうみてくると、封建・郡県の両制度ともに国家と皇統を維持、安定に貢献しているといえよう。これこそ国家が治まり、天下が平らかになっているゆえんにほかならない。

そもそも、人君は尊貴であり、下民は賤卑である。宮殿の奥深く住む人君が、下民を賤卑として軽視してしまうと、両者の関係は、隔てられてしまって、天地のように遠ざかってしまう。しかしもしも心から望むとすれば遠い天地も、ちょうど天が地を覆い、日月が万物を照らして余すところが無いように、甚だ近く、さまたげるものは無いのである。ところで、心から望む方途として優先しなければならぬのは、養育することである。物事はみな養育が必要であり、草木も鳥獣も、水陸に住む動植物共に皆、同様である。ましてや、人民の場合は、尚更である。人民は、衣食のような生活の必需品が供給されなければ、心が安定せず、心が安定しなければ、犯罪で刑罰をまぬかれぬことになってしまう。これでは人君が容認できる方途とはいえない。人君が人民を養育する方法は、土地制度と産業とくに農業政策をととのえ、租税制度を適正に運用することが要である。こうして人民が増加し富裕になれば、人民の教化に努めなければならない。衣食が足りても教えが伴わないときは、人民は心の安定が得られない。教えの要諦は、人民の倫理や風俗を正しく秩序立て、生活を調整し、道徳を教え、人民をして、正しい利害や苦楽を知らしむることにある。人民の愛育に片寄ると、自制することができずに生活が乱れることになるし、人民の統制に片寄ると、法に触れないことに専念してしまって心の反省が失われてしまう。愛育と統制とが均衡調和して、はじめて民政が安定するのである。

けれども、世の中は、想定外のこともあり、人民には、運不運が避け難いものである。これに備えて、日頃から予防に心がけ、恩恵を施すよう心がけねばならない。そうでないと、いざという場合に、人民をのたれ死にさせることにもなりかねないのである。

こうして人君が、救荒《きゅうこう》政策に心がけ、天に豊作を祈るのは、人君としての誠を尽くすゆえんにほかならないといえよう。

このような人民の養育と教化は、人君一人では、天下の大衆に普及し尽くせるところではない。国を挙げて組織的に取り組むために指導者が必要であり、その下に、多数の担当者とそれを統制する役職も設けなければならない。地方組織のそれぞれの段階に皆、指導者が配され、隣組、村里、郡県、国ごとに分担して統治が行われている。これが組織に指導者たる長が必要なゆえんにほかならない。それだけに、その選任に十分な議論と配慮が尽くされないと、名実が備《そな》わらない。そこで昔から、指導者たる長の任期を定め、勤務の成績を勘案して人事が進められてきたのは、人民の指導者たる長を重視したゆえにほかならない。人民の生活が安定すれば、国は平穏である。これこそ人民と国家の関係を示すゆえんであり、人君がこれに基づいて天下国家を大切にして、守るべき道を究め、過失無きよう配慮しつつ、神聖が国を開いた精神に基づいて政策を拡充してゆけば、その国家は、天地と共に末永く繁栄していくのである。これこそ国家統治の要諦であり、それは人君の志を本とするゆえんにほかならないといえるであろう。

知人章（神知章）

天照大神《あまてらすおおみかみ》乃ち天石窟《あめのいはや》に入りまして、磐戸《いはと》を閉《さ》して幽居《こもりま》しぬ。故《か》れ六合《くに》の内常《とこ》闇《やみ》にして、晝夜《ひるよる》の相代《あひかは》るわきも知らず。時に八十《やそ》萬　神《よろづのかんだち》、天安河邊《あめのやすのかはら》に會合《かんつど》ひてその禱るべきの方《さま》を計らふ。故《か》れ思兼神《おもひかねノ》深く謀り遠く慮《たばか》りて、遂に常世《とこよ》の長鳴鳥《ながなきのとり》を聚めて互に長鳴せしむ。亦手力雄神《たぢからをのかみ》を以て磐戸の側《とわき》に立《かくした》てて、中《なか》臣連《とみのむらじ》の遠祖天兒屋《とほつおやあめのこやねの》命・忌部《いんべ》の遠祖太玉《とほつおやふとたまの》命は、天香山《あまのかごやま》の五百箇《いほつの》眞坂樹《まさかき》を掘《ねこぎ》にして、上枝《かんつえ》には八坂瓊《やさかに》の五百箇御統《いほつのみすまる》を懸《とりか》け、中枝には八咫鏡《やたのかがみ》一に云はく、眞經津鏡。を懸《とりか》け、下枝《しづえ》には青和幣《あをにぎて》和幣、ここにはニギテと云ふ。・白和幣を懸《とりし》でて、相與《とも》に致其《のみ》祈禱《いのりまう》す。又猿女君《さるめのきみ》の遠祖天鈿女命《あめのうずめの》は則ち手に茅纏《ちまき》の矟《ほこ》を持ち、天石窟戸の前に立たして巧に作俳優《わざをぎ》す。亦天香山の眞坂樹を以て鬘《かつら》にし、蘿《ひかげ》蘿、ここにはヒカゲと云ふ。を以て手繦《たすき》手繦、ここにはタスキと云ふ。とし、而して火處《ほところ》焼《ひや》き、覆槽《うけふね》置《とどろ》かし、槽を覆《ふ》すを、ここにはウケと云ふ。顯神明之憑談《かむかかり》す。神明之憑談を顯すを、ここにはカムカカリと云ふ。この時天照大神聞《きこ》しめして曰《おほせのたま》はく、吾《あ》れ比《この》ろ石窟に閉居《こもりを》り、謂《おも》ふに當《まさ》に豊葦原中國は必ず長夜爲《とこやみゆか》ん、云何《いかん》ぞ天鈿女命如此《かく》嘘樂《ゑらく》するやとのたまひて、乃ち御手を以て磐戸を細《ほそめ》に開《あ》けて窺《みそなは》す。時に手力雄《ノ》神則ち天照大神の手《みて》を奉承《たまは》り引き出し奉る。ここに中臣《ノ》神・忌部《ノ》神は則ち端出之縄《しりくめなは》縄、ここにはシリクメナハと云ふ。亦云はく、左縄端《りほの》出でたると。を界以《ひきわた》し、乃ち請《まう》して曰《まう》さく、復たな還幸《かへりいりま》しそと。

（『日本書紀』巻一より）

謹みて按ずるに、この時人才最も盛なる哉。凡そ事その人を得ざればその道明かならず。天地常闇《とこやみ》なるに當りては、非常の才あるにあらずんば非常の功を得べからず、思慮以てその謀《はかりごと》を致し、大勇以てその事を遂《と》げ、雄藝以てその用を盡し、寛優以てその道を盡す。而して后に大成すべきなり。八十萬神の衆《おほ》き、唯この數神を得るのみ。然らば乃ち才の難きこと　神代既に爾《しか》り。蓋し才の要は、知は以て遠慮すべし、思兼神その任に中《あた》るか。仁は以て力行すべし、天兒屋命・太玉命是れその人か。勇は以て果斷すべし、手力雄神・天鈿女命是れそれ得たるか。三德ここに在り、故に洪基《こうき》を復して以て萬億世に及ぶ。才の美至れる哉。

以上、人を得るに在るを論ず。

〔大意〕

謹んで考えてみるに、この非常時に際し、知仁勇三徳を代表する人材が、何と多く居り、果たすべき役割を果たしたことか。おしなべて物事はその人を得なければ、その在り方が明確にされないものである。天地常闇《とこやみ》の非常事態に当たっては、非常の才ある人でなくては、非常の功績をあげることはできない。謀計を極める思慮、難事を完遂する大勇、諸般の処理能力を尽くす応用力等、皆優れて余裕ある人々がそろって始めて大成しうるのである。

八十万神が衆多《しゅうた》おわします時にあっても、ここに挙げられている数神しか、その人には該当しえないのである。とすれば、人材を得難いことは、神代からのことであった。

思うに、才の要を列挙すれば、深謀遠慮の知の任は、思兼神、仁徳力行の仁は、天児屋命・太玉命、果断勇往の任は、手力雄神・天鈿女命が、それぞれその任に耐えうるであろう。この知仁勇の三徳がここに備わったのである。そのゆえに皇統の偉大な基盤が永遠に確立したのである。人才の具備《ぐび》の至極であるといえるだろう。

皇祖高皇産霊尊《みおやたかみむすびのみこと》は皇孫《すめみま》を立てて葦原《ノ》中《ツ》國の主《きみ》と爲さんと欲《おほ》す。然も彼の地多《くにさは》に螢火《ほたるひ》の光《かがや》く神《かみ》及び蠅聲《さばへな》す邪《あ》しき神《かみ》あり、復た草木《くさき》咸《こと〲く》に能く言語《ものいふこと》あり。故《か》れ高皇産霊尊八十諸神《やそもろかみ》を召集《めしつど》へて問うて曰はく、吾《あ》れ葦原中國の邪鬼《あしきもの》を撥《はら》ひ平《む》けしめんと欲《おも》ふ、當に誰を遣はさば宜《よ》けん、惟《ねがは》くは爾諸神《いましもろかんたち》知らんところをな隠しましそ。僉《みなまう》曰さく、天穗日《あまのほひの》命はこれ神の傑《すぐれたる》なり、試みたまはざるべけんやと。ここに俯して衆言《もろ〱のこと》に順って、即ち天穗日命を以て往いて平《む》けしむ。然れどもこの神大己貴神《おほあなむちの》に佞《おもね》り媚びて、三年に比及《なるまで》尚ほ報聞《かへりごとまう》さず。故《か》れ高皇産霊尊更に諸神《もろかんだち》を會《つど》へて、當に遣はすべき者を問ひたまふ。僉曰《みなまう》さく、天國《あまのくに》玉《たま》の子《こ》天稚彦《あめわかひこ》これ壮士《たけきひと》なり、試みたまへ。ここに高皇産靈尊は天稚彦に天鹿《あまのか》兒弓《ごゆみ》及び天羽羽矢《あまのはばや》を賜ひて以て遣はす。この神亦忠誠《まめ》ならず。この後に、高皇産靈尊更に諸神《もろかんだち》を會《つど》へて、當に葦原中國に遣はすべき者《ひと》を選びたまふ。僉《みな》曰《まう》さく、磐裂《いはさく》磐裂、ここにはイハサクと云ふ。・根裂《ねさくの》神の子磐筒男《いはつつを》・磐筒女《いはつつめ》生《あ》れませる子《みこ》經津《ふつ》經津、ここにはフツと云ふ。主《ぬしの》神これ將佳《よけん》と。時に天《ノ》石窟に住む神、稜威雄走神《いつのをばしりのかみ》の子《みこ》甕速日神《みかのはやひの》の子《みこ》熯速日《ひいのはやひの》神、熯速日神《ひいのはやひの》の子武甕槌神《みこたけみかつちの》ます。この神進みて曰《まう》さく、豈唯だ經津主神獨り丈夫《ますらを》にして吾《やつが》れは丈夫《ますらを》にあらずやと。その辭《ことば》は氣慷慨《いきざしはげし》。故《か》れ以《も》て即ち經津主神に配《そ》へて葦原中國を平《む》けしむ。二神《ふたはしらのかみ》ここに出雲國五十田狹《いそたさ》の小汀《をばま》に降到《あまくだ》りまして、二神諸〻の不順鬼神等《まつろはぬかんだち》を誅《つみな》うて果して以て復命《かへりごとまう》す。

（『日本書紀』巻二より）

謹みて按ずるに、是れ天神人を登庸《とうよう》するの愼めるなり。天神の靈は日の天に中するが如く、萬象畢《ことごと》く照《てら》し片言乃ち通ず。此れその神たる所以にして、而も衆議を盡し俯してその言に順ふは、擧錯《きょそ》を重んじたまへばなり。夫れ人の質は美才以て用ふべきありと雖も、徳を崇《たか》くし惑を辨ぜざれば富貴威武聲色の場に卓立する能はず。二子の或は大己貴《おほあなむち》に媚《こ》び、或は下照姫《したてるひめ》を娶《めと》る、是れなり。經津主神・武甕槌神特《ひと》り確乎として拔くべからざるの量あり、故に大業を建て以て復命し、尙ほ東方に退きて以て　皇孫を防護し、（經津主神は又齋主《いはひぬし》神と云ひ、又齋《いはひ》の大人《うし》と號《なづ》く。香取神これなり。健雷神は鹿嶋神これなり。）その　王の愾《にく》むところに敵す。天下の功を忘れざること大なる哉。凡そ時は天造草昧《さうまい》に在り、險の中に動いて大いに亨《とほ》り貞《ただ》しき者は（易の屯《ちゅん》の彖に天造草昧と曰ひ、又險中に動く大いに亨りて貞しとも曰ふ。）大丈夫にあらずんばこれを得ず。人才の難き、人を知るの艱《かた》きこと、後世豈忽《ゆるがせ》にせんや。外朝の先儒の曰はく、人を知ることの難きことは堯舜も以て病と爲し、孔子も亦言を聽き行を觀るの戒ありと。然らば乃ち人を知ることは　中外以てこれを重しと爲すなり。宜なる哉。

以上、登庸の議を詳にす。

〔大意〕

謹んで考えてみるに、これは天神が人材の登用に慎重を期したまうたということである。天神の御心は、太陽が中天に輝くように万象をすべて照らし出して及ばないところはない。これこそ神たるゆえんにほかならず、しかも更に衆議を尽くし、謙虚に耳を傾けたまうのは、挙措《きょそ》（人を挙げ用いるか、捨ておくかの人選）を重視されたからにほかならない。いったい人は、登用さるべき優れた才幹の持ち主であっても、徳望を高めて惑いを治められる人物でなくては、高貴・威武・衆望等を担う選良の中で抜きんでることはできない。現に、天穂日命《あまつほひのみこと》や天稚彦《あめのわかひこ》は、或いは大己貴神に媚び、或いは下照姫を娶るなど、諸神の期待に沿えなかったのである。

これに対し経津主神《ふつぬしのかみ》・武甕槌神《たけみかつちのかみ》だけは、確乎とした器量の持ち主であった。そのため立派に使命を果たして復命し、その後も東国に隠退して香取・鹿島神社に鎮座して皇孫を護り、皇室の障害となる勢力に睨《にら》みをきかせているのである。天下の功績を堅持していることは、何と偉大なことであろうか。

そもそも時はまさに国づくりの草創期にあたっており、『易経』にあるように、困難な状況において活躍することは、大丈夫でなくては為し得ないところである。そのような人材を得難く、知り難かったことを、どうして後世軽視しようか。決して軽視しないのである。

外朝の先儒（宋代の朱子）も、人を知ることの難《かた》きことは、古の聖天子堯舜も、苦慮し、孔子もまた、人を知るには、その人の言行ともに詳に考察すべしとの戒めを残した、と教えている。とすれば、人を知ること、人材の登用は、中朝でも外朝でも重視されたのである。まことに当然のことであった。

天照大神《あまてらすおおみかみ》乃ち天津彦火瓊瓊杵尊《あまつひこほのににぎのみこと》に八坂瓊《ノ》曲玉及び八咫《ノ》鏡・草薙《ノ》劒の三種《みくさ》の寶物を賜ふ。又中臣の上祖《とほつおや》天兒屋命《あめのこやねのみこと》、忌部の上祖太玉命《ふとだまのみこと》、猿女の上祖天鈿女《あまのうずめの》命《みこと》、鏡作《かがみつくり》の上祖石凝姥《いしこりとめの》命、玉作の上祖玉屋命《たまのやのみこと》、凡そ五部《いつとものを》の神《かみだち》を以て配《そ》へて侍らしむ。

（『日本書紀』巻二の一書より）

一書に曰はく、天照大神は手《みて》に寶《たから》の鏡を持ちたまひて、天忍穂耳尊《あまのおしほみみのみこと》に授けて祝《ほ》ぎて曰はく、吾が兒この寶鏡を視《み》まさんこと、當に吾《あ》れを視るがごとくすべし、與《とも》に床《みゆか》を同じくし殿《みあらか》を共《ひとつ》にして以て齋鏡《いはひのかがみ》と爲すべし。復た天兒屋命・太玉命に勅すらく、惟《ねがは》くは爾《いまし》二神《ふたはしらのかみ》亦同じく殿内《みあらかのうち》に侍《さぶら》ひて善く防《ほせ》ぎ護《まも》ることを爲せと。

一書に曰はく、高皇産靈尊は眞床覆衾《まどこおふふすま》を以て天津彦國光彦火瓊瓊杵尊《あまつひこくにてるひこほのににぎ》に裹《き》せまつり、則ち天磐戸を引開《ひきあ》け天八重雲《あめのやへぐも》を排分《おしわ》けて以て奉降《あまくだり》ます。時に大伴連の遠祖《とほつおや》天忍日命《あまのおしひの》は來目部《くめべ》の遠祖天槵津大來目《あめくしつおほくめ》を帥ゐて、背《そびら》に天磐靫《あまのいはゆき》を負《お》ひ、臂《ただむき》には稜威高鞆《いづのたかとも》を著《は》き、手には天梔弓《あまのはじゆみ》・天羽羽《あまのはば》矢《や》を捉《と》り、及び八目鳴鏑《やつめのかぶら》を副持《とりそ》へ、又頭槌《かぶづちの》劒を帯《は》きて、天孫《あめみま》の前《みさき》に立たして遊行《ゆき》降來《くだ》り、日向の襲《そ》の高千穂の槵日《くしひ》の二上峯《ふたがんのたけ》の天浮橋《あまのうきはし》に到る。

一書に曰はく、天孫《すめみま》天降り給ふ時、天兒屋根命津速產靈神《つはやむすびの》の孫、中臣氏の祖なり。・天太玉命高皇產靈神の子、齋部氏の祖なり。天照大神の勅を奉《う》けて左右の扶翼《ふよく》と爲《な》る。今の世の左右の相《しやう》の如きか。親房記。

謹みて按ずるに、是れ臣才を撰ぶの始なり。治を爲すの道は人を用ふるに在り、況や草昧屯難《ちゅんなん》の時をや。凡そこの五神は既に　中國に功あり、今又防護配侍す。蓋し世臣の舊德功業已に時に見《あらは》れ、聞望《ぶんぼう》已に世に孚《まこと》あること高山巨海の如く、その風采以て具瞻《ぐせん》するに足れり。初より運動の勞なくして功の人に及ぶことや厚し。天《ツ》神この才を得《え》、而して　皇孫依頼の任を付して以て　皇統を正し、以てその正を養ひ、衣を垂れ手を拱《きよう》して以てその成ることを仰ぐ。何ぞ强暴の服せず、雅俗の敦からざらんや。

凡そ臣に文武あり、大小あり、親疎あり。一つもこれを闕くときは全からず。文武の大臣は經綸康濟す。近親の侍臣は薫陶涵養す。職の重き者は安危の寄《よせ》あり、職の親しき者は習染の移《うつり》ありと雖も、その天下の本を繫ぐことは一なり。この章は五神配侍の事ありて、別に二

神同殿の　勅あり。是れ大臣を敬するなり。又天忍日命は天孫の前に立ち、天鈿目命は以て近衞す。是れ雲路を披き山蹕《せんひつ》を駈《か》けるの時、武を右にし文を左にして威武を鳴らすの義なり。吁《ああ》、その人を得、その禮を正し、その道を致《きは》むるの至り、後世の企《くはだ》て望むべきにあらず。この時既に輔弼の大臣・近衞の職ありて、以て天工人《ひと》それ之れに代る。皐陶謨《かうえうぼ》に云はく、庶官を曠しくするなかれ、天工人それ之れに代ると。後の官を立て人を任ずること、忽にすべけんや。

〔大意〕

謹んで考えてみるに、これは、才幹ある官僚の選任の始めである。国の統治の要は、人材登用にある。ましてや国づくりの草創期の困難な時代においては尚更である。そもそもこの五神は、既に国づくりに功績があるのみならず、今も国の鎮護に貢献している。思うにこれを継承した各時代の官僚群の旧徳功業が、時を経て世に知られて、衆望を集め世の信頼を確立して、あたかも高山大海の如く、世人の仰ぎみる所となっている。このため、初めから積み上げていく苦労をせずに、先人の功績の厚い恩恵に浴することが出来るのである。天神が経津主神《ふつぬしのかみ》・武甕槌神《たけみかつちのかみ》の才幹を得て天孫降臨を推進し、それ以来皇孫を翼賛する官僚群が、代々にわたって皇統を補佐賛助して、天皇の委任の下、統治を成し遂げてきたのであった。このため、強暴な逆臣が出ることもなく、優雅な文化も栄えたのである。

一般に官僚は、文武・大小・親疎などの分類があるが、その一部でも欠けると完全とはいえない。大臣は国家を統治して秩序と民政の安定を図り、天孫に近侍する臣は、天孫の教育徳化に当たる。国家の安危に寄与する重職の者も、教育徳化を担う者も、天下の基本に係わっていることは、一緒である。この章には、五神配事の事と天兒屋命・太玉命二神が天照大神の宝鏡を防ぎ護る為に同殿せよとの勅命があったが、これは大臣を重視する趣旨にほかならない。また天孫の降臨の際、大伴氏の遠祖天忍日《あまのおしひの》命《みこと》は、天孫の前衛として先導し、天鈿目命《あめのうずめのみこと》は、近衛軍を帥いて天孫を護衛した。これは降臨の雲路を開き、天孫の先導に当たるに際し、武官を優先し文官がこれに続き軍事と民政を展開していこうという意味合いであった。ああ、何と適正な人事であり、正当な儀礼であり、まさにその道を極めたところであって、後世、企て及ぶことのできないことであった。この時すでに皇統輔弼の大臣天皇守護の近衛の将帥が設けられ、やがて天神の構想を人が代行するに至ったのである。後世の官僚制度や官僚登用方法を、どうして軽視することができようか。

神武帝の甲寅年《きのえとらのとし》、東を征《う》ちたまうて、菟狹津媛《うさつひめ》を以てこれを侍臣天種子命《おほまちぎみあまのたねこのみこと》に賜妻《あは》せたまふ。天種子命はこれ中臣氏の遠祖なり。戊午年《つちのえうまのとし》夏六月、大伴氏の遠祖日臣命《ひのおみの》は大來目《おほくめの》督將《いくさのきみ》の元戎《おほつはもの》を帥ゐて、山を蹈み行《みち》を啓《ひら》きゆいて乃ち烏の所向《むかひ》の尋《まに〳〵》す。時に勅して日臣命を譽《ほ》めて曰はく、汝忠《いましただしく》して且つ勇めり、加《ま》た能く導《みちびき》の功《いさをし》あり、ここを以て汝が名を改めて道臣《みちのおみ》と爲《な》すと。辛酉年《かのととりのとし》春正月、天皇位に卽きたまふ。道臣命は大來目《おおくめ》部を帥ゐて密策《しのびのおほんこと》を奉承《うけたまは》り、能く以て諷歌《そへうた》す。二年春二月甲辰朔《きのえたつついたち》、乙巳《きのとみのひ》（二日）、天皇功《いさをし》を定め賞《たまもの》を行ひたまふ。道臣命に宅地《いへところ》を賜ひて以て寵異《ことにめぐ》みたまふ。

（『日本書紀』巻三より）

謹みて按ずるに、一書に天種子命・天富命《あまとみの》を以て左右の臣と爲す。又曰はく、宇麻志《うまし》（麻《ま》）治命《ちの》・櫛日方命《くしひがたの》を申食國政大夫《けくにのまつりごとまうすまうちきみ》と爲すと。是れ皆大臣執政の儀なり。この時文武の臣を以て相並ぶなり。凡そ文と武とは猶ほ左右の手のごとく、陰陽相對して偏廢すべからず、唯だ時宜を以て先後を爲すなり。　天孫臨降より　神武帝の時に及ぶまで、皆草昧屯蒙の難ありて、武臣にあらざればその創業を得べからず。故に其のこれに先んじこれを賞するところ幷せ見つべし。後世に至つて文臣を重んじ武臣を輕んず、是れ殆ど上古の　神制に異なるなり。外朝の聖人は政《まつりごと》を立つるに虎賁《こほん》を以て三事に並《あは》せ論じ、樞密を以て中書に幷せ稱す。周書の立政に、王の左右は常伯・常任・準人・綴衣《ていい》・虎賁と、周公曰はく、嗚呼休れ茲《こ》に恤《うれひ》を知るもの鮮い哉。注に、常伯・常任・準人を三事と爲す。宋は樞密院を以て専ら兵政を掌り、中書省と並せて兩府と謂ふ。況や　中州は往古より威武を以て　皇統を建つるをや。以上、文武の大臣を重んず。

〔大意〕

謹んで考えてみるに、『職原抄《しょくげんしょう》』に天種子命《あまのたねこのみこと》・天富命《あまとみのみこと》を左右の大臣とするとあり、『先代旧事本紀《せんだいくじほんぎ》』に宇麻志《うまし》（麻《ま》）治命《ぢのみこと》・櫛日方命《くしひかたのみこと》を申食国政大夫《けくにのまつりごとまうすまうちきみ》にするとあり、これはみな大臣執政を意味している。この場合、文武の官僚が同様に整備されたということであり、文武の官はちょうど左右の手のようであり、陰陽相対の易の原理からみて一方を廃することはできず、その時その時の状況に応じて優先順位が変わるにすぎなかったのである。天孫降臨以来神武天皇の時代に至るまでは、みな困難な草創期に当たっていたため、武官でなくては創業を進めることができないので、優先して賞与を下賜したことを考え併せてみなければならない。これが後世になると上古の神制と全く変わって文官を重んじ武官を軽んずることになってしまうのである。

外朝の聖人は、国政を建立するに当たって、近衛武官の虎賁《こほん》と文官の三事《さんじ》とを併せ論じ、兵政の枢密院《すうみついん》と行政の中書《ちゅうしょ》省とを併せ称したのである。ましてや中州たるわが国は、古来、威武を以て、つまり尚武の伝統を以て皇統の基盤として来たので、尚更のことである。

崇神帝の十年秋九月丙戌《ひのえいぬ》朔《ついたち》、甲午《きのえうまのひ》(九日)、大彦《おほひこの》命を以て北陸《くぬがのみち》に遣はし、武渟川《たけぬかは》別《わけ》を東海《うみつみち》に遣はし、吉備津彦《きびつひこ》を西道《にしのみち》に遣はし、丹波道主《たんばのみちのうしの》命を丹波に遣はす。因つて以て詔して曰はく、若し教《をしへごと》を受けざる者あらば、乃ち兵を擧げて伐《う》てと。既にして共に印綬《しるし》を授《たま》ひて將軍《いくさのきみ》と爲す。

(『日本書紀』巻五より)

謹みて按ずるに、是れ武官の始なり。神代既に將帥の任あり、神武帝の時に軍師の將あり。然れども未だ名號に及ばず。今始めて將軍を以て印綬を授け、四道將軍と號《なづ》く。その任尤も重い哉。（以上、軍帥の任を撰ぶ。）

〔大意〕

謹んで考えてみるに、これは、武官の制度の始まりであった。神代にすでに将帥《しょうすい》の任務があり、神武天皇東征の時にも軍をひきいる将帥がいた。しかしその正式名称は存せず、この時に始めて将軍の印綬を授け、四道将軍と呼称することとなったのである。将軍の任は、何と重いことであろうか。

景行帝の五十一年春正月壬午朔《みづのえうまついたち》、戊子《つちのえね》、群卿《まへつきみだち》を招《め》して宴《とよのあかり》きこしめすこと數日《ひをへぬ》。時に皇子稚足彦《わかたらしひこ》尊と武内宿禰《たけのうちのすくね》と宴庭《とよのあかりのには》に參赴《まうこ》さず。天皇召してその故を問はせたまふ。因りて以て奏《まう》して曰《まう》さく、その宴樂《とよのあかり》の日には、群卿百寮《まへつきみもものつかさ》必ず情《こころ》を戲遊《あそび》に在《お》いて國家《みかど》に存《お》かず。若し狂生《くるへるひと》ありて墻閤《みかき》の隙《すき》を伺はんか、故《か》れ門下《みかど》に侍《さぶら》ひて非常《おもひのほか》に備ふと。時に天皇謂《の》りて曰はく、灼然《いやちこ》なり。灼然、ここにはイヤチコと云ふ。則ち異《こと》に寵《めぐ》みたまふ。秋八月己酉《つちのとのとり》朔、壬子《みづのえね》（四日）、稚足彦尊を立てて皇《ひつ》太子《ぎのみこ》と爲したまひ、この日に武内宿禰に命《の》りて棟梁之臣《むねまちぎみ》《むねとるまちぎみ》と爲したまふ。

（『日本書紀』巻七より）

謹みて按ずるに、是れその人を撰びてその大職を任ずるの義なり。棟梁の臣は　成務帝に距《いた》りて大臣《おほまへつぎみ》と號《なづ》く。武内これに任ず。この後連綿して大臣の號《な》あり、終に三公の稱あるなり。蓋し大臣は一人に師範として四海に儀形たり。その人なきときは則ち闕く。古來その重んずるところ此の如し。是れ邦を經して道を論じ、陰陽を燮理《せふり》するを以てなり。その上の爲《ため》なるや、必ず善を陳べ邪を閉ぢて以て君の徳を爲す。その下の爲たるや、必ず政を發し仁を施して以て人の俗を爲す。此の如きの人にして而して後にこの職に任じ、その上《かみ》は人君の道を輔け下は四海の政を濟《すく》はしむ。帝、武内が篤行に因りて授くるに大任を以てす。武内終に六世を輔導し、風采凝峻、武儀巍焉《ぎえん》たり。是れこの壽耉《じゅこう》老成人か。召誥に曰はく、壽耉を遺《わす》るるなかれと。詩の蕩の什に曰はく、老成人なしと雖も尚ほ典刑ありと。後世大臣に任ずるの道は、往古を蹈襲して以てその撰を精一にせば、又大なる過なからんか。以上、大臣の撰を重んず。

〔大意〕

謹んで考えてみるに、これは、その大任に耐える人を選んで、重大な職務に任命したことを意味している。棟梁の臣つまり国家の棟や梁に当たる重大な職を担う重臣については、成務天皇の御代になって大臣と呼称することになった。武内宿禰をこの棟梁の臣に任命したのである。以後、引き続いて大臣の称号が存続し、終に三公、つまり太政大臣及び左・右大臣という呼称になったのである。

思うに大臣は、上御一人すなわち天皇の師範として補弼《ほひつ》し、かつ天下の臣民の模範と仰がれたのである。太政大臣の場合は、その任にふさわしい人が無ければ、則ち闕《か》く、つまり、任命しない、「則闕《そっけつ》の官」といわれるほどに重要視された地位であった。その任務は、国家を統治し人民を教化し天地陰陽の調和を図るという重大な任務であったからである。その職務は、上御一人の為には、師範として善を拡大し邪を抑制するに努めて君の徳望をいよいよ高め、一方下人民の為には、仁政つまり恩恵ある政治を施して人民の風俗を淳風美俗に導いていく。このような人物であって始めて、この職務に任命されるにふさわしく、上は人君の徳望を高め、下は、人民の為に仁政を施すのである。

景行天皇は、武内宿禰の徳望と才幹に因って大任を授け棟梁之臣としたのであった。以来、武内は六代の天皇の師範として輔弼の任を完《まっと》うし、高峻な風采と勇武の儀礼を仰ぎ見られたのであった。これこそ、外朝の『書経』召誥篇に見える。寿者老成人[※10]とでもいうべき人物であろうか。武内の六代の天皇に引き続き歴任し二百四十四年在官したと伝えられているほどであったればこそである。

後世、大臣任用に当たっては、往古の先例を踏襲して、精密に厳選に努めれば、大きな過失は犯さないのではなかろうか。

※10…壽者《じゅこう》…老成の臣。『書経』の召誥篇に「壽者を遺るる無かれ」と幼主成王に召公が誥《つ》げたとある。幼主は、とかく、老成の人を疎遠にし易いが、そうしないようにしなくてはならぬと教えている。

成務帝の四年春二月丙寅朔《ひのえとらついたち》、詔して曰はく、今より以後國郡《くに》に長《かみ》を立て、

縣邑《あがた》に首《おびと》を置く。即ち當國《あたれるくに》の幹了者《をさ〱しきひと》を取りてその國郡の首長に任《ま》けよ、これを中區《うちつくに》の蕃屛《かくし》と爲せと。

（『日本書紀』巻七より）

先人曰はく、國司は是れ一方の重寄に當り百姓の寒苦を察す。庸才の企て望むべき所にあらず。故に昔時固《もと》より格制を設けて以て治否を勘《かんが》へ、合格の者は賞を蒙り、格に違ふ者は黜《しりぞ》けらる。是れ良吏を擇ぶ所以なり。又曰はく、七箇國の受領《ずりやう》を歴て合格の吏は公文を勘へて畢りて參議に拜す。白河院の仰《おほせ》に但《ただ》その才に依るべしと。

謹みて案ずるに、是れ國郡の司を撰ぶなり。蓋し人君は民の父母なり。分を以てこれを言ふときは天壌の如し、情を以てこれを考ふれば心體の相資《たす》くるが如し。故に深宮の内に居り九重の上に坐すと雖も、恆に誠に求むるの實を存《そん》せば、則ち守令の撰豈忽にすべけんや。その撰一たび背くときは、億兆の民悉くその殃《わざはひ》を蒙る。人君敢へて忍ぶべけんや。故にその精撰すること往古既に然り。後世これに因りて年限を正し考課を愼み賞罰を明かにす、相續ぎてその制嚴なり。外朝の先儒曰はく、郡守縣令は民の師帥なり、承流して宣化せしむるところなり。故に師帥賢ならざれば主の德宣《の》べず、恩澤流《し》かずと。愚謂へらく、守令唯だ租税調賦のみを事として禮教を以てせざれば、政化の實にあらず。故に財賦を督《ただ》し詞訟を理《をさ》むるの間、禮教自《オ》ら敷き、風化興り行はれて、俗自《オ》ら移り、民自ら敦《あつ》くして、而して后に守令の賢を稱すべきなり。以上、守令の任を正す。

〔大意〕

謹んで考えてみるに、これは、国や郡の司つまり長官の選任である。思うに人君は、民の父母なりといわれるように、民と苦楽を共にする間柄であるが、身分の差は、天と地ほど隔たっている。心情的にその間柄をたとえてみれば、心と体とが互いに援け合っているようなものである。したがって人君は宮中の奥深く坐していても、いつも民のことを誠実に心にとめていれば、地方の長官の選任をゆるがせにしてはならないのである。その選任に失敗してしまうと、数多《あまた》の民がみなその被害者となってしまう。民の父母である人君の忍び得るところであろうか。そのゆえに昔から司、長官の選任は精密厳選に努めたのである。後世になると、このような先例に因って任期を限定し、その間の実績を評定して明確な賞罰を行ったのである。代々相続いてその制度は厳格なものであった。外朝支那の先儒の言によれば、郡守県令、つまり地方長官は、民の模範であり統治者でもあって、その影響の下に民を教化し良俗に導く役割を担っている。だからその師帥《しすい》、つまり民の模範であり統治に当たる者がすぐれた人物でなければ、人君の仁政は民に届くことなく、恩恵も行き渡らないことになってしまうのである。私が考えてみても、郡守・県令が、唯《ただ》租・庸・調などを民から取りたてることにのみ専念して、礼節教化に努めなければ、民の淳風美俗の実績はあがらない。そのゆえに徴税と秩序維持に努める一方で礼節教化も自ら行き渡らせて、民を淳風美俗に導いて、民が自ら敦厚《とんこう》な心を持し得るようになって、始めて郡守県令のすぐれた人物であったことが称賛されるのである。

應神帝の九年夏四月、武内宿禰《たけのうちのすくね》を筑紫《つくし》に遣はし以て百姓を監察《み》せしむ。時に武内宿禰の弟甘美内宿禰《うましうちのすくね》兄《いろね》を廢せんと（欲）して即ち天皇に讒言《よこしまう》さく、武内宿禰常に天下を望《ねが》はしむるの情《こころ》あり、今聞く筑紫に在りて密《ひそか》に謀つて曰《い》ふならく、獨り筑紫を裂きて三韓《みつのからくに》を招《まね》きて己れに朝《したが》はしめて、遂に天下を有《たも》たんと

す。ここに天皇則ち使を遣はして以て武内宿禰を殺さしむ。時に武内宿禰歎きて曰《まう》さく、吾《やつが》れ貳心《ふたつこころ》なくて忠《つとめ》を以て君に事ふ。今何の禍ぞも、罪なくて死せんや。ここに壹伎直《いきのあたひの》眞《ま》根《ね》子《こ》といふ者あり、その人となり能く武内宿禰の形に似《たうば》れり。獨り武内宿禰の罪なくて空しく死するを惜しみて、便ち武内宿禰に語りて曰さく、今大臣忠《まめ》を以て君に事ふ、既に黑心《きたなきこころ》なきことは天下共に知れり。願はくは密《ひそか》に避けて朝《みかど》に參赴《まうでま》して親《みづか》ら罪なきを辨《わきだ》めて、而して後死すとも晩《おそ》からじ。且《ま》た時の人每《つね》に云ふ、僕《やつがれ》形大臣に似《たうば》れりと。故に今我《やつが》れ大臣に代りて死《みまか》りて以て大臣の丹心《きよきこころ》を明かにすといひて、則ち劒に伏《あた》りて自ら死《みまか》る。時に武内宿禰獨り大いに悲しみ、竊《ひそか》に筑紫を避けて浮海《ふねより》して以て南海《みなみのみち》より廻り、紀の水門《みなと》に泊《とどま》る、僅に朝《みかど》に逮《いた》ることを得て、乃ち罪なきことを辨《わいだ》む。天皇則ち武内宿禰と甘美内宿禰《うましうちのすくね》とを推問《かうがへとひ》たまふ。ここに二人各〻堅く執《とら》へて爭《あらか》ふ。是非《まこといつはり》決《さだ》め難し。天皇勅《みことの》りて神祇に請《まう》して探湯《くがたち》してしらしむ。ここを以て武内宿禰と甘美内宿禰と共に磯城川濱《しきのかはほとり》に出でて探湯を爲し、武内宿禰勝ちぬ。便ち横刀《たち》を執りて以て甘美内宿禰を毆仆《うちたふ》して、遂に殺さんと欲す。天皇勅して釋《ゆる》さしむ。仍りて紀《き》伊《い》直《あたひ》等《ら》の祖に賜ふ。

（『日本書紀』巻十より）

謹みて按ずるに、良臣と姦臣と相對し、君子と小人と相敵す。故に何れの世にか姦臣なからんや。蓋し奸讒の行は未だ嘗てその因るところなくんばあらず。今その遠く出づるを謀り、以てその心を蠱蕩《こたう》し以てその耳目を塗《ふさ》ぎ、陰狡の質を以て瀾翻《らんほん》の辯を構ふ。況やその親戚をや、況やその兄弟をや。帝の過も亦宜《むべ》ならずや。凡そ武内は六世に弼亮《ひつりやう》として、師言嘉績當世《そのかみ》に多く、尤も壽耇《じゅこう》の老臣なり。上世《かみ》を閲《ふ》ること久しくして渉歴深く、先王の政、祖宗の典、古今の興衰治亂、文武の迹、當時の沿革廢擧の由《いはれ》、これを知りこれを行はざることなし。故に見聞の際に瞭然として指畫の頃《あひだ》に粲然たり。天下の具瞻と謂ひつべし。一朝の讒に因り必死の地に望む。吁、危い哉。眞根子はこれ何人ぞや。その忠に感じその讒に激して速に死して以てこれに充《あ》つ。天又善人を佑《たす》くるなり。帝尚ほ決せず、終に探湯の誓あり、以て寃《つみなき》を明かにす。讒口の是非を顚倒し邪正を混淆《こんかう》する所以此の如し。狹穗彦王《さほひこのおほきみ》は外親に因りて垂仁帝の社稷を危くせんと欲し、狭穂彦王は垂仁帝の皇后の母兄なり。事は日本紀六垂仁帝の四年に見ゆ。平群眞鳥《へぐりのまとり》は國政を擅《ほしいまま》にして武烈帝の寶祚を簒はんと欲し、平群眞鳥の事は同十六武烈帝紀に見ゆ。刺領巾《さしひれ》が王子を殺し、履中帝紀眉輪王《まゆわの》が天皇《安康帝》を弑したてまつる、皆一朝一夕の事にあらず。僣《しん》譖と同じ。始めて既に涵《うるほ》ふなり。詩(經)の巧言二章に曰はく、亂の始めて生ずる、僣始めて既に涵ふと。故に根使主《ねのおむ》が奸謀は十四年を歴《へ》て後發覺して以て赤族《せきぞく》《みなごろし》の誅を受け、根使主が事は日本紀十四雄略帝の十四年に出づ。金村臣《ノおみ》が大忠あつて六有世を輔《たす》くるも、亦衆口を恤《うれ》へて住吉の宅《をりどころ》に蟄《こも》る。金村臣の事は同十六欽明帝の元年に見ゆ。人君志をここに錯《お》かざれば姦雄國を簒《うば》ふの漸《ぜん》《きざし》、憸邪《せんじゃ》上を罔《なみ》するの譖《しん》《おごり》、佞幸權を擅にするの私、聚斂媚諛《しゅうれんびゆ》の欲《よく》、床《しやう》を剝《はく》するに膚《はだへ》を以てして(易の)剝の象に曰はく、床を剝するに膚を以てするは切に災に近きなり。覺らず、小人志を得て、君子屈を受け、鬼《き》となり蜮《よく》となる、營營たる青蠅も詩(經)の何人斯卒の章に曰はく、鬼となり蜮となると。○同じく青蠅の篇に曰はく、營々たる青蠅樊《かき》に止まる、云々と。愼まざるべけんや。以上、奸臣の讒を戒む。

以上、人を知るの道を論ず。愚謂へらく、天下の治道は人を得るより大なるはなし。その人を得ざれば勞して功なく、その人を得れば、垂拱《すゐきょう》して成を仰ぐこと、書(經)畢命に云はく、予小子垂拱して成を仰ぐのみと。猶ほ耳目四支の聰明健强にして心思これを使令するがごとし。夫れ萬機の繁き、人君臨みて決せば、蘭膏以て繼ぐとも亦竟に得べからず。天下の大なる、人君兼ね巡るときは、皸瘃《くんちょく》して以て求むとも亦竟に盡すべからず。明君天に繼ぎて極を建て、良臣君に代りて職を分つ、是れ至誠の道なり。

凡そ官これ百、職これ庶《もろく》ありて、而も總べて大臣・守司・近親の三つに在り。三つの者一つも（その道を）得ざるときは治と謂ふべからず。大臣は一ならず、文臣あり、武臣あり、舊老臣あり、勳功の臣あり、各〻その道を得るときは政體正しくして衆備豫《あらかじめ》し、禮樂興りて風俗厚し。守司は一ならず、國守・郡縣の司あり、人物事儀各〻その司あり、その撰その人を得るときは民人化し土地辟《ひら》け、事物その處を得《う》。近親は一ならず、侍衞あり、給事あり、左右あり、親戚の分止《た》だ一類のみにあらず、各〻その撰を得るときは、左右の涵養、朝夕の格（恪）勤、番直の衞儀正しくして、宗子これ城、親戚これ屏たり。故に大明《たいめい》枕を泰山に安んじ、手を北辰に拱して、四海以て朝し、一天皆共にす。（これ）勞せずして功成るにあらずや。

蓋し人を得るの道は人を知るに在り。人を知ること太《はなは》だ艱《かた》し。これを知ること、内その知德を主とし、外その言行を察し、これを試むること久しきに在り。若し純《もつぱ》ら知を必とし敏を貴び言を以てするときは、利口喋喋《てふく》としてその俗靡弊輕薄なり。純《もつぱ》ら德を必とし篤を尙《たつと》び行を以てすれば、沈默唯唯としてその俗墨面《ぼくめん》理遣《りけん》す。奸佞の利に喩《さと》き、至らざるところなし。人君深居高坐し、事に於て自ら裁せず、淵默寡言、人に於て叩擊《こうげき》せず、功能の實を察せずして毀譽の偏を信じ、恆久の情を規《ただ》さずして一旦の事を取るときは、竟にその實を得べからず。故に往古の人君は躬ら萬機を覽《み》て以てその事物を察し、日に群臣に接して以てその人材を考へ、大臣以下各〻職を奉じ言を陳べ忠を勤めて隱さざるも、猶ほ未だ嘗てその差《たがひ》なくんばあらず。乾靈《あまつかみ》の神なるも、その登庸する每《ごと》に必ず以て衆議し以て試任すること、併せ鑒みるべし。

抑も任使の道又易《やす》からず。親《した》しんずるときは瀆《けが》るるの失あり、遠ざくるときは塞《ふさ》ぐの過あり。既に大臣を得れば、その禮を盡してその制を嚴にし、その祿を豐にしてその位を高くし、事に任じて以て疑はざる、是れ大臣を敬するなり。守令の如きは任限を制し考課を明かにし、監巡の察を正してその禮を明かにするときは、賢を賢とするの道立つ。近親の如きは風俗を正し佞奸を避け、世臣を重んじ老臣を慰《ゐ》し、親戚の分を明かにす。是れ親《しん》を親《しん》として群臣を體とするなり。夫れその人を得て而も用ひざるときは人才必ず屈し、その人を用ひてその制を致《きは》めざれば、佞奸釁《すき》を窺ひ讒者間《ひま》を得《う》。臣士の登庸使令の艱《かた》き、豈偉《おほい》ならずや。外朝の聖主堯舜既に人を知るを以て艱《かた》しと爲し、その登用するや必ず咨若《とひしたが》ひ以て試み、皐《かう》陶《えう》歌つて舜これを拜し、益昌言《しやうげん》を進めて禹これを拜し、周公卜を獻じて成王これを拜するは、大臣を敬するにあらずや。唐・虞の四嶽十二牧、三代の方伯連は守令を撰ぶにあらずや。文武の聰明齊聖なる、小大の臣咸《ことごと》く忠良を懷くときは、漸染の補を待つこと又切ならずや。況や百官庶司の任各〻その心を盡さずといふことなきこと、幷せ按ずべし。

或は疑ふ、近臣を知ることは易くして、遠臣を知ることはこれ難からん。愚謂へらく、近臣はこれを知ること難く、遠臣はこれを知ること易し。夫れ遠臣は人君の威を懼れて大臣の命を重んず、故にその爲すところ大いに違はず。近臣は君の親《しん》に褻《な》れ己れが近きに慢《あなど》つて、以て大明《たいめい》の間《ひま》を察し大臣の意に阿《おもね》りて、以てその膚に蠹《と》しその心を蠱《こ》す、その害太《はなは》だ深し。人君の暴昏は古より未だ近親の邪惡是非に繫らざることなし。近臣知り易からんや。近臣は君自らこれを試む、その及ぶところ最も狹し。遠臣の如きは、その友とするところ、その宗とするところ、その學ぶところ、その爲すところ、人人以て毀譽し而して後に黜陟す。その索むるところ太だ廣し。故に曰はく、近臣は難く遠臣は易しと。

或は疑ふ、奸讒行はれざらんことを。愚謂へらく、人君の使令は、その禮を正しその制を嚴にして以てその道を致《きは》め、恆に教令し恆に省察するときは、臣竟にその私を顓《もつぱら》にすることを得べからず。若し一たび任じて規《ただ》さず、詳に命じて省みず、その譽に從つてこれを試みず、その功を重んじてこれを察せざるときは、猶ほ新柱も久しくして朽ち、清水も塞《ふさ》ぎて濊《けが》るるがごとし。夫れ彼れが罪ならんや。

〔大意〕

謹んで考えてみるに、世の中に君子（理想的人物）と小人（凡人）とが、相互に釣り合いがとれているように、忠良な臣下と姦邪《かんじゃ》な臣下とが均衡をとるかのように相対するものである。従ってどの時代、どの治世にも、姦邪の臣下が存在しないということはないのだ。思うに奸悪な讒言《ざんげん》が行われるには、必ずそれを可能にする要因がある。今回の讒言も亦《また》、武内宿禰が遠く都を離れて九州に出張している不在の機会をねらって、甘美内宿禰《うましうちのすくね》が、天皇の御心をまどわしたぶらかして動かし、判断を誤らせ、陰険、狡猾《こうかつ》な気質の限りを尽くして、大浪のさかまくような弁説で讒言したのである。ましてや親属の者、それも兄弟の間柄であるのに弟の甘美内宿禰が、兄の武内宿禰を讒言したのである。これでは、天皇の御判断の過失もまた、まことにもまともなことではなかろうか。

そもそも武内宿禰は六代の天皇の補弼《ほひつ》の重臣として、天皇の最高の補佐、師範として活躍し、優れた実績をどの治世においても重ねて、長寿の徳の高い臣下の代表、長老中の長老の臣下である。さかのぼってみれば、代々の治世を閲歴して深くかかわってきており、先王の政治も、祖宗の法令も、古今の興衰治乱も、文武両面の歴史、当時の経緯や廃挙の理由、それらをすべて知り行って来たのである。したがって実際の見聞においても、記録されたものを見ても明瞭であきらかである。これこそ、まさに天下の仰ぎ慕うところといえるだろう。それなのに一時の讒言によって死罪の危機に瀕したのである。何と危いことであろうか。としてみると、壹伎直眞根子《いきのあたひのまねこ》とは、一体、何者だったのであろう。武内宿禰の忠節に感銘していて、それなのに讒言を受けていることを怒り、ただちに身代わりとなって死んで抗議の意を表したのである。あるいは眞根子は、善人を助けようとする天の意志を代行したのではなかったか。

それでもなお、天皇は、疑念を晴らしたまわず、最終的には探湯《くがたち》の盟神裁判を待って始めて武内宿禰の冤罪《えんざい》を明らかにされたのである。讒言というものは、このように、正不正をひっくり返し、正不正を弁別し難くしてしまうものなのである。

狭穂彦王《さほひこのおほきみ》は、外戚（垂仁天皇の皇后の母の兄）の地位に因って垂仁天皇の暗殺を謀って、その社稷《しゃしょく》をおびやかし、平群眞鳥《へぐりのまとり》は、雄略天皇に大臣に登用されてから後、三代の天皇に仕えて権を専らにし、仁賢天皇崩御後、武烈天皇の皇位を簒奪《さんだつ》しようと謀り、遂に大伴金村に攻め滅ぼされた。瑞歯別皇子《みつはわけのみこ》の近仕、刺領巾《さしひれ》が、住吉仲皇子を刺殺し、その主君殺しの罪を問われて木菟宿禰《つくのすくね》に殺され、大草香皇子《おおくさかのみこ》の子、眉輪王《まゆわのおおきみ》が、安康天皇を弑したてまつって、大臣葛城圓《おおおみかつらきのつぶら》の家に逃げ入り潜んでいたが大《おほ》泊瀬皇子《はつせのみこ》（雄略天皇）に討誅された。

　これらの事件は、みな一朝一夕に起こったことではない。乱の起こる前、既に早く讒言が浸み込んでいたのである。それゆえに、根使主《ねのおみ》が大草香皇子を讒言で殺した奸謀は、十四年も経ってから発覚して一族が誅殺されたし、大伴金村が大忠があって、仁賢天皇より欽明天皇まで六代の天皇を補弼《ほひつ》しているにもかかわらず、世論を憂えて住吉の邸宅に蟄居《ちっきょ》したのである。

　こう見てくると、人君が奸臣の讒《ざん》に心を配り戒めていないと、姦雄《かんゆう》の簒奪のきざしや、邪臣が人君をたぶらかそうとする思い上がりや、佞臣《ねいしん》が政権を専断する陰謀など、聚斂媚諛《しゅうれんびゆ》ともいうべきさまざまの私欲の危害が人君の居室より遂にその身体にまで及んでも気付かないで、その結果、小人が志を得て、君子が屈辱を受け佞臣、奸臣たちがわがもの顔に振る舞うことになってしまう。慎み戒めなければならないことではあるまいか（以上、奸臣の讒を戒む）。

以上、人を知る方途について論述した。私が思うには、天下の統治に当たっては、人材を得ることほど大切なことはない。人材が得られなくては、労多くして功少なく、人材を得られると、『書経』のことばのように、衣を垂れ手をこまねいていても、つまり無為にして統治の成果が得られる。ちょうど、耳目や手足が聡明健強であれば、心思《しんし》がこれを使役できるようなものである。そもそも人君の天下統治の機要は多岐にわたっており、人君が自ら皆、決定していたのでは、夜をもって日についでも、完遂《かんすい》できない。天下は広大で、人君が自ら巡視しようとすれば、寒暑に耐えて努力しても、達成できないであろう。明君が天意を承けて皇位に就き人倫道徳の模範を定め、良臣が君に代わってその職務を分担する、これこそ至誠の道にほかならない。

だいたい、その職務の分担のために、官僚群があって、これを大臣・地方官・近親の臣の三者が統括して、そろって役割を果たしていなければ統治とはいえない。大臣といってもさまざまであり、文・武の臣があり、旧老の臣も勲功の臣もある。それぞれが職務を完《まっと》うしているときは、政治体制は正常で、みな整備され、文化政策も盛んで、人民の風俗も温厚となってくる。地方官も、さまざまで、国守あり郡県のそれぞれの官があり、民政の各分野の官司がある。その人選がうまくゆくと、人民の教化もすすみ、行政も適切となってゆく。近親も、いろいろであり近侍護衛の官、人君の世話を見る左右の近臣、更に皇族も親疎の分がある。それらの人選人事が適正であれば、左右の近臣が人君を涵養し、常に精励格勤して行政秩序が整い、宗族も外戚も、人君の城屏となって、このため人君は枕を高くして安堵《あんど》し、北極星がそこに在るだけで、衆星がこれを廻るように、世界の国々が朝貢して天下が統一されていく。これこそ労せずして功成るということではないだろうか。

思うに人材を得るには、人を知らねばならないが、人を知るということは、大変難しいことである。人を知るには、その内面の知徳を主とし、外に現れる言行を考察して長年にわたって試しみる必要がある。もしもっぱら知の明敏やその言葉を中心に考察していると、口の達者な者を重んじることになって、人々の風俗は、おとろえて軽薄となってしまう。逆にもっぱら徳を重んじ篤行を尊んでいると、人は沈黙して従うのみで、人々の風俗は、明るさを失って理屈っぽくなってしまう。そうなってしまうと奸佞《かんねい》の利にさとい者が、際限もなく幅をきかせてしまう。

そもそも人君は宮殿の奥深く高い位にあって政事を自ら裁可することはなく、深く寡黙のまま臣下に諮問せず、臣下の功績の実態を考察しないままに、毀誉褒貶《きよほうへん》の一方のみを信じて、長い目で実情を正確に考察せず、目の前のことで事を決してしまうと、政策の実をあげることはできないものである。このゆえに昔の人君は、政治のすべてに直接目を通し、一つ一つの事物を考察すると共に、日々、群臣に接してその勤務を評定し、大臣以下の官僚群が、それぞれ職を奉じ進言して忠勤に努めていても、なおまだ失政の余地があったのである。そこで、天の神々も、人材登用に関しては、衆議に付した上に試任する慎重さがあったことも、併せ参考にせねばならない。

そもそも、任用人事は難しいものである。近づけすぎると汚職の失敗がおこりやすく、遠ざけすぎると、意志の疎通が失われてしまう。このことを勘案して、既に大臣に人を得た場合には、礼遇してその身分を確かなものとし、その収入と地位を保証して政治を任せて疑わない。これが大臣を礼遇することにほかならない。地方官の場合には、任期を定めてその間の勤務を評定し、監督・巡察をきちんと行って、それぞれに礼遇してゆけば、賢を賢とする道、つまり、賢《すぐ》れた官僚を正確に遇することができる。

近親の場合は、風俗を正し佞奸を避けつつ、譜代の臣下を重んじ、老功の臣下を優遇して、皇族・外戚の分際を明確にしていくことが、とりもなおさず、親を親として群臣を本体として重んじることになるのである。だいたい、人材を得ても任用しないときは、人の才能は、埋没してしまうし、任用しても、制御して統率しない場合は、佞奸の臣や讒訴の徒が、つけ入る隙をうかがうものである。臣士つまり官僚の登用も任使も、難しいことであり何とも重要なことではなかろうか。

外朝の聖天子、堯や舜も、既に人を知ることは難しいと考え、その登用に当たっては、必ず諮問し、更に考試も行った。

『書経』益稷《えきしょく》にあるように、舜の重臣の皐陶《かうえう》が、かつて舜帝の為に頌徳歌《しょうとくか》を詠じて、舜帝が、その嘉言を聞き、更に左右の臣僚に信頼することを述べ、一層その輔翼を俟つと述べた。また、『書経』大禹謨《たいうぼ》にあるように、夏の禹王の重臣が禹王の為に善言を上《たてまつ》り、王がその言葉をつつしみ敬重した。また、『書経』洛誥《らくこう》にあるように周の成王の叔父で重臣であった周公が、周の都を建設しようとして、卜して洛邑を定め、成王が、この周公の献言をつつしみ敬重した。これらのことは、人君が大臣を敬した例ではなかろうか。堯帝の唐、舜帝の虞の時代に、東西南北の諸侯を統御する四嶽という地方官、また十二州の長官たる十二牧、更に夏・殷・周の三代、四方の諸侯をとりしまる大諸侯、方伯などの制度は、地方官を選任したという事ではなかったろうか。文武の臣ともに物事の道理によく通じて賢く、小大さまざまの臣下が、皆そろって忠良の心を懐くときは、その効果が順を追って現れて来るはずであり、それを心待ちすること切なるところではなかろうか。ましてや、官僚群がこぞってそれぞれの職務に精励恪勤することをも、併せて考えてみなければならない。

ところで、近臣を知ることは易くして、遠臣を知ることは難しいのではないかとの疑念がある。これに対して私は、次のように思う。近臣はこれを知ること難く、遠臣はこれを知ること易し、と。なぜなら遠臣は、遠く離れても人君の威厳を懼《おそ》れて、人君を補弼する大臣の命を尊重するものであり、大臣の命にあまり違うことはないからである。近臣は人君に親しむことに慣れ、近親なるゆえに高慢となって、君主の聡明さの間隙を察し大臣の意におもねり、それによって君主の身辺を犯し、心まで蝕《むしば》む害毒は、非常に深いものがある。古来、人君の暴逆昏愚は、近親の者の邪悪是非にかかわらなかったことはないといえる。近臣は知り易いなどとどうしていえようか。近臣は君主自ら試すので狭い見方になりがちである。ところが遠臣の場合は、その友とするところ、その宗とするところ、その学ぶところ、その為すところが広汎多岐にわたり、互いに毀誉褒貶し合って後に評価し合う。その思索は広い視野に立つことができる。そのゆえに近臣は難く遠臣は易しといえるのである。

また、奸讒《かんざん》は行われなかったのではないかとの疑念が湧く。これに対して私は、次のように思う。人君が臣下を使令する場合、その儀礼を正しその制度を厳にしてその道をきわめ、常に教え導き、省察をおろそかにしないときは、臣下は身勝手な行為はなし得ない。もし任命しただけで、その後規制もせず、一度詳細な命令を出しただけで、その後省察もせず、高い評価の後は試すこともなく、功績を重視してその後の考察をおこたるときは、あたかも、新しい柱も年月を経れば朽ち果て、清水も、塞《せ》き止められれば濁るように、臣下の身勝手な行為も自然な成り行きで、それを臣下の罪とすることができようか。

聖政章

神武帝の己　未年《つちのとひつじのとし》春三月辛酉朔《かのととりついたち》、丁卯《ひのとうのひ》（七日）、令を下して曰《のたま》はく、今運《とき》この屯蒙《わかくらき》に屬《あ》ひ、民心《おほんたからのこころ》朴素《すなほ》なり。巣に棲《す》み穴に住む、習俗《しわざ》惟常《つね》となれり。夫れ大人《ひじり》制《のり》を立つ、義《ことわり》必ず時に隨ふ。苟《いやしく》も民に利《くぼさ》あらば、何ぞ聖造《ひじりのわざ》に妨《たが》はん。

（『日本書紀』巻三より）

謹みて按ずるに、是れ政令の始なり。民心は天下の人心なり。習俗は人皆習つて以て俗と爲すなり。言ふこころは、天下屯蒙にして人心詐僞に與《あづか》らず、穴居野處して以て習俗《しわざ》たり。今帝　天に繼ぎ極を建て、以て天下の禮を正し、その舊俗を新にせんことを欲す。故にこの詔あり。人心の朴素善政に染《そ》み易きが如くにして、習俗の舊汚《きうを》又變じ難し。時義これ革《かく》《あらたまる》の時、又大なり。聖英の天縦《てんしょう》にあらざればこれを得べからず。蓋し政の要は民心と習俗とを察するに在り。人心必ず俗と與《とも》に化して善惡以て成る。人君政を立て教を明かにしてこれを率ゐるときは、民心化して風俗成る。風俗の成ること習熟の久しきに在り、習熟久しきときは民その然ることを識らず。故に曰はく、政の要は民心と習俗とを察するに在りと。この章は政教の大體を盡すと謂ふべし。以上、政教の大體。

〔大意〕

謹んで考えてみるに、これは、最初の政令であったといえる。民心こそ天下の人心にほかならない。世の習俗は、人民の習慣で形成された風俗のことである。その意味は、天下の草創期で人心に詐偽の心などあずかり知らぬことで、洞穴や野原に住む習俗の時勢であった。その時に当たって、神武天皇は、天命を承けて皇位に就き、天下の礼節を正し、旧い習俗を刷新しようと為したまうたのである。この詔勅は、その故に発せられたのであった。

人民が素朴であれば、天皇の善政が人心に行き渡り易いようであるが、永年の習俗の悪い側面を改善するのは、難しいことである。時機あたかも宜しく、万事の変革の時に当たっており、『易経』の革の卦《か》にいう「天地革《あらた》まりて四時成り、湯武《とうぶ》命《めい》を革めて、天に順い人に応ず。革の時大いなる哉《かな》」という時宜を得ている。神武天皇の聖英を天が許して思う通りになさしめていなければ、このような時宜は到底得られない。

思うに、政治の要諦は、ここにいう民心と習俗とを考察することに尽きている。人心と風俗こそが、相伴って政治の善悪を決する。人君が、政治と教化とを明確にして民心を統率して世の風俗は確立する。それには永年の習熟が必要であり、永年の習熟があれば、人民は、意識しないまま、世は淳風《じゅんぷう》美俗となるのである。そこで政治の要諦は、民心と習俗とを考察することに尽きるといえるのである。この章は、政治と教化との全体の要点を言い尽くしているといえよう。

四年《よとせ》の春二月壬戌朔《みづのえいぬついたち》、甲申《きのえさるのひ》(二十三日)、詔《みことのり》して曰はく、我が皇祖《みおや》の靈《みたま》天より降鑒《くだりひか》りて朕《あ》が躬《み》を光助《てらしたす》けたまへり。今諸〻の虜《あだ》ども已に平《む》け、海内《あめのした》に事なし、以て天ノ神を郊祀《まつ》りて用《も》つて大孝《おやにしたがふこと》を申《の》べたまふべきものなりと。乃ち靈畤《まつりのには》を鳥見《とみ》山《やま》の中に立て、その地を號《なづ》けて上小野榛原《かみつをののはりはら》、下《しもつ》小野榛原と曰《い》ふ。用つて皇祖《みおや》天《ノ》神を祭りたまふ。

（『日本書紀』巻三より）

先人曰はく、神武天皇都を大和《ノ》國橿原に定めたまふ、時に三種の神寶を以て大殿《みあらか》に安置し、床を同じくして坐し給ふ。蓋し往古の神勅の如し。これに由《よ》りて皇居と神宮と差別なし。宮中に庫藏を立ててこれを齋藏《いみくら》と云ひ、官物・神物分《わいだめ》なし。この時天兒屋根命の孫天種子《あまのたねこの》命専ら祭祀の事を主《つかさ》どりたまふ。是れ乃ち朝政を執《しつ》するの儀なり。

謹みて按ずるに、天下の政事は郊社宗廟の祭祀より大《おほい》なるはなし。夫れ人君天地を以て父母と爲す。況や　帝　乾靈《あまつかみ》　天孫《あめみま》の　統《あまつひつぎ》を承け、以て四海に臨むをや。蓋し神に交はるの道は誠に在り、至誠以て祭祀するときは鬼神の幽冥も亦格《いた》り思ふべし。蕞爾《さいじ》たる黎民も至誠以てこれを求めば感ぜざることなけん。故に往古《むかし》神祇の祭祀と朝廷の政事とその義を二にせず。深い哉。（俗に政の訓を祭事《まつりごと》を以てする、是れなり。）凡そ祭祀を主どる者は皆朝政を執ること天《ノ》種子命・神八井耳《かんやゐみみの》命（神八井耳命は神武帝の皇子、綏靖帝の兄なり。神八井耳命曰はく、吾《やつが》れはこれ乃《いまし》の兄《このかみ》なれども懦弱《つたなくよわく》して果を致す能はず。今汝《いまし》は特挺《すぐれたけく》神武して自ら元惡《あだ》を誅《つみな》ふ。宜なる哉汝の天位に光臨し以て皇祖の業を承けたまふこと。吾れは當に汝の輔となりて神祇を奉典する者たるべしと。即ち多臣《たたのおみ》の始祖なり。）是れの如き、是れなり。帝　神勅を守り以て靈器を敬し、且つ　天《ツ》神を郊祀し、用つて大孝を申《の》べたまふ。その兢々業々として政教を愼みたまふこと、萬世の規戒なり。

以上、祭政の實。

〔大意〕

謹んで考えてみるに、天下の政事《まつりごと》は、※11郊社《こうしゃ》と宗廟《そうびょう》の祭祀《さいし》よりも重大なものはない。そもそも人君は、天地を父母としている。ましてや、天照大神の天孫から皇統を承け継いで、この国の統治者である天皇においては尚更のことである。この祭祀に当たっては、天地の心である鬼神の幽冥《ゆうめい》、つまり見えないところにも思いを致すべきである。少弱の庶民といえども、至誠を以て求めれば、感応道交してくるはずである。それだから、昔は、天神地祇の祭祀と朝廷における政事とは、同一のこととして「まつりごと」といわれたのだ。何と意味深長なことであろうか。だいたい、天種子命《あめのたねこのみこと》や神武天皇の皇子、神八井耳命《かんやゐみみのみこと》（綏靖天皇の兄で、天皇の補佐となって神祇を奉典した）は、祭祀と朝政とを同時に担当した例として該当している。神武天皇は、神勅の指示するところを守って神器を敬重し、併せて天神と郊祀《こうし》して、天孫として天神への大いなる孝行を展開したまう、そのおそれつつしみ、危ぶみ、政治と教化に慎重に取り組みたまうことは、万世にわたる戒慎の規範となるものといわねばならない。

※11…郊社と宗廟の祭祀…郊社は、天地の祭りであり、冬至に南郊で天を祭るのを郊、夏至に北郊で地を祭るのを社という。宗廟は祖先のみたまやであり、王城を背にして左側に宗廟を立て、右側に社稷（土地と穀物の神）を立てる。郊社宗廟の祭祀は、古来、国の政事の最重要なものとされて来た。わが国では、政は「マツリゴト」と訓読された。

崇神帝《すじんてい》の十年秋七月丙戌朔《ひのえいぬついたち》、己酉《つちのととり》、群卿《まうちぎみたち》に詔して曰はく、民を導くの本《もと》は教化《をしへおもぶくる》に在り。今既に神祇を禮《ゐやま》ひて災害《わざはひ》皆耗《つ》きぬ。然れども遠荒人等《とほきくにのひとども》猶ほ正朔《のり》を受けず、これ未だ王化《きみのおもむけ》に習はざればか。それ群卿を選びて四方《よも》に遣はして朕が憲《のり》を知らしめよ。

（『日本書紀』巻五より）

謹みて按ずるに、是れ行人を發して以て教を四方に施すの始なり。導くは啓迪《けいてき》なり。教へ化に至らざれば、民と教と別なり。民情化適して教成る、これを教化と謂ふ。正朔は　王暦なり。天下皆正朔を受くるは、その天に事《つか》ふることを同じくするなり。正朔を受けざるときは民《たみ》俗を殊にす。　王化とは天下皆その教令を守りてその三綱を正すなり。　王化未だ習はざれば民意《こころ》を異にす。憲とは法なり、憲章して以て人に示すなり。言ふこころは、民皆この心あるも教化明かならず、故にその性を盡さず、これを啓迪すること教の化するに在り。鬼神を敬すると民を教化すると、その本は至誠に出でず。而して鬼神は幽にして信なり、人民は習うて駁《まじは》る。故に鬼神に事ふることは敬を致すに在り、人民を治むることは教を盡すに在り。

帝既に晨《つと》に興《お》き夕《ゆふべ》までに惕《おそ》れ、齊明盛服して以て鬼神を敬し、災害《わざはひ》既に秏《つ》く。然れども天下未だ一軌ならず、四方未だ俗を均《ひと》しくせず。今憲章を建て以て時月を考へ、禮樂制度を同じくして以て民の性を節し、道徳を一にして以て俗を同じくす。十二年に及びて教化流行し、衆庶業を樂しみ富庶既に滿ち、人民皆長幼の序と課役の制を知る。宜なる哉その至徳を稱することや。蓋し後世に迄《いた》るまで巡察・按察・宣撫の法ありて以て風俗制度を正し革む。推古帝に及びて聖徳太子は憲法を定め、孝徳帝は天下の政制を詳にし、天武帝律令法式を定め、文武帝の朝に淡海公　勅を奉じて律令を撰び、終に萬世政令の準標たり。その本皆ここに基づく。　帝の功亦大ならずや。以上、憲章の教。

〔大意〕

謹んで考えてみるに、これは、使臣を派遣して、民を導く本である教化を地方に施し広める始めであった。導くとは啓迪《けいてき》、つまり啓発することである。教えても民心を善に変化させなければ、民を教えたことにならない。民の心情が善に変化していって始めて教えは完結する。これを教化というのである。

正朔《せいさく》とは、正しい暦、つまり王の定めた暦にほかならない。地方に至るまで天下がみな正朔を受けるということは、天下が挙って天に奉事するということである。正朔を受けない場合は、民の風俗が、そこだけ異なって同化していないことになる。王化、つまり天皇の統治を天下に隈《くま》なく及ぼすということは、天下が挙《こぞ》って天皇の教化に従い、君臣、父子、夫婦の道、いわゆる三綱《さんこう》を正すことである。その王化が習得されないところがあれば、そこの民の心意は異質なものとなってしまう。憲とは天下共通の法のことであり、その憲つまり法を明文化して天下の民に明示して教化の徹底を図るのである。その主旨は、民には三綱を正す心が備わっているのであるが、それでも教化が明確に行われなければ、人の心に固有の性、つまり良知良能を十分に発揮することができず、民心を啓発するには教化が不可欠なのである。鬼神つまり天地の心を畏敬することと民を教化することと、そのいずれも根本は至誠以外の何物でもない。そして鬼神つまり天地の心は幽冥で見えざる所があっても信仰するものであり、人民はこれを習って同一化するものである。そこで鬼神つまり天地の心への畏敬の念を徹底することが鬼神に敬事するゆえんであり、人民を統治することは教化を徹底することにほかならない。

崇神《すじん》天皇は、朝早く起きて夜遅くまで、畏敬の心を持し、斎明盛服《さいめいせいふく》、つまり精進《しょうじん》潔斎《けっさい》して礼服に威儀を正し、鬼神つまり天地の心を畏敬したので、自然の災害が無くなったのである。けれども天下に統治が行き渡らず、地方の風俗が均一に到らなかったので、法を明文化して、歳月をかけて、礼楽制度を統一して民の性質を節制し、世の道徳を一つにして風俗と同じにしようと努めたのである。

このようにして十二年、ようやく教化が行き渡り、万民は仕事を楽しみ、人民も多くなり且つ富んで、人民みな長幼などの社会秩序や納税賦役《ふえき》の義務を守ることを知った。このような治績に照らして、天皇の至徳と称賛されることは、まことにもっともなことである。思うに、後世になるまで、巡察《じゅんさつ》・按察《あんさつ》、宣撫《せんぶ》の役割の法制が整い、地方統治がよく行き届いて、全国の風俗や制度が、正しく変革されていったのである。

推古天皇の御代になって聖徳太子は十七条の憲法を制定し、孝徳天皇は、一層天下の政治制度を、詳《つまび》らかにし（改新の詔、百官の制定など）、天武天皇は、更に、律令法式を制定（浄御原令《きよみはらりょう》、八色《やくさ》の姓《かばね》制定）し、文武天皇の朝廷では、淡海公（藤原不比等）が勅を奉じて大宝律令を制定して、遂に万世にわたり政令の準標、模範とされる律令の完成を見たのであった。それら一連の律令制度の整備の出発点は、崇神天皇の政令にあったのである。天皇の功徳は、何と偉大なことであろうか。

垂仁帝の二十八年、詔して曰《のたま》はく、それ生きて愛《めぐ》みしところを以て亡者《しぬるもの》に殉《したが》はしむるは、これ甚だ傷《いたきわざ》なり。それ古風《いにしへののり》と雖も、良からずば何ぞ従はん。今より以後議《はか》りて殉《しぬるにしたがふこと》を止めよと。

（『日本書紀』巻六より）

謹みて按ずるに、殉は、人を以て亡《しぬる》に殉《じゅん》ずるものなり。夫れ人君は民の父母なり。未だ父母にしてその子を愛せざるはあらず。亡に殉ずるは、哀《かなしみ》の過ぎて愛の溢《あふ》るるなり。聖人の政豈これを用ひんや。この時古を去ること未だ遠からず、人民情に従ひ俗に習ひ、上下以て行ふ。帝、制を建て法を改め、止殉の　詔あり。三十二年、野見宿禰、明器土梗を作りてこれに易《か》ふ。帝大いにその徳を稱し以て土師《はぢ》の姓を賜ふ。是れ民の父母たるの誠を擴充する所以なり。これより　朝廷殉亡の制亦行はれず。帝の徳大なる哉。

竊に按ずるに、外朝は始に俑《よう》ありて以て殉に至り、その弊以て國を亂すに及ぶ。中國は始に殉ありて以て土物を作りて竟に殉を止むるに至る。その風俗の渾厚以て見つべし。以上、殉を禁ず。

〔大意〕

謹んで考えてみるに、殉死《じゅんし》は、人が死亡者のあとを追って死ぬことである。そもそも人君は、人民の父母とされている。父母がその子を愛さないということはあり得ないように、人君は臣民を愛さないことはありえない。その人君の死に殉じて、あとを追って死ぬことは、哀しみの情が過ぎて愛の溢《あふれ》た結果といえる。しかし聖人の政事では、どうしてこれを許容することがあろうか。この時代は古《いにしえ》から日も浅く、人民が人情に従い習俗によって、上下にわたって殉死が行われてきた。垂仁天皇は、法制を改めて、殉死を禁止する詔が下された。垂仁天皇の三十二年、野見宿禰《のみのすくね》が、明器土梗つまり埴輪《はにわ》を作って副葬することで殉死のかわりとした。天皇は、その徳を称賛して土師《はじ》の姓を賜わった。これこそ、民の父母たる人君の誠を拡充するゆえにほかならないといえる。これ以来、朝廷では殉亡の制は、またと行われることはなくなったのである。天皇の君徳の何と偉大なことであろうか。

ひそかに考えてみると、外朝支那では、死骸に副葬する木偶、俑《よう》があったために、殉死の発端《ほったん》となって、その弊害が国を乱すことにもなった。中国たるわが国では、これと逆に始め殉死があって、その代わりに埴輪を作って殉死を禁止することになった。これによってもわが国の風俗の渾厚つまり大きく厚いことを知ることができよう。

景行帝の十二年秋八月乙未《きのとひつじ》朔《ついたち》、己酉《つちのととりのひ》（十五日）、筑紫に幸《みゆき》す。（『日本書紀』巻七より）

謹みて按ずるに、是れ巡狩の始なり。この時熊襲反《そむ》いて朝貢せず、故にこの幸ありて大いに西方の諸侯を覲《み》、以て風俗を正し制度を明かにす。後に又東方を巡狩して以て政事を定む。この時天下大いに定まり、封域以て建ち、成務帝に迄《いた》りて國郡縣邑の制、造長《みやつこ》・首渠《ひとこのかみ》《おふと》の法、竟に定まり、天下猶ほ一家のごとく、教化俗を同じくす。巡狩の道大なる哉。以上、巡狩。

〔大意〕

謹んで考えてみるに、これが、巡狩《じゅんしゅ》、つまり天子が諸侯の国を巡行し、政治の実情を視察することの始めであった。この時、熊襲《くまそ》が朝廷に叛《そむ》いて朝貢しなかったためにこの巡幸が行われたのである。この巡狩によって西方の諸侯の政治の実情を視察し、それによって西方における風俗を正し、制度を明らかにしたのであった。その後、東方も巡視して、政事を安定させたので、以来、天下の統治は、大いに安定して、諸侯の封域も確定することになった。成務天皇の御代になると、国郡県邑の地方制度やその支配者の在り方、造長《みやつこ》・首渠《ひとこのかみ》の法も定まって、天下が一家のように、教化と風俗が同じになったのである。巡狩の方途の何と偉大なことであろうか。

仁徳帝の十一年、武蔵の人強頸《つよくび》、河内の人茨田《うばらだ》《まんだ》連衫子《のむらじころものこ》二人以て河神《ノ》を禱る。

（『日本書紀』巻十一より）

謹みて按ずるに、妖神《えうしん》人を殺して牲《いけにへ》と爲すは夷狄の習俗なり。是れ　天孫未だ降らざる前、惡鬼妖怪の餘政なり。蓋し堤を爲《つく》り溝洫《こうきょく》を設くるは人を愛するの道なり。神の神たる、非禮の祭を享けんや。帝夢寐《むび》の妖を信じ以て人を用ひて河伯《かはく》を祭る。噫、何ぞこれ惑へるや。夫れ　帝の聰明儉德にして、天下の太平無事なるは、後世の企て望むところにあらず、（然も）猶ほ鬼神を信じて、衫子が淺謀以て神の妖僞を知るに如《し》かず。この失奚《いづ》れの處にか在るや。唯だ思辨の道その誠を盡さざるのみ。人君政教の要、豈愼まざらんや。今この一事を擧げ以て　帝の政弊と爲す、未だ嘗て隱惡の戒を懼れずんばあらず。然れども　帝の人德たる、天下これを知らざるなきに、猶ほ習俗の以て德を瀆《けが》すことあり。後世執政の道最も以て鑑《かんが》むべし。以上、弊を改む。

〔大意〕

謹んで考えてみるに、妖神が人を殺して牲《いけにえ》とするのは夷狄の習俗である。これは、天孫降臨以前の、悪鬼妖怪のはびこっていた時代のなごりの政事である。だいたい堤防を築き溝洫《こうきょく》（水路）を掘るのは、人民を愛してその便宜《べんぎ》を図るためである。神が真の神であれば、礼に違う祭りを享受することはあるまい。仁徳天皇ほどの帝にして夢寐の妖を信じて河の神を祭ったのだ。何と惑えることであろうか。仁徳天皇は、そもそも聡明で倹徳を備えて、天下が太平無事であったことは、後世、企て及ぶことができないところであった。その帝にしてしかもなお、鬼神を信じてしまって、衫子《ころものこ》の浅謀でも神の妖偽を知ったことにも及ばなかった。この禍失の原因は、どこに在ったのだろうか。ひとえに思弁の在り方に誠を尽くさなかったことに過ぎないといえる。人君の統治と教化の要諦であり、慎重の上にも慎重でなければならないことである。この一事だけが、仁徳天皇の統治の失敗とされている。未だかつて隠悪の戒めを懼れはばからなかったことはなかったのである。仁徳天皇の仁徳たるや、天下周知のことであるのに、猶、古来の習俗によって仁徳に汚点が付いてしまったのである。後世、執政の任に当たる者の以て鑑《かんが》み戒めとせねばならないところであろう。

履中帝の四年秋八月辛卯《かのとう》朔《ついたち》、戊戌《つちのえいぬのひ》(八日)、始めて諸國に於て國史《くにのふみひと》を置き、言事《ことわざ》を記し四方の志《ふみ》を達《いた》す。

(『日本書紀』巻十二より)

謹みて按ずるに、是れ國史を置くの始なり。史は事を記すの官なり。言ふこころは、諸國に於てこの官を立て、上は以て　天子の教令を記し、下は以て國郡の事を記す、是れ國俗を正し人情を達するの政なり。凡そ五方各〻その俗あり、民又その習を異にす。故に人君その事物を知らざるときは政令必ず乖《そむ》く。今國史を置き言事を記し、その制度を正し國俗の化を知りて、以てその政を致《きは》む。後世國守の外、目《さくわん》・史《ふみひと》等の官あり、皆國の事を記し以てその政を正すは是れなり。以上、國史。

〔大意〕

謹んで考えてみるに、これは、国史を置く始めであった。史は事を記録する官職である。その主旨は、諸国においてこの官職を設け、上は天子の教令を記録し、下は国や郡の事柄を記録した。これは、国々の風俗を正し民情を通達する政事である。そもそも、中央、各地方には、それぞれの風俗がある。人民にはまた、それぞれ、習俗を異にしている。それ故、人君が、それぞれの事物や実情を知らないときは、政令の乖《かい》離《り》を招いてしまうことになる。そこで今ここに国史を置いて言事を記録して、それぞれ制度を正し、国ごとの習俗の変化を知って政を究めていく。後世国の長官のほか、目《さかん》・史《ふひと》などの官職が設置されて、みな国の事を記録して政治を正したのは、このことにほかならなかった。

清寧帝の三年秋九月壬子《みづのえね》朔《ついたち》、癸丑《みづのとうしのひ》（二日）、臣連《おみむらじ》を遣はし風俗を巡《めぐ》り省《み》せしめたまふ。冬十月壬午《みづのえうま》朔《ついたち》、乙酉《きのととりのひ》（四日）、詔して犬馬器翫《もてあそびもの》を獻上《たてまつ》ることを得ざらしめたまふ。（『日本書紀』巻十五より）

謹みて按ずるに、使臣の巡察は政の恆にして、以て風俗を巡省す。是れ教化その俗に繫《かかは》るところ大なればなり。且つ翫器犬馬を獻ずることを得ざらしむるは、是れ乃ちその風俗を正すなり。人君物を翫ぶときは志を喪ふ。物は至微にして志は至大なり。至微を愼まざるときは至大は制すべからず。人君の好むところは天下これに歸す。豈忽にすべけんや。帝その俗を正さんと欲す、故にこの　詔あり。而して又人情を寛《ゆる》くせんと欲して宴を群臣に賜ふ。大いに酺《さけのみ》すること五日、是れ儉にして寛なり。宜なる哉、海表の諸蕃調《みつぎもの》を進《たてまつ》り、海內安康なること。以上、風俗を正す。

〔大意〕

謹んで考えてみるに、使臣の巡察は、政治にとって恒常的に必要なことであり、それによって人民の風俗生き態《ざま》を省察し巡回するのである。そうするのは、教化と風俗とは、相互に深く関連しているからである。その上翫《もてあそびもの》器犬馬を献上できないことにしたのは、とりもなおさず、人民の風俗を正そうとしたことにほかならない。人君が物を翫《もてあそ》ぶときは、志を失うものである。(『書経』に翫物喪志《がんぶつそうし》と見える)物の価値に至って微小であり、志の価値は至って重大である。微小な価値しかないものを慎まないときは、重大な価値のあるものを制御することはできない。人君の好むところは、天下の人民に影響する。どうしてゆるがせにしてよいであろうか。清寧天皇は、人民の風俗を正そうと願望して、その故にこの詔勅が渙発《かんぱつ》された。片や、一方でまた、人情を緩和《かんわ》しようと願望し、群臣に宴を賜わり、盛大な酒宴が五日も続いたのであった。これこそ、物に倹にして志情に寛といえる。海外の異民族が朝貢し、海内が安康に治まったのは、当然のことであった。

繼體帝の元年、詔して曰《のたま》はく、朕《あれ》聞く、士《をとこ》當年に耕《たつく》らざることあらば、天下その飢を受くることあり。女《めのこ》當年に績《をう》まざることあらば、天下その寒《こごえ》を受くることあり。故に帝王《すめらみこと》躬《みみづから》耕《たつく》りて農業《なりはひ》を勸め、后妃親《みみづか》ら蠶《こが》ひて桑序《くはのとき》を勉《すす》めたまふ。況《いはん》やその百寮《もものつかさ》より萬族《おほんたから》に暨《いた》るまで、農績《なりはひをうむこと》を廢《や》め棄《す》てて殷富《にぎはひ》に至らんや。有司《つかさ〳〵》普く天下に告げて朕が懷を識らしめよ。

（『日本書紀』巻十七より）

謹みて按ずるに、凡そ天下の人物、未だ嘗てその事業なくんばあらず。既に事業あればその成敗必ず勤怠に繫る。農は以て天下の飢を養ひ、桑は以て天下の寒を防ぐ。人一日もこれなきときは苦しむ。故に　聖主賢后親《みみづか》ら耜《たがや》し親ら蠶して備《つぶさ》に稼穡《かしょく》の艱難を嘗《な》め、天下の黎元《れいげん》を勸勉したまふ。是れ人君は民に父母たるの義なり。　帝、志を政教に錯《お》きたまうて、即位の元年にこの　詔あり、天下に告ぐるにその事業を勤むべきを以てす。百寮有司、豈怠るべけんや。以上、民政を致む。

以上、政教の道を論ず。謹みて按ずるに、政は誠を以てするに在り、教は致《きは》め審《つまびらか》にするに在り。凡そ政教の道は、能くその時を察して以て沿革損益し、能くその水土を知りて以て風俗を考へ、能くその人情に通じて以て過不及を節し、能くその事物を詳にして以て制度を定め、能くその大倫を明かにして以て禮用を序し、而して后に數《しば》〻《しば》省みて以てこれを化す。聖神功用の極と謂ふべきなり。否なれば乃ち或は煩碎《はんさい》にして厚からず、或は教へずして化を期《ま》つ、竟に政教の實を得べからず。

或は疑ふ、外朝の聖人、政を以て正と爲す。今解するところは多く政を以て誠と爲すに在るは何ぞやと。愚謂へらく、中國は郊社宗廟を祭祀するを以て政の要と爲す。故に祭事《まつりごと》を以て政の字に訓《くん》ず。是れ祭祀と政事とは義を一にすればなり。蓋し祭祀は誠を主とし、政事も亦人君の誠に在り。政は誠を以てせざれば唯だ條目を存して綱領なく、日に煩はしく月に勞して教化の功なし。是れ民免れんとして恥なき所以なり。惟《こ》れ誠の至れるや、鬼神も亦存《いま》すが如し、況や人民をや。國を治むる所以、其れこれを掌《たなごころ》に示《み》るが如きか。然らば乃ち正誠の二義更に間隔することなし。或は疑ふ、政教法令は徳の末にして、形して下《した》なるものかと。愚謂へらく、否《しからず》。物あれば必ず則あり、天下國家あれば必ず政教法令あり、政教法令の外に豈この徳あらんや。明聖の主も亦これを用ひ、愚昧の君も亦これを用ふ。その利鈍煩簡而も治亂相因る、共にこの四つの者に在り。四つの者正明なるときは、猶ほ權衡を設けて欺くに輕重を以てすべからず、繩墨を設けて欺くに曲直を以てすべからざるがごとし。否《いな》なれば、平正・眞僞・邪正何ぞ能く辨ぜんや。

或は疑ふ、政教法令は猶ほ器用のごとし、人君德を修むるときは器用自ら利し、否《いな》なれば乃ち器用ありと雖も可ならざらんかと。愚謂へらく、良工と雖も器用なきときは工《たくみ》を施すの用なく、良工の良工たるは器用利にして備はればなり。鈍器を用ふる如くんば、筋を勞し骨を苦しめて竟に功を遂げざるなり。凡そ政教法令の備《そなへ》や、猶ほ舟に乘りて大川を濟《わた》るがごとし。水を能くすると能くせざると、共に濟りて逸《やす》んじ安し。專ら德を修むるを以てその功を期《ま》つは、猶ほ水を能くする者の己れが力を恃《たの》みて以て水を泅《およ》いで濟るがごとく、甚だ勞して功少く、危くして濟る者寡《すくな》し。況や德を修めず政教法令を以てせずして、唯だ私知妄作を以て治平の功を要《もと》むるは、猶ほ舟の乘るべく、技の泅ぐべきなくして、力を恃み私を構へ、以て水に入るがごとし、溺れずして何をか待たんや。故に治國平天下の要は身を修めて以て政教を正しくするに出づべからず。二つの者相持して而して后に功化の實を談ずべし。中華往古の　聖主政教の功は舊紀に著はるるところ乏しからず。後世これに襲《よ》りこれに律《のっと》り、以て祖述憲章せば、乃ち無爲過化の治千萬世もその澤《めぐみ》を蒙るべし。

〔大意〕

謹んで考えてみるに、天下の人物は、すべて皆、事業、つまり職業や仕事に携っている。その事業の成功するか失敗するかは、直接、勤勉、怠慢の取り組みいかんにかかっている。農業は食糧を生産して天下の民を飢えさせないようにする役割を、桑つまり養蚕業は衣類を生産して天下の民の寒さを防ぐ役割を担っている。人は誰でも、一日だけでも、それなしでは苦しんでしまう。そのゆえに、優れた君主も、賢い后妃も、親しく自ら農耕に養蚕に携わってみて、つぶさに食物・衣服の生産を営む艱勤を実体験してみせて、天下の人民が勤勉に取り組むよう勤めたまうのである。これこそ、人君が人民の父母とされる本当の意義にほかならない。継体天皇が、即位の元年に、この詔勅が出されたのは、天下に、その事業に勤勉に取り組むよう告げたまうたのである。百寮有司、つまり、それぞれの分担する職務にある官僚群は、挙げて、この詔の主旨を体して怠らないようにせねばならない。

以上、政治と教化の在り方について論じてきた。謹んで考えてみるに、政治は、誠を以てすることが要諦であり、教化は、審細にわたって本質を究め尽くすことが要諦である。だいたい、政教の道つまり政治と教化の在り方は、時勢を考察して臨機応変に、増減・強弱の程度を変化させていき、その風土等の地理地勢を知り、風俗習慣を考え、十分に人情に通暁して、その過不及を調節し、道徳の在り方の根本を明らかにして、詳細な礼節を順序立て、しかも、しばしば省察して、その上で人民を変えていくことができるのである。これこそ聖神の功徳実践の極みということができるであろう。さもないと、こまごまとわずらわしいだけで重厚でなかったり、教える努力のないままで変化を期待することに終わって、結局、政治と教化の真の在り方となることはできないのであろう。

外朝の聖人孔子は「政は正なり」としているのに、この論考の場合、「政は誠なり」と論じているのは、何故なのかと疑う人があるかも知れない。私が思うには、中国たるわが国では、郊社宗廟つまり、天地と祖先の祭祀を以て政治の要諦としている。だから祭事つまりまつりごとで政の訓読としている。訓読が同一なのは、祭祀と政治とが同一とされているからにほかならない。一方、思うに祭祀は心の誠を主とし、政事も亦《また》人君の誠意に因っている。そこで政治は誠意を以て当たらないと、詳細な条目があるだけで、これをまとめる綱領、つまり眼目となるものがなくなってしまい、いつも煩雑さにわずらわされてばかりで、教化の実功があがらない。これでは『論語』

に謂う「民免かれて恥なし」つまり罰則を免れることに急で、精神的な恥を知ることはない状況に陥ってしまうわけである。

逆に至誠を以てすれば、鬼神つまり天地の心そのものが顕現する。ましてや人民への教化の効用が顕著となるのは当然である。国を治める方途が手の平に見えるように明らかになる。とすれば、正と誠との意味合いは、異なり隔たってはいないのである。

或いは、政教や法令は、人の生き方の根本である道徳に対して末節にすぎず、形而下つまり物質的存在で、形而上つまり精神的内容に比して些少なものに過ぎないとの疑念が持たれる場合がある。私が思うに、そうではない。物、つまり形而下の物質には、必ず則《のり》、つまり形而上的法則が伴うもので、『詩経』にも「物あれば則あり」と教えている。天下国家が存在すれば、必ず政教法令が伴う。その政教法令を措いて他にどんな道徳があるというのか。だから明聖の君主も、愚昧な君主も皆この政教法令を用いてきたのである。その用い方の利鈍、煩簡《はんかん》の如何によって天下国家の治乱興亡が別れるのである。その政教法令の四者が正明であれば、軽重をはかりにかけるようなことはすべきではない。図面の上で曲直を誤魔化してはならないようなものである。さもなければ、平正・真偽・邪正などを十分に弁別できるだろうか。

或いはまた、政教法令は、器用のようなもので、人君が道徳を修得した場合には、器用は自然に効用をあらわし、そうでなければ、器用があってもなくても、さしつかえないのではないかとの考えもあろうが、これに対して私が思うには、腕の立つ大工も、器用つまり道具やものさしがなくては、家を建てる技術を発揮することが出来ず、立派な大工が立派な大工であるためには、道具やものさしが完備していなければならない。劣悪な道具やものさしを使用する場合は、筋骨の労苦にもかかわらず、効果を上げることはできないのである。思うに、政教法令が具備しているのはちょうど大河を渡るのに舟が必要なようなものである。舟さえあれば泳ぎの上手下手は関係なく、共に安全に渡れるのである。徳を修めることのみをもってその効果を期待するのは、まるで泳ぎに巧みな者が、舟に頼らず自力で大河を渡るようなものであり、労多くして功少なく、危険なので泳ぎ渡ることができる者は、ごく少数に限られる。

ましてや、その徳も修めず、政教法令も用いず、自分の知識だけに頼って妄《みだ》りにやってみて、治国・平天下の効果を欲するのは、まるで、舟もなく泳ぎも知らないで、自力を頼って大河にとび込むようなものである。溺れることにしかならないのだ。そのゆえに、治国・平天下の要諦は、修身・修徳と政教を正し誠にすること以外にはないのである。この両者を相持して始めてその功化の実効を論ずることができるのである。中華たるわが国の往古つまり遠い昔の聖天子政教の功徳は、旧い歴史に記録されて数多残っている。後世、これに襲《よ》り、つまり依拠し、これに律《のっと》る、つまり模範として、※12祖述憲章《そじゅつけんしょう》即ち遠くその道を宗とし、近くその法を守れば、※13無為過化《むいかか》の治つまり自然に無理なく円滑に政治が行われて、千万世にわたってその恩澤を被《こうむ》ることができるであろう。

※12…祖述憲章…『中庸』に「仲尼、堯舜を祖述し、文武を憲章す」「上は天時に律《のっと》り、下は水土に襲《よ》る」とあり、これをふまえて本文が記述されている。なお、憲は法《のっと》る、章は明らかにする意である。

※13…無為過化の治…自然に無理なく円滑に政治が行われる意。

禮儀章

天《あめ》先づ成りて地《つち》後に定まる。然して後に神聖《かみ》その中に生《あ》れます。

（『日本書紀』巻一より）

謹みて按ずるに、天先きだちて而も上《うへ》に居り、地後《おく》れて而も下《した》に居る。上に在る者は高くして文明なり、下に在る者は卑《ひく》くして厚順なり。その中に萬品を生じて、聖神これに長として以てその道を定む。是れ乃ち天地に天地の形ありて、聖人因りて以てこれに字《あざな》して禮と曰ふ。禮は上下を辨じて以て天下の人心を定め、貴賤を分ちて以て天下の便用を通ずるの道なり。禮の行《おこなひ》や天地の陰陽に本づき、その自然に因りて以て今日日用の制を立つ。天下これに襲《よ》りてこれを行ふときは終に奢らず倹《やぶさか》ならず。上は君父の尊親を遺《わす》れず、下は臣子の分限を超えず。これより天下の廣き、萬機の衆《おほ》きも、悉くその禮ありて、等級分明にして相混亂すべからず。禮の義亦大ならずや。凡そ治平の要、その本は禮に在り。君臣定まり貴賤位し、小大分《ぶん》を守り動靜常あるときは、亂を作《な》さんことを好む者未だこれあらざるなり。

〔大意〕

謹んで考えてみるに、天が先だって、而《しか》も上に居り、地が後《おく》れて下に居る。上に在る者は、高く文明、つまり整い備わっていて明確であり、下に在る者は卑《ひ》く厚順、つまり心から従順である。そのような天と地の間に万物を生成して聖神がその統率者となって万物の在り方を定めた。これはとりもなおさず、天地には天地の在り方があり、聖人が、この在り方を表現して礼と呼んだのである。この礼こそは、天地の在り方に基づいて上下を弁別し、天下の人心も同様に定め、人の貴賤も弁分することで天下の社会秩序を整える方途にほかならない。その礼の施行は、天地の陰陽の別に基づき、自然の姿に模して、人々の日々実践する所を制度化したのである。天下の人民が、この礼に依拠して生きていけば、生涯、奢《おご》ることも倹《やぶさか》なることも無く、相応に生活し、上は、主君や両親に対する尊親の礼を失わず、下は臣下や子としての分限、つまり秩序の中での在るべき姿を逸脱せず、その社会秩序が、礼によって確立しているので、天下がいかに広くとも、物事がいかに多岐にわたっても、上下の等級が明確で混乱することはないのである。礼の意義役割は何と偉大なことであろう。そもそも治平、つまり治国・平天下の要諦は、礼に在るといえる。礼に基づいて君臣関係が定まり、貴賤の地位が固まり、小大の分限が守られ、すべて社会の動静が恒常的に安定しているときには、この秩序を破ろうとする者は、未だかつていなかったのである。

伊奘諾尊《いざなぎのみこと》・伊奘冊尊《いざなみのみこと》は、磤馭盧嶋《おのころじま》を以て國中《ノ》の柱《みはしら》と爲して、陽神《をがみ》は左より旋《めぐ》り、陰神《めがみ》は右より旋る。國の柱《みはしら》を分巡《めぐ》って同じく一つ面《おもて》に會《あ》ひぬ。時に陰神先づ唱《とな》へて陽神悅びずして曰《のたま》はく、吾《あ》れはこれ男子《ますらを》なり、理《ことわり》、當に先づ唱ふべし、如何ぞ婦人《たをやめ》の反《かへ》って言先《ことさいだ》つや、事既に不祥《さがなし》、宜《むべ》以て改め旋るべしと。ここに二神《ふたはしらのかみ》却って更に相遇《めぐりあ》ひたまひぬ。この行《たび》は陽神先づ唱へて陰神對ふ。廼《すなは》ち大日本豐秋津洲《おほやまととよあきつしま》を生みたまふ。

（『日本書紀』巻一より）

謹みて按ずるに、是れ　天神禮を正したまふの儀なり。　二神は乃ち天地なり、陰陽なり、男女なり、萬物の宗源なり、中國の大宗なり。本朝の　中州たる所以、人物の人物たる所以、聖教の聖教たる所以なり。蓋し理は條理なり、條理ありて亂れざる者は禮なり。この時未だ禮の名あらずと雖も、既に理と言ふときは禮以てこれに屬す。夫れ宇宙を經營し人物を生成するの始、未だ嘗てこの大禮を以てせずんばあらず。天下の禮は人君に繫《かか》る。人君禮を正して而して后に天下の條理行はるべし。故に陰陽各〻《ミ》自ら左旋右行して以て天地の序に循《したが》ひ、先後唱和の節を正して以て天下の事物を定む。禮の時（に於ける）その用大なる哉。この禮一たび立ちて而して后《のち》、後世、先後上下男女の道大いに明かに、萬民皆これに由《よ》る。二神の徳仰がざるべけんや。

〔大意〕

謹んで考えてみると、これは天神が手本として礼を正されたことにほかならない。伊弉諾尊・伊弉冊尊の二神は、天地・陰陽・男女の間柄の象徴的存在であり、万物の根源であり、中国たるわが国の本家本元である。わが国が、中朝・中州たるゆえん、人物たるゆえん、聖教の聖教たるゆえんは、すべて二神に因っているのだ。

思うに、理とは条理、つまりすじみちである。その条理が整っていて乱れがないのが、礼にほかならない。神代には、礼という呼称はなかったけれども、理、すじみちといえば、礼も含まれて属している。

宇宙を経営し人物を生成する始源に当たって、最も大切な礼、つまり秩序の根本を確立することが必須である。

天下の礼、つまり秩序の根本は、統率《とうそつ》する人君の在り方によって決する。人君が、礼を正して始めて、天下の条理がその礼に因って施行される。その故に、陰陽の二神が、それぞれ左右から回って、天地の順序に循《したが》い、唱和の先後の順序を正して、天下の事物の在り方を定めたのであった。天地の草創の時勢に当たって、礼の効用の何と大きかったことか。天下の秩序の根本となる礼が確立してから而る後、後世においては、先後、上下、男女等の間柄の在り方が、大いに明らかになって、万民が皆、この在り方に依拠することになったのである。二神の徳は、仰賛しないではいられないのである。

素戔嗚尊《すさのおのみこと》の爲行《しわざ》甚だ無狀《あぢきなし》。天照大神《あまてらすおおみかみ》發慍《いかりま》して乃ち天石窟《あまのいはや》に入りまして、磐戸

を閉《さ》して幽居《こもりま》しぬ。故《か》れ六合《くに》の内常闇《とこやみ》にして晝夜《ひるよる》の相代るわきも知らず。

（『日本書紀』巻一より）

謹みて按ずるに。無狀は禮儀なきの言《いひ》なり。神は寛仁の聖明にしてその無禮を嚴正することと此の如し。蓋し禮は上を安んじ民を治むるの道なり。禮なきときは上下混じ尊卑分たず。上下混ずるときは人人その情に從つて直ちに行ふ、故に君臣正しからず。尊卑分たざるときは、强は弱を陵《しの》ぎ、富めるは貧しきを侮り、大は小を傾く、故に邪正明かならず。是れ神の深くその無狀を戒めたまふ所以なり。神乃ち天石窟に入りたまひ磐戸を閉して六合常闇《とこやみ》となる、是れ無禮なるときは天下の邪正混じて知るべからざることを示したまふ。その慮遠からずや。後世臣にして上を僣《をか》し、子にして父を蔑《ないがしろ》にするは、皆禮の明かならざる所以なり。然らば乃ち神を去ること既に遠く、その靈驗速かに懼るべきなしと雖も、若し亂臣賊子の以て志を縱《ほしいまま》にするあらば、神必ず石窟に入りて六合常闇なるべし。知らず神今日在りや在らずや。禮の用愼まざるべけんや。

〔大意〕

謹んで考えてみるに、無礼《あじきなし》とは、礼儀がない状態を言う。神は、寛仁の聖明であって、その無礼をこのように厳正したのである。思うに礼こそ、上を安んじ民を治める方途である。礼が無いときには、上下の弁別も乱れ、尊卑も区分できなくなってしまう。この上下が入り混《まじ》って秩序が失われてしまうと、人々は、直情径行《ちょくじょうけいこう》、つまり自分勝手に、したいことをしてしまって社会秩序が乱れてしまう。その故に秩序の本である礼が無いときは、上下が混淆《こんこう》し尊卑が混同してしまうと、強者が弱者を痛めつけ、富者が貧者を侮蔑《ぶべつ》し、大が小を危くしてしまって秩序が失われ、正と邪とが、区別がつかなくなってしまう。これこそ神がその無状つまり礼の無い状態を禁戒したまう理由にほかならない。そこで天照大神はただちに天石窟《あめのいわや》に入りたまい磐戸を閉じてしまわれたので、天地は、常闇《とこやみ》、つまり暗黒の状況になってしまったのである。そのことを通して礼無きときは、天下の正邪が混淆して、あたかも暗黒の世界となってしまうことを教示したもうたのである。何と深遠なる睿慮《えいりょ》ではなかろうか。後世、臣下でありながら君主を僭《おか》し、子でありながら父を蔑《ないがし》ろにするようなことがあったのは、すべて礼が明らかでなかったゆえんにほかならない。とすれば今、神代が遠い昔となってしまって、神の霊験がただちにあらたかとなる怖れがなくなったといっても、もし乱臣賊子つまり君臣の義、父子の親の礼を破る者が、その志を縦《ほしいまま》にするようなことがあれば、天照大神が天石窟に入りたまうて天下が暗黒の世界となってしまったと同様になってしまうのである。今日、神が在《いま》すや否やは知らないが、礼のはたらき、効用については、深く慎まなくてはならないのである。

允恭帝の四年秋九月辛巳《かのと　み》朔《ついたち》、己丑《つちのとうしのひ》（九日）、詔して曰はく、上古の治《くにをさ》むること、人民所を得て姓名錯《たが》はず。今朕《あれ》践祚《あまつひつぎし》りて茲《ここ》に四年《よとせ》、上下相争つて百姓《ひやくせい》安からず、或は誤つて己が姓を失ひ、或は故《ことたへ》に高き氏に認《みと》む。その治に至らざることは蓋しこれに由つてなり。朕不賢《をさなし》と雖も豈その錯《あやまてる》を正さざらんや。群臣議《はか》り定めて奏せと。群臣皆言《まう》さく、陛下失《きみあやまち》を擧げ枉《まがれる》を正して氏姓《うぢかばね》を定めば、臣等《やつこら》冒《かむ》死《かむ》つかまつらんと奏《まう》すに、可《ゆる》されぬ。戊申《つちのえさるのひ》（二十八日）に詔して曰はく、群卿百寮及び諸《ノ》國《ノ》造等皆各〻言《まう》さく、或は帝皇の裔《みこはな》、或は異《あや》しくて天降れりと。然れども三才《みつのみち》顯分《わか》れてより以來《このかた》多く萬歳を歴たり。ここを以て一氏蕃息《うまは》りて更に萬の姓《かばね》になれり、その實を知り難し。故に諸《ノ》氏姓の人等、沐浴《ゆかはあみ》し齋戒《きよまは》りて、各〻盟神探湯《くかたち》をせよ。則ち味橿丘《あまのかしのをか》の辭禍戸碑《ことのまがとのさき》に於て、探湯瓮《くがべ》を坐《す》ゑて諸人を引きて赴《ゆ》かしめて曰はく、實を得ば全《まった》からん、僞れるは必ず害《やぶ》れん。（神に盟うて湯を探るを、ここにはクカタチと云ふ。）（或は泥《うひぢ》を釜に納れて煮沸かして、手を攘《かか》げて湯の泥を探り、或は斧を火の色に焼きて掌《たなうら》に置く。）ここに諸人各〻木綿手繦《ゆふたすき》を著して釜に赴きて探湯《くかたち》す。則ち實を得る者は自《オ》ら全く、實を得ざる者は皆傷《やぶ》れぬ。ここを以て故《ことたへ》に詐る者は愕然《おどろき》、豫め退きて進むことなし。これより後、氏姓自《オ》ら定まりて更に詐《いつは》る人なし。

（『日本書紀』巻十三より）

謹みて按ずるに、姓氏明かならず、故に下は上を僣《をか》し卑は尊を踰ゆ。是れ禮明かならず分正しからざるの由《ゆゑ》なり。往古の　神聖その功業に因りて或は姓氏を賜ひ、名號を命じ、淑慝《しゅくとく》を旌別し、（周書の畢命に曰はく、淑慝《善なり悪なり》を旌別しその宅里に表はす。）芳《よき》を流《つた》へ臭《あしき》を遺《す》て、將に百世に傳へて未だ泯《ほろ》びざらしめんとす。是れ人民をして禮を守りて尊卑を混ぜず、善惡を亂さざらしむるの道なり。姓氏の出づる、一たび違ふときは人皆その由つて出づるところを忘れ、己れが宗とすべきところを失して、而も悉くその本を知らず。（これ）善を章《あらは》し惡を癉《や》ましむるの禮にあらず。緇衣篇に曰はく、子曰はく、國家を有つ者は、善を章はし惡を癉《病なり》しめて以て民に厚きを示す。故に　帝、姓氏を定むるに誓盟を以てして、諸人の眞僞相著はれ、尊卑初めて定まる。是れ禮の大端なり。この後八色《くさ》の姓を作り、以て萬民を混じてその姓を改め、近臣に各〻朝臣・宿禰を賜ひ、諸〻《もろく》の歌男・歌女・笛吹は己れが子孫に傳へてその伎《わざ》を習はしむ。天武帝の十三年、八色《やくさ》の姓を定め、五十二氏に姓を朝臣と賜ひ、又五十氏に宿禰と賜ふ。十四年詔して曰はく、凡そ諸〻の歌云々。弘仁帝の御宇に及びて、萬多《まんだの》親王・右大臣藤原園人《そのんど》等に勅したまうて姓氏錄を撰び、延喜帝の朝に正親司《おおきみづかさ》をして皇親の籍を勘《かんが》へ以て服を賜ひ姓を改むるの事を掌らしむ。皆姓苑《せいゑん》の瓜瓞《くわてつ》を糺《ただ》し禮儀の分定を明かにするの敎にして、否《いな》なれば乃ち民情厚からずして詐僞日に行はるるなり。唐氏仲友曰はく、古は氏姓を重んず。故に同姓・異姓・庶姓の別あり、天揖・時揖・土揖を以てこれが禮を爲す。繫世を奠《さだ》め、昭穆を辨ず。史氏これを掌る。泰封侯を罷めしより、氏を命じ族を別つの禮廢る、云々。貞觀（政要）七の二十五板に出づ。

〔大意〕

謹んで考えてみるに、姓氏、つまり血統や家系の由来を示す姓《かばね》や家柄を表す氏《うじ》が明らかでなく、そのために下が上を僭《おか》し卑が尊を越える事態となってしまったのは、礼が明らかでないために、分際・分限が正しくなくなったからであった。昔の神聖が、それぞれの功労業績に因って、或いは姓、或いは氏を下賜し、名号を命じて、『書経』にあるように「淑慝《しゅくとく》を旌別《せいべつ》」、つまり善人と悪人とを区別し、善き者を後世まで伝え、悪き者を捨て、末永く百年に伝えて泯滅《びんめつ》させまいと図ったのであった。これは、人民に礼を守って尊卑を混同せず善悪を乱さないようにさせるやり方であった。どの姓氏から出たのか、その出自が一たび乱れてしまうと、人は皆その出自を忘れて、自分の本家・本元を失い忘れてしまうことになる。これでは、『礼記』の「善を章《あら》わし悪を病《や》ましむ」礼とはいえない。

その故に、允恭《いんぎょう》天皇は、姓氏を再確認するに当たって、探湯《くかたち》の誓盟を以って臨み、それによって、諸人の真偽が明らかになり、姓氏の尊卑が初めて確定したのである。これは、礼の大きな端緒となった。その後、天武天皇の十三年八色《やくさ》の姓《かばね》を定め、近臣五十二氏に朝臣《あそん》、五十氏に宿禰《すくね》の姓を下賜される等、万民を含めてそれぞれの姓を改めたのである。

嵯峨天皇の御代になると、万多親王《まんだのしんのう》（桓武天皇第五皇子）が右大臣藤原園人《そのんど》等に※14『姓氏録《しょうじろく》』を勅撰させたまうことになった。醍醐天皇の延喜年間に正親司《おおきみづかさ》に命じて皇親の籍を勘案して服を賜い姓を改める事務を担当させた。これらのことは、姓氏支族が繁多になり且つ連綿として続く状態となっていたので、実態を糺明《きゅうめい》し礼儀の分定を明らかにすることを教えたのであった。そうしないと民情厚からず、姓氏の詐偽が日々行われてしまうからであった。

※14…姓氏録…『新撰姓氏録《しんせんしょうじろく》』のこと。八一五年、京畿の氏族千百八十二氏を家柄出自によって神別・皇別・諸蕃に類別し、各々系譜を記した。

推古帝の十二年夏四月丙寅朔《ひのえとらついたち》、戊辰《つちのえたつのひ》（三日）、皇太子親ら肇《はじ》めて憲法《うつくしきのり》十七條を作りたまふ。その四に曰はく、群卿百寮《まちきみたちつかさ〱》禮を以て本と爲《せ》よ。それ民を治むるの本は要《かなら》ず禮に在り。上禮せざれば下齊《ととのほ》らず、下禮なければ以て必ず罪あり。ここを以て君臣禮ありて位次亂れず、百姓禮ありて國家自《オ》ら治まると。

（『日本書紀』巻二十二より）

謹みて按ずるに、禮の大なる、ここに至りて始めてこれを憲章に著はる《（し）》、以て天下の人民をしてこれを知りこれに由らしむ。夫れ禮は天地の大經にして、往古の　神聖以て　中國を定め、天神は非禮を以て石窟に入りたまふ。その繫《かか》るところ太《はなは》だ重く、その由りて行ふところ禮を以てせざれば手足を措《お》くところなし。既に天下國家あればその禮あり、禮に由らざれば所謂治平なし。是れ民を治むる所以の本は要《かなら》ず禮に在ればなり。人君示すに禮を以てせざれば民の俗易《やす》からず、下を糺すに禮を以てせざれば民心服《しんぷく》せず、禮讓行はれて后に教化の極始めて著はるべし。蓋し人の人たる、本朝の　中華たるは、この禮に由りてなり。夷狄も亦人にしてその國亦治まり、禽獸も亦物にしてその群亦類あり。然してその夷狄たり、その禽獸たる所以は、禮に由りて行はざればなり。人として禮なきときは禽獸に異ならず、中華にして禮なきときは夷狄に異ならず。故に　神聖は教を初に建て、天神は無狀を懲し戒めて、以てその禮を正したまふ。皇太子聰明美質にして、始めて冠位を定め、親ら憲法を選びたまひ、禮を以て治國の本と爲したまふ。その教著明なりと謂ひつべし。この後連綿して、天下衆庶の禮、制度の法大いに定まり、終に律令格式世に行はれ、天下萬世皆禮の大本たることを知る。皇太子の功、大なる哉。以上、惣べて禮儀の用を論ず。

〔大意〕

謹んで考えてみるに、この時代になって始めて、礼の重大なことが、憲章の形で著わされ、これによって天下の人民に礼の重大なことが周知され、礼に依拠させることになったのである。

そもそも礼は、天地の大経、つまり人が常にふむべき大道であって、往古の神聖が、これによって中国たるこの国を平定し、非礼を以て天石窟《あめのいわや》に入りたまうたのであった。礼のかかわる役割は極めて重大であり、天下の政治が礼に基づいて為されなければ、人民は、どう対処してよいか判らないのである。そこで、天下国家があれば、必ず礼があり、礼に依拠しなければ、いわゆる治国平天下はありえないのである。これは、人民統治方法の要諦が、必ず礼に在るからにほかならない。

人君が礼を教示しなければ、人民の在り方は安定せず、礼を以て教え正さなければ、人民は心服しない。そこで礼譲、つまり礼とその結果の謙譲が実行されて後に、教化の最大の効果が実現をみるのである。

思うに、人の人たる、わが国の中華たるゆえんは、この礼が存するからにほかならない。夷狄《いてき》といっても人に変わりなく、その国もそれなりに治まり、禽獣《きんじゅう》といっても動物に変わりなく、その群れもそれなりに類別に生きている。それでも、夷狄が夷狄であり、禽獣が禽獣である理由は、礼に由っていないからである。だから人であっても礼が無ければ、禽獣に異ならず、中華であっても礼が無ければ、夷狄に異ならないのである。この故に神聖は当初から教化を確立し、天神は無状、つまり非礼を懲戒することによって、礼を正したまうたのであった。聖徳太子は、聡明で優秀な性質であったので、始めて冠位十二階を制定し、自ら憲法十七条を選定し、礼を以て治国の本となしたまうたのである。その教化は、文字通り、著明であるということができる。その後永く、天下の礼・法の制度があまねく定まって、その結果、律令格式も施行され、天下万世、みな礼が大本にほかならないことを知ったのである。皇太子の功績の何と偉大なことであろうか。

神武帝の辛酉年《かのととりのとし》春正月庚辰《かのえたつ》朔《ついたちのひ》、天皇橿原《かしはらの》宮に即帝位《あまつひつぎしろしめ》す。是歳《ことし》を天皇の元年《はじめのとし》と爲す。

（『日本書紀』巻三より）

謹みて按ずるに、即位は人君の大禮なり。天は人君の宗とするところにして、人君は庶人の天とするところなり。天、上に高くして文明四海を照らし、人君大寶《たかみくら》に位して明徳天下に周《あまね》し。故に即位の禮を行ひて以て天下萬機の道を始む。帝東征の功大いに成り　中國を定めて以て即位の禮を始む。是歳を以て元年と爲す。　王正月を以て時を授け、天地の氣候を一にして、人君の大禮を著《あらは》したまふ。これより歴代因循してこの儀あり、大臣北面して以て神器を捧げ、天子南面して以て萬國に　詔し、上下尊卑の禮を正し、道徳聖明の政を布く。その繫るところ太《はなは》だ重い哉。蓋しこの時未だ外朝の三統を知らずして、而も人統自ら立ち四時以て宜《よろ》し。是れ乃ち　神聖の靈妙なり。爾來正朔終に失せず、時を授くること相正しくして、天下その俗を一にす。中華の渾厚、大なる哉。以上、即位の禮を論ず。

〔大意〕

謹んで考えてみるに、即位は、人君の大礼である。天は人君の大本として尊ぶところであり、人君は人民の天と仰ぐところである。天は上に高くして文明が世界を照らし、人君が皇位に即かれて、明徳が天下に周知される。その故に、即位の礼を行って、天下のすべての物事の在り方が始動するのである。

神武天皇は東征が成功して国を平定したので即位の礼を創始され、この歳を天皇の元年と定めたまうたのであった。以来、歴代の天皇が継承して即位の儀式が続いて行われ、大臣が北面して神器を捧げ、天子は南面して、万国に対して即位の詔を発し、上下尊卑の秩序たる礼を正して、道徳に基づく聖明の政治を布告する。そのような即位の礼の影響は極めて重大といわねばならない。

おそらくこの時には未だ外朝支那の暦法が知られていなかったのに、統治者自身の即位の大礼など時季が適切であった。とりもなおさず、神聖の不可思議な力というほかになかろう。それ以来、天子の暦法は、常に時を正しく授けて違うことなく、天下の人民の在り方が統一されてきたのであった。わが国の文化的伝統の何と深く厚いことであろうか。

神武帝の庚申年《かのえさるのとし》秋八月癸丑朔《みづのとうしついたち》、戊辰《つちのえたつのひ》、天皇正妃《むかひめ》を當立《えらみた》てたまうて、改めて廣く華冑《よきやから》を求めたまふ。九月壬午朔《みづのえうまついたち》、己巳《つちのとみのひ》(廿四日)、媛蹈鞴五十鈴媛命《ひめたたらいすずひめのみこと》を納《めしい》れて以て正妃《むかひめ》と爲したまふ。辛酉春《かのととりのとしはる》正月庚辰朔、天皇卽位《あまつひつぎしろしめ》して正妃を尊びて皇后《きさき》と爲す。

（『日本書紀』巻三より）

謹みて按ずるに、是れ后妃選立の始なり。蓋し聖人聖匹を得るときは聖子あり、聖子聖孫相續ぐときは百代猶ほ一日のごとし。是れ人君天下を愛する所以の至りなり。凡そ　帝王の匹は風化の本にして禮儀の大なるものなり。撰立その道を以てせざれば、唯だ欲を縦にし情に從つて、その始を克《よ》くすと雖もその終を保つべからず。

帝の正妃を立つるに當りて、廣く議して族姓を正し、女徳を詳にし、即位に及びては乃ち皇后と爲す。その隆禮以て男女の別を序《つい》で、媵妾《ようせう》の品を辨じ、戒を萬世に垂れたまふ。然れども猶ほ後世未だ嘗て淫亂にして徳を黷《けが》し、嫡妾相妄り廢奪相行はるるの失《あやまち》なくんばあらず。夫れ男女ありて而して后に父子あり。然らば乃ち國家の大事福祚の繫《かか》るところ、妃匹の際に在り。その禮豈苟もすべけんや。

〔大意〕

謹んで考えてみるに、これは、皇后選立の始めであった。思うに聖人がふさわしい配偶者を得れば聖子が誕生する。そして子孫が相続けば、百代の後も、なお同日のごとく、皇統は安穏で政治は安定する。これこそ人君が天下を愛する最大の証しといえよう。だいたい、帝王の配偶者の在り方は、国の風俗、つまり人民の在り方を教化する本となるもので、いわば礼儀の中の最も重視さるべきところである。その選立が適切でないと、ただ欲を縦《ほしいまま》にし情に従うままになってしまって、始めが良くとも終わりを完うすることはできない。天皇が皇后を選立するに当たっては、広く議論を求めて、姓氏、出自を確認し、女人としての徳を詳《つまび》らかに調査した上で、即位する時に皇后とするのである。そうすれば、その礼儀が、人民に影響して男女の秩序を正し、妃妾を弁別するなど、教戒を万世に垂れたまうたことになるのである。それでもなお、後世、男女の秩序を乱し道徳をそこなう例や嫡妾《てきしょう》、つまり正妻と側室との区別が乱れ、互いに廃奪し合う失態が跡を断たなかったのである。だいたい男女の秩序があって始めて親子の間柄が成り立つものである。とすれば、皇后の選立は国家盛衰にかかわる大事といえるであろう。その儀礼は、どうして軽視することなどできようか。

繼體帝の元年三月庚申《やよひかのえさる》朔《ついたち》に、詔して曰はく、神祇に主《ぬし》乏しかるべからず、宇宙《あめのした》には君なかるべからず。天より黎庶《おほんたから》を生じて、樹《た》つるに元首を以てして助け養ふことを司らしめて、性命《みいのち》を全うせしむ。大連《おおむらじ》、朕《あ》が息《こ》なきことを憂ひ、誠 欵《まことのこころ》を披《ひら》きて國家を以て世世 忠《まめたる》を盡す、豈唯だ朕が日のみならんや。宜し

く禮儀《ことわりよそひ》を備へて手白香《ノ》皇女を迎へ奉れ。皇后と爲し内に修教《まつりごと》せしむ。

(『日本書紀』巻十七より)

謹みて按ずるに、是れ皇后を立て禮儀を備へ教を内に修むるの詳《つまびらか》なるなり。蓋し人君恆に九重の深きに居て萬乘の富を御す。近臣媚《こび》を進め佞臣惡を逆《むか》ふ。少しく怠りて情を縱《はな》つときは鴆毒《ちんどく》その衷に根ざさざることなし。故に外に諫議を設け史官を置きその言行を正すも、猶ほ未だ嘗てその闕遺なくんばあらず。妃匹の親、皇后の睦、内助の益を興し、規警の戒に頼りて以てこれを拾補す。是れ良匹賢配これを尙ぶ所以なり。この後立后の禮世世相續ぎ以て皇統の連綿に至る。凡そ女德の撰その道を以てせざれば、淫婦妖女必ずその心を蠱《こ》す。族姓の戒《いましめ》嚴ならざれば外戚權を專にし、威を竊んで必ず天下の害を構ふ。立后の禮正しからざるときは、男女の別明かならずして內修の戒行はれず、皇妃の道これを規《ただ》すにその禮を以てせざるときは、宮闈《きうゐ》朝に臨み垂簾政に預り、嗣主をして虚位を擁せしむるに至る。故に禮は夫婦に本づく。治亂これに因り、興亡これに繫《かか》る。往古の令典舊紀の載するところ監《かんが》みざるべけんや。以上、立后の禮を論ず。

〔大意〕

謹んで考えてみるに、これは、皇后を立てて礼儀を整え、後宮に教化を行き渡らせようとする行き届いた配慮である。思うに人君は宮殿の奥深く在《まし》まして、財政を統御している。もし側近の臣下が佞媚《ねいび》して悪を受け入れるよう仕向けた際、少しでも、自戒を怠って欲情を縦《ほしいまま》にするときは、その害毒は深く抜き難いものとなってしまう。その故に人君を諫議《かんぎ》する官職やその言行を在りのままに記録する史官を置いて、人君が過ちを犯すようなことのないようにしているのである。それでもなお、隙間《すきま》が生じなかったことはなかったのである。人君の親しく睦《むつ》む皇后や妃の内助の功を得て、更に人君を規警する戒めを以て補充する必要があるのである。人君が良い配偶者、賢い后妃を選立することの重要な理由は、まさにここにあるといえよう。

この後、立后の礼は、歴代、相続《あいつ》いで、それによって、皇統は連綿として永く継承され今日に至っているのである。そもそも女性としての人徳の選立が適切になされなかった場合には、淫婦妖女など女徳に欠ける女性が、人君の心を蠱惑《こわく》、つまり惑わし蕩《とろ》けさせてしまう。一方また、族姓の戒めが厳正でない場合には、外戚、つまり后妃の実家の姓氏の者が、人君の権力を専《もっぱ》らにしてしまい、人君の権威を盗んで、つまり横取りしてしまって、天下国家に危害を招来する。立后の礼が適正に行われないときは、国家社会の秩序の根源である男女の別が明らかでなくなり、後宮の秩序を保つ戒めが行われなくなってしまう。皇妃の道、つまり在り方が礼に基づいて規制されないときには、人君の寵愛を得た後宮の者が、朝廷の公の政治に当たり女性が政権を振るうことになってしまって、嗣君《しくん》は名前だけの傀儡《かいらい》、つまり操《あやつ》り人形のような存在になってしまうのである。然ればこそ、昔から「礼は夫婦に本づく」と言われて来たのである。国家の治乱・興亡にかかわる重大事といえよう。往古の令典旧紀、つまり古典や歴史書に在る記述を鑑として戒めていかないではすまないのである。

神武帝の四十有二年春正月壬子《みづのえね》朔《ついたち》、甲寅《きのえとらのひ》(三日)、皇子神渟名川耳尊《かんぬなかはみみのみこと》を立てて皇太子《ひつぎのみこ》と爲したまふ。

(『日本書紀』巻三より)

謹みて按ずるに、是れ皇太子を立つるの始なり。蓋し太子を建つるは、國の本を定め宗廟社稷を重んずる所以なり。凡そ子を立つること必ず長を以てするは　是れ禮の恆なり。然れども時に治亂と屯蒙《ちゅんもう》と承久とあり、地に新故と大小とあり、人に賢知と愚不肖とあり。故に愼思明辨して以てその道を致すことは、人君の德に在り。帝始めて　中州を定め　皇極を建つ。その間未だ嘗て强悍不律の賊なくんばあらず、信《まこと》にこれ屯難の時、その建立愼まざるべけんや。太子は　帝の第三子にして風姿岐嶷《きぎょく》、少《わか》くして雄拔の氣あり。子を見ること父に如《し》くべからず、竟に立てて以て皇太子と爲す。建立の禮一たび行はれて、天下の大本定まる。これより連綿として以て建儲の儀成る。於乎《ああ》、懿《おほい》なる哉。

〔大意〕

謹んで考えてみるに、これは、皇太子を立てた始めである。思うに、皇太子を立てることは、国の本を定め、宗廟社稷《しゃしょく》つまり先祖と国土の神を重んずるゆえんにほかならない。だいたい立太子の礼は、長男を立てるのが通例といえる。けれども、時に治乱や屯蒙《ちゅんもう》（草創期）や承久（定定期）などの場合があり、地に新故や大小などの場合があり、人に賢知や愚不肖などの場合があってさまざまである。そこで人君の徳として、慎思明弁してその道を究めることが求められるのである。

神武天皇が、国を平定し即位した時代には、強く荒々しい不服従《まつろはぬ》の賊徒もいて、大変な草創の困難期に当たっていたので、立太子は慎重に取り組まざるを得なかったのである。太子は、天皇の第三子であり、その風姿は高く秀で、若くして雄大抜群であった。子を見ることは父にはかなわない。その見立てによって結局、皇太子としたのである。

皇太子建立の礼が取り行われて、天下国家の大本が確定したのであった。これ以後永く継承されて建儲《けんちょ》つまり立太子の儀礼が成立した。何と偉大なことであろうか。

崇神帝の四十八年春正月己卯《つちのとう》朔《ついたち》、戊子《つちのえねのひ》（十日）、天皇豊城命《とよきのみこと》・活目尊《いくめのみこと》に勅して曰はく、汝等二子《いましらふたりのみこ》、慈愛《うつくしび》共に齊《ひと》し、曷《いづ》れを嗣と爲すと知らず。各〻宜しく夢みるべし、朕《あれ》夢を以て占《うら》へんと。二《ふたり》の皇子《みこ》ここに命《おほんこと》を被《うけたまは》り淨沐《ゆかはあみ》して祈《の》みて寐《いね》たり。各〻夢を得つ。會明《あけぼの》に、兄豊城命夢の辭を以て天皇に奏して曰さく、自《ミ》ら御諸《ノ》山に登りて東に向《む》きて八廻《やたび》弄槍《ほこゆげ》し、八廻撃刀《たちかき》すと。弟活目尊夢の辭を以て奏して言さく、自ら御諸山の嶺に登りて繩を絚《は》へて四方に粟を食《は》む雀を逐《か》ると。則ち天皇相夢《いめあはせ》して二子に謂《かた》りて曰《のたま》はく、兄は則ち一片《ひとかた》に東《あづま》に向《ゆ》きて當《まさ》に東《ノ》國を治《しら》ん、弟はこれ悉《あまね》く四方に臨みて宜しく朕が位を繼げと。四月戊申朔《つちのえさるついたち》、丙寅《ひのえとらのひ》、活目尊を立てて皇太子と爲し、豐城命を以て 東《あづまのくに》を治《しら》さしむ。これ上毛野《かみつけぬの》君《きみ》・下毛野君《しもつけぬのきみ》の始祖《とほつおや》なり。

（『日本書紀』巻五より）

謹みて按ずるに、建儲《けんちょ》の禮は天下の大本なり。今その夢みるところを以てその計を定めたまふ。後世未だ疑擬《ぎぎ》なくんばあらず。この時古を去ること未だ遠からず、人心朴素にして誠信感通す。故にこの議あり。二王子も亦これを背《うけが》うて、終に永く　帝の詔を承けて貳《うたが》はず。是れ　帝の聖徳なり、王子の渾厚なり。後世の似效《じかう》すべきところにあらず。蓋し　帝位は大寶なり、人誰か欲せざらん、況や皇子をや。故に建立の禮は蚤《と》く定《さだ》むることを貴ぶ。蚤《と》く定まらざるときは嫡庶の分定まらず、或は智を以てこれを求め、功を立ててこれを欲し、力を以てこれを争ふ。古今宗室の天秩を亂ること、これに由らずといふことなし。その禮蚤く定まれば衆望絶えて天下の勢定まり、宗室の分極《きはま》りて　王家以て固し。人君豈忽にすべけんや。

〔大意〕

謹んで考えてみるに、建儲《けんちょ》つまり皇太子を定める儀礼は、天下の大本といえる。今、夢判断でその計を定めたまうたが、後世、疑義が生ずるにちがいない。しかし古い時代だったので人心が朴素で、誠意や信頼を感じ合い通じ合うことができたので、このような議論がなされたのである。二王子も、これを肯定し、天皇の詔を疑うことはなかった。これこそ天皇の聖徳にほかならず、同時に二王子の偉大さも示している。後世の模倣できることではない。そもそも、皇位は大宝であり、人の尊ぶところである。ましてや皇太子は勿論である。その故に、立太子の礼は、早く定めることが肝要である。早く定まらないと後継者が明らかとならず、或いは智を以て、或いは功を立て、或いは力を以て求め争い合うことになってしまう。古今、皇位継承問題が起きるのは、皆これに因《よ》らないことはなかった。この建儲の礼が早く定まれば、世継ぎの可能性もなくなるので、天下の大勢は定まり、皇室の秩序が確立することになる。人君のゆるがせにできることではないのである。

應神帝の十五年秋八月壬戌朔《みづのえいぬついたち》、丁卯《ひのとうのひ》、百濟《くだら》王阿直伎《あとき》を遣はし良馬を貢《たてまつ》る。阿直岐能く經典《ふみ》を讀めり。即ち太子菟道稚郎子《うぢのわかいらつこ》これを師とす。ここに於て天皇阿直岐に問ひて曰《のたま》はく、如《も》し汝に勝《まさ》れる博士も亦ありやと。對へて曰さく、王《わ》仁《に》といふ者あり、これ秀れたりと。時に上毛野君《かみつけぬのきみ》の祖荒田別《あらたわけ》・巫別《かんなぎわけ》を百濟に遣はして、仍りて王仁を徴《め》さしむ。十六年春二月、王仁來《まう》けり。則ち太子菟道稚郎子これを師として諸〻《もろもろ》の典籍《ふみ》を王仁に習ひたまふ、通達《とほりさと》らずといふことなし。

（『日本書紀』巻十より）

謹みて按ずるに、是れ太子諭教の禮なり。この時稚郎子未だ皇太子の命あらず。然れども帝既に建儲の計衷《うち》に定まる、故にこの諭教あり。蓋し諭教の禮豫め定まるときは、その正明に薫陶し氣質を變化すること、その師《し》・傅保《ふほ》に由らざれば以てその實を得べからず。太子聰明天資謙譲にして又雄武の俊才あり、能く中國の事物に熟し、兼ねて外朝の經籍に通じ、その啓迪《けいてき》開悟習貫、自然の如し。賈誼の保傳篇に、孔子曰はく、少成は天性のごとく、習貫は自然の如し。慣と同じ　故に表狀の無禮を以て高麗の使を責め、大寶を　仁徳帝に讓りて、昆《このかみ》は上《うへ》にして季《おとうと》は下《した》、聖は君にして愚は臣たるの常典を存す。その豪英や、その脫落や、皆教諭の得《とく》に繫れり。萬世これに法《のつと》りて以て師を立て傳保を置き、太子家令の官を爲《つく》る。愼まざるべけんや。

竊に按ずるに、教諭の道多く外朝の書籍を以て事と爲す、是れ後世の訛《あやまり》なり。中國は、古今天下の興廢治亂、事物の制度、人民の禮儀、載せて文獻に在り。然らば乃ち日用言行修改の暇に、詳にその道を致《きは》めその古を鑒みて后に外朝の經傳に及び以てその知識を廣め、その事迹を證し、斟酌用捨して有道に就きて以て正さば、教諭の實を得と謂ふべし。以上、建儲の禮を論ず。

愚竊に按ずるに、父母あるときは必ず子あり、子以て嗣ぎ孫以て承く、連綿として引いて萬世に及ぶものは、人倫の大綱なり。子に嫡あり、長あり、賢愚あり。嫡を貴ぶことは、宗族姓氏の由りて明かなるところ、后妃適媵《ちやくよう》の配するところを正しうするなり。長を用ふることは、天倫の序に順つて長幼の道を正しうするなり。賢を用ふることは、その器以てこれに任ずるに堪ふればなり。故に嫡庶を以てするときは、嫡に在り。長幼を以てするときは、長に在り。その德その智以て覆ふべきときは、賢を用ふ。是れ子を立つるの常禮なり。國家の世子はその任ずるところ既に重く、その率ゐるところ既に衆《おほ》し。況や天下の太子をや。然らば乃ち建立の禮苟《いやしく》もすべからず。是れ往古の　神聖或は生し或は及び、公羊傳に、魯は一たび生し一たび及ぶ。注に曰はく、父死して子繼ぐを生と曰ひ、兄死して弟繼ぐを及と曰ふと。或は長を措き或は智を撰び、必ずしも常禮を專らとせざる所以なり。夫れ皇太子は天下の重職を受け億兆の君師となり、安危治亂一にこれに歸す。その高明や、その寛悠や、その博厚や、共に畜へて而して后に三器の任に堪ふべし。抑〻その人を撰ばんと欲するときは蚤《と》く建つるの定めなし。その計を蚤くせんと欲するときは君父も亦その終を知るべからず。故に蚤く嫡長の序を立て國の本を定め、而して諭教相持し扶翼以て正す。建儲の大禮と謂ひつべし。凡そ上智と下愚とは移すべからず、而もまた得《え》易《やす》からず。多くは唯だ中人のみ。中人の才は必ず慣習薫陶するところに由りてその氣質を變ず。建儲して諭教を盡さざるときは、これを宴安に錯《お》き、これを深窓に册《かしづ》いて、その志を蕩《ほしいまま》にし、その質を愚にする所以にして、君德を成すの道にあらず。豈これ子を子とするの謂《いひ》ならんや。未だ此の如くして治平の實を知る者はあらず。これを教へこれを諭すことは孩提《がいてい》有識の時に在り。ここに於て左右を選び師傅を置き、言行日《ひび》にこれと化し、風俗月《つきぐ》にこれと移りて、その入るところ既に深く、その習ふところ既に積むときは、その知その德大いに成りて、我れその然る所以を知らず。是れ諭教の實なり。人皆天質の賢愚を用ふるを知りて、諭教の氣質を變ずることを知らず。故に開悟啓迪の戒を致さず。その惡の以て懲すべきことを知りて、幼孩漸洽《ぜんかふ》の訓《をしへ》を知らず。而るにその惡を見て始めて教戒切諫す。譬へば木の初めて生じ、鳥の卵を出づるが如く、その養習全くこの間に在り。既に把《は》すべく既に翔《かけ》るべきときは、矯習竟に功なし。況や人の知《ものし》ることありて而も惡習に薰涵する、何ぞ諭教を容《い》れ受くるの地あらんや。然らば乃ち建立諭教各〻その道を致《きは》めざるときは、名ありて實なく、終に父子天倫を失ひ、天下危亡に陷るに至る。その幾《きざし》唯その初に在るのみ。

〔大意〕

謹んで考えてみるに、これは太子教育の礼（制度）である。この段階では、稚郎《わかいらつ》子《こ》は未だ皇太子に任命されていなかった。しかしながら、應神天皇は、皇太子に立てる心づもりが内心定まっていたのである。それだからこの太子教育が行われたのである。おそらく太子教育の礼が予め決定されている場合には、その教育が正しく明らかに太子を薫陶して生来の気質を一層改善しうるためには、その師・傅保《ほふ》、つまり師や保育の守役に人を得なければ効果をあげることはできない。太子は聡明で生まれつき謙譲の美徳に恵まれ更に雄武の俊才も有り、能くわが国の事物に習熟していたが、これに兼ね合わせて外朝支那の経書（古典と歴史）にも通暁して道理に通達し悟りを開くことをすっかり身に付けてしまって、まるで自然の習慣のようであった。この故に稚郎子は高麗の朝貢の使節の上表文の無礼な表現、つまり「高麗の王《きみ》、日本国に教ふ」を責めて、その上表を破り棄てたり、皇太子でありながら、皇位を仁徳天皇に譲って言うには、昆《このかみ》つまり兄は上にして季《おとうと》は下、聖は君にして愚は臣であるという常典という永遠の模範を示したのである。その豪英つまり傑出して秀でていることも、その脱落つまり無我の覚悟も、皆、太子教育で獲得した所だったのだ。後世永くこれを模範として、太子教育のための師・傅保を置いて、太子家令の官も設けることになったのである。この伝統に慎まないわけにはいかないのではなかろうか。

ひそかに考えてみると、太子の教育の手立てとして、外朝支那の書籍を用いる場合が多かった。これは後世の過りであったといえよう。中国たるわが国では、古今天下の興廃治乱、事物の制度、人民の礼儀など文献に掲載されている。とすれば、日頃、己《おのれ》の言行を省察改修する折に、そのわが国伝来のやり方を究め尽くした後で、外朝の聖経賢伝にも手を伸ばし、その知識を広め、わが国の歴史を解釈し、比較較量、取捨選択して更に有徳の師について正していけば、教諭の実効を得ることができるといえよう。

私がひそかに考えてみるに、父母あれば子が生まれ、その子が父母を嗣ぎ、更に孫がこれを継承して永く引きついで万世にまで及ぶというのが、人倫（人間倫理）の根本である。子には、嫡《ちゃく》つまり正妻の生んだ跡取、長男、賢愚の別などがある。嫡子を尊重することは、宗族姓氏つまり本家分家、血筋家柄を証明するもの、后妃《こうひ》嫡媵《ちゃくよう》つまり正妻と側室との関係を適正にするということである。年長を挙用することは、天皇の順序に従って長幼の序を適正にするということである。賢なる者を優先することは、その器量によって十分に任に堪えられるからである。だから、嫡子と庶子があるときは、嫡子を優先し、年長者と幼年者とあるときは、年長者を優先する。これこそ子の中から後継者を立てる場合の不変のやり方にほかならない。とくに国家の世継ぎ太子の任務は、初めから重く、指導せねばならぬ領域も広範にわたっている。ましてや天下の太子は、尚更である。とすれば、立太子の礼は、ゆるがせにすることは出来ないのである。これこそ、往古の神聖が、父子・兄弟の相続に当たっては、時には年長者を措置し時には賢智を選ぶなど、必ずしも常礼つまり不変のやり方にとらわれず臨機応変に対処した理由にほかならない。そもそも皇太子は、天下の重職を継承し、数多の人民の君主師範となり、天下国家の安危治乱のかかわる職責を担うのである。その高明な才智や寛悠な人柄や博厚な徳望など、皇太子に備わっていて始めて、三器つまり三種の神器を継承して皇位に就く重任に堪えるといえよう。

そもそも皇太子の人選を早くせねばならないとの定めがあるわけではない。それを早期にしようと企てる場合も、君主や父母の行く末も定かではないものである。その故に早期に嫡長の序つまり長子を嫡子とする秩序を確立して国の本を定め、更に教育をほどこすと共に扶助して匡正して始めて建儲《けんちょ》の大礼つまり皇太子を建立する大礼と言うことができるであろう。思うに『論語』にあるように上智と下愚の生まれつきは、学習によっても変えることはできないものであり、しかもさほど多くはいないものである。最も多いのは、その中間の人である。その中間にいる普通の人は、慣習薫陶つまり生活習慣を通じてじっくり教育していくことで、気質を改変していくことができるものである。皇太子に立てても、教育を尽くさないと、安逸な生活のまま、宮殿の奥で大事にされ、わがままになってしまって、その気質を愚昧《ぐまい》とすることになり、君主の才徳を養成する道ではない。どうしてこれを子として尊重するといえるであろうか。このような教育で治国平天下の本質を知り得た者は、未だかつていたことはない。

教育の要諦は、幼少、物心ついた時から始めることであり、その際、側近に仕える者を選び、佳き師良き保育者を付けて、言行を日々教化し、生活習慣も月々に改善することに努めて、深く薫陶し長く習慣づけていけば、その智徳共に大成して、しかもなぜそうなったのかも気が付かない。これこそ教育の営みの本当の成果ということができる。

一般に人は、賢愚の生まれつきを活用することは知っているが、その後の教育が生まれつきの気質を改変する力があることを知らない。その故に教育によって悟りを開き、導いていくという教戒に努力せず、悪い気質を懲戒することは知っているが、幼少からじっくりと教訓する大切さを知らない。それなのに後になって悪い点を見つけて初めて強く教え戒め小言をいう。

これを譬《たと》えていえば、木の生え始め鳥のふ化したばかりの頃、良い習慣を養うにはこの幼少の時こそ肝要なのであって、少し成長して物を握ったり速く走れるようになってからでは、本当の教育矯正《きょうせい》は、もう遅いのである。ましてや智慧も付き悪習に染まってからでは、教えや諭しを受け入れることは難しい。とすれば、皇太子の建立と教育とのそれぞれの道を究め尽くさないと、有名無実の結果に終わり、ひいては天与の父子の倫理を失い、天下の危急存亡に陥る結果に終わってしまう。その兆候《ちょうこう》はそもそもの当初にこそあるといわねばならない。

雄略帝の二十三年秋八月庚午朔《かのえうまついたち》、丙子《ひのえねのひ》（七日）、天皇疾《みやまひ》彌〻甚《おも》し。百寮と辭訣《わか》れたまひて、手を握りて歔欷《なげ》きたまふ。大殿《みあらか》に崩《かく》れましぬ。大伴室屋大連《おほとものむろやのおほむらじ》と東漢掬直《やまとのあやのつかのあたひ》とに遺詔《のちのみことのり》して曰はく、方今區宇一家《みさかりにいまあめのしたひとついへ》のごとく、烟火萬里《けむりとほし》、百姓艾《をさま》り安くして四夷賓服《よものひなかなひまつしたがふ》る。これ又天意《あまつみこころ》區夏《くにのうち》を寧《やすらか》にせんと欲《おほ》せり。所以《このゆゑ》に心を小《せ》め己れを勵まして、日一日《ひに〳〵ひとひ》を愼むこと、蓋し百姓の爲の故なり。臣《やつこら》・連《むらじ》・伴造《とものみやつこ》毎日《ひに〳〵》朝參《みかどまゐ》りす、國司《くにのみこともち》・郡司《こほりのみやつこ》時に隨つて朝集《まうでうこなは》れり。何ぞ心府《こころのきも》を罄竭《つく》して、誡勅《いましめ》たまふこと慇懃《ねんごろ》ならざらんや。義《ことわり》においては君臣《きみやつこ》なり、情《こころ》は父子《かぞこ》を兼ぬ。庶《ねがは》くは臣連が智力《さとりちから》内外の歡心に藉《よ》りて、普天之下《あめのした》をして永く保ち安樂《やすらか》にせしめんと欲《おも》ふ。謂《おも》はざるに遘疾彌留《やまひしあつしれ》て大漸《とこつくに》に至ること、これ乃ち人生《ひとのよ》の常の分《ことわり》、何ぞ言及《いふ》に足らん。但《た》だ朝野《みやこひな》の衣冠《かざり》未だ鮮《あざやか》に麗《うるは》しきことを得ず、教化《をしへおもぶくること》・政刑《まつりごと》猶ほ未だ善きことを盡さず、言を興《あ》げてこれを念《おも》ふに、唯だ以て恨を留む。今年《いま》若干《そこら》に踰《こ》えぬ、復た夭《いのちみじかし》と稱《い》はず、筋力《かたち》・精神《たましひ》一時《もろとも》に勞竭《いたつき》ぬ。此の如きの事本《もと》より爲にするにあらず、止《た》だ百姓を安養《やすく》せんことを欲《おも》ふ。これを致す所以は、生子孫《うみのこ》誰か念《おもふこころ》を屬《つ》けざらん。既に天下の爲には事須《すべか》らく情《こころ》を割《つく》すべし。今星川王《ほしかはのわう》心に悖惡《さかしま》を懷いて、行ひ友于《このかみおとと》を闕《か》けり。古人言へることあり、臣《やつこ》を知ることは君に若《し》くはなし、子を知ることは父《かぞ》に若くはなしと。縱使《たとへもし》星川志を得て共に家國を治めば、必ず當に戮辱《はぢ》臣連に遍《あまね》く、酷毒《からきこと》民庶《おほんたから》に流《ほどこ》りなん。それ惡《あ》しき子孫《うみのこ》は已に百姓の爲に憚《はばか》らる、好き子孫は堪《あくま》で大業を負荷《たも》つに足れり。これ朕《あれ》が家事と雖も理《ことわり》において隱すべからず。大連等民部《かきべ》廣大にして國に充盈《み》つ。皇太子、地《しな》、上嗣《まうけのきみ》に居《あた》れり、仁孝《ひとをめぐみおやにしたがふみち》著はれ聞えたり。以《おも》ふに、その行業《しわざ》朕が志を成すに堪へたり。ここを以て共に天《ノ》下を治めば、朕《あれ》瞑目《みめをふさぐ》とも何ぞ復た恨むるところあらん。

（『日本書紀』巻十四より）

謹みて按ずるに、是れ顧命の禮なり。凡そ人君正殿に崩ずるは禮の正しきなり。況や切切たる顧命、専ら天下を以て任と爲し、百姓を以て心と爲し、死生を以て常と爲し、功を大臣に歸し、億兆《おほんたから》の爲にその子の惡しきことを發し、以て戒を後嗣に垂れたまふ。その義深い哉。蓋し死生の際は人倫の甚だ重んずるところなり。故に　天神《ツ》訣《わかれ》に臨みたまうて以て拳拳の神勅あり。今　帝絶《た》ゆるに垂《なん》たるの言、遠きを經《をさ》め世を保つの謀ここに及び、以て婦人女子の手に崩じたまはず。この章を讀みて以てここに至るときは、未だ嘗て巻を措《お》きて歎ぜずんばあらず。吁《ああ》　帝の雄略たる所以、宜なる哉。以上、顧命の禮を謂ふ。

〔大意〕

謹んで考えてみるに、これは、顧命《こめい》の礼、つまり臨終に際し天子が遺言《ゆいごん》して後事を託する儀礼にほかならない。そもそも人君が正殿つまり公の政事を行う場所において崩御《ほうぎょ》するのは、正しい礼である。ましてや人の心を動かすほど心のこもった顧命（遺言）の中で、天下の太平を己の役割とし、人民の心を以て己の心とし、死生を以て常とし、治平の功を大臣の力に帰して、人民の為に悪い皇子についても隠さず、後嗣《こうし》に教戒を残したまうたのである。その意義の何と深いことであろうか。

思うに死生の際は、人倫において非常に重視され慎しむべきところである。その故に、天《ツ》神も臨終に当たって、懇《ねんご》ろな神勅を渙発《かんぱつ》した。雄略天皇の臨終に際しての遺言は、広遠な天下を統治し保持する配慮がこれ程に行き渡って公に徹しており、しかも婦人女子の手に崩御したまわなかったのである。つまり、男子たるものが死ぬ際には婦女子から介抱してもらうべきではないという死生の際の謹戒《きんかい》を守りたまうたのである。『日本書紀』のこの章を読んでここ（臨終の際）に及んで、感歎の余り書巻を措《お》かざるをえなかったのである。天皇が雄略と諡《おくりな》（贈り名）された理由は、まことに当然なことであった。

神武帝の七十有六年春三月《やよひ》甲午朔《きのえうまついたち》、甲辰《きのえたつのひ》（十一日）、天皇橿原《ノ》宮に崩《かく》れたまふ、時に皇太子孝性《おやにしたがふひととなり》純深《もつぱら》にして悲慕《しのびこと》已むことなく、特に心を哀葬《みはふり》の事に留めたまへり。その庶兄手研耳命《いろねたきしみみのみこと》、行年《とし》已長《おい》て、久しく朝機《みかどのまつりごと》を歴《へ》たり。故に亦事を

委ねて親《みづか》らなさしむ。然るにその王《きみ》、立操《こころばへ》懷厝《こころおきて》本より仁　義《うつくしびことわり》に乖《そむ》けり。遂に諒闇《みものおもひ》の際を以て盛福自由《いきほひほしいまま》なり。禍心《まがのこころ》を苞藏《かねかく》して二弟《ふたりのいろと》を害《そこな》はんことを圖《はか》る。

（『日本書紀』巻三及び巻四より）

謹みて按ずるに、是れ諒闇の禮なり。夫れ父子は天性なり。終《をはり》に臨むは永き訣《わかれ》なり。天性の親《しん》を以て永訣の期に至る、是れ哀葬の情已むことを得ざる所以なり。已むことを得ざるの誠を以てその情に從ふときは、至らずといふことなし。故に聖人その制を立てその過不及を中にす。是れ禮の由りて行はるる所以なり。この時未だ喪哀の制あらず。然れども　神聖既にその極を建つるときは、この禮も亦類をもて推すべし。故に史官は諒闇を以てこれを書す。手研耳命その貪《むさぼ》れるが爲に父子の親を忘れ、兄弟の友を失して、竟にその身を亡《うしな》ふに至る。不孝不義の至り、父既にこれを措《す》て、天既にこれを顚《くつが》へす。鑒みざるべけんや。この後、孝德帝に至り、葬哀の禮始めて定まり、文武帝に及びて大いに定まりて、天下皆これに因る。蓋し喪服の禮は終を愼むの道にして、子弟のその實を盡すべきところ悉くここに在り。盡すべくしてこれを盡さざる者は、孰れか忍ぶべからざらんや。然して俗正しからず、教詳《つまびらか》ならざるときは、皆苟且《なほざり》を事とし、異教を貴《たつと》び、各〻その意に任せて遂にその中を得ず。故に往古の　神聖建てたまふところの法も亦混淆して以て明かならず。豈歎ぜざらんや。
以上、葬喪の禮を謂ふ。

〔大意〕
謹んで考えてみるに、これは、諒闇《みものおもひ》の礼、つまり、天皇の服喪の礼である。
そもそも父子の間柄は、天与の性に基づいている。臨終は、永遠の訣《わか》れにほかならず、今、天性の親族との永訣《えいけつ》の時が来た。これこそ哀葬の情の已むを得ないゆえんにほかならない。この已むを得ない誠を以て心情に添っていけば、至らないということはあり得ない。その故に聖人は、哀葬の制を立ててその過不及を中に正し、それによって哀葬の礼が行われるように企図したのである。
この時には未だ喪哀の制は存在しなかったけれども、神聖が既に天皇即位の際には、この礼も類推すべしと考えられた。だから『日本書記』の史官は、諒闇《りょうあん》と記述しているのである。この時、手研耳命《たきしみみのみこと》は、諒闇で皇太子の政を代行した際、貪《むさぼ》ったために、父子の親、兄弟の友の礼を忘失してしまった結果、とうとう身を亡ぼすことに至った。この不孝不義の至りのゆえに、亡き父帝にも見捨てられ、天もその企図を覆《くつが》えしたのである。よく鑑《かんが》みるべきではなかろうか。

この後、孝徳天皇に至って葬哀《そうあい》の礼が始めて定まり、文武天皇に及んで大いに定まって、天下皆、これに因ることとなった。

思うに喪服の礼は、終わりを慎しむ道にほかならず、子弟が誠実を尽くすべきところは、悉《ことごと》くここに在る。尽くすべきことを尽くさないでは、誰も、忍び難いことではなかろうか。然るに正しい風俗でなく、教化も至らないときには、皆なおざりに走ったり異教を信じたり、それぞれ、意に任せて、葬哀の礼も中正を欠き、このため往古の神聖の定めたまうた法もまた、混淆《こんこう》つまり入り交じってしまって明らかでなくなってしまう。どうして慨歎せずにいられようか。


神武帝の二年春二月甲辰朔《きのえたつついたち》、乙巳《きのとみのひ》(二日)、天皇功《いさをし》を定め賞《たまもの》を行ひたまふ。道臣《みちおみの》命《みこと》に宅地《いへところ》を賜ひて築坂邑《つきさかのむら》に居《はんべ》らしむ、以て異に寵《めぐ》みたまふ。亦大來目《おほくめ》をして畝傍山の以西《にし》の川邊の地《ところ》に居《はんべ》らしめたまふ。今來目《ノ》邑と號《なづ》く、此れその縁《ことのもと》な

り。珍彦《うつひこ》を以て倭國造《やまとのくにのみやつこ》と爲す。珍彦、ここにはウツヒコと云ふ。また弟猾《をとうけし》に猛田邑《たけたの》を給ふ、因りて猛田縣主《たけたのあがたぬし》と爲す。これ菟田《うだ》の主水部《もふとりら》《もひとり》が遠祖なり。弟磯城名《な》は黑速《くろはやと》を磯城縣主《しきのあがたぬし》と爲し、復た劔根《つるぎね》といふ者を以て葛城《かつらぎ》の國造《くにのみやつこ》と爲す。

（『日本書紀』巻三より）

一書に曰はく、この時天兒屋根命《あめのこやねのみこと》の孫《みま》、天種子命《あまのたねこのみこと》専ら祭祀の事を主《つかさ》どる。是れ乃ち朝政を執るの儀なり。

謹みて按ずるに、是れ功臣を封じ官職を立つるの初なり。

〔大意〕

謹んで考えてみるに、これは、功臣に封地を与え治めさせる封建の制度であり、また官職制度の初めであった。

崇神帝の十年秋九月、四道将軍《よつのみちのいくさのきみ》を命《おほ》す。

（『日本書紀』巻五より）

謹みて按ずるに、是れ武官を立つるの初なり。

〔大意〕

謹んで考えてみるに、これは、武官制度の初めであった。

景行帝の五十一年秋八月己酉朔《つちのととりついたち》、壬子《みづのえね》(四日)、武内宿禰《たけのうちのすくね》に命《みことのり》して棟梁之臣《むねまちきみ》と為したまふ。

(『日本書紀』巻七より)

謹みて按ずるに、是れ大臣を以て棟梁《とうりやう》の臣と為すなり。成務帝の朝に初めて大臣と號《なづ》く。仲哀帝の朝に大連《おほむらじ》の號《な》あり、大臣・大連相並びて天下の政《まつりごと》を知る。

〔大意〕

謹んで考えてみるに、これは、大臣《おおおみ》を以て国政統轄の棟梁の臣としたのである。成務天皇の御代に初めて大臣と呼称し、仲哀天皇の御代には大連《おほむらじ》の呼称も併立して、この大臣・大連が相携えて天下の政治を担当することになるのである。

成務帝の五年秋九月、諸國に令して國郡《くに》に造長《みやつこひとこのかみ》を立て、縣邑《むら》に稲置《いなぎ》を置く。

（『日本書紀』巻七より）

謹みて按ずるに、是れ國郡の守司を立つるの始なり。初より國造《くにのみやつこ》・縣主《あがたぬし》の號《な》あれども未だその職掌を致《きは》めず、ここに及びてその器を撰して以てその官を授けたまふ。

〔大意〕

謹んで考えてみるに、これは国や郡の守や司を制度化する始めであった。当初から国造《くにのみやつこ》・縣主《あがたぬし》の称号はあったけれども、未だその職掌つまり職務内容や担当が整うまでにはいたっていなかったので、成務天皇の御代に至って、各人の器量を選別して、それに相応した官職を授けたまうこととなったのである。

推古帝の十一年十二月戊辰朔《つちのえたつついたち》、壬申《みづのえさるのひ》、始めて冠位十二《かふふりのくらゐとしなあまりふたつ》の階《しな》を行ふ。
孝徳帝の大化五年春正月、始めて八省百官《やつのすぶるつかさもものつかさ》を置く。

（『日本書紀』巻二十二及び巻二十五より）

謹みて按ずるに、是れ百官を立つるの始なり。これより先き群臣百寮諸卿有司の名ありと雖も、未だその職掌を致《きは》めず、ここに至りて八省百官を置き、始めて群臣の職分定まり、天下その禮を知る。　文武帝に及び、律令を撰して、大いに官位職員を定めたまふ。その後損益相續す。而れども萬世これに襲《よ》りて以て準據と爲す。蓋し立官は治平の道にして、その事あるときはその職なくんばあらず、その職あるときはその官なくんばあらず、その官あるときはその位なくんばあらず。是れ物あるときは必ず則《のり》あるなり。既に官を立て位を設くるときは、その道その禮未だ嘗て正しからずんばあらず。

竊に按ずるに、官はこれ百にして、その統ぶるところは文武の二職に在り。文以て禮を守り、武以て違《たが》へるを糾《ただ》す。故に草業には乃ち武臣を以てその功を立て、守成には乃ち文臣を以てその禮を正し、文武根を互にして先後時を以てす。而して一人に輔佐す。是れ乃ち往古の神聖、經津主神《ふつぬしのかみ》・健雷神《たけみかつちのかみ》を遣はして諸〻《もろ〳〵》の不順者《まつろはざるもの》を平らげ、二神に命じて　天孫に侍して、且つ天忍日命を先んずる所以なり。故に　神武帝、道臣命・饒速日命を封賞し、天種子命・天富命をして以て左右たらしむ。歴代因循して以てこの二職を重んず。夫れ土地あるときはその司を立て、人民あるときはその長帥を建つ。物あるときはその司を設け、事あるときはその職を命じて、師を置いて以てその道を教ふ。監を立ててその務を省《かへり》み、以てその禮を糾《ただ》しその事を記し、法を萬世に垂れ治平を天下に期す。是れ乃ち立官の禮なり。官立ち位定まるときは、百寮有司及び四民の制、その禮自《オ》ら正し、官位に因り尊卑に従つて、以て家宅衣服を制し、飲食器用を設け、交際言語の法を定め、冠昏喪祭の禮を正し、三綱を擧げて明徳を明かにす。立官の義、その用大なる哉。否《いな》なれば乃ち官空しく設け位虚しく名ありて、その人にあらずしてその職を貪り、その功なくしてその高きに居る。茲《ここ》に於て百官大いに紊れ職掌日に違ふ、猶ほ桃梗《たうかう》土偶《どぐう》にして金蟬貂《きんせんてう》を附くるがごとし。故に天下の禮上《かみ》に混じて、四民下《しも》に僭紊《せんぶん》す。豈往古の　神聖の心《みこころ》ならんや。以上、立官の禮を謂ふ。

〔大意〕

謹んで考えてみるに、これは、百官つまり官職体制全体の整備の始まりにほかならない。これより以前から、群臣・百寮・諸卿・有司などの名称は存在していたけれども、未だそれぞれの職務内容・分掌は整備されるまでには至らず、推古天皇の御代になって八省百官を設置して初めて群臣の職分が定められて、天下にそれぞれの在るべき姿が周知されたのである。文武天皇の御代になると、律令つまり法令体制も整備され、大いに官位や職員を制定したまうこととなったのである。その後、その律令も改変を加えつつ継承され、万世末永く準拠とされて踏襲されていく。

思うに、官僚制は、治国・平天下の基盤にほかならず、有事にはこれに当たる職が設けられていなくてはならず、その職にはそれぞれの官が無ければならず、その官にはそれぞれの位がなければならない。これは、事物が存在すれば、必ず依拠すべき原理原則が必要となるということにほかならない。そうして官位などの官僚制が設置された場合は、その道その礼、つまり、それぞれの在り方、生き方の基盤が正しくなければならないのである。

私がひそかに考えてみるに、官制は多岐《たき》にわたるが、大づかみに見れば文武の二つの官職にまとめられる。文の方は、礼を守り、武は、違反者を取り締まる。そのため国の草創の時代には武臣の働きに頼り、守成《しゅせい》つまり国の繁栄を継承維持する時代には、文臣が礼を正す役割が大きく、文武それぞれに根本の役割を以て相前後して提携しつつ、国政を補佐していく。このことがとりもなおさず、往古の神聖が、經津主神《ふつぬしのかみ》・健雷神《たけみかつちのかみ》を派遣して、多くの不服従の勢力を平定し、次いで天孫を護持せしめ更に天忍日命の先駆を命じたまうたゆえんにほかならない。その故に神武天皇が道臣命・饒速日命の功労を評価して封建し、天種子命・天富命をそれぞれ左右において政を担当させたのである。それ以来歴代にわたって文武の二職の重視を継承したのである。

一般に、土地には、そこを治める役人を置き、人民には統治者を任じた。物があればそれを司る役人を置き、事があれば必要な役職を任命して、それぞれ指導者として教化に当たらせた。その上で監察制度を設けて職務を監察し、その在り方を糺明しその記録も残して、法則を後世永く垂示し、治国平天下を世に拡めようとしたのであった。これがとりもなおさず立官の礼つまり官僚制の在り方にほかならない。こうして官・位ともに確立すれば、官僚制も四民の身分制も、自然に正しい在り方になって、官位や自分にふさわしい住居や衣服を定め、飲食の器具や交際の言葉使いも決まり、冠婚喪祭の在り方も正されて、人民の本来の明徳も明らかになるのである。官僚制度の確立の意義、役割は何と偉大なことであろうか。さもなければ、官位も有名無実となり、不適任の者が職を貪り、功績も無い者が高い位に就く事態を招くことになって、官職の秩序が紊乱《びんらん》し、まるで、人形が立派な冠をかぶるようになってしまう。このため天下の礼が上に入り乱れて、四民が下に混乱することになってしまったのである。このような事態は、どうして往古の神聖の心《みこころ》といえようか。全く違うのである。

神武帝の辛酉年《かのととりのとし》春正月庚辰朔《かのえたつついたちのひ》、天皇橿原《ノ》宮に即帝位《あまつひつぎしろしめ》す。是歳《ことし》を天皇の元年《はじめのとし》と爲す。故に古語《ふること》に稱《ほ》めまうして曰さく、畝傍の橿原に底磐之根《したついはね》に宮柱太しき立て、高天之原《たかまのはら》に搏風《ちぎ》峻峙《たかし》りて、始馭天下之天皇《はつくにしらすすめらみこと》を號《なづ》けたてまつって神《かん》日本磐余彦火火出見天皇《やまといはれひこほほでみのすめらみこと》と曰《まう》す。初め天皇天基《あまつひつぎ》を草創《はじ》めたまふの日、大伴氏の遠祖《とほつおや》道臣命、大來目《おほくめ》部を帥《ひき》ゐて密策《しのびおほんこと》を奉承《うけたまは》りて、能く諷歌倒語《そへうたさかしまこと》を以て妖氣《わざはひ》を掃蕩《はら》へり。倒語の用たること、始めてこれより起る。

(『日本書紀』巻三より)

謹みて按ずるに、是れ朝儀正旦を賀するの始なり。是歳《ことし》即位の元年故に、正月の賀あり。而も後世歳首に朝賀の禮を行ふと同じからずと雖も、正旦を賀することここに始まれり。是れ乃ち朝儀の禮なり。凡そ朝儀は朝廷の禮儀なり。朝廷は天地を以てその基を立て、天下は朝廷を以て標準と爲す。朝廷の威儀は以て嚴正なるに在り。凡そ　王朝の禮は年中行事あり、恆例あり、臨時あり、毎月の禮あり、公侯朝聘の禮あり、饗燕の禮あり、巡守・田獵・大射の禮あり、神社の祭禮あり、而して歳首慶賀の禮を以て大儀と爲す。正月は一年の始、歳序端を更《あらた》め、萬物惟《こ》れ新なるの節、臣子畢《ことごと》く朝會拜賀してその慶を奉ず。信《まこと》に義の當《まさ》に然るべきなり。蓋し朝儀は一ならず、代代の　聖主或はその例を追ひその風を慕ひ、或は新にその儀を立てその制を斟酌して、而して后に悉く備はる。その間多く習俗の儀ありて、以て因循し來る、又禮の大意を存するに足れり。

竊に惟《おもん》みるに、朝賀は臣子　宸儀を拜慶するの禮なり。否《いな》なれば乃ち臣子の情安んずべからず。故に一月に朔・望・晦の禮あり、その間また大朝賀の節あり、群臣悉く敬を　君上に致して以て祝頌《しゅくしょう》を奉る。是れ臣子の分定なり。宴會は　君上宴を群臣に賜ふなり。饗あり、食《し》あり、燕あり。此れ上下交はり君臣和し、徳業成りて相親愛する所以なり。故に朝賀を以て尊卑の禮を嚴にし、燕會を以て上下の情を和す。故に朝賀に由りてその威儀を正し、燕會に因りてその風雅を作《な》し、外には以て禮容を觀、內には以て恩惠を廣む。然れば乃ち徒《ただ》にこれを威しこれを儀するのみにあらず、徒に飮し食するのみにあらず、皆恭儉を訓《をし》へ惠慈を示す所以なり。夫れ　王朝の儀は載せて舊紀に粲然《さんぜん》たり。然して能くその事物を致《きは》め以てその儀を正さば、乃ちその禮大いに成りて朝儀の實を啓《ひら》くべし。後世外朝の例を必として以て中國の禮に附會す、尤も不正の至りなり。以上、王朝の儀を謂ふ。

〔大意〕

謹んで考えてみるに、これは朝廷の儀式で正月元旦を祝賀する始めであった。この年は神武天皇即位の元年であるので正月の祝賀が挙行された点で、後世の年頭の朝廷祝賀の儀式とは同じではなかったが、ともかく正月元旦を祝賀することは、この時に始まったのであった。これがとりもなおさず、朝儀の礼にほかならない。そもそも朝儀は、朝廷の儀礼の意味である。そして朝廷は、天地を基盤として成り立っており、天下国家は、朝廷を標準として動いている。その朝廷の威儀は厳正でなければならない。

そもそも王朝の礼儀作法を概観すると、恒例、臨時、月例の礼などの年中行事があり、諸侯や使臣の奉伺する儀式やそれをもてなす宴の儀式があり、天皇がお出かけになる巡守《じゅんしゅ》・田獵《でんりょう》・大射《たいしゃ》等の儀式があり、神社の祭礼の儀式がある。その中でも、年頭の慶賀の儀式を最も重要な儀式としているのである。正月は一年の始めであり、一年の端緒《たんしょ》を更新して万物が皆、新しくなる節目に当たり、臣下がことごとく朝廷に集い慶賀し奉《たてまつ》るのは、まことに当然の正しい在り方といえよう。

思うに、朝廷の儀式は、一定しておらず、歴代の天皇は、伝統を重んじて先例に従う場合、あるいは、新しい儀式を創始した後改善して完成させる場合などさまざまであった。その間、昔から慣れ親しんできた儀式などもあって、それに従って改められないこともあったが、礼儀の大意は、十分に存続し得たのである。

私がひそかに思ってみるに、朝廷に祝賀のため赴くのは、天子を拝礼して慶祝する儀式にほかならない。そうしなければ、臣下の者としての心情を安らかにし得ないのである。だから一月に一日、十五日、三十日の儀式があり、その間に大朝賀の節があって、その時には、群臣はことごとく、深く敬いつつ、天子に慶祝の言葉を奉《たてまつ》る。これこそ臣下の者の定められた務めにほかならない。これに対して、天子が群臣を労《ねぎ》らって賜わる宴が宴会にほかならない。宴会の中には、酒肴《しゅこう》をふるまい愉楽を主とする燕《えん》や肴食《こうじ》のみの饗《きょう》や食《じ》の別はあるが、このいずれも皆、上下交わり、君臣和合し、徳行成就して相互に親愛し合うゆえんである。そこで朝賀《ちょうが》の儀式では、尊卑の分際を厳しくするが、燕会《えんかい》では、上下の情誼《じょうぎ》を和合させようとしている。そのため朝賀の儀式によって威儀を正し、燕会によって風雅をかもして、外面的には礼の形が現れ、内面的には恩恵の心情が拡がるのである。そのように見てくれば、これらのことは、単に威儀を厳正にするだけではなく、又単に飲食するだけでもなく、皆、臣下の者に恭倹を教え、天子の恵慈を示すゆえんにほかならないのである。このような王朝の儀礼については古典や歴史に明白に記されている。それに基づいて、それぞれの事物をよく究め、儀式を正していけば、礼儀も儀式も完成して、朝儀《ちょうぎ》の実質に展望が開かれるであろう。後世、もっぱら外朝支那の例に依拠して、中国たるわが国の礼儀にこじつけるやり方など、最も不正の至りといえるのである。

素戔鳴尊《すさのおのみこと》天《あめ》に昇ります時に、溟渤《おほきうみ》鼓《とどろ》に盪《ただよ》ひ、山岳《やまをか》鳴り呴《ほ》えき。これ則ち神性《かんさが》雄健《たけき》が然らしむるなり。天照大神《あまてらすおおみかみ》素よりその神の暴悪《あしくあらき》を知ろしめして、徑《ただち》に詰《なじ》りて問ひたまひき。素戔鳴尊對へて曰《のたま》はく、吾《やつがれ》元《はじめ》より黒心《きたなきこころ》なしと。時に

天照大神《あまてらすおおみかみ》復た問ひて曰はく、若し然らば將に何を以て爾《いまし》の赤心《あかきこころ》を明《あか》さんと。對へて曰はく、請ふ姉《あねのみこと》と共に誓《うけ》はん、それ誓約《うけひ》の中《みなか》に誓約之中、ここにはウケヒノミナカと云ふ。必ず當《まさ》に子を生むべし、如《も》し吾《やつが》れ生《う》めらん是れ女《たをやめ》ならば濁心《きたなきこころ》ありとおぼせ、若し是れ男《ますらを》ならば淸心《きよきこころ》ありとおぼせと。

（『日本書紀』巻一より）

謹みて按ずるに、是れ神代の誓約にして乃ち後世誓盟の禮なり。凡そ誓は己れが信《まこと》を明かにして人の疑を解く所以なり。事物の間或は未だ嘗てその疑なくんばあらず。疑を解くの道は、誓約して鬼神に祈《こ》ひ信を幽冥に期するに在り。故に　天《ツ》神誓を許して以てその淸濁の心を明かにす。後世これに因りて終に誓盟の禮あり。蓋し誓は唯だ言辭を以て神祇に請《う》けてその信を約す。盟は物を以てその事を證して直にその信僞を決し、遠く神明に請《う》けて血を灑《そそ》ぎ載書す。その禮は誓より嚴なり。猶ほ涅《ひぢりこ》を釜に納れて煑沸《しゃふつ》し、手を攘《かか》げて湯の涅を探《さが》し、斧を火の色に燒きて掌に置く、これを盟神探湯《くかたち》と曰ふがごとし。盟神探湯、ここにはクカタチと云ふ。後世に及びて載書を作り血を灑《そそ》いで神祇に告ぐるの禮あり。孝徳帝位に卽きたまひ、群臣を召集して天神地祇《あまつかみくにつかみ》に告げて曰はく、天は覆ひ地は載せ、帝道《きみのみち》は唯だ一つ、而るに末の代澆薄《うすら》ひて、君臣序を失ふ。皇天《あめ》手《ちから》を我れに假し暴逆《あらき》を誅《ころ》し殄《た》てり。今共に心の血《まこと》を瀝ぎつ、今より以後は君は二つの政なく、臣は朝《みかど》に貳《ふたごころ》あることなし。若しこの盟に貳《そむ》かば、天灾《あまつやしろわざはひ》し地妖《くにつやしろわざはひ》し、鬼誅《ころ》し人伐ちて皎《いちじる》きこと日月の如し。

人皆聖賢にあらず、信あり僞あり、直あり曲あり、正しくして疑ふべからざるあり、奸にして疑ふなくんばあるべからざるあり。是れ天下の通情なり。　神聖の教は人情事變に通じ、詳にその道を致《きは》む。故に端をここに起して戒を後に垂れ、言以てこれを結び明神以てこれを要す。左傳廿九に云はく、子貢曰はく、盟は信を周くする所以なり。故に心以てこれを制し、玉帛以てこれを奉じ、言以てこれを結び、明神以てこれを要すと。天下の疑惑忽ち解けて事物の大義決して行はるべし。否《いな》なれば乃ち人人疑を存すべく、戸戸各〻辨ずべし。今誓盟の禮に襲《よ》つて信僞曲直一擧して道に歸す。その禮たること大なる哉。

或は疑ふ、君子屢〻盟《ちか》つて亂ここを以て長ず、誓を作《な》して民始めて畔《そむ》き、會を作して民始めて疑ふといへり。詩の巧言篇に云はく、君子屢〻盟つて亂ここを以て長ずと。檀弓に、魯人周豐曰はく、殷人は誓を作して民始めて畔き、周人は會を作して民始めて疑ふと。愚謂へらく、聖人の道は能く天下の人情に從ふ、故に偏《へん》なく倚《き》なく、徒杠《とこう》・輿梁《よりやう》成りて而して后民水《みづ》を渉ることを病《うれ》へず、盟誓以て約して而して后に民その疑を免るべし、人毎《ごと》にしてこれを試みば日も亦足らず。孟子離婁下に曰はく、子産鄭國の政を聽くに、その乘輿を以て人を溱洧《しんゐ》に濟《わた》す。孟子曰はく、惠にして而も政を爲すことを知らず。歳の十一月に徒杠成り、十二月に輿梁成る。民未だ涉ることを病へざるなり、君子その政を平かにせば行きて人を辟《さ》けしむるも可なり。焉んぞ人人にしてこれを濟すことを得ん。故に政を爲す者は人毎《ごと》にこれを悅ばしめんとせば日もまた足らずと。然れども盟誓には必ず禮あり。これを用ふるに禮を以てせざれば、民畔きて恥ぢず。何ぞ必ずしも誓盟のみならんや。凡そ知も仁もその道を致《きは》めざれば、猶ほ荑稗《ていはい》に如《し》かず。孟子告（子）上に云はく、五穀は種の美なる者なり。苟も熟せざるを爲さば、荑稗に如かず。夫れ仁も亦これを熟するに在るのみと。専ら神を要して屢〻盟《ちか》ふは、左傳襄九年に、要盟は質なし、神臨まざるなり。是れこれを用ふるに禮を以てせざるなり。周豐が言の如きは、過ちて徵《しるし》なし、何ぞこれを取るに足らんや。以上、誓盟の禮を論ず。

〔大意〕

謹んで考えてみるに、これは、神代の誓約であり、後世の誓盟《せいめい》の礼にほかならない。そもそも誓というのは、己の真実《まこと》を証明して、人の疑念を解く方法である。事物には、疑う余地の全くないものは、未だかつて存在しなかったのである。その疑いを解くやり方は、誓約して、鬼神つまり天地の心に祈り、その真実を証明してもらうことであった。その故に天神がこの誓を認許し、その人の清濁の心を証明したのである。後世に至って結局、誓盟の礼となるのである。思うに、誓は、言辞のみを以て神祇つまり天地の神に要請して真実を約束することであり、盟は、物を以てその事を証明して直接その信偽を決し、遥かに神明に要請して、牲《いけにえ》の血をすすって神に誓い、誓約書を書くのである。盟は誓よりも厳しい礼である。その盟の礼としては、泥水を釜で煮沸して、その中に手を入れて泥を探させたり、斧を火の色に焼き掌の上に置かせたりして、これを盟神探湯《くがたち》と称したものもあったのである。後世になると、牲の血をすすって神に誓い誓約書を書いて天地の神に告げる儀礼が行われるようになるのである。

人が皆、聖賢ではないので、世の中の事物には、信あり偽あり、直あり曲あり、正しくて疑うことの出来ない場合もあれば、奸にして疑わないわけにはいかない場合もある。これが世の中の一般的な実情といえよう。そのような中で、神聖の教えは、人情事変に通暁しその極致に至っている。そのため、これを端緒《たんしょ》として教戒を後世に垂示し、誓約書を書いて神に明示することを要求したのである。この教戒によって世の人の疑惑がたちまち解消して事物の大義が決し、実行できることになった。そうでないと、人々に疑念が存続することになって、戸ごとに弁明せざるを得ない事態となるはずである。今、この誓盟の礼に依拠すれば、信偽曲直が一挙にして解明する。この礼の果たす役割は何と大きいことであろうか。

ところで、『詩経』の巧言篇に「君子、屢々《しばしば》盟ひ、乱、是を用《もっ》て長ず」〈君子〈祖霊〉が〈讒言を信じて〉しばしば盟うから、乱はそれによって〈ますます〉長じ〈大きくな〉る〉とあるように、誓盟してから民が反乱するし、『礼記』の檀弓《だんぐう》篇に魯人《ろひと》周《しゅう》豊《ほう》の言として「殷人《いんびと》は誓《ちかい》を作《な》して、民始《たみはじ》めて畔《そむ》き、周人《しゅうひと》は会《かい》を作《な》して民始《たみはじ》めて疑《うたが》ふ」〈殷では誓を行ってから民が離反するようになり、周では、諸侯と会盟して他の多数の国と結び、その外の力を頼るようになってから、民が畔《そむ》き疑うようになった）とあるように、誓盟してから民が離畔《りはん》した。これらのことから、誓盟の効果に疑念を抱く人がある。

これに対して私は、次のように思う。

聖人の道は、能く天下の人情に従う。つまり、世の中の人々の実情に添っている。だから偏なく倚なく（片寄ることなく）、徒杠《とこう》・輿梁《よりょう》、つまり徒歩で渡る橋や車で渡る橋がかけられていれば、人々は、冬でも川を渡る心配をしない。同様に盟誓を以て約束すれば、人々は、疑念を抱かないで済むのである。『孟子』の離婁《りろう》篇にあるように、人毎《ごと》にこれを悦ばしめんとせば日もまた足らず、ということになってしまうのである。だから、一人ひとり乗輿《じょうよ》に乗せて川を渡らせるよりも、橋をかけることが、政を為す者の要諦とされるのである。

しかしながら誓盟には誓盟の礼（事理を貫き統べている法則）が必ず存在する。だから誓盟を行うには、その礼に基づいていないと民は、その誓盟を破っても恥じない。これは誓盟についてのみいえることだろうか。一般に知でも仁でも、礼の道を究め尽くさないと、ちょうど五穀でも熟さなければ、荑稗《ていはい》（ひえやいぬひえ）にも及ばないようなものである。専《もっぱ》ら神に誓ってしばしば盟うのは、『左伝』襄公九年の頃に、「要盟は質なし、神臨まざるなり」（人を要して盟わせた盟は、盟の本質たる信がないので、神は臨まないのだ）とあるように、誓盟を行うのに、その礼に基づいていないというにほかならない。前述の周豊の言などは、根拠も無く過《あやま》っている。どうして取るに足りようか。

推古帝の十五年秋七月戊申朔《つちのえさるついたち》、庚戌《かのえいぬのひ》（三日）、大禮小野臣妹子《をののおむいもこ》を大唐《もろこし》に遣はし、鞍《くら》作福利《つくりのふくり》を以て通事《をさ》と爲す。

十六年夏四月、小野臣妹子大唐《もろこし》より至る。唐國、妹子《ノ》臣を號《なづ》けて蘇因高《そいんこう》と曰ふ。卽ち大唐の使人裴世清《つかひはいせいせい》、下客《しもべ》十二人、妹子《ノ》臣に従つて筑紫に至る。難波の吉師《きし》雄成《をなり》を遣りて大唐の客《まらうど》裴世清等を召す。唐《ノ》客の爲に更に新館《にひしきむろつみ》を難波の高麗館《こまのむろつみ》の上に造る。六月壬寅朔《みづのえとらついたち》、丙辰《ひのえたつのひ》、客等難波《ノ》津に泊《とどま》れり。この日餝《かざれる》船三十艘《ふねみそふね》を以て客等を江口に迎へて、新館に安置《はんべら》しむ。ここに於て中臣宮地《なかとみのみやとこの》連磨呂《むらじまろ》・大河内直糠手《おほしかふちのあたひぬかて》・船史王平《ふねのふひとわうへい》を以て掌客《まらうどのつかさ》と爲す。爰に妹子《ノ》臣奏《まう》して曰さく、臣参還《やつがれまゐこし》の時に唐帝《もろこしのきみ》書を以て臣に授く、然るに百濟國を經過《すぐる》の日、百濟ノ人探りて以て掠め取りぬ。ここを以て上《たてまつ》ることを得ずと。ここに群臣議《はか》りて曰さく、夫れ使人《つかひたるひと》は死すと雖も旨を失はず、この使何ぞ怠つて大國《もろこし》の書を失ふやと。則ち流刑《つみ》《ながすつみ》に坐《つみ》す。時に天皇勅して曰《のたま》はく、妹子は書を失ふの罪ありと雖も輙《たやす》く罪すべからず、それ大國の客等聞くこと亦不良《さしなし》《さがなし》と。乃ち赦《ゆる》して坐《つみ》せず。

秋八月辛丑朔《かのとうしついたち》、癸卯《みづのとうのひ》、唐ノ客京に入る。この日餝騎《かざれるうま》七十五疋を遣りて唐客を海石榴市《つばきのいち》の衢《ちまた》に迎へ、額田部連比羅夫《ぬかたべのむらじひらふ》以て禮辭《ゐやのこと》を告《まう》す。壬子《みづのえねのひ》、唐客を朝庭《みかど》(廷)に召して使の旨を奏《まう》さしむ。時に阿倍ノ鳥ノ臣・物部依網連抱《もののべのよさみのむらじいだく》二人を客の導者《みちびきひと》と為す。ここに大唐の國の信物《つかひのもの》を庭中《おほには》に置く。時に使主《つかひのつかさ》裴世清親ら書を持ちて兩度《ふたより》再拜《をが》みて、使の旨を言上《まうしあ》げて立つ。その書に曰さく、皇帝《きみ》、倭《わ》の皇《すめらみこと》に問ふ、使人《つかひ》の長吏大禮蘇因高等至《まう》でて懷を具《つぶさ》にす、朕欽《つつし》んで寶命《おほんこと》を承けて、區宇《あめのした》を臨仰《しら》し、德化《いきほひ》を思ひ弘めて含靈《よろづのもの》に覃《およぼ》し被らしむ、愛育《うつくしみやしなふ》の情遐邇《とほきちかき》に隔てなし、皇命《きみ》は海表《うみのほか》に居て民庶を撫寧《なでやす》んじ、境内安樂《くにのうちやすらか》にして風俗《しわざ》融《とほり》和《やはら》ぐといふことを知りぬ。深き氣《こころばへ》至誠《ねんごろ》にして遠く朝貢《みつぎ》を修《かよ》ふ、丹款《こころのそこ》之《の》美《みさを》、朕嘉《よみん》ずることあり。稱暄比常《このごろ》の如し。故に鴻臚寺《こうろじ》の掌客《まらうどのつかさ》裴世清等を遣《や》りて稍《やうや》く往《さき》の意を宣《の》ぶ、幷せて物を送ること別《ことくだり》の如し。時に阿倍《ノ》臣出で進みて以てその書を受けて進み行く。大伴囓連《おほとものくひのむらじ》迎へ出で書を承けて、大門《みかど》の前の机の上に置きて奏《まう》す。事畢《おは》りて退く。この時皇子《みこたち》諸王《もろ〱のきみ》諸臣《もろ〱のおみ》悉に金《こがね》の髻華《うず》を以て頭に著《さ》せり。また衣服《よそひ》は皆錦紫繡織《にしきむらさきぬひもののおりもの》及び五色の綾羅《あやうすはた》を用ふ。一に云ふ、服の色は皆冠の色を用ふ。

丙辰《ひのえたつのひ》(十六日)、唐客等を朝に饗《あ》へたまふ。

九月辛未朔《かのとひつじついたち》、乙亥《きのとゐ》(五日)、客等を難波の大郡に饗《あ》へたまふ。辛巳《かのとみのひ》(十一日)、唐客裴世清罷《まか》り歸る。則ち復た小野妹子臣を以て大使《おほつかひ》と爲し、吉士雄成《きしをなり》を小使《そひつかひ》と爲し、福利を通事《をさ》と爲し、唐客に副《そ》へて遣はす。爰に天皇唐の帝《きみ》を聘《とぶら》ひたまふ。その辭に曰《のたま》はく、東天皇《やまとのすめらみこと》敬《つつし》みて西皇帝《もろこしのきみ》に白《まう》す、使人鴻臚寺の掌客裴世清等至りて久しき憶ひ方《まさ》に解けぬ。季秋《ながつき》薄《さむ》く冷《すさ》まし、尊《かしこどころ》何如《いか》に、想ふに清念《おだやか》（愈）ならん。ここにも卽ち常の如し。今大禮蘇因高・大禮乎那利《おなり》雄成等を遣りて往いて、謹みて白すこと具《つぶさ》ならず。

（『日本書紀』巻二十二より）

一書に曰はく、群臣議して曰はく、妹子《いもこ》懈怠《おこた》りて蕃國の表《ふみ》を失ふ、罪《つみ》流刑にすべしと。狀を具《つぶさ》にして聞奏す。天皇聖德太子に問ひたまふ。太子奏して曰さく、妹子が罪寔《まこと》に寛《ゆる》うすべからず、然れども好《よしみ》を修め隣《となり》を善くすること妹子が功なり。加ふるに隋國の使と共に來るを以てす。思ふこと復た如何。天皇大いに悅びて罪を免《ゆる》す。又曰はく、隋の帝の書に曰ふ、皇帝倭ノ皇に問ふ云云を、天皇、太子に問ひて曰《のたま》はく、この書如何と。太子奏して曰さく、天子諸《もろ》〻《く》の侯王に賜ふの書式なり。然して皇帝の字は天下一のみ。而るに皇の字を用ふ、彼れその禮ありと。天皇、太子以下を召して答書の辭を議したまふ。太子筆を握《と》つてこれを書して曰さく、東ノ天皇敬んで西ノ皇帝に問ふ、云云、帝謹みて白《まう》すこと具ならずと。通鑑綱目集覽に曰はく、隋の煬帝大業四季戊辰三月、倭國入貢す。倭王書を遣はして曰はく、日出づる處の天子、書を日沒する處の天子に致す、恙なきやと。

謹みて按ずるに、是れ隣好を修《しう》するの始なり。隣とは何ぞ。以て相對すべきなり。好を修《しう》すとは何ぞ。氣候・水土・人物・事義以て好《よし》んずべく、以て通ずべければなり。同氣相求め同類相應ず。金は終に山に止まり、玉は終に水に入る、各〻その類に從ふは天の道なり。天地の博き、宇宙の渺たる、泛泛《はんはん》たるこの州嶋、唯《ひと》り外國のみ事義を　中華に一にす。故に好を修し隣を善くす、猶ほ石水相投じ膠漆《かうしつ》相入るがごとし。千載の　神聖一日に遇し、萬里の遠波一葦に航《ふなわた》りす。これより隣交の道大いに啓け、互に相聘禮して外朝の經典廣く世に行はれ、人人聖賢の事迹を知り、文字言語の用乏しからず、大いに　中國の治平を補ふ。是れ風の虎に從ひ雲の龍に從ひ、雲行き雨施して品物大いに成る所以なり。隣を善くするの時、その賚懿《たまものおほい》ならずや。蓋し國の大小を以てすれば彼れは大なり、人治の遠近を以てすれば彼れは遼《はるか》なり。土地廣し、故に人物衆庶なり。治平遼《はるか》なり、故に事義彊《きはまり》なし。當時《そのかみ》初めて書を制して「東天皇敬《つつし》みて西皇帝に問ふ」を以てす。唯だ太子の大手筆のみにあらず、その志氣洪量にして能く　本朝の　中華たる所以を知ればなり。

夫れ外朝はその地博くして約ならず。治教盛なるときは畫するところ惟《こ》れ泛《ひろ》し、守文明かならざれば戎狄これに據る。呉・越・荊楚の僣《せん》《いつはる》して諸侯に列し、平王の洛に東遷する、或は十六州を割きて以て契丹に賂《まひな》ひ、或は臨安に退き讎虜《あだえびす》に臣と稱する、皆これ戎狄に逼《せ》めらるればなり。是れ一大土の中《うち》、地を畫し城を築きて以て封域を立て、境を四夷に接す。故に天下の勢或は南北に袤《ひろく》して東西に蹙《しじま》り、或は東西に長くして南北に縮《ちぢ》み、或は九州・十二州あり、或は十道・二十三路を以てし、而して經畫一ならず、王統數〻姓を易ふ。是れ博くして約ならざるの失なり。人主治世の來るや久しくして、治亂盈虚《えいきょ》大いに變じ、人心悉く澆訛《げうくわ》す。春秋の時、古を去ること未だ遠からずして、亂臣賊子の君父を弑すること猶ほ草を薙《か》るがごとく、大臣世臣の妖事を行ふこと猶ほ禽獸のごとし。是れ治道の變化し、微言の日に隱るるの失にあらずや。唯り　中國はこれに反し、巨海に卓立して封域自《オ》ら天險あり、神聖天に繼ぎ極を立ててより爾來《このかた》、四夷竟に藩籬をも亦窺ふを得ず。皇統連綿して天壤と窮《きはま》りなし。況や　神代の治の悠久《いうきう》なる、人皇の祚《みくらゐ》の永算なる、今日の澆季《げうき》も亦尚ほ周の末より優《まさ》れり。凡そ帝堯より今に至るまで四千有餘年、神武帝より今に至るまで二千三百餘年、堯より周の末に至るまで殆ど二千餘年なり。若し果して澆訛ならば當に鬼魅となるべしと言ふと雖も、唐の太宗、天下の治を論ず。封徳彝曰はく、三代以後人漸く澆訛なり云々と。魏徴曰はく、若し人漸く澆訛にして純樸に及ばずと言はば、今に至るまで應《まさ》に悉く鬼魅となるべし、寧んぞ復た得て教化すべけんや。政要一、政體篇に出づ。上古は人少くして氣淳《すなほ》に、治久しくして人多きときは氣漓《うす》くして人澆《うす》きは、天地の數なり。後世誠に古に及ばざること遠し。然れば乃ち人物も亦厚からざらんや。且つ往古の　神化、人皇の聖治　神勅の明教、歴世の法令、知仁の行、威武の嚴、何事か外朝より乏しからん。故に彼れと相對して自ら　皇帝と稱し、好《よしみ》を修し隣《となり》を善くして、更にこれを恥ぢざる所以なり。或は疑ふ、高麗・百濟・新羅の來朝するも、亦好を修し隣を善くするにあらずやと。愚謂へらく、新羅の王子來朝し、任那來貢すること、既に　崇神・垂仁帝の朝に在り。その後住吉大ノ神、高麗・百濟・新羅・任那等を　譽田《ほむだ》天皇に賜ふ。若櫻ノ宮に及び壹《ひと》たび戎衣して、各ゝ面縛して櫬《ひつぎ》を輿《にな》ひ圖籍を封じて降《かう》す。阿利那禮《ありなれ》河を指して以て誓ひ、神祇を請うて以て盟《ちか》ひ、伏して飼部《うまかひべ》となりてより、船の柁《かぢ》を乾《ほ》さずして毎歳朝貢を絶たず。初めて國毎に官家《みやけ》を置き、海表《わだのほか》の蕃屏と爲す。日本紀十七繼體紀に曰はく、夫れ住吉ノ神初め海表の金銀の國、高麗・百濟・新羅・任那等を以て胎中《はらのうち》にいます譽田天皇に授け託《まつ》れり。故に大后氣長足姫尊《おきながたらしひめのみこと》と大臣武内宿禰と國毎に初めて官家を置きて海表の蕃屏と爲す。これより歴代子弟を以て質と爲し、常に朝貢す。否なれば乃ち征伐して以て不庭《ふてい》を懲す。然らばこれ海外の諸蕃は皆　中國の屬たり、唯だ外朝以て信を通ずべきのみ、諸蕃は隣と稱するに足らず。　中華終に聘禮を彼の地に行はず、往を厚くし來を薄くして、以て遠人を柔《やはら》げ外國を懷《なつ》くるのみ。

或は疑ふ、外朝も亦來聘するやと。愚按ずるに、推古の朝に隋の煬帝は文林郎裴世淸をして來聘せしむ。天智の朝に唐客郭《くわく》務《む》悰《そう》等來聘す。その書に曰はく、大唐の帝敬みて日本國の天皇に問ふと。天武の朝にも郭務悰また來聘す。その後、中朝は遣唐使を置き信を外朝に通ず。然して外朝の書簡多く諸侯王を以てす。世衰へ人訛《あやま》りて、これを以て足れりと爲す。その失何《いづ》くに在りや。唯だ端を記誦文字の俗儒に造《はじ》め、以て我が國が我が國たることを知らざるに至る。噫《ああ》、家雞を輕んじて野雉を愛す、何ぞ德の衰へたるや。以上、善隣の禮を論ず。

〔大意〕

謹んで考えてみるに、これは善隣《ぜんりん》外交の始めであった。近隣の国どうし互いの気候・国土・人物・事義を大切にして交流すべきである。同気相求め同類相応じ、金銀は山に産し珠玉は海に生ずるように、それぞれ同気同類に従うは天の道にほかならない。博い天地、渺《びょう》たる宇宙の中で、満ち満ちているこのわが国は外国支那とのみ、高い文化を共通にしている。このため互いに修好善隣し合うことは、あたかも石水相投じ※15膠漆《こうしつ》相入る、つまり互いに親しく交わりの固いたとえのようなものである。それぞれ永い歴史を誇る両国の君主が一たび相会って、万里の海路を航行し合い、これ以来、善隣修好の道が大いに開けたのである。そして互いの国交によりて外朝支那の経典が世に普及し、人々は聖賢の事跡を知り、文字言語も広く用いられ、わが国の政治に役立ったのである。これは、『易経』の文言伝《ぶんげんでん》に、雲は龍に従い、風は虎に従う云々とあるように、また同じく、雲行き雨施して品物大い成るともあるように、それぞれの類に従う成果の大きいゆえんを述べたものである。善隣修好の成果の何と偉大なことであろうか。

思うに国の大小から言えば、外朝は大きく、人治の遠近から言えば、外朝は遼《はる》かに遠く、国土が広いため人物も多く、政治も歴史に富んでいるため、事義も限りがない。その当時、国書に「東天皇敬《つつし》みて西皇帝に問う」と対等の文言を用いたのは、唯単《ただ》に聖徳太子の文章力によるだけではなく、志気も大きく豊かでわが国の中華たるゆえんを知悉《ちしつ》していたからにほかならない。

そもそも外朝支那は、その国土が広大で、統一することが難しい。治教盛んで統治されると領域を拡大するが、文化の伝統を守れない状況になると異民族に征服される。歴史を見ても、春秋時代には、呉・越・荊楚《けいそ》など元来南蛮の国が、勝手に王と称して諸侯の列に加わり、周の平王が犬戎の難を避けて都を鎬京《こうけい》から洛陽に東遷し、或いは、五代の晋の石敬塘《せきけいとう》が、北狄《ほくてき》たる遼に臣事し十六州を割譲して賄《まいない》とし援助を得て国を立て、或いは、宋の高宗の時、金の侵略に逢《あ》って都を臨安に移し北狄女真に臣と称する等、皆、これは戎狄《いてき》（異民族）に圧迫されたからにほかならない。これは、国土の広大な外朝が、国内の拠点に築城し、諸侯を封建し、国境周辺では、北狄・西戎・南蛮・東夷の四夷に接している状況であるため、天下の形勢が、或いは南北に拡大して東西に縮小し、或いは東西に伸長して南北に縮小し、或いは、夏・殷・周時代の行政区画である九州や漢の武帝時代の十二州や唐代の区画である十道や宋代の区画である二十三路など行政区画も多岐にわたらざるを得なかったのである。その上、易姓革命で王朝の交替も、度重なったのであった。これは、国土が広大で統一することが困難なことに因る損失面《マイナス》にほかならない。

人君の治世の永い経過の中には、治乱興亡の大きな変遷があり、人心がことごとく軽薄になっていった。春秋時代になると、夏・殷・周三代の聖治の時代から、まだあまり遠くなっていないのに、乱臣賊子、つまり、君臣の義を乱す臣や父子の親をそこなう子が、君主や父親を弑《しい》する（不当に殺す）ことが、まるではびこる雑草を刈るようになり、大臣や譜代の臣下が妖しい不正を行うことがまるで禽獣のようになっていったのである。これは、政治の在り方が次第に堕落していって、三代の聖賢の言が、日に日に埋没していった損失面《マイナス》にほかならないのではなかろうか。

この外朝の在り方に反して、唯《ひと》り中国たるわが国は、大海に囲まれて卓立、つまり高く抜きんでて存立しており、国土は自然の要害に守られ、天孫降臨して天皇即位以来、周辺の異民族も、国境をおびやかすことはできなかったのである。天皇による統治は連綿として永続して、天地と同様、窮まることはない。ましてや、神代の政治の悠久なること、天皇の統治の永年に亘ることの成果が累積されているのである。※16澆《ぎょう》季《き》（末世）の今日でも、外朝の周代の末期より優っているといえよう。

もし本当に人心が軽薄になってしまって純樸《じゅんぼく》さに及ばないと言うならば、悉く※17鬼《き》魅《み》（妖怪）になって当然であり、それでは、到底教化できなくなってしまうのではないか、と言われるけれども、上古（古い昔）は人も少なく、人の気質も淳樸《じゅんぼく》であり、治世が続いて、人が多くなってくると、人情気質も軽薄になっていくのは、自然の成り行きである。後世、世を経るに随って、古に比して遠く及ばないことになってしまう。とすれば、人物も亦《また》、篤厚でなくなってしまったのではなかろうか。その上また、往古の神化（聖神の影響）、人皇の聖治（天皇のすぐれた統治）、神勅の明教（神勅の明確な教化）、暦世の法令、知仁の実践、威武の厳などの累積を顧みて、どの点から見ても、中朝たるわが国が、外朝支那に比較して、劣り不足している所が、どこにあるだろうか。

その故に外朝支那と相対して、自ら皇帝と称し、対等の修好善隣の関係をもって、少しも恥じる事はないわけである。

ところで、高麗・百済・新羅の朝貢して来るのも、同様に修好善隣の関係なのかとの疑念を抱く人がいる。

これについて私が思うには、既に崇神天皇、垂仁天皇の朝廷には、新羅の王子が朝貢に来たし、任那《みまな》も朝貢して来た。その後、住吉の大神が、神勅によって、高麗・百済・新羅・任那などを応神天皇に賜わったのである。神功皇后に至って、これらの国々を武力征服し、各国は降伏の礼をとり、地図や戸籍簿など統治の具を呈出して、神祇（天地の神）に誓盟して、わが国の飼部《うまかひべ》（奉仕者）となってからは、船の柁《かじ》を乾かさずして、つまり朝貢船の柁が乾く暇がないほどの頻度で、毎年朝貢を絶やすことがなかったのである。この時初めて国ごとに官家《みやけ》（わが国の朝廷の直轄地）を置いて、海外の蕃屏《はんぺい》、守防の垣根としたのである。これ以後、歴代各国王の子弟が人質となって、常に朝貢し、さもなければ、征伐して朝貢しないことを懲《こ》らしたのである。そのような状況であるから、これら海外の異国は、皆、中国たるわが国の属国なのである。唯《ただ》外朝支那のみは、互いに交流通信すべき国であって、他の異国は対等の隣国と称するには足りず、中華たるわが国は、対等の外交をそれら諸蕃《しょばん》とは行わず、朝貢して来た時には、往を厚くし来を薄くして、つまり、朝貢して来た物よりも、より多くの物を与えて帰して、遠く来朝する諸蕃を懐柔するのみに過ぎないのである。

それでは、外朝からもわが国に来聘《らいへい》、つまり来朝して礼物を献上するのかとの疑念を抱く人がいる。これについて私が思うには、推古天皇の御代に隋の煬帝《ようだい》は、文林郎《ぶんりんろう》の裴世清《はいせいせい》を来聘《らいへい》させ、天智天皇の御代に唐の賓客郭務悰《かくむそう》などが来聘した。その国書には「大唐の帝敬みて日本国の天皇に問ふ」と対等の称号が用いられており、天武天皇の御代にも郭務悰が再び来聘した。その後、中朝たるわが国は、遣唐使を派遣して外朝との外交を進めたのである。然るにその後、外朝の国書の多くが皇帝に対する礼ではなく諸侯王に対する礼に変わってしまうにも拘《かかわ》らず世が衰え人が過ってこれで満足してしまうのである。その失敗の原因は、どこに在ったのであろうか。そもそもの発端は、記誦文字の俗儒、つまり実際の事柄から遠ざかった学問につとめる世俗の儒者に始まり、遂にはわが国がわが国たること、つまり国体の在り方を認識できないことになってしまった。そこにこそ原因があったといわねばならない。国の美風を忘れて、つまらぬ外国の俗風を慕うとは、ああ何とわが国の美徳も衰えてしまったことであろうか。

※15…膠漆相入る…にかわとうるしとが互いに混じり合う。交わりの固く親しいたとえと

される。
※16…澆季…人情が薄く風俗の乱れた世、道徳風俗軽薄な時代。
※17…鬼魅…妖怪、変化、ばけもの。

応神帝の二十八年秋九月、高麗王使を遣《おく》りて朝貢す。因りて表《ふみ》を上《たてまつ》れり。その表に曰はく、高麗王《こまのきみ》、日本國《やまとのくに》に教ふといふ。時に太子菟道稚郎子《うじのわきいらつこ》その表を讀み、怒りて高麗の使を責むるに表狀《ふみのかたち》の禮《ゐや》なきことを以てしたまひ、則ちその表を破りすつ。

（『日本書紀』巻十より）

謹みて按ずるに、是れ表狀の禮を正すなり。凡そ太子外朝の典籍を讀むことここに在《おい》て十五年。然らば乃ち外朝の文字相通ずること未だ遠からず。而して太子の聰明は通達せざるなしと雖も、中州が同氣相應ずるにあらざれば、如何ぞ速に弘文の盛なることを得んや。高麗は我が屬國にして、表狀の無禮なる、太子表を破り使を責む。その嚴此の如し、志氣德量幷せ按ずべし。

〔大意〕

謹んで考えてみるに、これは、表状（上表文）の礼を正したのである。そもそも皇太子の菟道稚郎子《うじのわきいらつこ》が外朝の典籍を読み始めて十五年。とすれば外朝の文字がわが国で通用するようになってからあまり長くはない。而《しか》るに太子は聡明なので外朝の文字に通達していたとしても、やはり中州たるわが国と外朝とが気を同じくして相応じていなければ、どうしてこれほど急速に文運弘通《ぶんうんこうつう》が盛んになり得たであろうか。高麗はわが国の属国であるのにその上表文が無礼であるとして、即座に太子が上表を破り棄て高麗の使節を責めたのである。その厳正なことはこの通りであった。皇太子の志気・徳量共に卓越していたことを併せて考えなければならない。

履中帝の四年秋八月辛卯《かのとう》朔《ついたち》、戊戌《つちのえいぬのひ》（八日）、始めて諸國に國史《くにのふひと》を置き、言事を記し四方の志《ふみ》を達す。

（『日本書紀』巻十二より）

謹みて按ずるに、是れ國史を置くの禮なり。

〔大意〕
謹んで考えてみるに、これは国史《くにのふひと》を設置する礼（制度化）に他ならない。

推古帝の十二年夏四月丙寅朔《ひのえとらついたち》、戊辰《つちのえたつのひ》（三日）、皇太子親ら肇《はじ》めて憲法《いつくしきのり》十七條（を作りたまふ）。

（『日本書紀』巻二十二より）

謹みて按ずるに、是れ憲章の書を作る初なり。

〔大意〕
謹んで考えてみるに、これは憲章の書（国の法令）を制定した最初であった。

十六年、唐帝に聘《とぶら》ひたまふ。その辭《ことば》に曰《のたま》はく、東天皇《やまとのすめらみこと》敬みて西皇帝《もろこしのきみ》に白《まう》す。

（『日本書紀』巻二十二より）

詳しくは善隣の禮を論ずるの條を見よ。

謹みて按ずるに、是れ　詔書の禮なり。この後公式の禮大いに行はれ、新羅王・渤海王に璽書《じしょ》を賜ふに、「天皇敬みて其《そこ》の國の王に問ふ」を以てす。是れ乃ち　天子諸侯王に賜ふの書禮なり。凡そ文辭命令は國家の大禮なり。文字言辭の褒貶に因りて、以て尊卑親疎の禮を存す、（これ）後世國史の例たり。草創・討論・潤色の義、更に忽にすべからず。

〔大意〕

謹んで考えてみるに、これは、詔書（臨時の大事に際して発せられた天皇の言葉を書いて下した文書）の礼（制度）である。この後公式の礼が大いに行われ、新羅王・渤《ぼっ》海《かい》王に詔書を賜う際、「天皇敬みて其《そこ》の国の王に問ふ」という文言を用いた。これはとりもなおさず、天子が諸侯王に賜わる証書の礼にほかならない。そもそも文辞命令は国家の大礼である。そこに用いられる文字言辞の褒貶《ほうへん》に因って、尊卑親疎の弁別の礼が行われる。これは後世の国史の先例となるものなので、『論語』憲問篇にあるように、外交文書作成に当たっては、謀に富む者が先ず草創し、博学の者が草案の適否を討論し、修飾の才ある者が添削を加え、文彩を加え潤色するが、そのいずれの意義も、決してゆるがせにしてはならないのである。

二十八年、皇太子、嶋《ノ》大臣と共に議《はか》りて天皇記《すめらみことのふみ》及び國記《くにつふみ》・臣連《おみむらじ》伴造《とものみやつこ》國造《くにのみやつこ》百八十部《ももあまりやそとも》、幷せて公民《おほんたから》等の本記《もとふみ》を録《しる》したまふ。蘇我稲目宿禰が子馬子は飛鳥河の傍に家あり、乃ち庭中に小池を開《ほ》り、仍つて小嶋を池の中に興す。故に時の人嶋の大臣と曰ふ。

（『日本書紀』巻二十二より）

謹みて按ずるに、是れ　皇記・國記・本記を爲《つく》るの始なり。　孝徳帝の四年、鞍作《くらつくり》が事ありて、蘇我臣入鹿の名は鞍作。更《また》父の蘇我臣蝦夷《そがのおみえみし》蝦夷は稲目の弟なり。誅に臨みて悉く　天皇《ノ》記・國記を焼く。船史恵尺《ふなのふひとゑさか》即ち疾《と》く焼かるるところの國記を取りて中《ノ》大兄天智帝なり。に奉る。この時、往古の典籍悉く焼失す。その後　天武帝群臣に詔して帝紀及び上古の諸事を記し定めしめ、境部連石積《さかひべのむらじいはつみ》等に命じて更に肇《はじ》めて新字《にひな》一部四十四巻を造らしむ。これより連綿して典積日に造《な》り、文書大いに世に行はる。然れども　中國往古の實記火に入り、舊紀明かならず、唯だ灰殘《くわいざん》の燼竹《じんちく》を摘《つ》みて以て間《まま》この往時を存するも、亦萬世の戒と爲すに足れり。吁《ああ》、惜しい哉。

或は疑ふ、言語文字を。愚謂へらく、人既に口舌あるときは音聲あり。故に情《こころ》の發するところ自《オ》ら言語あり、言語あるときは終に文字の象《かたち》あり。その直《ただ》に出づるを聲と曰ひ、曲節あるを音と曰ふ。その形象以て通ずべきを字と曰ふ、その條理節あるを文と曰ふ。共に是れ天地人物自然の勢なり。豈唯だ　中國と外朝のみならんや。四夷の侏離《しゅり》なるも、禽獸の嘷嗎《かうぐう》するも亦然り。直《ただ》その正を得ざるのみ。往古　神聖既に唱和・嘖讓《ころび》・誓約《うけひ》の義、太玉命《ふとだまのみこと》の稱讃《たたへこと》、天兒屋命の太諄辭《ふとのりと》あり、況や　天神《ノ》の聖勅（ある）をや。素戔嗚尊の稻田《いなだ》姫に於ける、彥火《ひこほ》火《ほの》尊の豐玉姫に於ける、　神武帝の御謠《みうたよみ》、道臣命《ノ》の諷歌《そへうた》に至りては、乃ち章あり句あり、文あり藻《あや》あるをや。夫れ文字の作ること、その言語音聲に因りてその事物の形義を象《かたど》り、端をその始に造《な》して修飾楷模《しうしょくかいも》して、完きをその後に備ふ。蓋し往古假名の字あり、俗に伊呂波と曰ふ。是れ乃ち文字の父母、言語の音象なり。以てその事を通じ、以てその情《こころ》を表はす。後世因循增益して千變萬化の文字を爲《つく》りて、天下の用を爲す。音聲の委曲婉轉たるや、人情の精微幽玄なるや、繕寫して盡さざることなし。應神帝に及びて外朝の文字相通ず。字畫規楷殆ど中華の文字に類す。五音《ごいん》の平・上・去・入も亦これに異ならず。和漢の字相通用して、外國を譯するには漢字を以てし、言語を詳にするには倭訓を以てす。然らば乃ち　中華の文字、その實は倭字に在りて、倭漢の字を以て互に相用ひて、以て天下の利を爲すなり。

或は疑ふ、今用ふるところの文字は皆外國の文字なり、知らず上古の文字何の形象ありしやと。愚謂へらく、凡そ文字の制必ず時と變化す。往古の文書は鞍作が亂に悉く灰となり、その時既にこれを知るべからず。況や後世をや。且つ外朝の文字相通じて爾來《このかた》、文學の史生《ふひと》・留學の博士《はかせ》、專ら外書を好み、その記するところ、その言ふところ、悉く漢語を用ふ。是れ倭漢の事義筆畫互に相因ればなり。鯛《たひ》・鯔《なよし》・年魚《あゆ》・堅魚《かつうを》・鯯魚《このしろ》の魚たる、柀《まき》・椎《しひ》・梶《かぢ》・櫻《さくら》・楓《かへで》の木たるや、或は外朝の字義に同じからず、或は外書にその字なきの類甚だ多くして、皆國俗の制なり。

或は疑ふ、然らば乃ち何ぞ　中國の字編なきかと。愚謂へらく、外朝と　中國と天地の氣候を一にし、神聖の揆を同じくして、人物事義殆ど異ならず。漢語の相襲《よ》ること猶ほ水の濕《ひくき》に流れ、火の燥《かわき》に就くがごとく、少頃《しばらく》にして天下の人人皆倭字漢字相用ひ、外朝治平の遼遠、人物のその事に敏なる、文書史編字畫悉くこれを致せるに異ならず。故に　中州乃ちこれに因りて以て補益し來る。是れその短を措《お》いてその長に就くの道なり。

竊に按ずるに、往古人を以てノ＼《ひと》と訓《くん》じ、ノ音滅、＼音弗、今ヒトと曰ふは蓋し音の訛《なま》れるなり。民を以て田民《たんみん》と訓ず。今タミと曰ふは、蓋し音の訛れるなり。日を以て緋と訓《くん》じ、その色の赤きに取る。月を以て續《つく》と訓ず。續は日に次ぐの義なり。星を以て眸子《ほうし》に訓じ、眼裏の眸子に象どる。深を以て不可測《ふかし》と訓じ、淵を以て不知《ふち》と訓ず。聖を以て非塵《ひじん》と訓じ、佛を以て浮屠家《ほとけ》と訓ず。楮を以て穀樹《かぞ》と訓じ、飛を以て摶風《たぶ》と訓ず。及び田《た》多と天と音相通ず。・塵《ちむ》知里と訓ず、蓋し里は音訛りて知武なり。・河《かは》加和と訓ず。蓋し和は音訛りて加なり。の類、或は字義を用ひ或はその音を用ひて、自《オ》ら外朝の文字と相通ずるの屬《たぐひ》枚擧すべからず。夫れ外朝の古は鳥迹《てうせき》以て結繩《けつじょう》に代へ、科斗《くわと》《おたまじゃくし》以て鳥形に代へ、篆籒《てんちう》以て科斗に代へ、隷書《れいしょ》以て篆籒に代へ、而して後に草書・飛白《ひはく》の類相續いで起る。漢の時は周を去ること未だ遠からずして、而も科斗の文字は人これを解《と》くことを得ず。然れば乃ち上古近代字畫の同じからざること外朝尚ほ爾《しか》り。況や武后の圀の字國の字なり。を作り、昌黎《しやうれい》が猔《とん》音敦、上聲なり、錢を收めをはること。の字を作り、庵を隋・唐に奄に作り、十を唐音に平聲唐詩は平聲と爲す、音當に諶《しん》と爲すべし。これを長安の語音と謂ふ。否なれば詩は叶はず。と爲す。∴《い》の字は梵音にして詩人これを用ふ。∴は伊の字にして佛書にこれを用ふ。唐の王維が詩に、「三點伊を成す猶ほ想あり」と。𦁊《くわん》の字これなくして升庵これを用ふ。𦁊は字書にこれなし、楊升庵は𦁊巾の義ありとす。廉𦇒は字ありて、音なく義なし。此の如きの類尤も多し。故に經史に出でざるの字あり、音義知るべからざるの字あり、或は奇字近作あり、或は釋梵俗字あり、或は叶韻《けふゐん》・假借《かしやく》あり。然して外朝の文字の祖は易《えき》を以て本と爲し、倚偶を以て畫を爲し、形・事・意・聲を以て體と爲す。只だ日に便簡《べんかん》に趨《はし》り字楷《じかい》古意を失ふ。豈字畫の爾《しか》るのみならんや。事物の修飾はその道を以てせざるときは、その實泯歿《びんぼつ》してその古を失ふこと、併せ案ずべし。

或は疑ふ、これに因るときは、文學は必ず外朝を以て長ぜりと爲すやと。愚謂へらく、漢語の文學は外朝に倚《よ》らずしてはこれを知るべからず。故に　推古帝好《よしみ》を修し隣を善くするの後、外國の通信已まず、留學生を置きて以て漢語を講じ肆《なら》はしむ。外朝の典籍來らざるなし。その吉備眞備《きびのまきび》・阿倍仲滿《あべのなかまろ》の如きに至りては、盛唐の文人詩仙と相並びて愧ぢず。その風を慕ひ塵《あと》を繼ぎて相興る者世世人に乏しからず。詩賦文章の集めて以て册と爲すこと、亦何ぞ彼れに異ならん。抑も文學は我が文學にして彼れを必とせず、大底（抵）　朝廷の紀錄・史書・　勅集は皆漢字を假借して倭語を訓ず。その間專ら漢語を以てするあり、倭漢相襍《まじ》はるあり、倭字を以てするあり、日本書紀・萬葉集・古今集及び六條ノ宮の眞字を以て伊勢物語を模謄《もとう》し、菅ノ爲長が倭語を訓じて貞觀政要《ぢやうぐわんせいえう》を諺說する、是れなり。　中朝の文學を知らずして漢文を學ぶは、猶ほ未だ人に事ふること能はずして鬼神に事へんことを問ふがごとし。

或は問ふ、書畫も亦　中朝の法ありやと。愚謂へらく、既に文字あるときは未だ嘗て模楷《もかい》なくんばあらず。上古の事迹は今知るべからず。中古より以來《このかた》、眞行艸の精秀なる、或は神に入り或は聖に入り、鬼神も亦感じ木石も亦動く。その勢は龍鳳を飛ばしその機は未然に通ずるの輩、相續いで連綿して各〻一家の風を興し、又外朝に相並ぶ。故に藤ノ道長・藤ノ佐理及び野人若愚が書を善くするの稱、彼の國の書に見《あらは》れたり。況や畫手の妙更に彼れに愧ぢざるなり。凡そ文字の形象日に變じて、その觀るに壯《さかん》なる者は、殆ど古意を失す。筆資の意を縱《ほしいまま》にする、點楷の手に任《まか》する、凌雲垂露《りょううんすゐろ》の逞《たくま》しき、可なることはこれ可にして、字畫の繇《うご》いて參差《さんさ》するところ、俗字の由つて興起するところなり。外朝の書を善くする者も亦然り。字變じて楷（書）となり、大いに古體を背きて、而して鍾繇《しょうえう》・王羲之《わうぎし》は楷を善くするを以て家に名ある者なり。吁《ああ》、修飾の禮、君子にあらずんばその實を得べからざるなり。以上、文書の禮を論ず。

〔大意〕

謹んで考えてみるに、これは、『皇記』（天皇記）・『国記』・『本記』（公民《おほんたから》等の本記《もとふみ》）を作った始めである。孝徳天皇の元年（四年とあるは誤り）、鞍作り（蘇我入鹿）の事件（大化改新）があり、父の蘇我蝦夷《えみし》は、誅の前に自殺する際、『天皇記』・『国記』をことごとく焼却してしまった。船史《ふなのふひと》恵尺《ゑさか》が即座に焼かれている『国記』をすばやく取り出して皇太子の中大兄皇子に奉納したが、この時に古くからの典籍（書物）がことごとく焼失してしまったのである。その後、天武天皇が群臣に詔して帝紀（天皇の歴史）及び上古の諸事（歴史等）を調べ定めさせ、更に、境部連《さかひべのむらじ》石積《いはつみ》などに命じて、初めて『新字《にひな》』一部四十四巻を創造させた。それ以来、ずっと連続して、典籍が時を追って集積され、文献が大いに普及していくことになった。

しかしながら、わが国往古の当時の実際の記録が焼失して、旧い歴史が不明となってしまった。わずかに焼け残った典籍をつなぎ合わせて、部分的には、往事を復元できるとはいっても、何とも惜しいことであり、万世の戒めとするに足る教訓といえよう。

それでは、言語や文字についてはどうなのだろうと疑念を抱く人がいる。それについて私が考えてみるに、人に口舌があれば音声がある。だから心情の発露として自然に言語が発生し、言語があると、それを文字に表すことにもなる。口舌から直接発するのを声といい、リズムがあるのを音という。それを形に表して通用できるものを字といい、論理が整っている字を文という。これらのことは共に天や地や人や物の自然の趨勢《すうせい》にほかならない。このことは、中国たるわが国と外朝支那の二国のみに限られたことだろうか。周辺諸民族の乱雑言語において同様であり、更にいえば、禽獣の咆《ほ》え叫ぶ声でさえ同様である。ただ、正確さや調和を欠いているということに過ぎないのである。

ここで中国と外朝の言語文字について考察してみると、わが国の往古、神代の神聖には既に伊弉諾《いざなぎ》・伊弉册《いざなみ》二尊の唱和があり、天照大神《あまてらすおおみかみ》が素戔嗚尊《すさのおのみこと》の暴悪に対して稜《み》威《いつ》の嘖譲《ころび》を発して詰問したまい、これに対して素戔嗚尊が赤心を示そうとして、二神で誓約《うけひ》したまうたという、唱和・嘖譲《ころび》・誓約《うけひ》の意義も記述されており、更に天照大神の石戸隠れの際、太玉命《ふとだまのみこと》の称讃《たたへこと》の言、また天児屋命《あめのこやねのみこと》の太諄辞《ふとのりと》の言もあり、ましてや天神の聖勅のあったことを考え合わせれば、尚更のことであった。加えて、素戔嗚尊と稲田姫との「八雲たつ出雲八重垣つまごめに八重垣つくるその八重垣を」の歌、彦火火尊《ひこほほのみこと》と豊玉姫との「沖津島鴨つく島にわがいねしいもは忘らじ世のことごとも」（贈歌）と「あか珠の光りはありと人はいへど君がよそほひしたふとくありけり」（返歌）の贈答の歌、神武天皇が八十梟師《やそたける》を国見丘に斬りたまひしときの御歌「かむかぜのいせのうみのおほいしにや、いはひもとへるしただみの云々、うちてしやまむ」等の御歌、この歌に続いて道臣命《みちのおみのみこと》の「おさかのおほむろやに、ひとさはにいりをりとも、みづ〳〵しくめのこらが、くぶつつい、いしつついもち、うちてしやまむ」の諷《そへ》歌《うた》、これらの例に至っては、つぶさに章句あり文藻ありと完備しているので、尚更のことである。

そもそも文字を用いるのは、その言語音声に因ってその事物の形や意味を表現し、先ず端緒《たんしょ》から始まり、その後、修飾を加え手本に則るなど次第に完成していくものである。おそらく往古に仮名文字があり（と素行は考えていた）これが文字の父母であって、言語の音声を表し、それによって意味を理解し、心情を表現したのである。後世になるとこれを継承発展させて千変万化の文字を作り出し、広く活用するようになった。その音声のすみずみまでまといからまる美しさや人情の細かな奥深いおもむきなど、皆集めて完全に編録している。

応神天皇の御代になると外朝の漢字漢文も取り入れたが、その文字文法もわが国古来の文字と類字している。発音の抑揚も亦同様であった。和漢の文字を併せ用いて、外国語に訳すときには漢字を使い、言語の詳細な表現はわが国語で訓読したのである。このように見てくると、わが国の文字は、実はやまとことばの字が基にあって、後に和漢の文字を併せ用いて、全国で利用するようになったのである。

ところで、今用いている文字は漢字漢文となっているが、原形となっている上古の文字は一体どうなっているのかとの疑念を抱く人がいる。これについて私が思うには、言語の制度は、例外なく時の推移に伴って変化していくものである。わが国往古の文書は、大化改新の折、蘇我蝦夷《そがのえみし》の手によって悉く灰となってしまって、その時から既に不明となってしまったのであるから、ましてや後世になっては尚更のことといわねばなるまい。その上、外朝の漢字が伝来して以来、文学担当の史生《ふひと》・留学の博士などは、専《もっぱ》ら漢籍を愛読し、記録も文書も、皆漢文を使用してきた。これは、和漢の言語の意味・文字の書き方が併せ用いられているからである。魚類における鯛《たい》・鰡《なよし》・年《あ》魚《ゆ》・堅魚《かつうを》・鯯《このしろ》などの文字、樹木における柀《まき》・椎《しひ》・梶《かぢ》・櫻《さくら》・楓《かへで》などの文字は、或いは外朝の漢字の意味を異にし、或いは漢籍にはその字がないような類が大変多く、この国の古来のやり方にほかならない。

とすれば何故、中国たるわが国の字引がないのかとの疑念を抱く人がいる。これについて私が思うには、外朝支那と中華たるわが国とは、天地の気候が同じであり、神聖の出現も共通で、人や物や事や義なども殆《ほと》んど相違しない。漢字・漢文を共に踏《とう》襲《しゅう》している様は、まるで水が低きに流れ、火が乾いた物に燃え移るように、しばらくの間に天下の人々が皆漢字を共に使用するようになり、外朝の治国平天下の悠遠な歴史、その事に機敏な人と物など、悉く文書・史編・文字が機能した結果に相違ない。そのため中州たるわが国は、このことに因って国益も補ってきたのである。これこそ古来からの短を措いてその長に就くやり方にほかならない。

　ひそかに考えてみるに、昔は、「人」の意味を「ひと」と考え、「民」の意味を「田民」（たみ）と考えた。「日」を「緋」（ひ）と考え、「月」を「続」（つく）と考えた。「続」（つく）とは、日に次ぐという意味である。「星」を「眸子」（ほうし）と考え、「深」を「不可測」（ふかし）と考えた。更に「聖」を「非塵」（ひじり）と考え、「仏」を「浮屠家」（ほとけ）と考えた。「楮」の意味を「穀樹」（かぞ）と考え、「飛」を「搏風」（たぶ）と考えた。そのほか「田」「塵」「河」の類は、場合に応じて、字の意味を使用し、或いは字の音声を使用して、自然に外朝の漢字と相通ずる類例は一つ一つ取り上げきれないほどであった。外朝の上古は、縄を結んで（結縄《けつじょう》）文字とし、後に鳥の足跡（鳥迹《ちょうせき》）に真似て文字とし、おたまじゃくし（科斗《かと》）に似た文字を鳥の足跡の代わりとし、やがて周の籀書《ちゅうしょ》や秦の篆書《てんしょ》をおたまじゃくしに似た文字の代わりとし、更に漢の隷書《れいしょ》を篆籀《てんちゅう》の代わりとし、然る後に草書や後漢のかすりがき（飛白）という書体の類が、相続いて出現したのである。漢代は、周代からまた遠く隔たっていないにもかかわらず、それでも、おたまじゃくしに似た科斗の文字を人々は理解することができなかった。こう見てくると、外朝に於いても上古・近代と時代が異なれば、文字の形もこのように変化したといえる。ましてや則天武后が「圀」を作り、韓退之（韓愈）が「⿰犭疋」（とん）を作り、又《また》、随・唐の時代には庵を「奄」に作り、十を唐の発音を平声としたのである。「ヽい」の文字は梵字の音で詩人が使用した。「⿰糸冊」（くわん）の文字は、後世明代の升庵《しょうあん》（楊慎《ようしん》）が創始したものである。「廉」や「⿰糸聶」の文字はあったものの、発音も意味も不明であった。今の字書には、「廉」は廉《れん》の本字、「⿰糸聶」の音は攝で、糸の枝の意味であるとしている。このような類似の例はもっとも多いのである。その故に、古典や歴史にも見えない文字があり、発音も意味も不明の文字もあり、或いは奇字・近作の文字、或いは釈梵《しゃくぼん》（仏書の用語）や通俗の文字、或いは叶韻《きょういん》・仮借《かしゃく》、つまり、音韻を他に通用したり、同韻の文字を意味に関係なく借りて通用させたりすることが行われることとなった。そのようにして外朝の漢字の源流には易があり、奇数と偶数字画を考え、形・事・意・声、つまり象形・指事・会意・諧声という漢字成立の形体の六つの中の根本の四つ、これに転注・仮借の二つを併せて六書という、これを本体としていたのである。そして専ら日に日に便利簡単に走ってしまい、字楷（字画の法則）も古来の意義を喪失してしまったのである。このことは単に字画のみそうなったなどと、どうして考えられようか。事物の修飾は、本来の方法に依らなければ、その実質までも亡びてしまい、古来の意義を喪失してしまうことを、併せて考えてみなければならない。

　このように考えてくると、文学学問は外朝が優れているのかとの疑念を抱く人がいる。私が思うには、漢字・漢文の文学学問は、外朝に依拠しなくては、熟知することはできない。そこで推古天皇が随代に修好善隣を始めて以後、外国との交流が途絶えず、留学生を制度化して漢字・漢文を習得させ、外朝の漢籍も盛んに流入したのである。その留学生の中でも吉備真備《きびのまきび》・阿倍仲麻呂《あべのなかまろ》のような優れた人になると、盛唐の文人・詩人と較べても少しも何ら遜色なく、その風を慕い後に続いて台頭してくる者も世の人に少なくない。詩賦文章の著作も、外朝と何ら異なることはない。

　そもそも、文学学問は、わが国のそれであって、外朝の文学学問を必要とはしていない。朝廷の記録・歴史書、詔勅集などは大抵みな、漢字を仮借してやまとことばの意味を解している。その中には、専ら漢字・漢文を用いているものもあり、和漢混交のものもあり、和字のみのものもあって、『日本書紀』・『万葉集』・『古今集』及び六条の宮が『伊勢物語』の和文を全部漢字に書きかえたものや菅原為長が北条政子に請われて『貞観政要《ぢょうがんせいよう》』を国文に訳したものなどがそれらの代表例といえよう。中朝であるわが国の文学を知らないで、外朝の漢文を学ぶのは、ちょうど『論語』の「未だ人に事うること能わずして、いずくんぞ能く鬼に事へん」つまり安易なことも出来ないのに困難なことに取り組むようなものである。

ところで、書（道）、（絵）画においても、中朝たるわが国独自の在り方があったのかとの疑念を抱く人がいる。これについて私が思うには、文字が存在する時には、その法式《ほうしき》（文字の書き方）が存在しなければならないものである。上古の事迹《じせき》については、現在、不明で知り得ないが、中古以来、楷（真）書・行書・草書などそれぞれの書風が展開発達し、その精巧秀逸なること、或いは、神に入り（神技ともいうべき境域に達し）、或いは聖に入り（才徳兼備の完璧の域に達し）、その結果、鬼神（天地の心）も感応し、心なき木石をすら感動させる程である。その勢いは龍や鳳を飛翔させる程である一方、機微には未然に通暁しているような名筆家達が相続いで継承しながら、それぞれ一家の作風を興しており、これ又《また》外朝支那に比肩している。

その結果、藤原道長・藤原佐理（小野道風・藤原行成と共に三蹟の一人）及び若愚（一条天皇の皇子、名不詳、宋代の『皇朝類苑』に見える）の名書家との称賛の記事が、外朝の書物にも出現することになるのである。ましてや名画家の妙技は、更に外朝に恥じないところであった。

そもそも文字の形象は時と共に変遷して、その壮観なことは、昔とは全く変わってしまった。書家の心馳せを縦《ほしいまま》にさせ、点画もその手腕に任せ、書法の上下の筆跡の力強さなど、為し得ることは皆為すに任せた結果にほかならない。字画の変化して出入りあるところから通俗の文字もまた盛行することになるのである。これは、外朝の名書家も亦同様であった。文字も変遷して楷書が確立すると、昔の書体とは一変してしまったのである。そのような中で、鍾繇《しょうよう》（三国魏の書の名人）・王羲之《おうぎし》（晋代の書の名人、王右軍と称す）は、この楷書の名筆家として有名である。

実に、文字等の修飾の礼（作法・様式）は君子（立派な人物）でなくては、その実績は成就し難いといわねばならない。

素戔嗚尊《すさのおのみこと》の爲行《しわざ》甚だ無狀《あぢきなし》、天照大神これに由りて發慍《いか》りまして、乃ち天石窟《あまのいわや》に入りまして、磐戸《いはと》を閉《さ》して幽居《こもりま》しぬ。故《か》れ六合《くに》の内常闇《とこやみ》にして晝夜《ひるよる》の相代《あひかは》るわきも知らず。時に八十《やそ》萬神《よろづのかんだち》ノ天安河邊《かはら》に會合《つど》ひてその禱《いの》るべきの方《さま》を計ら

ふ。故《か》れ思兼神《おもひかねのかみ》深く謀り遠く慮《たばか》りて、遂に常世《とこよ》の長鳴鳥《ながなきどり》を聚めて、互に長鳴せしむ。また手力雄神《たぢからをのかみ》を以て磐戸の側《とわき》に立て、中臣連《なかとみのむらじ》の遠祖《とほつおや》天兒屋命《あめのこやねのみこと》・忌《いん》部《べ》の遠祖《とほつおや》太玉命は、天香山《あまのかごやま》の五百箇眞坂樹《いほつまさかき》を掘《ねこじ》にして、上枝《かんつえ》には八坂瓊《やさかに》の五《い》百箇御統《ほつみすまる》を懸《とりか》け、中枝には八咫鏡《やたのかがみ》を懸け、一に云はく、眞經津鏡。下枝《しづえ》には青和幣《にぎて》和幣、ここにはニギテと云ふ。・白和幣を懸《とりし》でて、相與に致其祈禱《のみいのりまう》す。又猿女君《さるめのきみ》の遠祖《とほつおや》天鈿女命《あまのうづめのみこと》は則ち手に茅《ち》纏《まき》の矟《ほこ》を持ち、天石窟戸《あまのいはやど》の前に立ち巧に作俳優《わざをぎ》す。亦天香山の眞坂樹を以て鬘《かつら》とし、蘿《ひかげ》蘿、ここにはヒカゲと云ふ。を以て手繦《たすき》手繦、ここにはタスキと云ふ。とし、而して火《ほ》處《ところ》燒《ひや》き覆槽《うけふね》置《とどろ》かし、覆槽、ここにはウケと云ふ。顯神明之憑談《かむがかり》す。顯神明之憑談、ここにはカムガカリと云ふ。この時天照大神《あまてらすおおみかみ》聞しめして曰《おほせのたま》ふ、吾《あ》れ比《このご》ろ石窟に閉居《こもりを》り、謂《おも》ふに當に豐葦原《とよあしはらノ》中《ツ》國は必ず長夜《とこやみ》爲《ゆ》かん、云何《いかん》ぞ天《あまの》鈿女《うずめの》命如此《かく》噓樂《ゑらく》するやとのたまひて、乃ち御手を以て磐戸を細《ほそめ》に開けて窺《みそな》はす。時に手力雄神則ち天照大神の手《みて》を奉承《たまは》り引き出し奉る。ここに中臣《ノ》神・忌部《ノ》神則ち端出之繩《しりくめなは》繩、また左繩端出と云ふ、ここにはシリクメナハと云ふ。を界以《ひきわた》し、乃ち請《まう》して曰《まう》さく、復《ま》たな還幸《かへりいりま》しそと。然して後に諸神《もろ〳〵のかんだち》罪過《つみ》を素戔嗚尊に歸《よ》せ、科《おほ》するに千座置戸《ちくらのおきど》を以てして遂に促徵《せめはた》る。

（『日本書紀』巻一より）

一書に曰はく、その物既に備へて天香山の五百箇眞賢木を掘《ねこじ》にして、古語、サネコジノネコジ。上枝《かんつえ》に玉を懸《とりか》け、中枝に靑和幣《あをにぎて》・白和幣を懸《とりか》け、太玉命をして捧げ持たしめて稱讃《ほめまう》さしめ、亦天兒屋命をして相副ひて祈禱《のみまう》さしむ。又天鈿女命をして眞辟葛《まさきのかつら》を以て鬘と爲し、次に蘿葛《ひかげ》蘿葛はヒカゲ。を手繦《たすき》と爲し、竹の葉・飫憩《をけ》木の葉を以て手草今タクサ。と爲し、手に著鐸《ちまき》の矛を持たしめて、石窟戸の前に於て覆誓槽《うけふね》し、古語、ウケフネ、約誓の意。庭燎《にはび》を擧げ巧作《たくみわざ》俳優をして相與に歌ひ舞ふ。ここに於て天照大神中心《みこころのうち》獨り謂《おもひたま》はく、比《このご》ろ吾《あ》れ幽居《かくれ》たり、天下《ノ》悉く闇《くら》からん、群神《かんたち》何に由りてか如此《かく》歌樂《ゑらく》すとのたまひて、聊《いささ》か戸を開《あ》けて窺《みそな》はす。云云。この時に當り上天《あめ》初めて晴れ、衆《もろ〳〵》倶に相見る。面《おも》皆明白《しろし》、手を伸《の》べ歌ひ舞ふ。相與に稱へて曰はく、阿波禮《あはれ》、天晴を言ふ。阿那於茂志呂《あなおもしろ》、古語、事の甚だ切なる、皆阿那と稱す。言ふは、衆面明白きなり。阿那多能志《あなたのし》、言ふは、手を伸べて舞ふなり。今樂事を指してこれをタノシと謂ふはこの意なり。阿那佐夜憩《あなさやけ》、竹葉の聲なり。飫憩《をけ》、木の名なり、その葉を振るの詞なり。爾《いまし》乃ち二神、倶に請《まう》して曰《まう》さく、復た還幸《かへりたまふ》ことなかれと。

謹みて按ずるに、是れ聲樂歌舞の禮なり。この後火闌降命《ほのすそりの》俳優《わざをぎ》を爲し、道臣命密策を承奉《うけたまは》りて能く以て諷歌《のべうた》する、皆樂の一事にして、竟に呂律を定め樂器を制し、曲調を立て舞節を習して、各〻一代の樂を制作す。蓋し樂は人心の和悦なり。中に和樂《わらく》洛音の實あるときは外に飾文の事あり、是れを情文これ稱《かな》ふと爲す。既に飾文の事あるときは音聲以て發し、手舞ひ足蹈む。ここに於て五聲を考へ八音を合せ、六律六呂を分ち、その七情を節文して以てその聲容を正す。皆聖人その端を發して、その人を待つて以てその道を成さしむ。

凡そ禮は正しくして嚴なり、樂は和して安らかなり。禮は人情を節する所以なり、樂は神人を樂《たのしま》しむる所以なり。故に神祇に事《つか》へ上下を和し、人才を育し性情を養ふは、樂より大なるはなし、樂は獨り喜ぶにあらず、衆相會して以てその樂洛音を成す。その制備はらざれば(成功を)得ず。是れその本を重んじて未だ嘗てその末を遺《わす》れず、その實を盡して未だ嘗てその文を舍《す》てざるなり。徒《ただ》その物ありてその道なきときは、教化を成すの實にあらず。徒その徳を言ひてその制なきときは、神人を感ぜしむるの全きにあらず。聖人樂を制し、又四海とこれを共にして百世これを傳へんことを思ふ。豈本末偏《かたつかた》廢せんや。

神代は思兼神の　慮《おもんばかり》に因りてその制するところの道大いに備はる。故に　神も亦これに感じて、その功效廣大深切なること以て見つべし。この後《のち》、樂の制日に備はりて、風《ふう》・雅《が》・

頌《しょう》以て正しく、神樂《かぐら》ありて以て神祇に事《つか》へ、樂舞ありて以て上下を和し、催馬樂《さいばら》・風俗ありて以て天下の俗を知り、或は四夷の樂あり、或は雑藝・今様《いまやう》ありて以て教化の徳を示し、以て和樂《洛音》の實を發す。況や呂律・樂府《がふ》の詳なる、樂器の名物珍奇なる、伶人の音律に通じ、舞曲の鬼神を感ぜしむる、更にその人に乏しからず。

〔大意〕

謹んで考えてみるに、これは、声楽歌舞（音楽と舞踊）の礼にほかならない。この後、火闌降命《ほのすそりのみこと》が演技したり、道臣命《みちのおみのみこと》が八十梟師《やそたける》の残党を密策を以て亡ぼして諷歌したのは、皆音楽の一種であり、次第に歌詞の調子を定め楽器を調え、音律の調子を立て舞踊の拍手にも習熟して、それぞれ一代の音楽を制作したのである。思うに音楽は人心を和悦させるもの（楽とは、人心の和悦の意）であり、内面に和楽の実があるときには、外面に美しい形で表される。これこそ内面の情と外面の表現とが調和均衡したことにほかならない。このように美しく表現させると、音声が自然に発せられ、手足が自然に舞ってしまうものである。このようにして外朝支那の音楽でいわれる、五声・八音を考合し、六つの律呂《りつりょ》を分かち、喜怒哀楽愛悪《お》欲の七情を節文（ほどよくしてかざる）して、その声容（音声と容姿）を正すことができるようになるのである。これらのことは皆、聖人がその端緒を示して、然るべき人材を待って、声楽歌舞のあり方を完成させたのである。

だいたい、礼は厳正なものであり、楽は安和なものである。礼は人情を節制するゆえんにほかならず、楽は神と人を楽しませるゆえんである。そのゆえに、神祇（天神地祇）に事《つか》え上下を和し、人才を育し性情を養うには、音楽より偉大な効果を生ずるものはないのである。更にいえば、音楽は一人一人が喜ぶだけでなく、多数の人々が集まって楽しむものなのである。そのためには、すべて整備されていないと成功することはできない。これは、その根本を重視して、末節も決して軽視せず、またその実質（内容）を尽くして、表現（形式）も決してないがしろにしないことを意味している。単にその事物のみが存在して、その在るべき道理が存在しないときには、実際の教化はなし得ず、単に道徳のみが存在してその規範となる制度が存在しないときには、神と人とを感応させたのには不十分といわねばならない。聖人は音楽を制定して、天下の人々と共有し、百世の永きにわたって継承しようと考えたところである。どうして根本と末節との一方を廃することなどあり得ようか。

神代においては、思兼神《おもひかねのかみ》の慮り《おもんぱか》（深謀遠慮）によってその制度と運用のあり方が整備されていた。その故に神も亦、これに感応して、その功効が広大・深切に及んだことを見ることができる。この後、音楽の制度が時と共に整備されていき、風・雅・頌《しょう》（漢詩の三つの分類）も皆是正され、神楽によって神祇（天神地祇つまり天地の神明）に奉仕し、楽舞によって上下ともに和楽し、催馬楽《さいばら》（神楽に似た俗楽）・風俗（風俗歌、地方の鄙歌）によって広く国中の風俗を知ることが出来る。或いは四夷（周囲の異民族）の音楽があり、或いは、雑芸・今様《いまよう》（流行歌謡）などによって教化の成果を見ることが出来る。そのうえ、呂律（音曲の規則）、楽府（歌曲の詩の一体）が詳細にわたって整い、楽器の名品や珍しい物が備わり、伶人《れいじん》（音楽師）が音律に通暁しており、舞曲ともに鬼神（天地の心）を感応させる等々、それらを能くする人材も亦、決して乏しいことはなかったのである。

素戔嗚尊《すさのおのみこと》遂に出雲の清地《すが》清地、ここにはスガと云ふ。**に到り、乃ち言《ことあげ》して曰《のたま》はく、吾《あ》が心清清《すが〱》し。**これ今この地を呼びて清《すが》と云ふ。**彼處《そこ》に宮を建つ。時に素戔嗚尊歌よしみて曰はく、ヤクモタツ、イヅモヤヘガキ、ツマコメニ、ヤヘガキタ《（ツク）》ツル、ソノヤヘガキヲ。**

（『日本書紀』巻一より）

謹みて按ずるに、是れ詠歌の始なり。初め二神《ふたはしらのかみ》既に唱和ありて憙哉《あなにゑや》の辭《ことば》を爲す、是れ乃ち歌曲の父母と雖も、未だ章句に及ばず。ここに至りて三十一字相備はりて萬世詠歌の基を爲す。この後下照姫《したてるひめ》が夷曲《ひなぶり》、彦火火《ノ》尊の擧歌《あげうた》彦火火出見尊及び豐玉姫贈答の二首を擧歌と曰ふ。あり。人皇に及びてこの道日に隆にして、以て天地を動かし鬼神を感ぜしめ、上下を和し人倫を正し、事物の情を通ずるに至る。是れ乃ち樂律のその一なり。蓋し內七情の蘊に因り、外その言辭に發して以てその懷を述ぶるものは、人情の道なり。既に言辭あるときは、章あり句あり、章句ありて以て詠ずべきときは、諷して託することあり、諷歌《そへうた》と曰ふ、乃ち外國の風なり。陳べて直《ただ》にするあり、カゾへ歌と曰ふ、乃ち外國の賦なり。喩《たと》へて比《ひ》《くらべ》するあり、準擬歌《なぞらへ》と曰ふ、乃ち外國の比なり。起して引くあり、譬へ歌と曰ふ、乃ち外國の興なり。正して平なるあり、正言歌《ただごと》と曰ふ、乃ち外國の雅なり。祝《ほ》ぎて壽《ことぶき》するあり。祝歌と曰ふ。乃ち外國の頌なり。詞林言葉の繁き、文海筆藻の廣き、千變萬態、亦この六義に出でず。波流分派して天下皆詠歌す。ここに於て柿本人丸・山邊赤人古今に獨步し、當道に神仙にして、朝廷これを以て教化を佐《たす》け、これを以てその賢愚を試み、人臣これを以て諷諫しこれを以て衷《まこと》を表はし、鬼神以て感じ、人民以て和す。その繫るところ甚だ重く、その基するところ太《はなは》だ深し。而して長歌・短歌・旋頭《せどう》・混本《こんぽん》の類を制し、雜體また少からず。況や　二神の唱和に因り、上問下答の連歌日本武尊に筑波の詠ありて、燭を秉る者九夜十日の答を獻《たてまつ》る。洋洋乎として耳を盈《みた》す。日本武尊常陸を歴て甲斐の國に至りて酒折宮に居《まし》ます、時に燭を擧《と》りて進食《みをし》す。この夜歌を以て侍者《さぶらひびと》に問ひて曰はく、ニヒバリ、ツクバヲスギテ、イクヨカネツルと。諸の侍者答言《みこたへ》えまうさず。時に秉燭者《ひともしびと》あり、王歌《みうた》の末に續けて歌つて曰はく、カガナベテ、ヨニハコノヨ、ヒニハトヲカヲ云々と。是れ　中國の文物にして、猶ほ外國の詩のごとし。代代の　勅撰、家家の別集、五車《ごしゃ》も亦轄《くさび》を折るべし。且つ歌林の良材を集め、詞海の浮藻を聚め、文人これを書に筆し、女史これを册に著はすこと、豈三萬軸のみならんや。後世に及びて漢語相通じ、外國の詩賦文章も亦大いに世に行はる。

凡そ李翰林・王右丞は盛唐の詩人にして、天下これを稱す。而して阿倍仲滿《なかまろ》相並びて贈答唱和す。陸龜蒙・皮日休は文人なり詩人なり、高致あり聰悟あり、而して釋圓載ノ交はり金蘭に擬す。仲麻呂が如きは　中國の一書生なり、唐の肅宗の上元《じゃうげん》中、左散騎常侍安南都護ノに擢《ぬきん》でられ累《しき》りに北海郡ノ開國公に遷り、食邑三千戸、遂に唐に卒す。是れ人才の外朝に愧ぢざるなり。況や吉備眞備が博洽をや。菅・江のその家に名ある、文藻詩集及び國史家集の廣く世に布《し》きて以て洛紙の價を貴くする、豈外國の下風に立たんや。且つ詩文の禪に入り、南禪の信義堂、空華集あり。相國の津絕海、蕉堅藁あり。少林の岩惟肖、東海瓊華あり。建仁の派江西、東福の鍊虎關、濟北集あり。

曬東沼、流水集あり。澤天隱・三横川、京華集あり。及び村庵・月舟の等《ともがら》各〻横行して並び馳す、又枚擧すべからず。

或は疑ふ、先人曰はく、中朝の文士にして名を外國に發《あらは》したるは粟田・阿倍のみと。然らば乃ち粟田・阿倍の才は吉備に賢《まさ》るか。愚謂へらく、粟田入唐して武后宴を麟德殿に賜ふこと、外國の史に見ゆ。粟田眞人は養老三年に卒し、遺行の今に稱すべきなし。仲滿は名を外國に播《ひろ》むと雖も、中朝又その才を知るべきなし。吉備眞備は入唐して唐禮を詳にし、博く經史に涉り、以て　王化を輔佐し、大いに儒風釋典の禮を興し、武義兵法に通じ籌《はかりごと》を以て賊を平げ、その功尤も懿《おほい》なり。故に從八位下より正二位の右大臣に轉じ、下道《しもみち》を改めて吉備姓を賜ふ。凡そ入唐の輩この上に立つべきものなし。竊に按ずるに、仲麻呂はこれに反す。夫れ信《まこと》に美《よし》と雖も而も吾が土にあらざるは、人の情なり。仲麻呂その鄕に還ることを放《ゆる》されて去らず、唐に卒し、終に父母を省《かへり》みず　王政を輔けず、家乏しくして葬禮に闕くることあり、又その賻襚《ふすえ》を賜はる、眷遇此の如くして、而もその本を忘る。豈これ才の實ならんや。唐帝これを賞して美官大祿を以てす、外國の衰へたること亦幷せ按ずべし。

〔大意〕

謹んで考えてみるに、これは詠歌の始めにほかならない。初めに二神《ふたはしらのかみ》（伊弉諾・伊弉册二尊）に既に「憙哉《あなにゑや》」と陰陽唱和の語を発せられた。これがとりもなおさず、詠歌の父母となったものといっても、未だ章句を為すまでには及ばなかった。この素戔嗚尊のこの歌に至ってはじめて三十一字が完備することになり、以後永く万世の詠歌の基盤となったのである。その後、下照姫《したてるひめ》が味耜高彦根神《あぢすきたかひこねのかみ》を讃美した歌「天《あめ》なるや　弟織女《おとたなばた》の　頸《うな》がせる　玉《たま》の御統《みすまる》の　穴玉《あなたま》はや　み谷《たに》　二渡《ふたわた》らす　味耜高彦《あぢすきたかひこ》根《ね》」と「天離《あまさか》る　夷《ひな》つ女《め》の　い渡らす迫門《せと》　石川片淵《いしかはかたふち》　片淵に　網《あみ》張り渡し　目ろ寄しに　寄《よ》し寄《よ》り來《こ》ね　石川片淵」と両首の歌、これを今、夷曲《ひなぶり》と名付けた歌があり、（歌意は、天にいる機織女が、勁にかけている玉の御統《みすまる》、その御統に通してある穴玉は、極めて美しいが、それは全く、谷二つに渡って輝いている味耜高彦根神と同じである。夷つ女が瀬戸を渡って魚をとる石川の淵よ。その淵に網を張り渡し、網の目を引き寄せるように、寄っておいで、石川片淵よ）、更には、彦火火尊《ひこほほのみこと》と豊玉姫との贈答の挙歌《あげうた》「沖津鳥鴨つく島にわがいねしいもは忘らじ世のことごとも」、豊玉姫の返歌「あか珠の光りはありと人はいへど、君がよそほひしたふとくありけり」があった。天神から人皇へと時代が推移するようになると、この歌の道は、時と共に隆盛して、歌で以て、天地を動かし鬼神をも感応させ、上下を和合し、人倫（人と人との間柄）を正し、事物の情意を通わせるようになるのである。これがとりもなおさず、楽律（音楽韻律）の一側面にほかならない。

　思うに、内心の七情（喜怒哀楽愛悪欲《お》）の蘊蓄《うんちく》に因って、それが言辞として外に発せられて、心の懐いを述べるのは、人情の自然の在り方であろう。そのような言辞があれば、章もあり句もあり、章句を以て詠うべき場合には、諷諭《そへうた》（それとなく遠まわしにさとす）に託する外朝の風があったり、直接に陳述する外朝の賦があったり、比喩に托する準擬歌《なぞらへうた》（外朝の比）があったり、興起して引く譬《たとへ》の雅歌《うた》（外朝の興）があったり、公平に正す正言歌《ただことうた》朝があったり、祝寿《ことほぎ》する祝歌《いわいうた》（外朝の頌）があったり、つまり外朝の「※18詩の六義《りくぎ》」の風《ふう》・賦《ふ》・比《ひ》・興《きょう》・雅《が》・頌《しょう》にたとえられる詠歌振りがあって、詞林言葉の繁多、文海争藻の広汎、千変万態の多岐に亘っても、この「詩の六義《りくぎ》」の範囲に収まっているのである。

　こうした歌風の流れは分派して、天下に広く詠われることになったのである。その中でも柿本人麻呂や山辺《部》赤人は古今に際立つ第一流の歌人であり、いわば歌道の神仙とも称えられていた。朝廷では、この歌の道によって、人民の教化の手だてとし、人の賢愚を試験し、人臣は、君主をそれとなく諫めてその衷誠《まこと》を表し、鬼神（天地の心）もこれによって感応し、人民もこれによって和楽したのである。歌の道のかかわるところは甚だ重大であり、かつその基盤は、甚だ深遠であった。

しかも長歌・短歌・旋頭歌《せどう》とその略形（旋頭歌の半分五七七のみ）の歌などの分類も形成され、変形もさまざまであった。そのうえ、二神の唱和に始まる上問下答由来の連歌は、次の連歌によって広く全国に知れ渡ったのである。すなわち、日本武尊が甲斐国の酒折宮《さかをりのみや》で詠まれた侍者に問われた歌

新治《にひばり》　筑波を過ぎて　幾夜か寝つる

これに対して侍者は答えられず、たまたま秉燭者《ひともせるもの》が居合わせて、皇子の歌の末に続けて、

日日並《かがな》べて　夜には九夜《ここのよ》　日には十日《とをか》を

と奉答の歌を詠んだ聡明さを褒めたまうたという上問下答の連歌をその代表として、広く全国に知れ渡ったのである。

これらの詠歌こそ中国たるわが国の文物そのものであり、ちょうど外朝支那の詩のようなものである。歴代の天皇の御代には、『勅選集』が作られ、藤原定家の選んだ別集も加わって、歌集は多く、五台の車（五車）にも載せきれないほどであった。そのうえ、良い歌を集め、秀でた文章を聚めて、文人が論評・解説し、女史（女性の文

人）も亦、著述に携わった。そのような書籍も、おびただしい数にのぼった。更に後世になると外朝の漢詩・漢文も亦、広く世の中に行き渡ったのである。

そもそも李白や王維は盛唐時代の詩人として、その名は天下に称えられている。しかるにわが国から留学渡唐した阿倍仲麻呂（仲満《ちゅうまん》は、晁衡《ちょうこう》と共に唐名）は、その李白や王維と肩を並べて、立派に漢詩の贈答をして詠い合う程であった。また、陸亀蒙《りくきもう》（甫里先生と称され『甫里集』という文集あり）や皮日休（襲美）は、文人・詩人として知られ、その詩文は高致・聡悟と称えられていた。しかるに留学渡唐した僧の圓載《えんさい》は、文章に巧みで陸甫里先生と厚誼を結び、『易経』にある金蘭の交わりになぞらえられる程であった。

仲麻呂に至っては、唐の詩文に秀でて進士の科挙にも登第（合格）し、唐の粛宗皇帝の上元年間には、左散騎常侍に任ぜられて安南都護（軍・政の長官）に抜擢登用され、北海郡の開国公の爵位も加えられて、三千戸の食邑を下賜されるに至った。帰国できず、遂に唐の地で歿したのであった。

これらの例は、わが国の人才は外朝支那に愧《は》じないことを示している。そのうえ吉備真備《きびのまきび》の博学でいろいろな学問に通じていることは言うまでもなく、菅原家・大江家が、学問・学者の家柄として世に知られていること、また文集や詩集及び国史・その家の人々の作品を集めた本（個人の和歌を集めた歌集）などが、広く世に出版されて洛陽の紙価を高からしめる程版を重ねていること、などを見れば、どうしてわが国が外朝支那の風下に立つなどということがありえようか。あり得ないのである。更にまた、漢詩文が禅門にも取り入れられ、南禅寺の義堂周信《ぎどうしゅうしん》（『空華集』あり）・相国寺の絶海中津《ぜっかいちゅうしん》（『蕉堅藁』あり）・少林寺の惟肖得岩《いしょうとくがん》（『東海瓊華』あり）・建仁寺の江西《こうせい》龍派《りゅうは》（『東坡抄』あり）・東福寺の虎関師錬《こかんしれん》（『濟北集』あり）・建仁寺の東沼周巌《とうしょうしゅうがん》（『流水集』あり）・同寺の天隠龍澤《てんいんりゅうたく》（『有集名黙雲集』あり）・相国寺の横川景三《おうせんけっさい》（『京華集』あり）・南禅寺の希世霊彦《きせいれいげん》（詩の達者）・同寺の月舟寿桂《げっしゅうじゅけい》（博学の名あり）等々が一斉に横並びに競争して一人一人取りあげる暇もない程多数に及んだのである。

ところで中朝たるわが国の学者で、名を外国に著わしたのは、粟田真人と阿倍仲麻呂のみであると先人は言うが、とすれば粟田・阿倍の才は、吉備真備よりも勝れていたのではないかと疑念を抱く人がいる。

これについて私が思うには、粟田は入唐して則天武后から麟徳殿で宴席を賜わったことが外国の史書に記されている。ところが養老三年に歿したが、今に称される業績は見当たらない。阿倍は、仲満の名を外国に広めたといっても、中朝たるわが国では、その才を具体的には知る由もない。

これに較べて吉備真備は、入唐して唐礼（唐の礼楽文物）を詳しく学び、博く経史（経書と歴史書）を渉猟して、わが朝廷の政治に貢献し、更に大いに儒教の経典の解釈等の文化振興にも寄与した上に、武道兵法にも通暁して、計略で恵美押勝《えみのおしかつ》の乱を平定するなど、その功績は最も大きかった。それによって、八位下から正二位の右大臣にまで昇進し、吉備姓を賜わって旧姓下道《しもみち》朝臣を改めたのである。入唐留学した誰も、皆これに及ぶ者はない。心にひそかに考えてみるに、阿倍仲麻呂は、これとは異なっている。優れていたといっても、わが国においてではなかった、と思うのが人情であろう。仲麻呂は帰国することを許されていたが、結局唐を去らず、唐で歿してしまって、結局、父母への孝養を省みることもせず、朝廷の政治にも貢献しなかった。このため、留守の家は貧しくて葬礼にも事欠く始末で、賻襚《ふすい》（死者に贈るはなむけと衣服）を賜わったのである。朝廷からこのように特別に目をかけられたのに、本人の方が、その本を忘れてしまっている。これが、本当の才といえようか。唐の皇帝は、仲麻呂を大官高禄を以て優遇したのである。その玄宗皇帝から唐が衰退していったことも、併せて考えるべきであろう。

※18…詩の六義…『詩経』大序にいう詩の六種の分類、すなわち風・賦・比・興・雅・頌。

賦は感想そのままを述べたもの、比はたとえを採って感想を述べたもの、興は外物に触れて感想を述べたもの、風は民間に行われる歌謡、雅は朝廷でうたわれる雅正の詞藻、頌は宗廟頌徳の詞藻。また、性質・内容から分類した風・雅・頌と、表現から分類した賦・比・興とに二分する場合もある。

一方、紀貫之が詩の六義を転用して『古今集』序において述べた、和歌の六種の風体。そえ歌・かぞえ歌、なずらえ歌・たとえ歌・ただごと歌・いわい歌の総称を指していう。

神武帝東を征ちたまうて、菟田血原《うたのちはら》に於て酒宍《さけしし》を以て軍卒《いくさひとども》に班ち賜ふ。乃ち御謠《みうたよみ》して曰《のたま》はく、謠これをウタヨミと云ふ。ウタ《莵田》ノタカキ《高城》ニ、シギ《鴫》ワナ《羂》ハル《張》、ワガ《我》マツ《待》ヤ、シギ《鴫》ハサヤ《障》ラズ、イスクハシ《磯勇妙》、クヂラ《鯨》サヤリ《障》、コナミ《前妻》ガ、ナ《魚》コハ《乞》サバ、タチ《立》ソバ《柧》ノミノ《實》、ナケ《無》クヲ、コキ《扱》シヒヱ《稗》ネ、ウハ《後》ナリ《妻》ガ、ナ《魚》コハ《乞》サバ、イチ《柃》サカキ《木》ミ《實》ノ、オホケ《多》クヲ、コキ《幾》タ《許》ヒヱ《稗》ネ。これを來目歌と謂ふ。今樂府《とよのあかり》にこの歌を奏《うた》ふときには、猶ほ手量《たはかり》の大小《おほきさちいささ》、及び音聲《うたごゑ》の巨細《ふとさほそさ》あり。此れ古の遺式《のこせるのり》なり。

（『日本書紀』巻三より）

謹みて按ずるに、是れ謠歌の初なり。夫れ謠は章曲なくして、是れまた詠歌の一體なり。凡そ神樂・催馬樂・風俗の歌ふところは皆これ謠なり。蓋し外朝の三百篇の詩は中國の謠歌なり。中州の三十一字の歌は、外國の律の詩なり。五言七言の詩は漢に起り、康哉《かうさい》の歌は唐・虞に出づ。中朝の歌謠は共に端を神代に造《な》し、以て風を後世に隆《さかん》にす。吁《ああ》、上下を和し人情に通じ、鬼神に事ふるの道、太《はなは》だ備はれる哉。以上、樂聲の禮を論ず。

以上、禮儀の道を論ず。謹みて按ずるに、禮は天地に則り人情に順ひ事物を考へ、その至誠を致しその始終を省るの道なり。儀は威儀を正し以て修飾文章するの謂なり。禮立つときは儀行はる。故に國家を治平するに禮を以てせざれば、猶ほ衡《はかり》なく繩墨《じょうぼく》なく規矩《きく》なきがごとく、その輕重・曲直・方圓終に知るべからず。禮を定むるに道を以てせざれば、猶ほ衡の正しからず、繩墨規矩の明かならざるがごとし。これを誣《あざむ》くに奸詐を以てするも亦その實を得べからず。五倫の大經、事物の周通、禮より善きはなし。禮は儀に因らざれば行はれず、儀は禮に本づかざれば誠なし。禮儀因りて而して后に本立ち文成る。儀禮の天下に經緯たる、その品節甚だ多く、その條目數繁《かずおほ》し。故に儀禮を制し修飾を審にすること、聖人にあらざれば虛しく道《おこな》はれず、天子にあらざれば盡すこと能はず。その用や、人に親疎あり、貴賤あり、貧福あり、男女あり、長幼あり、官位あり、職掌あり。その事の吉や凶や軍や賓や嘉や、その物の衣服と云ひ飲食と云ひ、家宅と云ひ用器と云ふ。その威儀文章の隆殺《りゆうさい》、豈容易ならんや。故に天の道、地の義、民の行、禮を以てせざることなし。神聖その端を垂れて以て萬世に戒む、その旨亦大ならずや。或は疑ふ、樂は禮と相對す、而今《いま》樂を以て禮に屬するは何ぞやと。愚謂へらく、樂も亦儀の禮なり、禮立つときは樂行はる、猶ほ天の地在るがごとし。天を曰ふときは、地その中に在り。

〔大意〕

謹んで考えてみるに、これは謡歌の初めである。そもそも謡とは、章曲（歌詞・歌曲）がなくても、それで詠歌の一形体である。だいたい神楽・催馬楽・風俗歌などは皆、謡にほかならない。思うに外朝の詩三百篇は、謡歌である。中州たるわが国の三十一字の歌は、外国の律詩に相当する。五言七言の詩は漢代に始まり、康哉の歌（太平を謳歌した歌）は、堯（唐堯）・舜（虞舜）の時に出て来た。中朝たるわが国の歌謡は、共に神代に端緒があり、後世に至ってその風が盛んになっていく。歌謡には、上下を和し人情に通じ、鬼神（天地の心）に奉仕する働きが、何と大きく備わっていることであろうか。

以上、礼儀の道を論じてきた。謹んで考えてみるに、礼は、天地に則り、人情に順じ、事物を考え、その至誠を致し、その始終を省察する道にほかならない。儀は、威儀を正し以て修飾文章する、つまり形式を整え、礼の内容を外に向かって飾り表現するという意味である。そこで礼立つときは儀行わる、つまり、礼という内容と儀という形式とは相俟って行われるのである。

その故に国家を統治するのに礼に依らなければ、まるで、重さをはかる秤もなく、軌範もなく、コンパスや物さしもなくては、物の軽重・曲直・方円も知ることができないようなものである。礼を定めるのに人道に基づかなければ、まるで、秤が正しくなく、軌範も物さしもないようなことになってしまう。虚偽にいつわっても実効は得られない。礼は、人として守るべき道、つまり君臣の義、父子の親、夫婦の別、長幼の序、朋友の信の五倫や事物当然の理に通暁した最善の内容のものなのである。そしてまた、礼は儀に因らなければ行われず、儀は礼に基づかなければ、誠でない。礼という内容と儀という形式とが相互に適合してはじめて、根本が確立し、外形表現も整備されるのである。

天下を秩序立て治めととのえる儀や礼は、品節（種類や規則）も大変多く、条目（箇条書きの項目）も多岐にわたっている。その故に、儀礼を制定し、その形式表現を整備することは、聖人・天子でなければ、完璧を期し難いのである。

その効用面から見れば、人には、親疎、貴賤、貧福、男女、長幼、官位、職掌などさまざまな差別があって、それぞれの場合について考えねばならず、事には、吉や凶や軍や賓や嘉などのさまざまな場合があり、物には、衣服や飲食、家宅や用器などのさまざまの場合があって、それぞれの場合に適切に対応せねばならず、礼儀の制定、整備の成否は、容易なことではないのである。その故に、天の道、地の義、民の行は、すべて礼に依拠せざるを得ないのである。神武天皇がその端緒を垂示されて、万世にわたる戒めとされた意味はまことに大きいといえるのではあるまいか。

ところで、楽と礼とは、相対するものであるのに、ここでは、楽を礼の中に含めてしまっているのは何としたことかとの疑念を抱く人がいる。それについて私が思うには、楽も儀の礼にほかならない。礼が確立すれば、楽が実行されるのは、あたかも、天あれば地もあるようなものである。天といえば地が自ずからその中に含まれているのである。

賞罰章

二神共に日ノ神を生みます。この子光華明彩《みこひかりうるはしく》して六合《くに》の内に照徹《てりとほ》る。故《か》れ二ノ神喜んで曰はく、吾《あ》が息多《みこさは》ありと雖も、未だ若此《かく》靈異之《くしびにあやしき》兒はあらず。宜《む》べ久しくこの國に留《とど》めまつるべからず、自ら當に早く天《あめ》に送りまつりて授くるに天上《あめのうへ》の事を以てすべし。故《か》れ天柱《あめのみはしら》を以て天上ノに擧《おくりあ》ぐ。次に月ノ神を生みます。その光彩《ひかりうるはしきこと》日に亞《つ》げり、以て日に配《なら》べて治《しら》すべし。故《か》れ亦これを天に送りまつる。次に蛭兒《ひるこ》を生みます。已に三歳になるまで脚猶ほ立たず。故《か》れ天磐櫲樟船《あめのいはくすぶね》に載せて風の順《まにま》に放ち棄つ。次に素戔嗚尊《すさのおのみこと》を生みます。この神勇悍《いさみたけう》して安忍《いぶりなること》あり、且《ま》た常に哭泣《なきいざつる》を以て行《わざ》と爲す。故れ國内《くにのうち》の人民《ひとくさ》をして多《さは》に以て夭折《あからさま》にす、復た青山をして變枯《からやま》にす。故れその父母《かぞいろは》の　二神《ふたはしらのかみ》、素戔嗚尊に勅《ことよさ》したまはく、汝《いまし》甚だ無道《あぢきなし》、以て宇宙《あめのした》に君臨《きみたる》べからず、固《まこと》に當に遠く根國《ねのくに》に適《い》ねとのたまひて、遂に逐《やら》ひたまひき。

（『日本書紀』巻一より）

謹みて按ずるに、是れ　二神善を賞し惡を懲《こら》して私《わたくし》したまはざるの義なり。蓋し人の情必ず喜怒あり。喜怒あるときは好惡あり。好惡は必ずその私するところに偏《かたよ》りてその至公を得ず、則ち善惡混じて正しからず。故に　神聖と雖も亦未だ嘗て取舍なくんばあらず。取舍の道、その分《わかち》は親《しん》より始まる。親以て私せざるときは、その及ぶところ以て知るべし。今　中州の主《きみ》を命ぜんと欲したまひ、而もその四子に於て、その名分の嚴なる、その取舍の正なる、是れ乃ち萬世賞罰の源なり。

〔大意〕

謹んで考えてみるに、これは伊弉諾尊《いざなぎのみこと》・伊弉冊尊《いざなみのみこと》二神が、善を賞し悪を懲らすに当たって私情を慎しみたまうた意義を論じたものにほかならない。思うに人情には必ず喜怒があり、喜怒に伴って好悪があるものである。好悪の情の常として私情に偏りやすく、至公を致し得ないものである。そのため善悪の区分ができないで不正に亘りがちである。その故に二神の場合であっても、取捨選択が不可欠といえる。その取捨選択の是非は、親族の場合が最も難しく大切である。私情に偏りやすい親族の場合に、適切に対処できれば、その影響するところは、明白である。天地創造の当初に、中洲たるこの国の君主を任命するに際し、御子である四柱の神の処遇に当たり、大義名分の厳格なこと、その取捨選択の適正なこと、これこそ万世にわたる賞罰の淵源にほかならない。

天神《あめのかみ》、經津主神《ふつぬしのかみ》・武甕槌神《たけみかづちのかみ》を遣はして葦原《ノ》中《ツ》國を平定せしめたまふ。ここに大己貴神《おおあなむちのかみ》は岐神《くなどのかみ》を二神に薦む。故れ經津主神は岐神を以て郷導《くにのみちびき》と爲し、周《め》流《ぐ》りつつ削平《たひら》ぐ。逆命者《したがはぬもの》あるをば卽ち加《ま》た斬戮《ころ》す。歸順者《まつろふひと》をば仍りて加《ま》た褒《ほ》美む。

(『日本書紀』巻二の一書より)

謹みて按ずるに、是れ賞罰の始なり。凡そ賞刑はその過不及を齊《ととの》ふるの道にして、勸めて人を善に導き、懲して惡を人に示すの事なり。人の氣質同じからず、俗の風教正しからざるときは、或は惡に習ひて恆と爲し、或は暴逆を以て業と爲す。故に刑以て威《おど》し、罰以て懲すは、君子のこれを愛する所以にして、惡《にく》去聲んで以てこれを害するにあらず。刑賞以てこれを御せざれば善惡明かならず、君子の道消《き》え小人の道長ず。愼まざるべけんや。以上、賞罰の義。

〔大意〕

謹んで考えてみるに、これは、賞罰の始まりであった。そもそも褒賞と刑罰とは、過不及を整えるやり方であり、人を善に勧誘したり悪を懲戒したりすることを意味している。人の気質は皆異なっており、風俗習慣が正しくないと悪習が定着してしまって、暴逆をもっぱらにする場合も生ずる。その故に刑罰をもって脅《おど》したり懲らしたりするのは、君主が人民を愛するからであって、憎んで害するからではない。刑罰と褒賞とをもって人民を統御しないと、善悪是非がまぎらわしくなって、君子の道が衰え小人の道が栄えることになってしまう。深く慎むべきことではあるまいか。

大物主神《おおものぬしのかみ》及び事代主神《ことしろぬしのかみ》乃ち八十萬神を天高市《あまのたけち》に合《あつ》め、帥《ひき》ゐて以て天に昇りてその誠欵《まこと》の至れるを陳《まう》す。時に高皇産靈尊《たかみむすびのみこと》、大物主神に勅《みことのり》すらく、汝《いまし》若し國《ツ》神を以て妻と爲《せ》ば、吾《あ》れ猶ほ汝を疏心《うときこころ》ありと謂《おも》はん。故《か》れ今吾が女三穗津姫《むすめみほつひめ》を以て汝に配《あは》せて妻と爲《せ》ん。宜しく八十萬の神を領《ひき》ゐて、永《ひたぶる》に皇孫《すめみま》の爲《ため》に護り奉《まつ》れと。乃ち還り降らしむ。

（『日本書紀』巻二の一書より）

謹みて按ずるに、是れ　天神賞を行ふの始なり。

〔大意〕

謹んで考えてみるに、これは、天神が論功行賞した始まりにほかならない。

神武帝の即位二年《ふたとせ》春二月甲辰朔《きのえたつついたち》、乙巳《きのとみのひ》、天皇功《いさをし》を定め賞《たまもの》を行ひたまふ。道臣命《みちのおみのみこと》に宅地《いへところ》を賜ひて築坂邑《つきさかのむら》に居《はべ》らしめ、以て寵異《ことにめぐ》みたまふ。また大來目《おおくめ》をして畝傍山《うねびやま》の以西《にし》の川邊の地《ところ》に居《はんべ》らしめたまふ。今來目《ノ》邑と號《なづ》く、此れその縁《ことのもと》なり。珍彥を以て倭《ノノ》國造と爲す。珍彥、ここにはウヅヒコと云ふ。また弟猾《おとうけ》に猛田《たけたの》邑を給ふ、因りて猛田縣主《ノあがたぬし》と爲す。これ菟田《うた》の主水部《もふとりら》が遠祖なり。弟磯城《おとしき》名は黒速《くろはや》を磯城《ノ》縣主と爲し、復た劔根《つるぎね》といふ者を以て葛城《ノ》國造と爲す。また頭八咫烏《やたからす》もまた賞《たまものの》例《つら》に入る。その苗裔《のち》は葛野主殿縣主部《かつぬのとのもりのあがたぬしら》これなり。

（『日本書紀』巻三より）

謹みて按ずるに、是れ人皇賞を行ふの始なり。功あるときは賞祿あるは、君臣の禮なり。然れどもその功を定めざれば大小輕重正しからずして、賞その道を失ふことあり。故に功を定めて而して後に賞を行ふ、是れ明世の事なり。帝初東征の間、策を奉り戈《ほこ》を荷《にな》ひて自ら難に當るの功臣勇士、擧げて數ふべからず。今賞を行ふの始め道臣命に在りて、頭八咫烏《やたからす》に及ぶ。その功を定むるの道大なる哉、公なる哉。以上、行賞の禮。

天神葦原中國《ノツ》の邪鬼《あしきもの》を撥《はら》ひ平《む》けしめんことを欲《おぼ》し、天國玉《あまのくにたま》の子天稚彦《あまのわかひこ》に天鹿《ノか》兒弓《ごゆみ》及び天羽羽矢《ノははや》を賜ひて以て遣《や》りたまふ。

（『日本書紀』巻二より）

〔大意〕

謹んで考えてみるに、これは、天皇の論功行賞の始めであった。功労に対して賞禄を与えるのは、君臣の礼である。しかし論功して功労を正しく見定めなければ、行賞の大小軽重を誤ってしまって、行賞の道を失うことになってしまう。したがって論功してから行賞するのが、治世の常道なのである。

神武天皇東征に際し、或いは献策し或いは従軍して自ら難局に当たった功臣勇士は、数多く一人一人数え上げきれない程であった。今、その行賞の始めに当たって行賞が、道臣命《みちのおみのみこと》に始まって頭八咫烏《やたからす》にまで及んでいる。その論功行賞の在り方の何と偉大にして公正なことであろうか。

謹みて按ずるに、是れその臣に賚《たまもの》するの始なり。蓋しその風聲を樹《た》てて以て人の耳目を異にし、その勸勤の意を鼓舞し、その善忠の實を興動するは、人君治平の要道なり。故に賞すること以て厚くし、待すること以て深くして、而して後にその任ずるところ甚だ重く、その責むるところ能く通ず。天《ツ》神この神を賞すること此の如くにして、而してこの神忠誠《まめ》ならず、忽ちに還し投ぐるの矢に中りて命を隕《おと》す。その責《せめ》速かに通ずること以て見るべし。後世將を立つるに、鈇鉞《ふゑつ》を賜ひてその器服を異にするは、皆賢を賢として有德を崇奬し人心を興起する所以にして、端をここに造《はじ》む。乃ち外朝の旌淑《せいしゆく》なり。周書畢命に曰はく、淑慝《しゆくとく》を旌別し、厥《そ》の宅里を表し、善を彰はし惡を癉ましめ、これが風聲を樹つ。

〔大意〕

謹んで考えてみるに、これは、君主が臣下に物を賜わる始めである。思うに風声（風化声教つまり教え）を樹立して人の評価を弁別し、善を勧め忠に勤めることを鼓舞し振興するのは、君主の善政の要諦にほかならない。その故に厚く褒賞し、深く優遇することによって、始めて任務を重んじ責任を果たすことになるのである。天照大神が天雅彦《あめわかひこ》に厚く褒賞したにもかかわらず、天雅彦は忠誠に努めず、下賜された弓矢の投げ返された矢に当たって落命してしまう。その責任追求の速やかなことは、このことを見れば明白であるといえよう。

後世、将軍を任命する際に、所属の兵士を統率するしるしとして授ける鈇鉞《ふえつ》（大小の斧まさかり、つまり生殺与奪の象徴）を下賜し他の臣下とは器服（持ち物や衣服）を変えて区別するやり方は、賢者を賢者としてその人徳・徳望を崇敬奨励したり、人心を振るい立たせたりするのに有効な方法であるが、その端緒は、実にここに淵源があったのである。これがとりもなおさず、外朝の周書畢命《ひつめい》（『書経』の篇命）に見える旌《せい》※19淑《しゅく》にほかならない。

※19…旌淑…『書経』の畢命篇にあり、その意味は善悪を区別してその村里を表彰し、善を勧めて悪を懲らして風習を善くすること、つまり風声を樹てること。

皇孫天鈿女命《あまのうずめのみこと》に勅すらく、汝宜しく所顕神名《あらはしつるかみのな》を以て姓氏《かばね》と爲すべし。因りて猿女君《さるめのきみ》の號《な》を賜ふ。故れ猿女君《ノ》等の男女《をめ》皆呼びて君と爲す。此れその縁《ことのもと》なり。

（『日本書紀』巻二の一書より）

謹みて按ずるに、是れその功に因り姓號を賜ふの始なり。神武帝東征の日、日臣命《ひのおみのみこと》忠ありて且つ勇み加《ま》た能く導《みちび》くの功あり、以て道臣《みちのおみ》の名を賜ふ。蓋し姓名の號《な》は芳《ほまれ》を百世に流《つた》へてその善心を鼓動する所以なり。故に姓を賜ひ氏を命ずるには必ず道あり。人臣これを時君に稟《う》けざるときは、その姓氏を爲すことを得ず。その分、嚴なる哉。凡そ物部・大伴の姓《かばね》たるは、その威武を以てなり。饒速日命は物部氏の遠祖なり。物部《もののぶ》は武夫《もののふ》の訓なり。道臣命は大伴氏の遠祖なり。日本武尊は靫部《ともべ》を以て武日に賜ひて以て大伴氏と爲す。中臣・忌部の姓《かばね》たるは、その中直にして祭祀を主《つかさ》どるに因りてなり。況や藤・橘・菅・江の分、源・平・紀・清の派、未だ嘗てその勳業を以てせずんばあらず。夫れ名は實の著《あらはれ》なり。實なくして名あるときは、竟に虛名となる。虛名にしてこれを後世に傳ふる者は臭《しう》を子孫に遺《のこ》すなり。その賜ふところ、その受くるところ、愼まざらんや。以上、賚賜の義。

〔大意〕

謹んで考えてみるに、これは、それぞれの功績に基づいて姓名を賜わる始めである。神武天皇の東征の際に日臣命《ひのおみのみこと》が忠勇に努めると共に誘導にも功労があったので、道《みちの》臣《おみ》の姓名を賜わったのである。思うに姓名の称号は、その栄誉を永く後世に伝えて、功労に勤めようとする心構えを励ますものにほかならない。このため姓を賜い氏を命ずる原則があった。人臣が姓氏を称するには、時の君主から賜わる必要があったのである。その原則は、何と厳格なことであろうか。

まさしく物部・大伴の姓名は、武勇の功労に基づいている。中臣・忌部の姓名は、それぞれ中直・祭祀の功労に基づいている。まして後世の藤原・橘・菅原・大江の姓や源・平・紀・清原の氏は、それぞれ勲功業績に基づかないものはなかったのである。だいたい名は実のあらわれにほかならない。実なくして名のみであれば、虚名となってしまう。虚名を後世まで伝えることは、悪名を子孫に残すことになる。姓名を賜わるにも受けるにも、慎重にならざるを得ないのではあるまいか。

神武帝辛酉年《かのととりのとし》春正月庚辰朔《かのえたつついたちのひ》、天皇橿原宮に即帝位《あまつひつぎしろしめ》す。是歳《ことし》を天皇の元《はじめの》年《とし》と爲す。故に古語《ふること》に稱《ほめまう》して曰さく、畝傍の橿原に底磐之根《したついはね》に宮柱太《ふと》しき立て、高天之原に搏《ち》風《ぎ》峻《たか》峙《し》りて、始馭天下之天皇《はつくにしらすすめらみこと》を號《なづ》けたてまつりて神日本磐余《かみやまといはれ》彦《ひこ》火《ほ》

火出見天皇《ほでみのすめらみこと》と曰《まう》す。
（『日本書紀』巻三より）

謹みて按ずるに、是れ人臣尊號を奉るの始なり。　神代既に尊命の說あり。神代は上を至尊と曰ひ、尊と曰ひ、自餘は命と曰ひ、並にミコトと曰ふ。凡そ善惡の應《むくい》終に掩ふべからず。故に臣善惡あるときは君これを糺《ただ》し、君の善惡は天必ずこれを糺す。天言《ものい》はずして人これに代る。所謂尊號の善惡これなり。後世に至り諡贈の制あり、唯だ人君その臣を賞黜《しやうちゆつ》するのみにあらず、臣子も亦その君父を議す。臣子これを議するにあらず、天下以てこれを議す。天下の議するは天の命なり。君臣の道愼まざるべけんや。夫れ一時の好惡《かうを》を以て百世の榮辱を蒙る。未だその履歴を知らずして、而も一たびその號諡を聞くときはその人を知る。故に人心を勸化し善惡を興懲する所以の者ここに在り。然らば乃ち賞刑の實は人君に本づきて以て天下に流《つた》はり、行の迹、功の表《あらはれ》は己れに出でて人に成る。史記の諡法解に云はく、諡は行の迹にして號は功の表なり。行は己れに出で、名は人に成る。是れその終《をはり》の掩ふべからざるなり。以上、尊號の禮。

〔大意〕

謹んで考えてみるに、これは、臣下が君主に尊号を奉った始めである。神代にも既に尊《みこと》や命《みこと》などの尊号の区分の説明（上を至尊、次いで尊、その他は命と区分し皆「ミコト」と読んだ）があり、大体、善悪への応報を覆い隠してしまうことはできないものだ。その故に臣下の善悪があれば、君主が糺明《きゅうめい》し、君主の善悪は、必ず天が糺明した。天は不言なので人が天意を代弁したのである。いわゆる尊号の善悪は、その代弁にほかならない。

後世になると諡《おくりな》を贈る制度ができる。君主が臣下を賞したり退けたりするだけでなく、臣下もまた君父の実績に相応する諡を議論したのである。臣子が議論したのは、天下が議論したことを意味している。天下の議論は天命にほかならない。君臣の在り方については慎重にならざるを得ない。一時の好き嫌いによって永く百世に及ぶ栄辱を受けるからである。その人の履歴を知らなくとも、諡を聞けば、その人の評価が判るのだから、この諡には、人心を説き諭して勧善懲悪する意味合いがこめられているのである。とすれば乃《すなわ》ち賞と罰によって君主は国を統治し、諡は実績の証明で本人に基づき、号は功績の評価で他の人によって定められる。これが、人の生涯を最後まで覆い隠すことの出来ない理由にほかならない。

諸《もろ〳〵》神《のかんだち》罪過《つみ》を素戔嗚尊《すさのおのみこと》に歸《よ》せて、科《おほ》するに千座置戸《ちくらのおきど》を以てし、遂に促徵《せめはた》る。髪を抜かしむるに至りて以てその罪を贖ふ。亦曰はく、その手足の爪を抜きてこれを贖ふと。已にして竟に逐降《かんやらひにやら》ひき。

（『日本書紀』巻一より）

謹みて按ずるに、是れ刑罪贖流《けいざいとくりう》を行ふの始なり。凡そ刑は衆以てこれを惡《にく》み、事以て衆に渉り、その著《いちじる》しきこと掩ふべからずして、而して后にこれを察してその罰を行ふ。尊《みこと》の無狀は六合常闇《くにのうちとこやみ》に至りその繫《かかは》るところ最も博大なり。故に衆議してこれが刑を行ひ、又その科《とが》を贖ふ。刑罪の公《おほやけ》と謂ふべし。これより　人皇に至り、刑法大いに定まり、律令周《あまね》く施し、天下悉く刑の懲すべきを知る。蓋し罰以てこれを恥かしめ、刑以てこれを害する、　神聖豈これを欲せんや。否《いな》なれば乃ち善終に長ぜず、道終に行はれざればなり。故に聽斷の法を詳にし、詳讞《しやうけん》の議を謹み、寃抑の屈を伸べ、死因の決を親《みづか》らして、以て刑憲を愼み、典獄の任を正し、欽恤《きんじゆつ》の誠を存し、濫縱《らんしよう》を戒むるは、歴代　聖主の明戒なり。人は一たび死して生きず、身は一たび黥《きずつ》けて復《かへ》らず、事は一たび謬《あやま》てば千悔するも亦補はれず。故に至誠を以てこれに臨み、至明を以てこれを致して、而してその中《ちゅう》とその孚《まこと》を得べし。易の中孚の象に曰はく、君子以て獄を議し死を緩くす。

○以上、行罰の義。

以上、賞罰の省《かへりみ》を公にす。謹みて按ずるに、賞するときは勸《すす》み、罰するときは懲るるは、情の恆なり。　神聖その人情に因りて以て政を制しその道を正す。是れ刑賞の大柄《たいへい》たる所以なり。凡そ賞罰の道は極をその初に建てて效《しるし》をその後に省《かへりみ》るに在り。その制初に明かならざれば、人その準的を守るを知らず。その效後《のち》に糺さざれば、人その終《をはり》を克《よ》くする能はず。法の明かなる、猶ほ久しきときは怠り、緩くするときは褻《な》る。故に巡守巡察の省あり、以てその政を陟黜して芳臭をその時に著はす。是れ治平の大權なり。唯だ人の歡ばんことを欲し人の畏れんことを欲して數〻《しばく》賞刑し、一人の喜怒を私し一時の好惡を逞しうし、天下の公を以てせざるときは、人これに狎《な》れこれを輕んじ、賞刑は勸懲の實を得ず。

或は疑ふ、明聖の君は刑賞錯《お》いて用ひずと。然らば乃ち刑賞は衰世の政か。愚謂へらく、明聖の君は賞刑を審にして惑はず、故にこれを明聖と稱す。凡そ登用黜退は君子小人を擧錯するの道なり。既に人あるときは喜怒好惡あり、既に君臣あるときは慶賞刑罰あり、何ぞ唯だ人のみならんや。天地に春生秋殺あり、以て萬物を一齊するをや。外朝唐・虞の盛なる、十六相を擧げ、四凶を錯《す》てて、大功二十（年）にして天子たり。その天命・天討といふ、是れなり。皐陶謨に、天有徳に命ず、五服五つながら章《あきらか》にせよや。天有罪を討つ、五刑五つながら用ひよや。知らず唐虞の外また聖明の君ありや。然らば乃ち賞罰の省は治敎の要たる所以にあらずや。

〔大意〕

謹んで考えてみるに、これは、罪を罰し流謫《るたく》する始めである。だいたい、刑とは、衆人が悪み、衆人にかかわる事であって、覆い隠せぬほど明白である上に更に調べ尽くして、その罪に相当する罰を行うものである。素戔嗚尊の無状《あづきなし》（非常で手のつけられないさま。原意は、足着《あつき》無し――踏む所なし）は、国中から常闇《とこやみ》（永久に暗闇）の世界に至るまで、そのかかわるところ最も博く大きかった。その故に神々が衆議して刑罰に処してその罰科をつぐなわせた。刑罪は、公正であるといえる。天皇統治の御代になると、刑法も確定して、律令も広布された。これによって天下に刑罪による懲戒が周知されたのである。

思うに罰によって恥辱を与え、刑によって加害することを、神聖が、どうして欲しただろうか。欲しなかったのである。しかしながら、そうしなければ、結局、善が長ずることなく、正しい人の道が実現しないから、やむをえず刑罰による懲戒が行われたのである。故に聴断（聴訴して裁判する）の法を詳細に定め、罪を調べる方法を慎重にし、無実の罪を晴らし、死囚の決定は君主自らこれに当たるなど、刑罰の法令を慎重に定め、裁判官の在り方を正し、事を慎しみ人をあわれむ誠意を大切にして、濫《らん》縦《しょう》（あふれ乱れてほしいままになること）を戒めるのは、歴代、聖君主の明確な戒律であった。人は一たび死せば生き返ることはない。身は一たび傷付ければ元に戻ることはない。事は一たび謬《あやま》てば、どんなに後悔しても補うことはできない。その故に至誠を以てこれに対応し、至明を以てこれを究めて、それで始めて刑罰の中正と真実とを得ることができるのである。

以上、賞罰についての省察を公表した。謹んで考えてみるに、褒賞《ほうしょう》するときは、積極的になり、罰するときは苦しむのが、人情の恒である。神聖は、その人情に基づいて政治を制御して政道を正そうとする。これこそ刑賞に当たってゆるがせにしてはならぬゆえんにほかならない。そもそも賞刑の在り方は、初めに中正の道、道徳の大本を建てて、後でその効験を省察するのが要諦である。その制度が初めに明確にされていなければ、人はその準的（めあて、標準）を守ることが判らないし、後でその効験が糺明されなければ、人はその終わりを完うすることができない。

法令が明確であっても、長期間にわたると怠慢になりがちであり、緩和すると緊張がゆるみがちとなる。これを防ぐために巡守巡察（天子が地方を巡回して政治の成果を視察する）の反省がなされ、それによって政治の功ある者を挙げ用い、功の無い者をしりぞけて、すぐれた人物か否かをその場で明らかにしたのである。これこそ治国・平天下の大権にほかならない。ただ人の歓心を得ようとし人を畏怖させようとして、しばしば賞刑を行い、自分一身の喜怒を私し、その一時の好悪をほしいままにして、天下の公の立場からの政治を行わなければ、人はあなどり軽んじて、賞刑は、勧善懲悪（善を勧め悪を懲らす）の実効を得られないのである。

ところで古の明王聖天子は、刑賞を設定しても使用しなかったとすれば、刑賞を用いるのは衰世の政治ではないかとの疑念を抱く者がいる。これについて私が考えてみるに、明王聖天子は、賞刑を詳細明確にして惑うことなく実施した。その故に明王聖天子と称賛されたのである。ただし賞刑に伴う登用左遷の人事は、部下の君子や小人を用いたり退けたりする手段に過ぎなかったのである。人には皆、それぞれに喜怒や好悪の心情がある。君臣関係には皆、それぞれに慶賞や刑罰の制度がある。このことは、単に人についていえるだけではない。天地自然の営みを見れば、春に生じ秋に滅する法則があって、万物が秩序を保っていることも同様である。

外朝の唐の堯帝や虞《ぐ》の舜帝の盛時には、十六の氏族を挙用し大いに善政を布き、四凶悪人の罪を調べて流謫して、舜帝は二十年間大功を立てたために聖天子とされたのである。『書経』に天命・天討と明記されているのは、このことにほかならない。唐の堯帝や虞の舜帝を措《お》いて外に聖天子明王がいるであろうか。いないとすれば、賞罰の省察こそは、統治と教化の要諦たるゆえんといえるのではあるまいか。

武徳章

伊弉諾尊《いざなぎのみこと》・伊弉冊尊《いざなみのみこと》天《ノ》浮橋の上に立たして、共に計らひて曰《のたま》はく、底下《そこつした》に豈國なからんやとのたまひて、廼《すなは》ち天之瓊《あまのと》瓊は玉なり、ここにはトと曰ふ。矛《ほこ》を以て指下《さしおろ》して探《かくさぐ》りしかば、ここに滄溟《あをうなばら》を獲き。その矛鋒《ほこのさき》より滴瀝《しただ》る潮凝《しほこ》つて一の嶋と成り、名づけて磤馭盧嶋《おのころじま》と曰ふ。

（『日本書紀』巻一より）

一書に曰はく、天《ノ》神、伊弉諾尊・伊弉冊尊に謂《かた》りて曰はく、豐葦原千五百秋之瑞穗地《とよあしはらちいほあきのみづほのくに》あり、宜しく汝《いまし》が往きて循《しら》すべしと。廼ち天瓊戈《あまのとほこ》を賜ふ。ここに二神《ふたはしらのかみ》天上《あまの》浮橋に立たして戈を投《さしおろ》して地《くに》を求む。因りて滄海《あをうなばら》を畫《かきな》して引擧ぐるとき、即ち戈鋒《ほこのさき》より垂《したた》り落《お》つる潮結《こ》りて嶋となる、名づけて磤馭盧嶋と曰ふ。

一書に曰はく、豐葦原千五百秋之瑞穗國は、大八洲未だ生《な》らざる以前巳にその名あり。名字ありと雖も而も形相なし。强ひてその形を字《あざな》して天《ノ》瓊矛と爲すものなり。大八洲《ノ》國は卽ち瓊矛の成れるところなり。

謹みて按ずるに、大八洲の成ること、天《ノ》瓊矛に出でて、その形乃ち瓊矛に似たり。故に細戈千足國《くはしほこちたるのくに》と號す。宜《むべ》なる哉　中國の雄武なるや。凡そ開闢以來　神器靈物甚だ多くして、而も天《ノ》瓊矛を以て初と爲す。是れ乃ち武德を尊び以て雄義を表するなり。

〔大意〕

謹んで考えてみるに、大八州《おおやしま》（日本国の古称、多くの島から成る意）は、※20瓊矛《と（ぬ）ぼこ》によって生成されたので、その形も瓊矛に似ている。だから※21細戈千足国《くわしほこちたるのくに》と名付けられている。中国たるわが国の武勇なることは、当然なのである。そもそも開闢《かいびゃく》以来、神器や霊物が数多くあったが、この天瓊矛こそその初めにほかならなかった。このことが、そのままわが国の武徳を尊び、雄義を表しているといえるであろう。

※20…瓊矛《ぬぼこ》…玉で飾った矛。素行は、「とぼこ」と読んだ。瓊は玉、矛は兵器の意。

素戔嗚尊《すさのおのみこと》天《あめ》に昇ります時に、溟渤《おほきうみ》鼓《とどろ》に盪《ただよ》ひ、山岳《やまをか》鳴り呴《ほ》えき。これ則ち神性《かんさが》雄健《たけき》が然らしむるなり。天照大神《あまてらすおおみかみ》素《もと》よりその神暴悪《あらくあしきこと》を知《し》ろしめして、來詣《まうく》る狀《かたち》を聞しめすに至りて、乃ち勃然《さかり》に驚きたまひて曰《のたま》はく、吾《あ》が弟《なせのみこと》の來ること、豈善き意《こころ》を以《も》てせんや。謂《おも》ふに當《まさ》に國を奪はんとするの志ありてか。夫れ父母《かぞいろ》の既に諸〻《もろもろ》の子《みこたち》に任《ことよ》させたまひて、各〻その境を有《たも》たしむ。如何《いかん》ぞ就《ゆ》くべきの國を棄て置きて、敢へてこの處を窺窬《うかが》ふやと。乃ち髮《みぐし》を結《あ》げて髻《みづら》にし、裳《みも》を縛《ひきまつ》ひて袴とし、便ち八坂瓊《やさかに》の五百箇御統《いほつのみすまる》を以て、御統、ここにはミスマルと云ふ。その髻鬘《みいなだき》及び腕《たぶさ》に纏《まつ》ひ、また背《そびら》に千箭《ちのり》の靫《ゆき》千箭、ここにはチノリと云ふ。と五百箭《いほのり》の靫《ゆき》とを負ひ、臂《たたむき》に稜威《いつ》の高《たか》鞆《がら》を著《は》き、稜威、ここにはイツと云ふ。弓彇《ゆはず》を振起《ふりた》て、劒柄《たかがら》を急握《とりしば》り、堅庭《かたには》を蹈んで股《むかもも》に陥《ふみおと》し、沫《あは》

※21…細戈《くわしほこ》千《ち》足国《たるのくに》…日本の国の美称。精巧な武器の十分に備わった国の意。「くわしほこのちだるくに」

雪《ゆき》のごとく以て蹴散《くゑはらら》かし、蹴散、ここにはクヱハララカスと云ふ。稜威の雄誥《をたけび》を奮はし、雄誥、ここにはヲタケビと云ふ。稜威の嘖譲《ころび》を發して、嘖譲、ここにはコロビと云ふ。徑《ただ》に詰《なじ》て問ひたまふ。

(『日本書紀』巻一より)

一書に曰はく、日ノ神本より素戔嗚尊の武健《たけく》して物を陵《しの》ぐの意あることを知ろしめせり。その上り至るに及び便ち謂《おぼ》さく、弟《なせのみこと》の來《き》ませる所以《ゆゑ》はこれ善き意にあらじ、必ず當に我《あ》が天ノ原を奪はんとならんとのたまひて、乃ち丈夫《ますらを》の武備《たけきそなへ》を設けたまふ。躬《み》に十握劍《とつかのつるぎ》・九握ノ劍・八握ノ劍を帯《は》き、また背の上に靫《ゆき》を負ひ、また臂《ただむき》に稜威高鞆《いつのたかがら》《とも》を著《は》き、手に弓箭を握《と》り、親《みづか》ら迎へて防《ふ》禦《せ》ぎたまふ。

一書に曰はく、天照大神 弟《なせのみこと》の惡《あし》き心ありと疑ひたまひて、兵《いくさ》を起して詰《と》問《ひ》たまふ。

一書に曰はく、日ノ神曰はく、吾が 弟《なせのみこと》上來《きま》す所以《ゆゑ》は復た好き意にあらじ、必ず我《あ》が國を奪はんと欲《な》らんか、吾《あ》れ婦女《たをやめ》と雖も何ぞ避《さ》らんやと。乃ち躬《み》に武備《たけきそなへ》を装ふと。云云。

謹みて按ずるに、是れ 日神武備を装ひ兵を起したまふの義なり。 日神の聖靈なるや、天下誰かこれに敵せん。而して猶ほ大丈夫の備を設けて以て防禦したまふ。是れ戒を萬世に垂れ備を未然に設けしむるの謂なり。蓋し備は豫め爲すの義なり。備あるときは安く、備なきときは敗る。天下の事物皆然り。況や兵の用たる、必ず不虞あり不意あり。故に遠く慮り深く思ひて以て武備を装ふときは、難に臨みて患なし。素戔嗚尊は　神の弟にして、而もその武徳を嚴にし責めたまふものは、その無狀を以て天に臨みたまはば、八洲これが爲に泯滅し、黎元これが爲に沈淪せんことを思《おぼ》したまへばなり。武威を装ひてその機を懲らしたまふ、最も畏るべし。

〔大意〕

謹んで考えてみるに、これは、天照大神が武備を整え兵制を備えたことを意味している。大神の聖霊なる力に、天下に誰も匹敵しえないのに、しかもなお堅固な武備をととのえて防御したまうたのである。これこそ万世に永く教戒を垂示して、未然に防備を設けさせたことの意味にほかならない。天下の事物は備えあれば安全で、備えがないと失敗するものである。ましてや兵を用いる戦には、必ず不慮や不意の出来事が伴うものである。だから深謀遠慮の武装があれば、難局に臨んでも心配ないのである。

素戔嗚尊は、大神の弟であるのにしかも武備を厳重にして咎《とが》めたまう理由は、手のつけようもなく乱暴な素戔嗚尊に備えなければ、この国が滅びて、人民が苦しむことになると思いたまうたからである。武装を備えて機先に懲戒したまうたことは、何よりも畏れ多いことといわねばならない。

高皇産靈尊《たかみむすびのみこと》は眞床覆衾《まどこおふふすま》を以て天津彦國光彦火瓊瓊杵尊《あまつひこくにてるひこほのににぎのみこと》に裹《き》せまつり、則ち天磐戸を引開け天ノ八重雲を排分《おしわ》けて、以て奉降《あまくだりま》す。時に大伴連ノ遠祖天忍日命《とほつおやあまのおしひのみこと》は來目部の遠祖天槵津大來目《あめくしつおほくめ》を帥ゐ、背《そびら》には天磐靫《あまのいはゆき》を負ひて、臂《たたむき》には稜威高《いつのたか》鞆《がら》《とも》を著《は》き、手には天梔弓《あまのはじゆみ》・天羽羽矢《あまのははや》を捉《と》り、及び八目鳴鏑《やつめのかぶら》を副持《とりそ》へ、又頭槌《かぶつちの》劔《つるぎ》を帯《は》きて、天孫の前に立たして遊行降來《ゆきくだ》りたまふ。（『日本書紀』巻二の一書より）

謹みて按ずるに、草昧の際、非常の戒これを忽《ゆるがせ》にすべからず。故に天ノ忍日命は軍装を備へて、以て前驅してその慓《ねた》むところに敵す。威武の道設けて怠らざるは、終《をはり》を克《よ》くするの戒なり。況や　天孫の初めて降りたまふをや。

〔大意〕

謹んで考えてみるに、天地が創造されたばかりで、世の中が未開のときには、非常の警戒を怠ることはできない。だから天忍日命《あまのおしひのみこと》は軍装を備えた上で、天孫降臨の先導となって敵対するものに対抗したのである。武威の構えを整えようと努めることは、事を成し遂げる用心といえよう。ましてや天孫の初めて降臨したまう際なのであるから当然のことであろう。

神武帝の甲寅《きのえとらのとし》冬《ふゆ》十月《かんなづき》丁巳《ひのとみ》朔《ついたち》、辛酉《かのととりのひ》、天皇親《みづか》ら諸〻の皇子《みこたち》舟師《ふないくさ》を帥《ひき》ゐて東を征ちたまふ。戊午年《つちのえうまのとし》春二月丁酉朔《ひのととりついたち》、丁未《ひのとひつじのひ》、皇師《みいくさ》遂に東に舳艫《ともへ》相接《つ》げり。方《まさ》に難波《なには》の碕《みさき》に到りたまふ。夏四月丙申朔《ひのえさるついたち》、甲辰《きのえたつのひ》(九日)、皇師《みいくさ》兵を勒《ととの》へて歩《かち》より龍田《たつた》に趣く。而るにその路狭嶮《さかしく》して人並行《なみゆ》くことを得ず。乃ち還りて更に東のかた膽駒山《いこまのやま》を踰えて中洲《なかつくに》に入らんと欲《おほ》す。時に長髄彦《ながすねひこ》聞きて曰はく、夫れ天《ッ》神の子等《みこだち》の來《いでま》す所以《ゆゑ》は、必ず將《まさ》に我が國を奪はんとすといひて、則ち盡《ことごと》に

屬兵《したがへるつはもの》を起して、これを孔舎衛坂《くさゑのさか》に徼《さへき》りて、これと與に會戰《あひたたか》ふ。
（『日本書紀』巻三より）

謹みて按ずるに、是れ　人皇東征したまうて　中州を定めたまふの武威なり。舟師あり、歩兵あり、會戰あり、神策あり、神瑞あり、凱歌あり、祭齋あり。戰勝ちて戒を存し、以て營を別處に徙したまひ、聊か以て御謠《みうたよみ》を爲して將卒の勞を慰めたまふ。士卒を練りて誠信を示し、功を六年に建てたまふ。その兵律の制、神謀の略、陳營器械の用法、元將偏帥の撰任、備へずといふことなし。故に井《ゐ》光《ひかり》が尾ありしも、土蜘蛛が手足の長きも、その術を著はす能はず。況や長髓彦《ながすねひこ》が愎恨《もとれる》、菟《う》田《た》の兄猾《えうけし》が逆謀、竟に戮殺《りくさつ》せられて區宇《あめのした》安定し、中州初めて平らぐ。その策《はかりごと》その兵、皆神より出づ。神は乃ち天なり。天以てこれに授け、人以てこれに與《くみ》す。是れ　帝の神武たる所以なり。

或は疑ふ、天授け人與《くみ》し、神武にして殺さざる者は聖人の兵なり。然らば乃ち何ぞこの許多の誅戮あるや。愚謂へらく、草昧の間、草木咸《ことごと》く言《ものい》ひ、邪鬼蠅聲《さばへのこゑ》を爲す。各自封境を建てその有を占む。神兵にあらずんば終に速成の功を得べからず。流るる血の踝《つふなぎ》《くるぶし》を沒《い》れ、菟田兄猾、罪を獲、その屍を陳《ひきいだ》してこれを斬る、流血踝を沒る。故にその地を號けて菟田血原と曰ふ。屍《かばね》を僵《たふ》し臂《ひぢ》を枕にするは、土蜘蛛を誅す、賊衆戰ひ死《う》せて屍を僵し臂を枕《まき》し處を呼んで頬枕田《つらまきた》と爲す。會戰誅殺の制なり。桀が犬は堯に吠ゆ、何れの時か黨奸の賊徒なけん。況や屯蒙をや。その神兵に死する者は、天のこれを討つところなり。その他は民を易へずして以てこれを治む。東征六年の間、その兵を鳴《な》らすこと僅に一年、戊午の年春二月より己未の年春二月に至る。而して中國風塵を絶《ぜつ》しぬ。神武不殺の大兵、天授け人與するの至德、併せ考ふべし。以上、神聖の武。

〔大意〕

謹んで考えてみるに、これは、神武天皇が東征して、中州たるこの国を平定した戦いであった。水軍もあり、歩兵もあり、会戦もあって、更に、神策も神瑞もあり、勝利も祭斎もある戦いであった。戦勝の後、警戒して、屯営を別の処に徙《し》したまい、将卒を慰労するため、少し御謡《みうた》よみを為したまうたのである。士卒を鍛錬して誠信を示し、六年で功を立てたまわれたのである。その軍法の制度、神謀の機略、陣営や武器の用法、将帥の選任など皆、整備されていたために、吉野の豪族、井光が尾も、穴居の土毫、土蜘蛛の長い手足も、その妖術を用いることができなかったのである。そのうえ長髄彦《ながすねひこ》の頑恨も菟田の兄猾《えうけし》の逆謀も、最後には殺されて天地は安定し、中州たるわが国は平定されたのである。その策謀もその兵力も皆、神からつまり天から出たのである。いわゆる「天以てこれを授け、人以てこれに興」したのである。これこそ神武天皇の神武と称えられるゆえんにほかならない。

ところで、いわゆる「天授け人與し、神武にして殺さざる」者とは、聖人の兵を意味しているのに、なぜこれほど数多の殺戮があったのかとの疑念を抱く人がいる。それについて私が思うには、天地が創造されたばかりで、世の中が未開の際には、草木がものを言い、邪鬼が騒がしい声をあげるように、豪族がそれぞれ自分の土地を占有して譲らない状況で、神兵でなくては、最後まで速やかな成功を得ることはできなかったのである。流血がくるぶしを没し、数多の屍の中で仮寝をすることなど、会戦誅殺の恒例といえる。桀の犬は堯に吠えるといわれるように人も善悪にかかわらず主命に従うもので、どの時代にも奸賊の徒党は無くならないものである。ましてや草創未開の時代では、尚更のことである。その神兵が殺した者は、天に討罰されたのである。その他の民は昔のまま統治された。東征六年の間に兵を動かしたのは僅かに一年のみ、それでも、中国たるわが国の戦塵はおさまったのであった。いわゆる「神武不殺」(『易経』)の大兵と「天授け人與する」至徳とは、併せて考えねばならない。

高皇産靈尊《たかみむすびのみこと》更に諸神《もろもろかんだち》を會《つど》へて當《まさ》に葦原《ノ》中《ツ》國に遣はすべき者《ひと》を選びたまふ。僉曰《みなまう》さく、磐裂《いはさく》根《ね》裂神《さくのかみ》の子《みこ》磐筒男《いはつつを》・磐筒女《いはつつめ》の生《あ》れませる子《みこ》經津主神《ふつぬしのかみ》これ將佳《よけ》ん。時に天石窟《あまのいはや》に住む神、稜威雄走神《いつのをはしりのかみ》の子《みこ》甕速日神《みかのはやひのかみ》、甕速日神の子熯速日神《ひのはやひのかみ》、熯速日神の子《みこ》武甕槌神《たけみかづちのかみ》ます。この神進みて曰《まう》さく、豈唯だ經津主神のみ獨り丈夫《ますらを》にして、吾《やつが》れは丈夫にあらずや。その辭氣慷慨《ことばいきざしはげし》。故れ以て卽ち經津主神に配《そ》へて葦原《ノ》中《ツ》國を平《む》けしむ。云云。故れ大己貴神《おおむちのかみ》、乃ち國を平《む》けし時杖《つ》けりし廣矛を以て二神に授けたてまつりて曰《のたま》はく、吾《あ》れこの矛を以て卒《つひ》に功治《ことな》せることあり、天孫若しこの矛を用ひて國を治めたまはば、必ず平安《さきく》ましまさん。

(『日本書紀』巻二より)

謹みて按ずるに、是れ 天神撰將の義なり。蓋し兵を用ふるの要は一に軍將に在り。將は軍の司令にして勝敗の源なり。 天神《ツ》三たび群神を會《つど》ひて以てこの二將を得、終にその功を遂げたまふ。撰ぶところ任ずるところ、共にその道を得るなり。　二神（中國を）平順して天然臨降《あまくだ》りたまひ、以て萬億世の　皇系を開きたまふ。その武威、吁務《ああつと》めたる哉、懿《おほい》なる哉。大己貴奉るところの廣矛《ひろほこ》も亦靈器なり。凡そ兵は律を以て興し、策を以て立ち、器械を以て用と爲す。兵武の字、皆その器を以てす。況や　中國は初より瓊矛あり、以てこの洲《くに》を成し、　天《ツ》神寶劔を以て神器に備ふるをや。宜なる哉、二神の刃に血ぬらざるの勳《いさをし》あることや。

〔大意〕

謹んで考えてみるに、これは、天神《あまつかみ》が将帥《しょうすい》を選任した意味にほかならない。思うに用兵の要諦はその軍を統帥する将に在るといえる。将こそは、軍の司令官で勝敗の源といえるからだ。天神は、三度も群臣の衆議の会を開いた上で、この二将を得て、二将の功労に依拠して平定の功を完遂したまうたのである。将帥の選抜・任命共に当を得ていたといわねばならない。二神の功労に依って中国たるこの国の平定・帰順が為し遂げられたので、天孫降臨も実現して、その結果、万億世の永きに及ぶ天皇統治、万世一系の皇統の基盤が開かれたのである。二神の武威の功労の何と偉大なことであろうか。

一方、大己貴神が二神に奉献した広矛《※22ひろほこ》もまた、霊力ある武器である。そもそも用兵に当たっては、まず軍律によって力を増し、策謀を加えて確立し、武器を整備活用する事が不可欠である。兵や武という文字そのものも皆、初めは武器を意味していたのである。

まして中国たるわが国は、初めから瓊矛によって国土（大八州）が形成されたのであり、更に天神は三種神器に宝剱も加えたまうたのである（武徳に秀でているのは当然である）。二神が、刃《やいば》に血ぬらず、つまり国土平定の戦いをせず、国譲りを成し遂げた勲功があったのも、まことにもっともなことといわねばならない。

※22…広矛…大己貴神（大国主神）が、天孫に国譲りして隠退した際、経津《ふつ》主《ぬしのかみ》神と武甕《たけみか》槌《づちのかみ》神に、かつて自分が国土を平定するに用いた広矛も譲与（統治権も献上）して、「吾此の矛を以て、卒に功治せることあり、天孫、若《も》し此の矛を用て国を治めたまはば、必ず平安《さきし》ましまさん」と告げたとされている。

神武帝東《あづま》を征《う》ち、大伴氏の遠祖《とほつおや》日臣《ひのおみの》命、大來目《おおくめノ》督將《いくさのきみの》元戎《つはもの》を帥ゐて山を蹈《ふ》み行《みち》を啓《ひら》く。

（『日本書紀』巻三より）

先人曰はく、神武天皇東征の日、物部氏ノ祖道臣命軍帥たり。物部氏は恐らく誤か、大伴氏なり。道臣命は乃ち日臣命の名なり。

謹みて按ずるに、是れ　人皇撰將の始なり。蓋し將は才以て物を將《ひき》ゐるに足れるの稱なり。帥は智以て人を帥ゐるの名なり。危急草屯《さうちゅん》の時、その用最も將帥に在り。滔滔たる武夫も謀を好み機を挫くの精にあらざれば、未だその任に中《あた》らず。故に將帥の用たる、必ずしも攻戰を以てせず、折衝屈敵の智を要し、誠信撫教の實を本にし、その任重し。その撰豈得《え》易《やす》からんや。道臣命殆どそれ斯《こ》れか。上に　神武の聖あり、下に賢才の應《おう》あり、その區宇を制し功業を弘むること、利せざるところなく、成らざるところなき所以なり。以上、將帥を撰ぶ。

〔大意〕

謹んで考えてみるに、これは、天皇の将帥選任の始めであった。思うに将とは、才幹を以て物を将《ひき》いる人材の名称を意味している。帥とは、智力を以て人を帥《ひき》いる名称にほかならない。草創期で、草昧渾沌※23で危急な時には、この最も困難な役割を担う責任は、将帥にあるといえる。威勢さかんな武夫《もののふ》（武将）であっても戦略を好み戦術の精密さがなくては、また将帥の任に耐えない。だから将帥の役割は、必ずしも攻戦ばかりではなく、政治折衝、外交交渉でもって敵を屈服させる智略も必要であり、更に誠信を以て敵を心服させる徳望も基本として大切であって、その任務は甚だ重大といわねばならない。神武天皇東征の先導に当たった道臣命《みちのおみのみこと》（日臣命《ひのおみのみこと》―大伴氏の遠祖）才徳と任務は、将帥のそれとほとんど一致するといえるのではなかろうか。上に神武天皇の聖徳を戴き、下に道臣命など賢才による補弼《ほひつ》の応対を得たことが両々相俟って、あまねく天下平定の功業が拡充して、すべて有利に成就していったゆえんにほかならない。

※23…草昧渾沌（屯）…物事の草創期で、未だ暗闇の中、物事がはっきり明らかでなく（草昧）、ぐるぐる回転していて形体が定まらぬ（渾沌）さま。

高皇彦靈尊《たかみむすびのみこと》、天稚彦《あめのわかひこ》に天鹿兒弓《あまのかごゆみ》及び天羽羽矢《あまのはばや》を賜うて以て遣はす。

（『日本書紀』巻二より）

謹みて按ずるに、是れ　天《ノ》神將に節刀を授けたまふの義なり。人皇に及び　景行帝鈇鉞を以て日本武尊に授けたまふ。これより連綿修飾して立將の禮あり。凡そ節度はその信を示す所以なり。斧鉞は刑戮を専らにする所以なり。軍旅の制は以て私すべからず、人臣又專制するの義なし。故に風聲を四方に樹て、天表を愾《ねた》むところに著はし、將帥一たび閫外《こんぐわい》の寄《き》を受け、時中の宜しきに適《かな》ひ、ここに於て三軍の任ここに歸して、その倚付を二三にすることなし。蓋し將相は天下の師なり。その才その德並び行はざればその實を得ず。天下安きときは意を相《しやう》に注《つ》け、天下危きときは意を將に注《つ》く。然して安きこと常に安からず、一人齟齬杌隉《そごごつげつ》あれば卽《ただち》に危に轉ず。人君無事の日、人才彙進《ゐしん》の時に當り、その器を儲《たくは》へて以て急難に備へ、天寵の優を隆《さかん》にし、懷綏《くわいすゐ》の德を布かしむるときは、凡て事成らずといふことなし。將に、兵に將たると、將に將たると、將相兼任するとあり、知信仁勇忠あり、禮將嚴將あり。然してその本は知仁勇の三に在り。兵を擧げて不庭を討ずるが若《ごと》き、その撰將を精《くは》しくせざるときは、自ら傾覆を招きて以て三軍を鏖《みなごろし》にするなり。古來その任を重んずること亦宜《むべ》ならずや。以上、節度を賜ふ。

〔大意〕

謹んで考えてみるに、これは、天神が将帥に節刀を授けたまう意味にほかならない。天皇統治の時代になってから、景行天皇が、日本武尊に斧鉞《ふえつ》を授けたまわった。それ以来、連綿として途絶えることなく続き、次第に名実ともに整備されて立将の礼（将帥選任の制度）が確立したのである。そもそも節度は、天皇の信任を証明する実証にほかならず、斧鉞は、違反者を刑罰する手段を意味している。軍旅（軍隊、戦争。旅は、衆多《しゅうた》の意）の制度は、将帥の私的なものとしてはならないし、人民の専制するものであってもならない。それ故に、四方に（国中に）教化を及ぼし、天子の威光を快く思わない勢力を明らかにして、将帥が一たび征夷の任務を託され、適時を得て、全軍統帥の任務を専ら担うことになるのである。思うに将と相とは、天下を主導する重任を担っている。その才幹・徳望を併せて当たらなければ、実績は期し難いところである。

天下が平和で安定している時には、政治を担う相つまり大臣の役割が重視され、天下が乱れて危急な時には、将帥の任務が重視されることになる。しかし天下の平和安定は、常に続くとは限らない。一人のゆきちがいによって、直ちに危急に転じてしまうこともある。国の君主は、無事の日に、常に人材を登用しうる時には、器量ある人材を登用し、待機させておいて危難の場合に備え、人民への恩寵政策を盛んにして、安心して親近感を抱かせる徳治政策を拡めていけば、すべて事が成就しないことはないのである。

他方、将帥には、兵を帥いる将と、将を帥いる将とがあり、将と相と兼任する場合もあり、知信仁勇忠のいずれかに優れた将があり、禮将《れいしょう》・厳将《げんしょう》など、さまざまな将が存在するが、将たる者の徳の基本は、知仁勇の三達徳（普遍・不易の徳目）である。服従しない勢力を討伐しようという場合に、その将帥の選任が真に適切に行われないと、討伐戦に敗れて全軍を皆殺しにされることにもなりかねないのである。古来、将帥の選任を重視してきたのは、至極、道理にかなうことではあるまいか。

神武帝即位の二年、春二月甲辰朔《きのえたつついたち》、乙巳《きのとみのひ》（二日）、天皇功《いさをし》を定め賞《たまもの》を行ふ。道臣命

に宅地《いへところ》を賜ひて築坂邑《つきさかのむら》に居《はんべ》らしむ、以て寵異《ことにめぐ》みたまふ。また大來目をして畝傍山の以西《にし》の川邊の地《ところ》に居《はんべ》らしむ。今來目邑《ノ》と號《なづ》く。此れその緣《ことのもと》なり。珍彦《うづひこ》を以て倭國造《やまとのくにのみやつこ》と爲す。珍彦、ここにはウヅヒコと云ふ。また弟猾《おとうけし》に猛田邑を給ふ、因りて猛田《ノ》縣主と爲す。これ菟田の主水部《もふとりら》が遠祖なり。弟磯城《おとしき》名は黒速《くろはや》を磯城《ノ》縣主と爲す。復た劒根《つるぎね》といふ者を以て葛城《ノ》國造と爲し、また頭八咫烏《やたがらす》もまた賞《たまもののつら》例に入る。その苗裔《のち》は即ち葛野主殿縣主部《かつらぬのとのもりのあがたぬしら》これなり。

（『日本書紀』巻三より）

謹みて按ずるに、功を定め賞を行ふは軍國の盛事なり。賞その功に當らざれば禮明かならず。功なくして賞あるときは、小人進みて佞奸行はる。故に賞を行ふこと必ずその功を定むるに在り。今 大君命あり、國を開き業を建つ、その時最も畏るべし。ここに於て賞はその禮を踰えずして、功臣全きを保ち國家安靖なり。蓋し賞罰は人君の大柄なり、更にこれを忽《ゆるがせ》にすべからず。金帛器物祿位土地の與奪、その撰を精《くは》しくせざればその實を得ず、功を定め賞を行ふの一句、萬世行賞の模格《もかく》なり。以上、行賞の格。

〔大意〕

謹んで考えてみるに、論功行賞（功労のいかんを論じて確定し、それに基づいて褒賞を与えること）は、軍国の最も重要な行事である。賞がその功に当てはまるものでないと、その制度の在り様が明らかにならない。もし功なくて賞が行われるようなことがあると、小人（才はあるが徳望が乏しい人物）が上進し、佞奸《ねいかん》（口先がうまく心がねじけているさま）の風潮が広まってしまう。その故に行賞は、必ず論功して功を確定せねばならないのである。

今、神武天皇が国を開いて統治を始めようとしている。まさに最も慎重に警戒せねばならない時に当たっている。この時に論功行賞が、適正に実施されて始めて、功臣が充分に処遇され、国家の安寧が保たれるのである。

正しく、賞罰は国の君主の大権の一つである。これは決してゆるがせにしてはならないことである。黄金・絹・器物・禄位（俸禄・地位）・土地を授与するか収奪するかなどの賞罰は、精密に実施されなければ、実効が得られないのである。論功行賞のこの一語こそ以後、万世の永きにわたり行賞の模範とすべききまりといえよう。

景行帝の二十五年秋七月庚辰朔《かのえたつついたち》、(三日)壬午《みづのえうまのひ》、武内宿禰《たけのうちのすくね》を遣はして北陸《くぬがのみち》及び東《あづ》方諸國《まのくにぐ》の地形《くにかた》、且《ま》た百姓《おほんたから》の消息《あるかたち》を察《み》せしめたまふ。

二十七年春二月辛丑朔《かのとうしついたち》、(十二日)壬子《みづのえねのひ》、武内宿禰東國《あづまのくに》より還へりまうきて奏《まう》言《さ》く、東夷《あづまのひな》の中に、日高見國《ひたかみのくに》あり、その國人男女《をとこめのこ》並に椎結《かみをあげ》身を文《もとろ》げて、人となり勇悍《いさみたけ》し。これを摠《す》べて蝦夷《えみし》と曰ふ。また土地《くに》沃壤《こえ》て曠《ひろ》し、撃ちて取るべしと。

四十年夏六月、東夷《あづまのひな》多く叛きて邊境《ほとり》騒動《さはぎどよ》む。秋七月癸未朔《みづのとひつじついたち》、戊戌《つちのえいぬのひ》、天皇斧鉞《まさかり》を持《と》り以て日本武尊《やまとたけるのみこと》に授けて曰《のたま》はく、朕《あれ》聞く、其《か》の東《ノ》夷は識性《たましひ》暴強《あらびこは》くて凌犯《しのぎをかす》を宗《むね》と爲し、村《ふれ》に長《ひとこのかみ》なく、邑に首《おふと》なく、各〻封堺《さかひ》を貪りて並に相盜《ぬす》み略《かす》む。また山に邪神《あしきかみ》あり、郊《の》に姦鬼《かたましきおに》あり、衢《ちまた》に遮《さへぎ》り徑《みち》に塞《ふさが》り、多く人を苦しましむ。其の東《ノ》夷の中に蝦夷《えみし》はこれ尤も強し。男女交はり居て、父子《かぞこ》別《わきだめ》なく、冬は則ち穴に宿《ね》、夏は則ち樔《す》に住む。毛を衣《し》き血を飲みて、昆弟《このかみ》相疑ふ。

山に登ること飛禽の如く、草を行《はし》ること走獣の如し。恩《めぐみ》を承けては則ち忘れ、怨《あだ》を見ては必ず報ゆ。ここを以て箭《や》を頭髻《たきふさ》に藏《をさ》め、刀《たち》を衣の中に佩《は》けり。或は黨類《ともがら》を聚めて邊界《ほとり》を犯し、或は農桑《なりはひどき》を伺ひ以て人民を略《かす》む。撃てば草に隱れ、追へば山に入る。故に往古《いにしへ》より以來《このかた》未だ王化《みおもむけ》に染《したが》はず。今朕《あれ》汝の人となりを察《み》るに、身體《むくろ》長大《たかく》、容姿《かほ》端正《きらきらし》、力能く鼎《かなえ》を扛《あ》ぐ、猛きこと雷電《いかづち》の如く、向ふところ前《かたき》なく、攻むるところ必ず勝つ。卽ち知りぬ、形は則ち我が子にて實《むざね》は則ち神人《かみ》なり。これ寔《まこと》に天の朕《あ》れ不叡《をさなく》且つ國の不平《みだれたる》を愍《かなし》みたまうて、天業《あまつひつぎ》を經綸《をさ》め、宗廟《くにいへ》を絶えざらしむるか。亦この天下《ノ》は則ち汝の天下なり、この位は則ち汝の位なり、願くは深く謀り遠く慮りて、姦《かたましき》を探《さぐ》り變《そむく》を伺つて、示すに威《いきほひ》を以てし、懷《なづ》くるに徳《うつくしび》を以てし、兵甲《つはもの》を煩はさずして自《オ》らに臣隷《まうしたがは》しめよ。卽ち言を巧《たく》みて暴神《あらぶるかみ》を調《ととの》へ、武きことを振つて以て姦鬼《かたましきおに》を攘《はら》へと。ここに於て日本武尊以て（乃ち）斧鉞《まさかり》を受けたまはり、以て再拝《をがみ》たまひて奏《まう》して曰さく、嘗て西を征《う》ちし年、皇靈《みたまのふゆ》の威《みいきほひ》に賴《よ》り三尺劍《みじかきつるぎ》を提《と》りて熊襲《くまそノ》國を撃つ、未だ浹辰《いくばく》も經ず、賊首《あだのひとこのかみ》罪に伏しぬ。今また神祇の靈《みたまのふゆ》に賴《よ》り、天皇の威《みいきほひ》を借りて、往きてその境に臨みて、示すに德教《うつくしび》を以てせんに、猶ほ服《まつろ》はざることあらば、即ち兵を擧げて撃たん。仍つて重ねて再拜《をがみ》まつる。

冬十月の壬子《みずのえね》朔《ついたち》、癸丑《みづのとうしのひ》、日本武尊發路《たち》たまふ。爰《ここ》に日本武尊則ち上總より轉《うつ》りて陸奥《ノ》國に入る。時に大鏡《おほいなるかがみ》を王船《みふね》に縣けて、海路《うみつち》より葦浦に廻り、横に玉浦《ノ》を渡りて蝦夷の境に至る。蝦夷の賊首《ひとこのかみ》嶋津神《しまつかみ》・國津神《くにつかみ》等、竹水門《たけのみなと》に屯《いは》みて距《ふせ》がんと欲す。然して遙に王船《みふね》を視て、豫めその威勢《みいきほひ》を怖《お》ぢて、心の裏《うち》に可《え》勝《か》ちたてまつるまじきことを知りて、悉く弓矢を捨てて望《おほ》みて拜んで曰はく、仰ぎて君が容《みかほ》を視れば人倫《ひと》に秀れたまへり。若しくは神か、姓名《みなうけたばらん》欲知。王對へて曰はく、吾はこれ現人神《あらひとかみ》の子《みこ》なりと。ここに蝦夷等悉く慄《かしこま》りて則ち裳《きもの》を褰《かか》げ、浪を披《わ》けて自ら王《ノ》船を扶《たす》けて岸に著く、仍つて面縛《みづからゆは》れて服罪《したが》ふ。故にその罪を免したまふ。因りて以てその首帥《ひとこのかみ》を俘《とりこ》にし従身《みともにつかへまつ》らしむ。蝦夷既に平ぐ。

（『日本書紀』巻七より）

謹みて按ずるに、是れ東夷征伐の始なり、これより蝦夷朝貢して怠らず、教化大いに東方に行はれ、綿綿として以て今日に至る。武内宿禰の機を知るや、日本武尊の雄武なるや、神劔の發威なるや、靈鏡の明光なるや、殆ど武徳の盛《さかん》なるなり。故に帝終にその功名を錄して以て武部《たけるべ》を定めて、これを後世に示したまふに至る。凡そ少碓王《わかうすのきみ》の兵を用ふること、西に東に向ふところ寇《てき》なく　王を勤めて息むことなし。この時邊鄙《へんび》の反人悉く平らぎ、夷賊從服し、四海大いに寧し。皆これ王の功なり。惜しい哉、瘴《しやう》の害してその命を夭《わかじに》することや。以上、東夷を征す。

〔大意〕

謹んで考えてみるに、これは東夷（東方辺境の異民族）征伐の始まりであった。これ以後、蝦夷は朝貢を怠らず、朝廷の教化が東の辺境にも行われて、永く絶えることなく今日に至っている。武内宿禰の時機を知る才幹・日本武尊の武勇の力量、草薙の劒の威力の発揮、霊鏡の明光の効果などは皆、この国に武徳が盛んであることの発現といえよう。故に景行天皇は、日本武尊の偉勲記念のために武部《たけるべ》という民部を制定して、これを後世に顕彰したまうことになったのである。おしなべて少碓王《わかうすのきみ》（日本武尊のこと）の用兵は、西に東に向かうところ敵対しうる者なく、皇威を拡めることに勤めてやまなかったのであった。その結果、辺境の服従しなかった異民族も、悉く平定され、蝦夷の賊徒も服従して、天下は大いに安寧になったのである。これは皆、少碓王の功績にほかならない。その日本武尊が、山川の毒気によって夭逝《ようせつ》したことは、何と惜しいことであろう。

神功帝住吉大神《すみよしのおほんかみ》《すみのえ》の教に因り、便ち髪結分《かみあげ》たまひて髻《みづら》と爲し、因りて以て群臣に謂《かた》りて曰《のたま》はく、夫れ師を興し衆《もろもろ》を動かすは國の大事なり、安危成敗《やすきあやふきなりやぶれんこと》必ずここに在り。今征伐《う》つところあり、事を以て群臣に付《さづ》く、若し事成らざれば

罪群臣にあらん。これ甚だ傷《いた》きことなり。吾れ婦女《たをやめ》にして加以不肖《またをさなし》、然れども蹔《しばら》く男貌《ますらをのすがた》を假《か》りて强《あなが》ちに雄略《をしきはかりごと》を起し、上は神祇の靈《みたまのふゆ》を蒙り、下は群臣の助《たすけ》に籍《よ》りて、兵甲《つはもの》を振《おこ》して嶮浪《たかきなみ》を度《わた》り艫船《ふね》を整へて以て財土《たからのくに》を求めん。若し事就《な》らば、群臣共に功《いさを》しきことあらん、事就らざれば（吾れ）獨り罪あらん。既にこの意《こころ》あり、それ共に議《はか》らへと。群臣皆曰さく、皇后天下《おほきさきあめがした》の爲に計《はか》ります、宗廟社稷《くにいへ》を安んぜん所以《ゆゑ》なり。且つ罪臣下《おの〳〵》に及ぶまじ。頓首《つつしみ》、詔を奉《うけたまは》る。秋九月庚午朔《かのえうまついたち》、（十日）己卯《つちのとうのひ》、諸國《くに〴〵》に令《みことのり》して船舶《ふね》を集《つど》へて兵甲を練《ね》らふ。時に軍卒《いくさひとども》自ら集ひ、爰に吉日を卜へて臨發《たちたまはんとすること》日あり。時に皇后親ら斧鉞《まさかり》を執りたまひて三軍《みたむろのいくさ》に令《の》りて曰《のたま》はく、金鼓節《わいだめ》なく、旌旗《はた》錯亂《まがひみだ》れんとき、士卒《いくさのひとども》整はず、財を貪りて多欲《ものほしみ》して私を懐ひ内顧《うちかへりみ》せば、必ず敵の爲に虜《とら》れなん。その敵少くとも勿輕《なあなづ》りそ、敵強《おほ》くとも無屈《なお》ぢそ、則ち姧暴《をかししのがん》をば勿聴《なゆる》しそ、自《ミ》らに服《まつ》らんは勿殺《なころ》しそ。遂に戰勝つ者は必ず賞《たまもの》あり、背走《にげはし》るは自《オ》ら罪あらん。

冬十月己亥朔《つちのとゐついたち》、辛丑《かのとうしのひ》（三日）、和珥津《わにのつ》より發《た》ちたまふ。時に飛廉《かぜのかみ》風を起し、陽侯《うみのかみ》浪を擧げ、海の中の大魚悉くに浮きて船を挾《はさ》み、則ち大なる風順《おひかぜ》に吹きて帆舶《ほつむ》波に隨ひ、㯭楫《かゆかち》を勞《つか》はずして便ち新羅《しらぎ》に到る。時に隨船潮浪《まななかしほなみ》遠く國の中に逮《みちおよ》ぶ。卽ち知る、天神地祇の悉くに助けたまふか。新羅王ここに於て戰戰栗栗《おぢわななきて》、厝身無所《せんすべしらず》、則ち諸人《もろひと》を集《つど》へて曰はく、新羅の國を建ててより以來《このかた》、未だ嘗て海《し》水《ほ》の國に淩《のぼ》ることを聞かず、若し天運《よのかぎり》盡きて國海とならんか。この言未だ訖《をは》らざる間に、船師《ふないくさ》海に滿ちて旌旗《みはた》日に耀く。鼓吹《つづみふえ》聲を起して山川悉く振ふ。新羅王遙に望みて以爲《おもへ》らく、非常《おもひのほか》の兵將《つはものまさ》に己が國を滅《ほろぼ》さんとす。讋《お》ぢて失志《こころまどひ》す。乃今《いまし》醒めて曰はく、吾れ聞く、東に神《ノ》國あり日本《やまと》と謂ふ、亦聖《ひじり》の王《きみ》あり天皇《すべらみこと》と謂ふ、必ずその國の神兵《みいくさ》ならん。豈兵を擧げて以て距《ふせ》ぐべけんやといひて、卽ち素旆《しろきはた》あげて自《ミ》ら服《まつろ》ひぬ、素組《しろきつな》して以て面縛《みづからとら》はる。圖籍《しるしへふむた》を封《ゆひかた》めて、王船《みふね》の前に降りて因りて以て叩頭《の》みて曰はく、今より以後《のち》長く乾坤《あめつち》と伏《したが》ひて飼部《みうまかひ》となり、それ船柂《ふなかぢ》を乾《ほ》さずして春秋に馬梳《うまくし》及び馬鞭《うまむち》を獻《たてまつ》らん、復た海の遠きに煩《いたつ》かずして、以て年毎《ごと》に男女の調《みつぎ》を貢《たてまつ》らん。則ち重ねて誓つて曰《まう》す、東《ひんがし》にいづる日更に西に出で、且《ま》た除《お》く、阿利那禮河《ありなれか》の返りて逆《さかしま》に流れ、河の石の昇りて星辰《あまつあかほし》になるに及ぶにあらずば、殊《わき》て春秋の朝《みやら》《まゐで》を闕《か》き、忍びて梳鞭の貢《ひつぎ》を廢《や》めば、天神地祇共に討《つみな》へたまへとまうす。時に或ひと曰はく、新羅王《しらぎのこきし》を誅《ころ》さんと欲《い》ふと。ここに皇后の曰《のたま》はく、初め神の教を承けて、將に金銀の國を授《さづ》かりたり、また三軍《みたむらのいくさ》に號令《のりごと》して曰はく、自《み》ら服《まつろ》はんを勿殺《なころ》しそ、今既に財《たから》の國を獲《え》つ、また人自《み》ら降服《まつろ》ひぬ、殺すは不祥《さがなし》とのたまひて、乃ちその縛《ゆはひつな》を解きて飼部《みうまかひ》と爲す。遂にその國中に入りなまして、重寶府庫《たからのくら》を封《ゆひかた》め、圖籍文書《しるしのふみ》を收《とりをさ》む。卽ち皇后の杖《つ》ける矛《みほこ》を以て新羅王《しらぎのこきし》の門《もん》に樹《た》て、後の葉《よ》の印《しるし》と爲す。故にその矛今猶ほ新羅王の門に樹つ。爰に新羅王波沙寐錦《はさむきん》卽ち微叱己《みしこ》知波珍干岐《ちはとりかんき》を以て質と爲して、仍《よ》りて金銀彩色《うるはしきいろ》及び綾羅縑絹《あやきぬかとりきぬ》を賚《もたら》し、八十《やそ》艘船《かはら》に載《のせい》れて、官軍《みいくさ》に従はしむ。ここを以て新羅王常に八十艘の調を以て日本國《わがみかど》に貢《たてまつ》るはそれ是の縁《ことのもと》なり。ここに於て高麗《こま》・百濟《くだら》二國の王《こきし》、新羅圖籍《しるしへふむた》を收《とりをさ》めて日本國に降ると聞きて、密にその軍勢《みいくさのいきほひ》を伺はしむ。即ち可《え》勝《か》つまじきことを知りて、自ら營外《いほりのそと》に來りて叩頭《の》みて歎きて曰《まう》さく、今より以後《のち》永く西蕃《にしのとなり》と稱《い》ひつつ、朝貢《みつぎたてまつること》を絶たじ。故れ因りて以て内官家《うちつみやけ》を定め、皇后新羅より還りたまふ。

（『日本書紀』巻九より）

謹みて按ずるに、是れ西戎征伐の始なり。仲哀帝の朝、住吉大《ノン》神は西戎の外夷を以てこれに賜ふ。帝信ぜずして早く崩じたまふ。皇后志を繼ぎ事を述べたまうて、刃に血《ちぬ》らずして高麗・新羅・百濟皆從服し、三韓官家の藩屏となる。應神帝生れながら聖武の形を備へたまひ、産《あれま》すとき完腕《ししたたむき》の上に生《お》ひたり。その形鞆の如し。故にその名《みな》を稱《たた》へて譽田天皇《ほむだのみかど》と謂《まう》したてまつる。上古の俗、鞆を號けてホムタと曰ふ。八幡と謚《おくりな》し奉り、天下の武神と爲し、その祭祀を以てこれに事へまつること猶ほ伊勢の　御神のごとく、武家殊にこれを崇敬す。噫、靈德盛なる哉。これより三韓每年來朝して貢を奉り、正暦を　朝廷に受け、政事を我が國に問ふ。四國來りて池を作りて、應神の七年秋九月、高麗・百濟・新羅・任那來朝す。時に武内に命じて諸〻の韓人等を領《ひき》ゐ、池を作らしむ。因りて以て池を名づけて韓人池と號す。

その柔懐を示し、子弟を質とし博士を貢して以て欸誠《くわんせい》を叩く。間〻不庭の罪あれば將帥を發してこれを討《ただ》す。百濟、王を殺して以てその無禮を謝し、酒君《さけのきみ》を鐵鎖して以てその虜《とりこ》を獻《たてまつ》る。應神の四年、百濟の辰斯《しんし》王無禮、國中これを殺して謝す。酒君が事は仁德の四十一年に在り。狹手彥《さでひこ》、高麗を討《ただ》して王宮に入り、珍寶を獲て以てその捷《かちもの》を奏す。欽明の二十三年に在り。或は高麗、鐵の盾及び的を獻り、盾人が技《わざ》に栗《をのの》き、仁德の十二年に在り或は表章を慢《あなど》り羽表を奉じて、禮を抗《あ》げ知を索《さぐ》りて、而して以て責察を受く。高麗の表無禮なることは應神の二十八年に在り、鳥羽の表を奉ることは敏達元年に在り。故に西戎その武德を懼れその雄才に服し、悉く我が屬國となる。蓋し垂仁九十年帝既に田道間守《たぢまもり》に命じて常世國《とこよのくに》に香果《かぐのみ》を求めしむ。然らば乃ちこの時西戎を并呑するの機ありて、以てその功を若櫻朝《わかざくらの》に成すなり。皇后四十九年又軍帥を發して以て比自炑《ひしほ》・南加羅《ありひしのから》・喙國《とくのくに》・安羅《あら》・多羅《たら》・卓淳《とくじゅ》・加羅の七國を平定し、南蠻を屠《ほふ》りて以て百濟に賜ひ、處處に日本府を置きて以て政令を布く。　中國の武德ここに至りて大いに盛なり。吁《ああ》　中朝の文物更に外朝に愧ぢず。その威武の如きは外朝も亦比倫すべからず。故に外朝の海防は唯だ倭寇《わこう》にのみ要す。倭寇とは何ぞ。西州の邊民彼れを虜掠するなり、官兵の寇するにあらず。而してその膽を落し股を戰《ふる》はしむること然り。大明の太祖三たび使を我が國に遣はし、彊《さかひ》に寇するの禁を請《こ》ひ、好《よしみ》を修めんと欲すること眷眷《けんけん》たり。終に祖訓を垂れて倭と絶つを以てその一と爲す。是れその威武の餘風を恐るるなり。以上、西戎を征す。

以上、武義の德を論ず。謹みて按ずるに、五行に金あり、七情に怒あり、陰陽相對し、好惡相並ぶ。是れ乃ち武の用また大ならずや。然してこれを用ふるにその道を以てせざるときは、害人物に及びて而も終に自ら燒く。聖人以て興り亂人以て廢《すた》る所以なり。豈これ兵の罪ならんや。蓋し　神代の兵武や、惟《こ》れ神惟れ聖にして、天討なり、天兵なり。その將帥軍伍皆靈神なり。然れども猶ほその道を存しその禮を備へ、而もその大事を示す、以て鑑むべきなり。

凡そ內に好惡の情《こころ》ありて以て外にその狀を興し、耳目視聽し、手足防護し、筋骨剛中し、爪《さう》齒《し》把《は》齧《げつ》するは、人の天險なり。君子以て內《うち》宮禁の衞《まもり》を備へ、外《そと》國郡の護《まもり》を固め四邊の藩《さかひ》を密にし、士卒を練り、兵器を利し、將帥を撰び、陳營を制し、戰策を審にし、常に盜賊の機を戒め、威武の嚴を奮ふ。是れ不虞を警《いまし》め文德を昭《あきらか》にする所以なり。夫れ征はその不正を正すなり。彼れ正しからざれば輒《すなは》ち師を興してこれを侵伐す。士卒罪なくして死地に入る、故に征伐は人君の大權なり。豈これを容易にし、これを窮黷《きゅうとく》せんや。而してこれを遠ざけこれを疎《うとん》ずれば、乃ち國勢日に衰へ天下大いに弱る。是れ兵の大事たる所以なり。

或は疑ふ、兵は霸主の業にして聖人の道にあらずと。愚謂へらく、陰はその根を陽に萌《きざ》す、故に火以て烈烈の威あり。陽はその元を陰に交ふ、故に水以て嫋嫋《でうでう》の柔あり。天五材を生じ、民並びにこれを用ふ、一を廢することも不可なり。誰か能く兵を去らん。乃ち武乃ち文は堯の德を贊《ほ》むるなり。聖武を以て湯《たう》を稱《たた》へ、武功を以て文王を歌ひ、神武不殺を以て周易《しうえき》を贊《さん》し、禮樂・征伐並び言《のたま》ふは孔夫子の聖戒なり。國家は常に武備と文教とを以て並び行はる。事に先だちてこれが備を爲し、事なくしてこれが防を爲すは、暴亂を將に萌《きざ》さんとするに遏《ふせ》ぎ、治安を長久に護らんとする所以なり。外國の聖主未だ嘗て文武を左右にせずんばあらず、況や中國はその興るところ瓊矛に在り、而して　天神以て天征して　天孫に賜ふに寶劍を以てす。況や　神武帝の東征に、天賜ふに韴靈《ふつのみたま》を以てし、韴靈、ここにはフツノミタマと云ふ。その武威の及ぶところ服せざるなきをや。故に　中華の武は、四海の廣き、宇内の區《まちく》なる、終にこれを議すべからず。武の德惟れ神にして、文の教惟れ聖なり。陰陽生殺の機妙を函《ふく》み、仁義生成の化を致す。夫れ仁義は人の道にして、或はこれを用ひて師《いくさ》敗れ、或はこれに因りて國亡ぶ。然らば乃ちその要はその人に在り。兵も亦此の如し。廢興存亡全くその人に在りて、聖人・霸者の名あるにあらざるなり。　皇統綿綿の後大いにその制を修飾し、　崇神帝一千の兵器を作り、　持統帝陣法の博士を置き、天下の民をしてこれを練習せしむ。安しと雖も更に戰を忘れず、神尚ほこれを戒めて兵器をもて神祇を祭る。垂仁の二十七年、祠官に令して兵器を神幣と爲さんことをトふ、吉なり。故に弓矢横刀を以てこれを祭る。その由りて來るところ渾厚《こんこう》なるかな。

〔大意〕

謹んで考えてみるに、これは西戎（西方辺境の異民族）征伐の始めであった。仲哀天皇の御代に、住吉の大神が天皇に、西方辺境の異民族の国を賜わったが、天皇は、そのことを信じないまま夭逝《ようせつ》されたので、神后皇后が、住吉の大神の教えを継承したまい、遠征して戦争して血を流すことなく、高麗・新羅・百濟が皆、皇后に服従し、それらの三国は皆、わが皇室の藩屏《はんぺい》（守護する囲い）となったのである。

応神天皇は、生まれながらにして聖武の体付きが備わっていて、左腕には鞆《ほむた》（弓を射るときつけるまるいあてがわ）を付けて生まれたまうたので、別名譽田天皇《ほむたのみかど》と呼ばれたと伝えられたほどであり、武神の名称八幡《はちまん》を諡《おくりな》として奉つられ、天下の武神とされて伊勢の大神と同様祭祀を以て崇敬され、武家の崇敬が殊《こと》に深かったのである。ああ何と霊妙な武徳の盛んなことであろう。

これ以後、三韓の国々は、毎年、わが国に来朝・貢物を奉納し、朝廷の定めに正しい暦法を受用し（「正朔を奉ず」と謂《い》い、属国となることを意味する）、政事についてもわが国に指図を求めたのである。

応神天皇七年秋には、高麗・百済・新羅・任那《みまな》四国が来朝し、その韓人が武内宿禰の監督の下で「韓人池」を作って、わが国に帰順服従している証しとし、子弟を人質とし博士を貢納して、恭順の誠を示したのである。

ときたま、わが国に無礼を働いた百済の王族があった時には、紀角宿禰《きのつののすくね》を将師として百済王を詰問し、百済は王を殺してその無礼を陳謝し、王族の酒君《さけのきみ》を鉄鎖で縛り上げて送り届けて献上してきたのである。

欽明天皇の二十三年、大将軍大伴連《おおとものむらじ》狭手彦《さでひこ》に数万の兵を帥いて高麗を征討させたが、高麗王が逃亡した宮殿に入って珍宝を戦利品としたり、或いは、高麗の献上した鉄の盾と的を盾《た》人宿禰《ひとのすくね》（的臣《いくわのおみ》の祖）だけは、鉄の盾を射通して高麗の使節を恐れさせたのであった。或いはまた、高麗がわが国を侮《あなど》り鳥の羽に墨書して表を奉り、おそらく読み取れない形で愚弄《ぐろう》する心算だった所を、工夫して解読し、「高麗の王、日本国に教う」と無礼な上表だったので、太子の菟道稚郎子《うじのわきいらつこ》が使節を責めて破り棄てたのである。

このようなことが重なったので、西方の異国では、わが国の武徳を懼怖し、雄才に服従して、悉《ことごと》くわが国の属国となったのである。

垂仁天皇の九十年、田道間守《たぢまもり》に命じて、常世国《とこよのくに》（古代、遥か海の彼方にあると想定した国）に香菓《かぐのみ》（橘の実か）を探し求めさせたのであった。とすれば、この時に西方の異国と併呑する機が熟していたのであり、その実現は神功皇后の新羅征伐によって成就したのである。更にまた皇后は、比自炑《ひしほ》・南加羅《ありひしのから》・喙国《とくのくに》・安羅《あら》・多羅《たら》・卓淳《とくじゅ》・加羅（南韓の国々）七国を平定し、その後、西方を征服し、古奚津《こけのつ》に至り、百済の南海の野蛮国（いまの済州島か）忱彌多礼《とむたれ》を滅ぼして百済に賜与し、処々に日本府を置いて統治したのである。

中国たるわが国の武徳は、このような経過の後、ますます盛大となったのである。ああ何と全く中朝たるわが文物は外朝に恥じることが無かったことか。まして威武に至っては、外朝など比較し得ない所であったのだ。だから外朝の海防は、もっぱら倭《わ》寇《こう》に備える必要によるものであった。倭寇とは何かといえば、わが西国の辺境の民が、外朝を荒掠したものに過ぎず、官兵が寇掠《こうりゃく》したのではなかったのである。それでもなお、外朝の胆を冷やし、慄えあがらせること、これほどであった。明の太祖洪武帝も、使節を派遣して、わが国に倭寇の取り締まりを要請し、修好を深めて勘合貿易の利をもたらすほどであった。終には、倭寇対策を国是とするに至るのである。これは、とりもなおさず、わが国の威武の余波まで恐れていたということにほかならない。

以上、武義の徳について論じてきた。謹んで考えてみるに、五行（木・火・土・金・水の五要素）に金があり、七情（喜・怒・哀・楽・愛・悪・欲）に怒があって、陰陽の二気が相対し、好愛《こうあい》と憎悪とが相並んでいる。このような天地の営為の中にあって、武の果たす役割は、何と偉大なことであろうか。その通りに違いないが、その運用に当たって本来の目的のためかつ妥当な方法に依らない場合には、その弊害は、人にも物にも及んで、しかも自分自身をも焼き尽くすことにもなりかねない。武の効用性と危険性とは、一体に備わっているからにほかならない。聖人は、その効用性を生かして興隆し、乱人は、その危険性を制御し得ず廃衰する理由といえる。どうして武や兵の罪とすることができようか。

正しく、神代の兵武たるや、神や聖が用いる所であって、いわば天兵にほかならない。その将帥も軍隊も皆、霊神なのである。それでもなお、本来の目的のためかつ妥当な方法に依る制度を備えてから実際に運用するのである。鑑とし、模範とせねばならない。

これを人についてみれば、内面の好悪の情が外面に表れて、耳目は、聴視し、手足は防護して筋骨剛中したり爪歯《そうし》把齧《はげつ》したりするのは、その人の内面を固く防守する防衛の仕組みにほかならない。これを国についてみれば、君主は、国内的には、宮廷禁裡の守衛を備え、対外的には、辺境の国や郡の防衛を固め四辺（北西南東）の藩（境の垣根に譬える語）を厳密にするため、軍を構成する士や卒を鍛練し、兵器を鋭利に整え、将帥を選任し、陣（兵）営を制定し、戦略戦術を審究《しんきゅう》して、常に盗賊の機先を制するよう警戒し、権力と武力の威厳を発揚しておく。このようにしておくことこそ、不慮の思いがけない（想定外の）事態への警備を怠らず、延《ひ》いては、文徳信望を明らかにしておくゆえんといえよう。

そもそも征伐とは、不正を伐ち正すというのが本来の意味である。不正で罪ある者があれば、直ちに武力を以って伐ち正すことにほかならない。唯《ただ》、征戦では、兵士達は、罪も無いのに死地に赴くことになる。だからこそ征伐の大権は、君主のみに限られて与えられるのである。みだりに（理由もないのに）戦争をして武徳を汚すことなど、どうしてできようか。決してできはしない。しかも、武備を敬遠して疎外してしまった場合には、とりもなおさず国家の威勢が衰微して世の秩序が脆弱になるのである。これこそ兵備が国家の重大事にほかならぬゆえんである。

ところで兵を用いるのは、いわば覇道の仕業であって聖人の道、つまり徳に基づいて治める王道のやり方ではないのではないかとの疑念を抱く人がある。これについて私が思うには、世の事物は、陰陽相対の原理に基づくもので、陰の根源は陽に前兆があり、陽の元初は陰に混交（いりまじる）している。ゆえに水は、たおやかで柔弱の性質がある。『左伝』に「天五材を生じ、民、これを並用す」と見えるが、五材とは、木火土金水の五行のことで、人民は、それぞれの特性を併せて活用しているという意味合いである。その一つでも、用いるのを止めることは出来ないものである。だから、剛強の性質の金に相当する兵を取り去ってしまうことなど、誰が出来ようか。『書経』の大禹謨に、「[※24]帝徳広運、乃《すなわ》ち聖乃ち神、乃ち武乃ち文、[※25]皇天眷命《けんめい》、四海を奄有《えんゆう》し、天下の君と為る」とあるのは、堯帝の徳を称賛したものにほかならない。また『書経』の伊訓《いくん》に「惟《こ》れ我が商王、聖武を布《し》き昭《あきらか》にし、虐に代ふるに寛を以てし、兆民允《まこと》に懐《なつ》く」とあるのは、聖徳にして威武《いぶ》を兼ねるもので、唯武威のみではないことを以て、商王つまり殷の湯王を称賛したことを意味しており、更に『詩経』大雅の文王有声篇に「文王、命を受け、此の武功有り、既に崇《すう》を伐ち、邑を豊に作る」と見えるのは、武功を以て文王を謳歌しているのであり、『周易』の繋辞上伝に、「古の聰《そう》明叡知《めいえいち》、神武にして殺さざる者か」、つまり古の聡明叡知、神のごとき武勇を備えてしかも人を殺さぬ仁徳の人のほかには、これを為し得ぬであろうと見えるのは、『周易』を称賛する意味合いであり、『論語』季氏篇に「天下道有れば則ち礼楽征伐、天子自《よ》り出で、天下道無ければ則ち礼楽征伐、諸侯自《よ》り出づ」と見えるのは、礼楽という文と征伐という武とを共に挙げて言《のたま》うことの中に孔夫子のという聖人の教戒の本質があるという意味にほかならないのである。

国家の存立には、常に武備と文教との両側面が相俟っていることが不可欠といえよう。事前に予め備え、無事の時にも防備を怠らない、つまり治に居て乱を忘れないように心がけるのは、暴や乱の萌芽《ほうが》を未然に防過し、治安を長久に守ろうとするゆえんにほかならない。外国の聖天子も、未だ嘗《かつ》て武備と文教とを並び行わなかったことは無かったのである。ましてや中国たるわが国は、国の生い立ちからして、瓊矛に由来していたのであり、そのうえに、天神が征討平定した後、天孫降臨に当たって宝剱を三種の神器に加えているのである。更にそのうえに、神武天皇の東征に際して、天神が賜わったのが、国土平定の霊剣、韴霊《ふつのみたま》（フツは断ち切るさまをいう）であり、その武威の及ぶところ服従しない者はなかったのは当然であった。

そのゆえに、中華たるわが国の武威は、天下広しといえども、数多の国々を見渡しても、比較にならないのである。その武徳は、神に譬うべく、その文教は、聖と称すべきところであり、陰陽生殺の機妙を内包し、仁義生成の化育を究めている。そもそも仁義は、人道の要諦にほかならないが、時には、仁義を重んじ過ぎて戦に敗れることもあり、国が滅びることもある。これらを考え併せてみれば、要するに、それに当たる人いかんに依るのであって、兵武についても同様である。国の廃興存亡もまた、全くそれに当たる人いかんに依るのであり、聖人の王道とか覇者の覇道とかの名分に依るのではないと言えるであろう。

万世一系の皇統が永く続いて次第に兵武の制度が整備されてゆき、例えば、崇神天皇が一千の兵器を作制したまい、持統天皇が戦陣の法の博士を設置したまい、天下の人民にこれを練習せしめたまうたのである。平和な時でも決して戦時を忘れず、いわゆる治に居て乱を忘れずの精神を堅持して、神が更に戒めるため兵器を以て天神地祇の祭祀を行ったのであった。わが国の武徳の由来の何と渾厚《※26こんこう》なことであろうか。

※24…帝徳広運、乃ち聖乃ち神…帝徳は、最も偉大で、行き届かない所はないことを賛美した語。聖とは、徳が大きく感化が広く及ぶこと、神とは、聖にして知らざる所のないこと、武とは、威厳があって畏るべきこと、文とは、徳が自ずから外にあらわれて美しいことを、それぞれ意味している。

※25…皇天眷命…天の上帝が、特に堯に恩寵を垂れて、天下をすべて自分のものとする天子としたことをいう。眷《カン》は、目をかけ、いつくしむ意。

※26…渾厚…大きくてどっしりしているさま。

祭祀章

天照大神方《まさ》に神衣《かんみそ》を織りたまうて齋服殿《いんはたとの》に居たまふ。

（『日本書紀』巻一より）

謹みて按ずるに、是れ　天神を祭祀するの義なり。祭祀の說なしと雖も、既に神衣と曰ひ、既に齋服殿と曰ふ、則ち　神自《みみづか》らこれを織りて以て神明に供へたまふなり。大神の靈親らその機巧を營み　天神に事へたまふ。その至誠竊に案ずべし。　朝廷終に神衣祭《かんみそのまつり》あり、參河の赤引神調糸《あかひへのかんつへのいと》を以て神衣を織り作《な》し以て伊勢　大神宮に供ふ。是れ乃ち往古至誠を以て神に事へたまふの遺則なり。孟夏季秋に神衣祭あり、伊勢神宮の祭を謂ふ。これ神服部《かんはとりべ》等齋戒潔淸して織り成すなり。或は疑ふ、神書に所謂神衣は大神の親服かと。愚謂へらく、自服を豈神衣と曰はんや。令義解に云はく、以て神明に供ふ、故に神衣と曰ふと。これ神が天神に供ふるの服を織りたまふ。故に素戔嗚尊の惡最も惡むべし。○以上、天神を祭る。

〔大意〕

謹んで考えてみるに、これは、天照大神も天神《あまつかみ》を祭祀することを意味している。祭祀についての論説は無いけれども、神衣《かんみそ》とか齋服殿《いんはたとの》とかいう言葉が用いられていることからして、大神自《みずか》らこれを織って神明に供えたまうたのである。大神が自ら親しく機織りを為して天神に奉仕したまう、その至誠を心深く考えてみなければならない。朝廷にもまた神衣祭《かんみそのまつり》があって、(三)参河産の赤引神調糸《あかひのかんつへのいと》を用いて神衣を織り作《な》して、これを伊勢の大神宮に奉納した。これこそ往古、至誠を以て神に奉仕したまわれた遺則にほかならないのである。

高皇産靈尊《たかみむすびのみこと》因りて勅して曰《のたま》はく、吾《あ》れは則ち天津神籬《あまつひもろぎ》及び天津磐境《あまついはさか》を起し樹《た》てて、當に吾孫《すめみま》の爲に齋《いは》れ奉らん。汝《いまし》天兒《ノ》屋命・太玉命は宜しく天津神籬を持《たも》ちて葦原《ノ》中國に降りてまた吾が孫の爲に齋はれ奉れと。乃ち二神《ふたはしらのかみ》を使《つか》はして天忍穂耳尊《あめのおしほみみのみこと》を陪從《そへ》て以て降《あまくだ》す。この時天照大神《あまてらすおおみかみ》手《みて》に寶《ノ》鏡を持ち天忍穂耳尊に授けて祝《ほ》ぎて曰《のたま》はく、吾《あ》が兒《みこ》この寶《ノ》鏡を視まさんこと、當に猶ほ吾《あ》れを視るがごとくすべし、與に床《みゆか》を同じくし殿《みあらか》を共にし以て齋鏡《いはひのかがみ》と爲すべし。復た天兒屋命《あめのこやねのみこと》・太玉命《ふとだまのみこと》に勅して、惟《ねがは》くは爾《いまし》二神もまた同じく殿の内に侍《さぶら》ひて善く防護《ほせぎまも》ることを爲せ。又勅して曰はく、吾《あ》が高天原に所御《きこしめ》す齋庭《ゆには》の穂《いなほ》を以てまた吾が兒《みこ》に當御《まかせまつ》ると。

（『日本書紀』巻二の一書より）

謹みて按ずるに、是れ宗廟を建て祖考を祭祀するの禮なり。神籬《ひもろぎ》は乃ち宗廟なり。寶鏡は乃ち宗廟の主なり。故に齋鏡と曰ふ。夫れ　天祖の靈は物に體して遺《のこ》さず。然れども宗廟の設、神主《しんしゅ》の寄《よせ》なきときは汎乎《はんこ》として一定すべからず。故に宗廟以てこれを萃《あつ》め、神主以てこれに寄せて、而して后神人の靈氣相集まり、至誠通ずべく、齋戒致すべし。是れ　天祖因りて神籬を起《おこ》し樹《た》て以て齋鏡と爲さんことを　勅したまふなり。夫れ　天子は天地を以て父母と爲す。故に　天神地祇を祭祀して以てその本に報じ、宗廟を建立して以てその始を貴ぶは、人君の大禮なり。況や　中國の生成は直に天神地祇に在るをや。令に曰はく、凡そ天皇の卽位には、惣じて天神地祇を祭る、散齋一月、致齋三日と。義解に云はく、天神は伊勢・山城の鴨・住吉・出雲國造齋神等の類これなり。地祇は大神《おほみわ》・大倭・葛木の鴨・出雲の大汝神等の類これなり。皆常典により祭る。蓋し人未だ嘗てその父祖を思ふことなくんばあらず、既にその父祖を念ふあれば未だ嘗てその由りて出づるところを念ふことなくんばあらず。故に遠きは乃ちその本始を思ひ、近きは乃ちその父祖を慕ふ。而して祭祀の禮起る。況や本始の大功あり父祖の大教あるをや。既に祭祀の禮あればその道致さずんばあらず。祭るに必ず時あり、祭るに必ず地あり、祭るに必ず祠部あり、祭るに必ず器用奉物あり、祭るに必ず齋戒あり、祭るに必ずその事あり、以てその禮を糺し以てその誠を盡す。是れ祭祀の道なり。祭祀その禮を致さざるときは神享《う》くべからず、禮儀その誠を以てせざるときは神格《いた》るべからず。禮致《きは》まり誠至りて、而して后祭祀の實を得べし。

凡そ人の誠は祭祀より大なるはなく、祭祀の大なること天地に如《し》くはなし。萬物の生成は天地に歸し、子孫の綿續は祖宗に歸す。是れ天地と祖宗はその本を一にする所以なり。蓋し人は萬物の長なり、人君は億兆の長なり。人君、天地を祭祀して萬類の散氣を合せ、咸《ことごと》くこれを天に歸し、本に報じ始に反りて以て親らその至誠を盡すこと、祭祀より大なるはなし。齋《ものいみ》とは何ぞ。その齊《ひと》しからざるを齊しくするの謂なり。祭祀の誠は齋戒を以てこれに交《まじ》はるべし。故に　天神詳にその禮を　勅したまふなり。以上、宗廟祭祀の義。

〔大意〕

謹んで考えてみるに、これは、宗廟（祖先のみたまや）を建立して祖考《そこう》（祖先）を祭祀する礼にほかならない。神籬《ひもろぎ》とは宗廟のことであり、宝鏡とは宗廟の御神体のことである。そこで齋鏡《いはひのかがみ》と称するのである。そもそも天神の祖霊は物に宿して後世に遺されるものではないけれども、宗廟の設置もなく、その御神体の寄託もないとすれば、あまりにも漠然として寄りどころがない。そのゆえに宗廟を中心として御神体を寄りどころとすることによって始めて神と人との霊気がここに相集まって、至誠も相通じ、齋戒（身を潔めること）も遂行することが出来るのである。これこそ天神の祖霊が神籬を建立し、鏡を御神体とするよう勅令したまうゆえんにほかならない。だいたい、天子は天地をもって父母と為すものである。ゆえに天神地祇を祭祀することを通して、その本源に報恩し、宗廟を建立することを通して、その始祖を尊重するのが、天子人君の最も大切な礼なのである。ましてや中国たるわが国の生成そのものが天神地祇に直結しているのであるから当然のことである。

思うに、人は、必ず先祖のことを追慕せざるを得ないものだ。その先祖のことを念《おも》えば、必ず出自（どこから来たのか）を念わざるを得ないものである。ゆえに遠くは、その本始（もともとの始め）に思念を馳せ、近くは、その祖先を思慕するのである。

そのようにして祭祀の礼が起こってきたのだ。ましてや、本始に偉大な功績があり、祖先の立派な教戒があれば、尚更のことである。

　祭祀の礼に当たっては、その正しい道を究めなければならない。祭祀には必ず、その時があり、地つまり場所があり、担当者があり、使用する器具や奉納物があり、齋戒が伴い、ことごとに祭事が必要である。その祭事の全てを正しく執り行うことを通してその誠を尽くす。これこそ祭祀の道にほかならない。祭祀に当たってその礼の極致を究めていなければ、神は享受してくれず、礼儀が誠を尽くしていなければ、神は格《いた》り降臨できない。礼の極致を究め、誠の至極を尽くして、その時始めて祭祀の名実を得ることができるのである。

　だいたい、人の誠は、祭祀に於けるより、深く大きく尽くされることはないし、祭祀は天神地祀の祭祀よりも重大なものは無いのである。万物の生成化育は、天地の営為の恩恵に帰着し、子孫の永続は祖先の営為の恩恵に帰着する。これこそ天地と祖先とが、その営為の恩恵という本を同じくしているゆえんにほかならない。まさしく、人は、万物の霊長であり、君主は、億兆（数多の人民）の君長である。君主が天神地祀の祭祀を執り行って、万類に散佚する気を集合して、天地の営為に帰納し、天地の営為の本に報恩し、始めに立ち戻って、親しく至誠を尽くしていくには、祭祀より重大なものは無いのである。

ところで、齋戒の齋《ものいみ》とは、どのような意味なのだろうか。それは、神と等しい真心になり得ていない人心を神と等しい真心にすることを意味している。祭祀に尽くす誠は、齋戒（神と等しい真心になるよう自ら戒めること）を以て（神と）交感せねばならない。そのゆえに天神[※27]（高皇産霊尊《たかみむすびのみこと》）は、祭祀の礼の在り方を詳細に勅令したまわったのである。

※27…天神…高皇産霊尊《たかみむすびのみこと》は、『古事記』では高木神という。ムスは、植物の自然に産生する意。ヒは霊力。

神武帝の四年春二月壬戌朔《みづのえいぬついたち》、甲申《きのえさるのひ》（二十三日）、詔して曰《のたま》はく、我《あ》が皇祖《みおや》の靈《みたま》天より降《くだり》鑒《ひか》りて朕《あ》が躬を光助《てらしたす》けたまへり。今諸〻の虜ども已に平《む》け海内《あめのした》に事なし、以て天《ノ》神を郊祀《まつ》りて用《も》つて大孝《おやにしたがふこと》を申《の》べたまふべきものなりと。乃ち靈時《まつりのには》を鳥見《ノ》山の中に立て、その地を號《なづ》けて上小野榛原《かみつをののはりはら》・下小野榛原《しもつをののはりはら》と曰ふ。用《も》つて皇《み》祖《おや》天《ノ》神を祭りたまふ。

（『日本書紀』巻三より）

一書に曰はく、神武天皇 皇天二祖《すべらあめふたはしらのみおや》 の 詔《みことのり》 に従ひ神籬を建樹《た》てたり。所謂、高皇産靈・神皇産靈《かむみむすび》《かみむすび》・魂留産靈《たまつめむすび》・生産靈《いくむすび》・足産靈《たるむすび》・大宮賣神《おほみやのひめのかみ》・事代主神・御膳神《みけつ》已上は今御巫が齋ひ奉るところなり。・櫛磐間《くしいはま》戸神《どのかみ》・豊磐間戸神《とよいはまどのかみ》已上は今御門の巫が齋ひ奉るところなり。・生嶋《いくしま》これ大八洲の靈にして、今生嶋の巫が齋ひ奉るところ。・坐摩《ゐかすり》これ大宮地の靈にして、今坐摩の巫が齋ひ奉るところなり。・日《ひ》臣《おみの》命、來目部を帥ゐて宮門《みかど》を衛護《まも》り、その開闔《あけたて》を掌る。饒速日《にぎはやひ》命は内《ツ》物部を帥ゐて矛盾を造り備ふ。その物既に備はり、天富命は諸〻の齋部を率ゐ天璽《あまつしるしの》鏡劒を捧げ持ちて正殿《みあらか》に安《お》き奉り、幷に瓊玉《たま》を懸けその幣物《まいなひもの》を陳《つら》ぬ。殿祭祝詞《みあらかまつりののりと》《おほとのほがひ》は次に宮門《みかど》を祭り、然して後物部乃ち矛盾を立て、大伴來目 仗《つはもの》を建て、門を開きて四方《よも》の國を朝《まゐ》らしめて、以て天位《あまつひつぎ》の貴《たふとさ》を觀せしむ。この時に當り帝《きみ》と神とその際《きは》未だ遠からず、殿を同じくし床を共にし、これを以て常と爲す。故に神物官物《かんたからみやけもの》も亦未だ分別《わいた》めず、宮の内に藏《くら》を立て齋藏《いみくら》と號《なづ》け、齋部氏《いつきべのうぢ》をして永《ひたぶる》にその職に任ず。又天富《ノ》命をして供作《つかまつ》る諸氏を率ゐて大幣《おほみてくら》を造《つく》り訖《をは》る。天種子《ノ》天兒屋命の孫。をして天罪《ノ》國罪《ノ》の事を解除《はら》へしむ。所謂天罪《ノ》とは上に既に說き訖りぬ。國罪《ノ》とは國中の人民《おほんたから》が犯すところの罪なり。爾乃靈時《いましまつりのには》を鳥見《ノ》山中に立つ、天富命は幣を陳ね祝詞《のりごと》して皇天を禋祀《まつ》り、偏く群望を秩《つい》でて以て神祇《あまつやしろくにつやしろ》の恩に答ふ。ここを以て中臣・齋部二《ノ》氏倶に祠祀《いはひまつり》の職を掌り、猿女君《さるめのきみ》の氏は神樂の事を供《たてまつ》り、自餘《このほか》の諸氏《うちども》各〻その職《つかさど》るところあり。

謹みて按ずるに、是れ社稷宗廟を祭祀《まつ》るの始なり。中州既に平らぎ、先づ社稷宗廟を建て以て天地鬼神の靈を萃《あつ》め、その本を報じその遠を追ひ、その禮の盡せること然《かくのごと》し。夫れ人君は神に出で、而して又神人の主たり、人民社稷の寄《よせ》あり。故に郊時《まつり》して以て天地宗廟に事へ以て鬼神を祭り、大臣その禮を司り重臣その事を相《たす》く。至誠の道此の如し。これを以て天下に臨むときは、人人豈親を遺《わす》れ君を後にするの薄漓《はくり》あらんや。帝天下を制して先づここに及ぶ。その　聖徳の厚きこと至れる哉。

〔大意〕

謹んで考えてみるに、これは、社稷宗廟の祭祀の始めであった。中州たるわが国土の平定が成就して、先づ最初に国土と五穀の神、社稷と祖先の霊廟（みたまや）を建立して、天地鬼神の霊を萃集《あつ》め、その本始に報恩し、遠く遡って祖先を追慕したのである。このようにして祭祀の礼が尽くされたのであった。

そもそも、天皇は神の子孫にましまして、神と人との君主として人民や国家の寄服するところである。そのゆえに天地を祭る祭祀を執り行うことで、天地と宗廟とに奉仕し、天地の精霊である鬼神を祭り、大臣が祭礼を掌《つかさど》り、重臣が補佐する。至誠の道は、このように実践されたのである。君主がこのように天下に臨めば、人民の間に親の恩を忘れ、君主を重んじない軽薄な風潮が生ずるはずはないのである。神武天皇が国土を平定して先ずこのことに着手されたのである。聖徳渾厚の至りといわねばならない。

崇神帝の六年、百姓流離《さすら》へぬ。或は背叛《そむくもの》あり、その勢徳《うつくしび》を以て治め難し。ここを以て晨《つと》に興き夕《ゆふべまで》に惕《おそ》りて神祇を請罪《のみまう》す。これより先き天照大神《あまてらすおおみかみ》・和《やまと》の大國魂《おほくにたま》二《ノ》神を並に天皇の大殿《みあらか》の内に祭《いはひまつ》る。然れどもその神の勢を畏れて共に住みたまふに安からず。故《か》れ天照大神を以《もち》ては豐鍬入姫命《とよすきいりひめのみこと》を託《つ》けたてまつり、倭《やまと》の笠縫邑《さかぬひノ》に祭りたまふ。仍りて磯堅城神籬《しかたきひもろぎ》神籬、ここにはヒモロギと云ふ。**を立つ。また日本大國《やまとの》**

魂《ノ》神を以ては渟名城入姫命《ぬなきいりひめのみこと》を託《つ》けたてまつりて祭りたまふ。然るに渟名城入姫は髪落體瘦《かみやせかみ》て祭《いは》ふこと能はず。（『日本書紀』巻五より）

一書に曰はく、崇神帝の六年乙丑《きのとうしのとし》秋九月、倭《ノ》國の笠縫邑に磯城神籬《しきのひもろぎ》を立てて、天照大神及び草薙《ノ》劔を遷し奉り、皇女豊鍬入姫をして齋ひ奉らしめたまふ。更に齋部《ノ》氏をして石凝姥神《いしこりとめのかみ》の裔《はつこ》、天目一神《あめのめのひとつつのかみ》の裔の二《ノ》氏を率ゐ、更に鏡を鑄《い》劔を造り、以て護りの御璽《みしるし》と爲したまふ。これ今の踐祚の日獻《たてまつ》るところの神璽鏡劔なり。仍りてその遷し祭るの夕、宮人皆參りて終夜《よもすがら》宴樂《とよのあかり》あり。歌つて曰はく、ミヤビトノ、オホヨスガラニイザトホシ、ユキノヨロシモ、オホヨスガラニ。今の俗歌に曰ふ、ミヤビトノ、オホヨソゴロモ、ヒザトホシ、ユキノヨロシモ、オホヨソゴロモ。詞の轉《めぐら》せるなり。

謹みて按ずるに、是れ別に神籬を建つるの始なり。神籬は乃ち神社の義、宗廟の制なり。

以上、天地宗廟を祭祀す。

〔大意〕

謹んで考えてみるに、これは皇居とは別に神籬《ひもろぎ》つまり宗廟を建立した始めであった。

神籬とは、後の神社の意味であり、祖先を祭る宗廟の制度にほかならない。

七年冬十一月、別に八十《やそ》萬神《よろづのかみだち》を祭る。仍りて大社《おほやしろ》・國社《くにやしろ》及び神地《かみところ》・神戸《かんべ》を定めたまふ。

（『日本書紀』巻五より）

謹みて按ずるに、是れ群神を祭るの始なり。大社は社稷宗廟の名、國社は郡國の名山大川、その由りて祭るところの神社なり。神地・神戸は神に事ふるの祠官が祭祀を奉ずるの田園なり。國家事あるときは徧く群神に告げて以てその誠を致す、是れ禮の恆なり。以上、群神を祭る。

〔大意〕

謹んで考えてみるに、これはさまざまな神々を祭る始めであった。そのうちの大社《おおやしろ》は、社稷宗廟の名称であり、国社《くにやしろ》は、郡や国の名山や大川を祭る神社であり、神地・神戸は、神事を司る神官が祭祀を執り行うに必要な物資を供給する土地と人民である。国家有事の時には、あまねく全国の諸神に報告して、君主の至誠を示す。これが、祭祀の礼儀の恒例である。

垂仁帝の二十五年三月丁亥《ひのとゐ》朔《ついたち》、丙申《ひのえさるのひ》（十日）、天照大神《あまてらすおおみかみ》を豊耜入姫《とよすきいりひめ》命に離《はな》しまつりて、倭姫命《やまとひめのみこと》に託《つ》けたまふ。爰《ここ》に倭姫命、大神を鎮坐《しづめま》さしむるの處を求めて菟《う》田《だ》の筱幡《ささはた》筱、ここにはササと云ふ。に詣《いた》る。更に還りて近江ノ國に入り、東のかた美濃を廻《めぐ》りて伊勢ノ國に到りたまふ。時に天照大神、倭姫命に誨《おし》へて曰はく、これ神風の伊勢ノ國は、則ち常世の浪の重浪《しきなみ》の歸《よ》する國なり、傍國《かたくに》の可怜《うまし》國《くに》なり。この國に居らんと欲《おも》ふ。故《か》れ大神の教へたまふ隨《まにま》にその祠《いはひ》を伊勢國に立てたまふ。因りて齋《いはひの》宮《みや》を五《い》十《そ》鈴《すず》の川上に興《た》つ、これを磯宮《いそのみや》と謂ふ。則ち天照大神始めて天より降りますの處なり。

（『日本書紀』巻六より）

一書に曰はく、天皇、倭姫命を以て御杖として天照大神に貢奉《たてまつ》りたまふ。ここを以て倭姫命は天照大神を以て磯城《しき》の嚴橿《いつかし》の本《もと》に鎭坐《しづめま》せてこれを祠《まつ》る。然して後に神の誨の隨《まにま》に、丁巳《ひのとみ》の年冬十月甲子《きのえね》を取りて伊勢國渡遇宮《わたらひのみや》に遷りたまふ。

謹みて按ずるに、是れ伊勢國內宮鎭坐の始なり。舊記に云はく、內宮の號は、內は宇《う》遲郷《ぢのさと》の本名なり。因りて內宮と稱す。蓋し　神は天下を以て體と爲し、黎元を以て本と爲す。天の覆うて明かに、地の載せて厚き、人物の人物たる、　神皆體して遺《のこ》さず、その靈を神鏡に移して以て　皇統の化を照し、その迹を渡遇《わたらひ》に垂れたまうて以て億世の敬を存し、大廟を茅屋にし粢食《しし》を鑿《しら》げずして以て令德を示したまふ。仰げば彌《いよ》〻高く、崇《あが》めば彌〻靈あり。　朝廷既に內侍所《ないしどころ》を置き　天子旦暮拜恭して往古の道を改めたまはず、僧尼を禁じ梵釋を絕して、聖教の人倫に在ることを顯はしたまひ、懸昭著明にしてその道の知德に在ることを示したまふ。その洋洋乎として四海に彌綸《びりん》し、巍巍乎として萬物に經緯す、是れ　神の德なり。然れば乃ち人倫日用の道を明かにして、五典惟《こ》れ秩《つい》で、三德惟れ致《きは》むるときは、當に猶ほ吾《あ》れを視るがごとしの　神勅、豈それ空しからんや。以上、內宮鎭坐。

〔大意〕

謹んで考えてみるに、これは、伊勢大神宮の内宮鎮坐の始めであった。まさしく神は天下を以て体とし、人民を以て本としている。天はすべてを覆って明るく、地は万物を載せて厚く、その間に存在する人や物も皆、神は、余す所無く、体したまうのである。その精霊の象徴である神鏡で皇統の世を導く方向を照らし、伊勢の度会《わたらひ》の宮に遷り、迹を垂れたまうて末永く敬神の拠り所とし、質素な大廟と粗末な食物の中に美徳を表したまうたのである。その徳望はますます高まり、崇敬はますます深まっていく。朝廷には、内侍所（賢所《かしこどころ》）が設けられて、天皇が朝夕に拝恭して往古からの方法を改めることなく、仏教を禁じて、儒教にこそ人倫が存することを顕彰したまい、また日月の明るく照らすように人道が知徳に基づくことを明示たまうたのである。

その洋洋乎（広びろとしたさま）としてあまねく天下を治め、巍巍乎《ぎきこ》（高くそびえるさま）として万物を秩序立てていく。これこそ神の徳にほかならない。五典（五常つまり、人の常に守るべき五つの道、仁・義・礼・智・信）がすべて秩序立ち、三徳（智・仁・勇）がすべて極致を究めるときは、「まさに猶ほ吾れを視るがごとし」（まるで直接、私を視るように明白である）という神勅が、どうして空しいなどといえようか（以上、内宮鎮坐）。

雄略帝の二十一年丁巳《ひのとみのとし》冬十月、伊勢皇大神、大倭姫命に教へて豊受大神《とよけのおほんかみ》を丹波國與佐《よさ》の眞井原《まなゐのはら》に迎へしむ。大倭姫命これを奏す。明年戊午《つちのえうまの》秋九月、勅使を差《つかは》してこれを迎へ奉る。九月、度會《わたらひ》郡山田ノ原の新宮に鎭坐《しづめまします》す。

（『本朝神社考』より）

一書に曰はく、外宮は、傳へ言ふ、天祖天御中ノ主ノ神なり。皇大神の託宣に、先づ此の神を祭り先づ此の神を拜せよと。且つ皇孫瓊瓊杵尊この宮の相殿《あひとの》に在《ましま》す。故に天兒屋根命・天太玉命も亦同じく在《ましま》す。因りて號して二所大神宮と曰す。

謹みて按ずるに、是れ外宮遷坐の始なり。以上、外宮遷坐。

〔大意〕

謹んで考えてみるに、これが外宮の遷坐の始まりであった（以上、外宮遷坐）。

欽明天皇の三十一年蘷、肥後ノ國菱形ノ池の邊の民家の兒、甫《はじ》めて三歳、神託して曰はく、我れはこれ人皇第十六代の譽田《ほむた》の八幡麻呂《はちまんまろ》なり、諸州神明に垂跡《すいじゃく》す。今又ここに顯はると。その後勅使を差《つかは》し移して豐前ノ國宇佐《うさ》ノ宮に鎭坐したてまつる。譽田は本名にして、八幡は神となりし後自ら稱するところなり。

（『本朝神社考』より）

謹みて按ずるに、是れ　八幡鎭坐の始なり。蓋し　外宮　八幡共に後世の崇敬するところなり。　朝廷、神宮を立てて以て旦暮の敬を致すことは唯だ內侍所に在り。是れ往古の　神勅に因るなり。蓋し　天祖は乃ち宗廟なり、天地なり。　聖主內は內侍所の設《まうけ》を嚴にし、外は內宮の鎭坐を仰ぎ、以て社稷宗廟を崇尊す。その餘は群祀の列に在り。以上、八幡鎭坐。

以上、祭祀の誠を論ず。謹みて按ずるに、延喜式に載すところの　中朝大小の神社は三千一百三十二座なり。その外石清水《いはしみづ》・吉田・祇園・北野を式外《しきげ》の神と號す。後朱雀帝の長曆三年秋八月、二十二社の式を定め、毎歲神祇官に　勅して以て幣帛を奉り、年穀を祈る。　伊勢大神宮・八幡宮はこれを宗廟と謂ひ、賀茂・松尾・平野・春日・吉田・大和・龍田等これを社稷と謂ふ。また祖神の祠これを苗裔と謂ふ。蓋し祭祀の禮に、天地を郊祀するあり、宗廟の饗祀あり、國家の常祀あり、内外の群祀あり、而して祭祀の道には祭告あり、祈禱あり、齋戒の敬あり、奉幣の物あり、神官あり、神地あり、神戸あり。夫れ禮は祭より大なるはなく、祭祀の禮は至誠にあらざればこれを致すべからず。至誠の格《いた》ることその道を以てせざるときは得べからず。凡そ天子より以て庶人に至るまで、祭祀するには必ず分《ぶん》あり。人君は天下の爲に福を求め功を報ず。天下の鬼神悉くこれを御す。故に大《だい》にして天地を祭祀して、親《しん》にして宗廟を饗す。小にして偏く群神に告げ、疎にして群靈に及ぶ。 中朝は 神國なり、天神地祇を以て 皇祖と爲す。天地は乃ち宗廟の 神なり。後世社稷・宗廟を別ちて二と爲す。鬼神の幽にして迹の視聴すべきなきも、亦この社廟を設けてその靈をここに萃《あつむ》るときは鬼神の精分散《ぶんさん》せず、祭祀の誠著しきあり。祭祀また時あり、煩はしき《しば〱すれば》ときは乃ち褻《けが》る、疎なるときは乃ち忘る。各〻その道を致して而して后に如在の實明かなり。否なれば鬼神何ぞこれを享けんや。享くべからずして祭るは所謂淫祀なり。

或は疑ふ、 中朝祭るところの神社甚だ多し、殆ど淫祠の謂かと。愚謂へらく、淫祀は祀るべからずしてこれを祀るなり。凡そ祭祀の制、或は民に功あり、或は事に功あり、或はその事物に始祖たり、或は難に當り患を捍《ふせ》ぎ、或は忠孝を君父に致し、或はその鬼歸するところなくして厲《れい》となる、皆これを祀る。是れ乃ち八十萬神なり。外朝の四方百物祭らずといふことなきが如き、貓虎《べうこ》昆蟲も亦これに與《あづか》る。況や吾が神國の靈なるをや。

或は疑ふ、外朝に七廟ありて我が國は然らず、何ぞやと。愚謂へらく、天神を郊祀し內侍所を祭祀するは、是れ乃ち社稷宗廟を祭祀するなり。七廟の如きは外朝の禮なり。中朝また　中朝の禮あり。況や　神祭の義は天子自らその誠を盡し、重臣その事を相《たす》け、神官往古の法を守る、則ち更にこれを擬議すべきなし。

或は疑ふ、社稷の祭祀はこれを聞くを得たり、その祖考を祭る如きは未だこれを聞くに與《あづか》らずと。愚謂へらく、　伊弉冊尊神退去《かんさりま》して紀伊國熊野の有馬村に葬る、土俗この神の魂を祭る。是れ上古祭魂の始なり。　天祖高皇產靈尊、吾れ當に吾《あ》が孫《みこ》の爲に齋《いは》ひ奉らんと曰《のたま》ふ。是れ宗廟を祭祀するを示すの教なり。その祖考を祭るの禮、豈これに外《す》ぎんや。後世その節文を修飾し舊紀を明かにし、その外朝に一ならざるものは、水土國俗の殊なるに因る。是れ乃ち天地の勢なり。近世浮屠の法を雜《まじ》へ大いに上古の制を變ず、尤も歎ずべきなり。

〔大意〕

謹んで考えてみるに、これは、八幡神宮鎮座の始めであった。考えてみるに、伊勢神宮の外宮と八幡神宮は共に、後世の信仰崇敬を集めるところである。朝廷では、天照大神の神宮を唯内侍所《ただ》（賢所《かしこどころ》ともいう）に立てて、毎日朝夕の崇敬を致してきた。このことは、往古の神勅に依拠しているのである。まさしく天祖は、宗廟そのものであり、天地そのものにほかならない。したがって天皇は、初めに、朝廷内に内侍所をしっかり設け、後に朝廷の外に伊勢の内宮の鎮坐を仰ぐことを通して、社稷宗廟（国土と五穀の神及び祖先の天神《あまつかみ》）を併せて崇敬尊信したのである。伊勢の内宮・外宮及び宇佐の八幡宮以外は、その他の神社の分類に属することになるのである。

以上、祭祀の真実の意義について論じてきた。謹んで考えてみるに、延喜式に掲載するわが国大小の神社（式内社《しきない》という）は、三千一百三十二座である。その他の石清水《いはしみづ》・吉田・祇園・北野の八幡宮や神社を式外社《しきげ》と呼んでいる。

後朱雀天皇の長暦《ちょうりゃく》三年秋八月に、二十二社の式を定め、毎年、神祇官に勅命を下して、幣帛《へいはく》を奉納して、年ごとの豊作を祈願させた。伊勢大神宮と八幡神宮を宗廟といい、加茂・松尾・平野・春日・吉田・龍田等神社を社稷といい、更に祖神の祠を苗裔《びょうえい》という。考えてみるに、祭祀の礼には、天地を祭る郊祀があり、宗廟つまり祖先をもてなす饗祀があり、国家の恒常的に執り行われる常祀があり、そのほか内外のさまざまな祭祀がある。他方、祭祀の道には、神に祭りを告げる祭告があり、祈祷があり、齋戒の敬（粛）があり、奉幣の物があり、神官があり、神地・神戸もあるのである。そもそも礼の中でも祭礼より重大なものはないし、祭祀の礼は、至誠を以てしなければ、究めることはできないものである。また至誠は、その正道を以てしなければ、達成し得ないのである。おしなべて天子より庶人に至るまで、祭祀の執行には、必ずそれぞれの分際（分担）がある。君主は、天下の為に福禄を求め、その功徳に報いるものであり、天下の鬼神がこれを動かしているので、全体的には、天地そのものを祭祀して、親族としては祖先の宗廟を饗応するのである。また部分的には、あまねく群神（諸神）を祭祀し、疎遠な群霊（諸霊）にも拡げるのである。

中朝たるわが国は、神国にほかならない。天神地祇つまり天地の神を皇室の祖先としている。つまり、天地そのものが宗廟の神にほかならないのである。後世、これを社稷つまり国土と五穀の神と、宗廟つまり祖先を祭るみたまやとに二分するのである。

幽玄で容易に視聴し得ない鬼神（天地の心、精霊）にも、同様な社廟を設置してその精霊をそこに集萃すれば、鬼神の精霊も分散してしまうことなく、祭祀の誠が顕著となるのである。祭祀はまた適正な時や回数がある。あまり回数が多くなると慣れて軽んじられてしまうし、回数が少なくなると忘れられてしまう。それぞれ正しい道を究めて始めて、神在《いま》すがごとき祭祀の実効が明らかになるのである。さもなければ、鬼神がどうして受け容れるであろう。受け容れられない祭祀は、淫祀《いんし》にほかならないのである。

ところで、中朝たるわが国で祭る神社は、はなはだ多い。その殆んどが淫祀に過ぎないのではないかとの疑念を抱く人がいる。これに対して私が思うには、淫祀というのは、祀るべきではないものを祀っている場合を意味している。だいたい、祭祀の制つまり在り方には、或《ある》場合は、人民に功績があり、或いは、世事に功績があり、或いは、その事物の始祖であり、或いは、世人の患難に対応してこれを防止し、或いは、人の道として尊い忠孝の徳を君国や父母に尽くし、或場合は、死後に帰着すべき霊鬼となることができずに、厲《れい》つまり悪鬼に化してしまったような時、いずれも皆、これを祭祀したのである。これらが八十万神にほかならない。外朝支那では、四方の百物つまりあらゆる物を祭祀の対象としないものは無いという状況であって、果ては、猫虎昆虫の類もまた、その対象とされたのである。ましてや神国たるわが中朝で八十万神を祀ったのは、至極もっともなことである。

更にまた、外朝支那には、七廟[※28]の制があるのに、中朝たるわが国がこれと異なるのは何故かとの疑念を抱く人がいる。これに対して私が思うには、わが国で、皇祖である天神を祭り、朝廷内に内侍所を設けて祭祀を執り行うのは、社稷宗廟つまり国土と五穀の神及び皇祖のみたまやを祭祀することにほかならない。いわゆる七廟は、外朝支那の礼の制度である。中朝たるわが国には、わが国の礼の制度がある。まして天皇自ら祭祀の誠を尽くし、重臣がこれを補佐し、専門の神官が往古からの法式を守っている、わが国の神祭の在り方は、論議すべき余地は、まったく無い。

更にまた、社稷の祭祀については理解し得たが、祖考つまり祖先の祭りについては、まだ理解が得られないとの疑念を抱く人がいる。これに対して私が考えるには、国土や天神等を生み成された伊弉冊尊《いざなみのみこと》が神退去《かんさりま》して後（亡きあと）、紀伊の国の熊野の有馬村に葬られて、今も民間にその習俗が伝わっている。これこそ上古の祖先の霊魂を祭った始めにほかならない。更に、遡って天神の太祖である高皇産霊尊《たかみむすびのみこと》の、天孫による奉齋を求める神勅こそは、宗廟の祭祀を教示したものにほかならない。祖考の祭礼については、この二例以上のものは、ありえないのではなかろうか。後世、古い歴史を記述した旧紀が、外朝支那の場合と一致しないのは、気候風土や風俗習慣の差異に基づくもので、これは天地の趨勢《すうせい》にほかならない。近世になって仏教の礼法も加わって、古来の祭祀の制度が大きく変わってしまったことは、最も歎かわしいことといわねばならない。

※28…七廟…天子の宗廟の総称、または七つの廟の並び方をいう。太祖（最初の祖先をいう）の廟を中央にして、二世・四世・六世の廟をその左の南に列し、それらを昭（三昭）といい、三世・五世・七世の廟をその右の南に列してそれらを穆（三穆）という。昭は明の意で父を尊んでいい、穆は敬の意で、父を敬うの意である。

化功章

崇神帝の六十五年秋七月、任那國《みまなのくに》、蘇那曷叱知《そなかしち》を遣はして朝貢《みつぎたてまつ》る。任那は筑紫《ノ》國を去る二千餘里《ふたちぢあまりのみち》、北のかた海を阻《へだ》てて以て雞林《しらぎ》の西南《ひつじさる》のすみに在り。

（『日本書紀』巻五より）

一書に曰はく、崇神の朝に、額に角有《つのお》いたる人一の船に乗りて越國《こしのくに》の笥飯浦《けひのうら》に泊《とどま》れり。故《かれ》その處を號けて角鹿《つのか》と曰ふ。問うて曰はく、何れの國の人ぞと。對へて曰はく、意富加羅國《おほからくに》の王の子にして名は都怒我阿羅斯等《つのかあらしと》、亦の名は于斯岐阿利叱智于岐《うしきありしちうき》と曰ふ、傳《つて》に日本國に聖皇《ひじりのきみ》ありと聞《うけたまは》りて以て歸化《まうおもむ》く。穴門《あなと》に到る時にその國に人あり、名は伊都都比古《いつつひこ》、臣《やつがれ》に謂《かた》りて曰はく、吾れは則ちこの國の王なり、吾れを除《お》きて復た二王《ふたりのきみ》あらん、故に他處《あだしところ》に勿往《な》きそと。然るに臣究《つらく》その人となりを見るに、必ず王にあらじといふことを知りぬ。即ち更に還《まか(り)》して、道路を知らずして嶋浦《しまぐうらぐ》に留連《つたよ》ひつつ北海《きたつうみ》より廻《めぐ》りて出雲國を經て此間《ここ》に至れり。この時天皇の崩に遇《まゐあ》へり。便ち留《とどま》りて活目《垂仁》《いくめの》天皇に仕へて三年に逮《な》りぬ。天皇、都怒我阿羅斯等を問《(に)》うて曰はく、汝の國に歸らんと欲《おも》ふかと。對へて諮《まう》さく、甚だ望《ねが》はしと。天皇、阿羅斯等に詔《みことよ》せて曰はく、汝道に迷はずして必ず速く詣《まゐいた》らましかば、先の皇《みかど》に遇うて仕へましか。ここを以て汝の本の國の名を改めて、追つて御間城天皇《崇神》《みまきのすべらみこと》の御名を負《と》りて、便ち汝の國の名に爲《せ》よと。仍りて赤織絹《あかおりのきぬ》を以て阿羅斯等に給ひて、本土《もとつくに》に返しつかはす。故にその國を號けて彌摩那《みまな》國と謂ふは、其れこの縁《ことのもと》なり。

謹みて按ずるに、是れ外夷投化の始なり。帝心《みこころ》を小《せ》め徳を明かにしたまひて、國内漸く謐《やすらか》に、五穀《いつつのたなつもの》既に熟し、教化大いに行はる。天下稱して御肇國天皇《はつくにしらすすめらみこと》と謂《まう》したてまつる。故に外夷も亦投化す。聖徳の隆なること以て見つべし。

〔大意〕

謹んで考えてみるに、これは、周辺の異民族からのわが国への帰化の始めであった。崇神天皇が、もっぱら徳を明らにすることに努めたまい、国内が安定し、五穀も豊かに稔り、教化も盛行することとなった。国中、これを称賛して御肇国天皇《※29はつくにしらすすめらみこと》と尊称を奉ったのであった。その結果、異民族からもわが国に帰化するようになった。天皇の聖徳の隆盛の証しということが出来る。

※29…御肇国天皇《はつくにしらすすめらみこと》…この尊称で呼ばれたのは、神武天皇と崇神天皇である。

垂仁帝の三年春三月、新羅王子天日槍《しらぎのこきしのこあまのひほこ》來歸《まうけ》り。將來《もてきた》る物は羽太玉《はぶとのたま》一箇《ひとつ》、足高玉《あしたかのたま》一箇、鵜鹿鹿赤石玉《うかかのあかいしのたま》一箇、出石小刀《いづしのかたな》一口《ひとつ》、出石桙《いづしのほこ》一枝《ひとつ》、日鏡《ひのかがみ》一面《ひとつ》、熊神籬《くまのひもろぎ》一具《ひとそなへ》、幷せて七物《ななくさ》あり。則ち但馬《ノ》國に藏《をさ》めて常に神物《かみのもの》と爲す。

（『日本書紀』巻六より）

一書に曰はく、初め天日槍艇《はしふね》に乗りて播磨國に泊《とどま》れり。宍粟邑《しさはのむら》に在りし時に、天皇、三輪《ノ》君が祖大友主《おほともぬし》と倭直《やまとのあたひ》の祖長尾市《ながをち》とを遣はして、播磨に於て天日槍に問ひて曰はく、汝は誰人《たれ》ぞ、且《ま》た何の國の人ぞ。天日槍對へて曰さく、僕《やつがれ》は新羅國の主《きみ》の子なり、然れども日本國に聖皇《ひじりのきみ》ますと聞きて、則ち己が國を以て弟知古《ほりんのちこ》に授けて化歸《まうけ》り。仍りて八物《やくさのもの》を貢獻《たてまつ》る。

謹みて按ずるに、崇神・垂仁二帝の徳化外夷に及び、遠人譯を重ねて來朝貢獻す。聖徳治教の餘、仁風遠揚の至り、その柔懷懿《おほい》なる哉。

〔大意〕

謹んで考えてみるに、崇神・垂仁両天皇の徳望教化が、周辺の異民族にまで及んで、遠い国の人までも、幾多の国々を経てわが国に朝貢する結果に至ったのである。天皇の統治と教化の影響であり、仁政の風潮が遠く宣揚された成果といえよう。何と偉大な懐柔政策であろうか。

應神帝の十四年、弓月君《ゆつきのきみ》、百濟より來歸《まゐ》れり。因りて以て奏《まう》して曰さく、以て己《あ》が國の人夫《おほんたから》百二十《ももあまりはた》の縣《あがた》を領《ひき》ゐて歸《まうけ》り、然るに新羅人《しらぎひと》の拒《ふせ》ぐに因りて皆加《か》羅國《らのくに》に留《とどま》れりと。爰《ここ》に葛城襲津彦《かつらぎノそつひこ》を遣はしてこれを召す。十六年乃ち弓月の人夫を率ゐて來る。

二十年秋九月、倭の漢直《あやのあたひ》の祖《おや》阿知使主《あちのつかひぬし》《おむ》、その子都加《つかの》使主並に己が黨類《ともがら》十七縣を率ゐて來歸《まうけ》り。

（『日本書紀』巻十より）

一書に曰はく、輕嶋豊明《かるしまとよあかり》の朝に於て、秦公《はたのきみ》の祖弓月《とほつおやゆつき》、百廿縣の民を率ゐて歸化《まうけ》り。漢直《あやのあたひ》の祖《おや》阿知使主《あちのおむ》十七縣の民を率ゐて來朝《まうでおもむ》けり。秦・漢・百濟内附の民各〻萬を以て計《かぞ》ふ。謹みて按ずるに、遠人の來化ここに於て最も盛なり。秦・漢の二氏は外朝の封疆なり、皆來りてこれに歸す。況や三韓の來服をや。故に國國にその人を置き、その郡を立てて以て安んじ柔らぐ。その後呉王朝貢し、渤海の武藝は表を奉りて土宜《どぎ》を獻ず。皆　中朝の治教休明の化なり。呉王の朝貢は仁徳の五十八年に在り。渤海王武藝の上表は神龜に在り。渤海は本と粟末靺鞨《ぞくまつまつかつ》の高麗に附きし者にして、姓は大氏、高麗滅びて衆を率ゐて把婁の東牟山を保ち、城を築きて以て居る。高麗の逋殘稍〻これに歸す。地、方五千里、戸十萬戸。唐の睿宗の先天中、使を遣はして渤海郡王と爲す。これより始めて靺鞨の號を去る。武藝は祚榮が子にして武王と稱す。武藝立ちて朝貢す。武藝死して子欽茂立つ、文王と稱す。又上表朝貢す。

以上、功化の極を論ず。謹みて按ずるに、地に内外あり、勢に遠近あり、人に華夷あり、故に治教の道は内より外に及び、近《ちかき》を先にして遠《とほき》を後にし、華を親しくして夷を柔らぐ。夫れ朝廷の上と國都の内とは何ぞ四夷の遠疎に預らんや。然して内の和するや、近きの治まれるや、華の溢るるや、知の明かなるや、德の充《み》てるや、通ぜざることなく感ぜざることなきものは道の精妙なり。四夷、千里の険萬頃《ばんけい》の渺たるを遠しとせず、歸仰投化して畢《ことごと》く方物を獻ず。その然ることを期せずして然るものは、中華の文明　聖王の治教、天以て授け人以て與ふ。實に過化の極功なり。

〔大意〕

謹んで考えてみるに、外国人が来朝して、わが国に帰化する動きは、ここに謂う漢《あや》氏《し》、秦《はたし》氏の来帰した時代が、最盛期であった。秦・漢の両国は、外朝支那の国である。それらの国からもわが国に来朝して帰化した。ましてや隣接する朝鮮半島南部の三韓から来朝、帰化する者があるのは、当然であった。そこで各地に帰化人の郡を設けて安住の地を与え懐柔したのである。その後も、仁徳天皇の五十八年に呉王の朝貢があり、聖武天皇の神亀《じんき》年間に渤海王武芸の上表を奉って特産品を献納して来たこともあった。これらの例は皆、中朝たるわが国の統治と教化とが立派で見事であった影響にほかならない。

以上、わが国の政治の実績とその対外的感化の代表例を論じてきた。謹んで考えてみるに、国に内外があり、地勢に遠近があり、住民に華夷（文化の盛んな場合とそうでない場合)がある。だから統治と教化の方法は、国内から外国に及び、近くを先にして遠くを後にし、華と親睦してから夷の懐柔に移っていくものである。

ところで、朝廷や畿内は、疎遠な周辺異民族とは直接関《かか》わることは無い。それでいながら、畿内が和して近くの郡国が治まり、文化が盛んになり、知や徳が普及充実してくると、その影響感化が自然に周辺に及んでいくあり方は、精妙としか言い表しようもない。わが国周辺の異民族が、千里の難路、万里の遥けさを遠しとせず、わが国に来朝帰化して皆、各国の特産物を献納してくるのである。わが国でそれを期待していなくても、そうなってくるのは、中華というべきわが国の文明と天皇の統治と教化とが、天授の上に人の翼賛《よくさん》も加わって、治績と対外的感化力を極めている効果といわねばならない。

附録

或　疑

（この標題の下、附録は、『中朝事実』本篇の立論について、「或ひと疑ふ」、つまり疑問を発した形にして、それに対する答弁を「愚謂《ぐおも》へらく」以下に記したもので、十三条に及んでいる）。

或《ある》ひと疑ふ、天地開闢《かいびゃく》の始《はじめ》、萬物《ばんぶつ》の化生は太甚《はなはだ》怪疑《かいぎ》すべきあり。

愚謂へらく、萬物の始は未だ嘗て化生ならずんばあらず。陽は昇りて天となり、陰は降りて地となる、天地既に化生なるをや。夫れ天地の間は往來屈伸息むことなくして、その交蒸《かうじょう》する處萬物自《オ》ら生ず。一たび生ずるの後、種類連綿して以て天下に充塞す。人は唯だ連續底《れんぞくてい》を見て以て氣化無しと爲し、その近きに凭《よ》つてその遠きを忘るるなり。土壌の蒸《む》すときは必ず菌栭《きのこ》を生ず、水草の腐《ふ》するときは必ず化虫あり、何ぞ又蒸腐のみならんや。物各〻その蠧《と》を化す。構精絪蘊《いんうん》して以て此の人を生ずるも亦氣化にあらずや。萬物種を襲《つ》ぎ聯《つら》ね來ると雖も、氣によりて以て化せざるはなし、氣化の説更に疑ふべきなし。大凡《おおよそ》開草の運《とき》、萬物の資始は少《しばら》く端を玆《ここ》に造《な》す。今を以て古を捃《く》むことは、猶ほ桃李の春にして一陽の微を言ふがごとし。怪しむこと勿れ。俗學必ず私臆に因りて知らざるところを知れりとす。故に異端蜂起し、微言漸く隱れ、竟に上古の事を以て空渺の言と爲し、己れが眼の見るところを寓《ぐう》し《たのむ》、舊染の泥《なづ》むところを附す。豈これ造化の不測ならんや。

〔大意〕

一、或ひとが、左記の疑問を発した。

天地開闢《かいびゃく》の始め（天地の開け始め、世界の開け始め）における万物の化生（形を変えて生まれること、形を変えて別のものになること、変化）の説話は、はなはだ奇怪で疑わしい。

これに対して私は、左記のように思う。

一般に、万物の始めは、未だかつて化生の行われなかったことはなかったのである。陰陽の二気のうち、陽の気は上昇して天を形成し、陰の気は下降して地を形成した。

天地の形成からして化成に他ならなかったのであれば、万物においては当然といえよう。

そもそも、天地の間は、往来、屈伸の作用が絶えず続いて、その間の蒸温の中から、万物が自然に生成化育してきたのである。その生成化育が進む中で、万物の種類がさまざまに分岐し、また遺伝継承して天下に充満することになったのであった。

それなのに人は、連続する必然の現象のみに着目して、陰陽の二気のもたらす大きな変化を見落としてしまう。これは、卑近な現象のみに着目し、深遠な本質の変化を忘れ去ってしまうようなものである。

例えば、土壌に湿気があって熱いと、そこに菌栭《きんじ》（きのこやきくらげ）が生えるし、水草の腐食する中から虫がわく《（湧く）》ものである。このような化成は、蒸や腐の場合に限らず、物は、それぞれ、内に蔵する所を化成するものである。陰陽が精を交え元気を蓄積することによって人が生まれるのも、陰陽の気のもたらす化成に他ならないではないか。

万物がそれぞれ皆、種の保存のため遺伝継承してきた中でも、陰陽二気によって化生しなかったことはなかった。陰陽の二気による化生の説は、全く疑いようはないのである。

おしなべて、天地開闢、万物草創の動きの中から、万物それぞれの資質・資性の端緒も少しずつ形成されてきたのである。

今日の観点から、往古のことを推察するのは、ちょうど、桃李の花開く春になって、一陽来復して春気の萌《きざ》し始めるときの微妙な状態を言うようなものである。怪しみ疑うべきことではない。

低俗な学者は、必ず、自分一己の臆測によって、知らないことまで知っているように思い込むものである。だからいつの時代にも、異端（正統な教えや思想と異なり違う教えや学問）が台頭して混乱をもたらし、微言《びげん》（正統な微妙な教えや思想）が次第に、隠没していったのである。その挙句の果て上古（最も古い昔）の事を空渺《くうびょう》の言、つまり絵空事ときめつけて、自分一己の眼で見えることだけを根拠にして、古くからしみこんだ因習に拘泥してしまうことになるのである。

このような低俗な見方で、天地万物の造代（生成化育の営み）の微妙な力を、どうして測り知り得ようか。知り得ないのである。

或《ある》ひと疑ふ、中華は呉《ご》の泰伯《たいはく》の苗裔《びょうえい》なり。故に　神廟《しんびょう》に三讓《さんじょう》を掲げて以て額と爲す。嘗《かつ》て東山の僧圓月《えんげつ》字は中巖、號は中正子、剏めて妙喜庵を建つ。日本紀を修して以て泰伯が後と爲す。朝儀協《あ》はずして遂にその書を火《や》く。大概　中華の朝儀多くは外國の制例に襲ると。否《しからず》や。

愚謂へらく、中華の始、舊紀に著はすところ疑ふべきなし。而して呉の泰伯を以て祖と爲すものは、呉・越一葦すべきに因り、俗書の虚聲を吠えて、文字の禪、章句の儒、奇を好み空を彫《ゑ》るが致すところなり。夫れ　中華の萬邦に精秀たるや、悉く　神聖の知徳に出づ。故に國を神國と稱し、祚《みくらゐ》を神位と稱し、器を神器と稱し、その教を神勅と曰ひ、その兵を神兵と曰ふ。是れ　神の物に體して遺《のこ》さざるなり。後世叨《みだ》りにその虚を傳へ無稽《むけい》の言を爲す、皆記誦の耳を信じてその本とするところを忘るればなり。

竊に按ずるに、人の壽夭は必ず世の渾漓《こんり》に繫《かかは》る。（故に）上古の人は壽多し。人の度量は必ず地の水土に襲《よ》る。（故に）中華の人は靈武多し。凡そ　人皇より　崇神帝に逮《およ》ぶまで十世にして年歴七百年なり。　聖主の壽算各〻百歳に向《なんく》たり。　外朝の王者はこの間に三十有餘世なり。　太伯の苗末の若《ごと》くんば何ぞ外朝の壽に異ならんや。　況や　帝の聖武雄才、果して手を拱《きょう》して長《のどか》に視るの屬《たぐひ》ならんや。　蓋し我が土《くに》に居て我が土を忘れ、その國に食《は》んでその邦を忘れ、その天下に生れてその天下を忘るる者は、猶ほ父母より生れて父母を忘るるがごとし。豈これ人の道ならんや。　唯だ未だこれを知らざるのみにあらず、附會牽合して我が國を以て他《ひと》の國と爲す者は亂臣なり賊子なり。　朝儀多く外朝の制に襲《よ》ることは、亦必ずしもこれを效《なら》ふにあらず、自然の勢なり。　且つ外國と好《よしみ》を通ずるの後、多く留學生ありて以て外國の事儀に精《くは》し。　故にその美を摘《と》り、その嘉《うまき》を茹《くら》ふ、是れ君子の知なり。　況や彼此同氣の相通ずるをや。　三讓の榜《かけふだ》の如きは皆附益の弊にして、因りて證とするにあらざるなり。

〔大意〕

二、或ひとが左記の疑問を発した。

　中華たるわが国は、呉の泰伯《たいはく》※30の苗裔《びょうえい》（後胤・遠い血統の子孫）である。その故に、伊勢大神宮に「三讓」※31の額が掲げられていたのである。かつて東山の僧・中巖圓月が『日本紀』を纂修《さんしゅう》して、わが国は泰伯の後胤であるとしたが、朝廷に認められず、結局、その歴史書を焼いてしまった。泰伯の後胤なので、わが国の朝廷の儀式は、外国の制度・先例に依拠していることが多いのである。そうではないか。

これに対して私は、左記のように思う。

中華たるわが国の始まりは、『日本書紀』など古い歴史書に著述してある内容には、疑議《ぎぎ》の余地はあり得ない。それなのに、南方の呉の泰伯を祖先とする説があるのは、わが国と外朝南方の呉や越が、小舟に乗って容易に渡行でき、近づき易い地理的接近をみて、低俗な書物が虚妄の説を記述し、※32文字の禅（不立文字《ふりゅうもじ》の禅の本義を会得しない、文字面のみの禅僧）や章句の儒（孔子の教えの真髄を知り得ず四書五経の文字面のみを論ずる儒者）などが、やたらと奇異を好み、空に彫刻をほどこすような絵空事を作りあげた結果にすぎないのである。

そもそも、中華たるわが国が、他の万国の中に際立つ精秀（最も優秀なこと）の国家であることは、すべて神聖の知と徳とに由来している。だから国を神国と呼称し、器物を神器と呼称し、その教えを神勅と名付け、その兵を神兵と名付けている。これは、神が、具体的な物の形をとって後世に伝えなかったことを意味している。ところが後世になると、低俗な学者などが、ほしいままに、証明する物件が残っていないといって虚構で荒唐無稽（根拠のないこと）なことと言い立てるのである。これは皆、浅薄な学問の観点から物事を判断して、その本質的な根本となるところを忘失してしまっているからに他ならない。

　ひそかに考えてみるに、人の長寿か短命かは、必ず、その人の生きる時代が濃厚であるか稀薄であるかに関連しているものである。だから、上古の時代の人には長寿が多い。また人の度量は、必ず、その人の住む国土に依拠している。だから、中華たるわが国の人には、霊妙な武徳の度量が多いのである。だいたい、神武天皇から崇神天皇まで十代で七百年の歴史であるから、各天皇の寿命は、それぞれ百歳に近いといえる。外朝支那の帝王は、同じ七百年間で、三十代を越えている。もし俗説のように、皇統が呉の泰伯の子孫であるとすれば、どうして外朝支那の帝王の寿命と異なることがありえようか。ありえないはずである。ましてやこの十代の天皇の聖武雄才なることを考えれば、外朝支那の帝王が※33拱手《きょうしゅ（こうしゅ）》してのんびりと政治に臨む、その同類と見做すことができようか。全く同類とはいえないのである。思うに、わが国土に住んでわが国土を忘れ、この国の恩恵の下に生きてその国を忘れ、その天下に生まれていながら、その天下を忘れてしまう者は、あたかも父母の恩愛の下に生まれ育ってその父母を忘れ去ってしまうようなものである。この忘恩の生き方をどうして人の生き方といえようか。ただ、未だにそのことに気付かないというなら未《ま》だしも、附会牽合《ふかいけんごう》

（無理にこじつける）して、わが国を他人《ひと》の国と主張する者は、乱臣（国を乱す臣下）であり賊子（家を賊《そこな》う子）に他ならない。わが国の朝廷の儀式の多くが、外朝支那の制度に依拠しているのは、必ずしも外朝の制度を模倣したのではない。いわば、自然の趨勢なのである。その上、外朝支那と善隣修交するようになってからは、多くの留学生が派遣され外朝支那の歴史や儀式を詳細に知ることになって、その長所を採用し、その利点を活用するようになったのである。これは君子（優れた指導者）の才知に他ならない。ましてや外朝たる支那と中朝たるわが国とは、気を同じくして相通ずるところがあるのであるから、これは当然の趨勢であったといえる。三譲の額が掲げられていたなどというのは、外朝支那の文化にかぶれ過ぎた弊害の致すところであって、呉の泰伯の子孫である証拠などではないのである。

※30…泰伯…周の大王の長子、次男は虞仲《ぐちゅう》、末弟は季歴《きれき》。季歴の子が昌で後の周の文王である。大王が季歴によって周が栄えると信じ、内心、季歴を後継者としたいと思っていることを知った泰伯は、後継者の位に就くべき長子であったが、これを末弟に譲って南方へ逃げ隠れて、後に呉の王に推戴された。

『論語』の泰伯篇に「子曰く、泰伯は其れ至徳と謂ふべきのみ。三たび天下を以て譲り、民得て称する無し」（孔子言う、周の泰伯こそは、実に最上至極の徳の人というべきであろう。泰伯は当然天下を受け継ぐべき身でありながら、固辞して末弟へ天下を譲ってしまった。しかもまた、世の人は、その泰伯の譲ったということすら知らなかったので、これを褒めるものもなかった。そこが泰伯の至徳たるゆえんである）。

※31…三譲…右の「三たび天下を以て譲り」をいう。『本朝通鑑』に伊勢大神宮に「三譲」の額が掲げてあったとの説が見える。

※32…『晋書』…（魏晋南北朝時代の晋の歴史を記述した書）の『倭人伝』等に「自ら太伯の後と謂ふ」とあり、日本の学者の中にもこれに附和雷同する者もあって、北畠親房は『神皇正統記』の中で、これを論議している。

※33…拱手…両手を胸の前で重ね合わせて敬礼する。手をつかねて事をしないさま。「拱手傍観」。

或ひと疑ふ、綏靖《すいぜい》帝はその姨《おば》五十鈴依姫《いすずよりひめ》を以て元妃《むかひめ》と爲す。 母の姉妹を姨と曰ふ。 **禮に於て最も畏るべきか。**

愚謂へらく、禮は天地の道に本づき、人物の情に従ひ、數世の勢を監《かんが》みて以てその制を節す。故に草昧の始は、禮の全備はこれを求むべからず。外朝の伏羲《ふくぎ》と女媧《ぢょくわ》とは兄妹にして以て夫婦となり、堯と舜とは同姓にして以て昏姻を爲す。幷せ按ずべし。且つ禮は必ず一代の制あり、水土の差あり。故に禮はその至誠を以てこれを品節す。外朝の例を以て準ずべからず。

〔大意〕

三、或ひとが、左記の疑問を発した。

綏靖天皇が、その姨《おば》（母の姉妹をいう）の五十鈴依姫を以て皇后としたまうたことは、礼において最も忌避すべきことではなかったか。

これに対して私は、左記のように思う。

一般に、礼は、天地自然の在り方に基づき、人や物の情況に依拠し、数世に亘る趨《すう》勢《せい》を考慮した上で制度化されるものである。従って、世の中が未開で人知の発達していない国の始めには、礼の完備を期待することはできないのである。外朝の上古に例をとれば、伏羲《ふくぎ》と女媧《じょか》とは兄姉でありながら夫婦になっていたし、堯帝と舜帝とは、同姓どうしで婚姻を進めたことも、考えあわせてみなければならない。

その上、礼には必ず時代ごとの制度があり、地理的条件の差違もある。だから礼の在り方については、それぞれの場合の真実に基づいて区別すべきものである。一律に外朝支那の例に準拠すべきものではない。

或ひと疑ふ、神聖の天縱《てんしょう》なる、盍《なん》ぞ一擧して萬目を備へず、後世の修飾を待ちて后《のち》に潤色するや。

愚謂へらく、事物の生成には必ず時あり、勢あり。機微の豫備、時勢未だ及ばざるときは、著明乘行すべからず。能く時勢と屈伸する者は　神聖なり。凡そ卵仁《らんじん》は既に時夜棟梁の機《きざし》を備ふ。而して卵仁に向つてこれを求むるの太《はなは》だ早計なるものは、時勢の然ればなり。卵仁も未だ嘗てその機なくんばあらず。蓋し　神聖の知や徳や、既に太極よりして含蓄し來るも、草昧未だ遠からず、時勢屯蒙にして、未だ微を發すべからず。皇統連綿の後、人情の恆事《つね》物の感《かん》掩ふべからずして、而して品節修飾してこの道致《きは》めずといふことなし。紅藍紅を染めて線は藍より紅なり、青藍青を染めて色は藍より青なるものは、その染練の久しきに在り。故に穴居野處して棟宇閣樓に至り、汙《を》尊《そん》抔《ほう》飲《いん》して簠《ほ》簋《き》罍《らい》爵《しゃく》に訖《いた》り、結縄鳥跡は科《くわ》斗《と》篆《てん》隷《れい》に届《いた》る。皆その初め太だ疎にして經歴の漸、飾文潤色、竟に善盡き美盡くるに及ぶなり。然らば乃ち太上は素樸以て稱《かな》ふ。若し修飾を求めば太だ早計のみ。

〔大意〕

四、或ひとが、左記の疑問を発した。

　わが国上古の神聖は、天与の聡明叡智をほしいままにしたまうたのに、なにゆえにその時にすべての制度礼法を詳細に定めておかず、後世の修飾、潤色を待ちたまうたのか。

　これに対して私は、左記のように思う。

　事物の生成化育には、必ず時勢を待たねばならない。その機微も予め備わらず、時勢も未だ至らないときは、明確に行動すべきではない。この時勢に完全に順応しうる者が神聖なのである。

　だいたい、卵のきみには、成長すれば暁《あかつき》に時を報じまた屋上に飛揚する可能性が備わっているものであるが、今すぐに卵のきみにその実現を求めるのが早計に過ぎるように、時勢もまた同様であるからである。卵のきみもやはり、その機微が予め備わらなくてはならないのである。

考えてみるに、神聖の知徳は、既に原始のとき以来、内に含蓄されていたが、世の中が未開で人知の発達していない時代で、時勢も屯蒙《ちゅんもう》つまり易の屯（草創多難な時期）や蒙（幼稚蒙昧の時期）に当たっており、未だその機微を発揮すべきではなかった。しかしやがて連綿として皇統が続いた後、人情にも恒心が備わり事物の弁別も十分に普及して、その上で区分ごとに修飾・潤色して、制度礼法の在り方もすべて究まるのである。

あかね草は、藍紅を染めてその糸すじは藍よりも紅であり、青は、藍青を染めて、色彩は、藍より青いのは、染練の時が久しかったからである。そのゆえに、上世の住居の穴居野処（穴に住み野原に住むこと）の状況から、やがて時を経て棟宇閣楼（立派な高殿、殿閣）を住居とする段階に至るものであり、汙尊杯飲《おそんほういん》（地を掘って水を貯め、それを手で掬《すく》って飲むこと）の状況から、やがて時を経て簠簋罍爵《ほきらいしゃく》（神に供える食器や酒器、立派な飲食の器具）を用いる段階に至るものであり、上古の結縄鳥跡（なわを結んで文字代わりにし、鳥の足跡に真似て文字代わりにすること）の状況から、やがて時を経て科斗篆隷《かとてんれい》（おたまじゃくしに似た文字を経て奏の篆書《てんしょ》や漢の隷書《れいしょ》）の文字の使用の段階に至るものである。このように皆、その初めは大変疎略（粗末）な状況にあったものが、時を経て経過して、次第に飾文潤色（形を整え修飾すること）を施して、ついに善美を尽くした完成の域に達するものなのである。とすればとりもなおさず、太古上古は素朴がふさわしく、もしその段階から修飾することを要求したとすれば、甚《はなは》だ早計としかいいようがないだけである。

或ひと疑ふ、後世修飾の禮《れい》は殆ど　神聖自然の誠にあらざるか。

愚謂へらく、天地人物は皆自然當然互に相根《ねざ》す。蓋し陰陽の積累詎多《そくばく》にして而して后に這《こ》の天地あり、此の人物あり。是れ當然の則なり。陰は自ら降り、陽は自ら昇るは、天地萬物自然の道なり。若し自然を必とすれば、虚無を本《もと》として悲絲に薄《いた》り、若し當然を専とすれば、修飾を要として驪黃《りくわう》に投《いた》る。　神聖の道は自然當然あり、その事物に因りてその道を致《きは》むるのみ。故に草業潤色相因り而して后に天下の禮行はる。

〔大意〕
五、或ひとが、左記の疑問を発した。
　後世になって次第に修飾・潤色を加えられた礼儀は、神聖が自然の真実に基づいて定めたものとは、すっかり変わってしまったのではないだろうか。

　これに対し私は、左記のように思う。

　天地人物は皆、自然と当然とに相互に根ざし基づいている。考えてみるに陰・陽の二気が、さまざまの作用を積み累《かさ》ねて、その結果としてこの天と地があり、これらの人と物がある。これが当然の則に他ならない。陰の気は重く自然に下降し、陽の気は軽く自然に上昇する、これこそ天地万物の自然の在り方に他ならない。自然、つまり原始のまま何ら飾りや色どりを加えない状態を専らにすれば、虚無に基づいて真っ白く自然のままの練絹《ねりぎぬ》の糸であり、これと異なり、当然、つまりある理想に向かって人為的な文化的作意を加えることに専念すれば、修飾潤色を必要として黄色にも黒色にも染め変えられてしまう。

　神聖が定めた礼儀の在り方には、このような自然・当然の両者が、相抱合しているものであり、それぞれの事物によってそれぞれの在り方の極地を求めていく他はないのである。だから草創期の素朴な自然と後世次第に修飾潤色を加えた当然とが相因って後、始めて天下の礼儀が展開、実践されるのである。

或ひと疑ふ、中華は典籍の證すべきなし。（然るに）而今《いま》學教を以てするは庶《こひねがは》くは附會に幾《ちか》からんか。

愚謂へらく、學は授受效習《かうしふ》の名なり。既に人物あるときは未だ嘗て授受效習の義なくんばあらず。謹みて按ずるに、太古の　天神《ノ》に、汝《いまし》往きて循《しら》すべしの教あり、而して　二神これを受け業を傳へ、乃ち唱和の效《ならひ》あり。　天孫又　神勅を受けてその志を繼ぎ、人皇は床を同じくし殿を共にして以て　神靈の教を效習し、惕若《てきじゃく》として心を小《せ》め以て如在の誠を存す、皆これ授受效習の義なり。典籍は史氏その事を記すのみ。何ぞ必ずしも書を讀み簡《ふだ》を執るのみならんや。況や入鹿が亂に書厄あるをや。夫れ外朝は優文の水土にして學の字を言ふは、始めて伊訓に出づ。然らば乃ち五帝の盛なる、大夏の　謨《はかりごと》ある、學なしと爲《せ》んや。俗學未だ學を知らず、故に文書を蠹《と》するを以て學と爲す。是れ章句の末なり。

〔大意〕

六、或ひとが、左記の疑問を発した。

中華たるわが国の、中華たるを証する古典の書物が存在しない。それなのに今、学と教を挙げて中華たる理由とするのは牽強《けんきょう》附会《ふかい》、つまり、自分の都合のよいように無理に理屈をこじつけることではないのだろうか。

これに対して私は、左記のように思う。

学とは、授受効習、つまり教授を受けて学び習うことを意味している。人や物があれば、必ず、正しい授受効習が行われるものである。謹んで考えてみるに、太古には、国常立尊《くにのとこたちのみこと》や天御中主尊《あめのみなかぬしのみこと》に代表される天《ツ》神が、伊弉諾《いざなぎ》、伊弉冊《いざなみ》両尊に、汝往きて天下を秩序立てよとの教えを授けて、二神がこれを受けて事業を展開する中で、唱和の学習が行われ、天孫もまた、天照大神の神勅を受けて、その志を継承して、歴代の天皇は、神鏡と同居同室して、神勅の教えを学び習うことに心を尽くし至誠を実践したまうたのである。これらのことは皆、授受効習の意味に他ならない。書物というものは、それを職務とする史官が、これらのことを記述したものに過ぎないのである。

だから、学教とは、必ずしも書物の読み書きをすることのみに限らないのである。まして大化改新の際、蘇我入鹿が乱に紛れて古い書物を焼失してしまった状況では尚更のことである。

だいたい、外朝は文物に優れた風土であるのに、学の字が用いられたのは、殷の湯王の名臣伊尹《いいん》※34が王孫の為に作った訓（伊訓《いくん》）が最初のことであった。とすれば、それよりも遥か以前の五帝時代の学教や夏王朝の始祖禹王※35の謀《はかりごと》の教え（大禹謨《たいうぼ》）は、学びはないと見做すのであろうか。学の字が無いからといって学の実態が無かったわけではない。

低俗な学者は、本来の学を未だに知らないのである。だから書物の虫になることのみを学だと解している。これは、学の本来を取り違えた、章句のみにとらわれた末学に過ぎないといえよう。

※34…伊尹・伊訓…伊尹《いいん》は殷（商）の賢相。初め、葦野に耕していたが、湯の三たびに及ぶ招聘によって仕え、湯の相として桀王を伐ち、遂に湯をして天下に王たらしめた。湯王の崩後、その嫡長子の太甲《たいこう》が即位した時、これに対して訓戒を与えたものが伊訓である。

※35…禹王・大禹謨…禹は、黄河の治水に尽力した功績により舜帝から帝位を譲られた。

その子孫の王朝が夏である。大禹謨は、禹の地政上の謀を述べたもので、治国平天下の嘉言善政が問答体になっている。謨ははかりごとの意。偽書ではあるが、用語が多く諸経から集めたものなので、箴誡《しんかい》に役立つ。「平成」の出展、「地平《ちたいらか》に天成《てんな》り」の文が見える。

或ひと疑ふ、外朝及び高麗は　中華の人材に比すれば、その優劣如何。

愚謂へらく、地に東西の阻《へだて》あり、世に前後の差《たがひ》あり。而して　中華の　神聖と外國の聖人と、その揆を一にするものは、上知の移らずして、天地の秀氣を同じくすればなり。夫れ往古の　神勅は以て堯・舜・禹の授受に比すべく、清廟茅屋《ばうをく》、粢食《しし》を鑿《しら》げざるは以て　神廟の制に比すべし。（春秋傳に云はく、清廟茅屋、大路は越席《くわつせき》なり。大羹は致さず。粢食は鑿げざるは、その倹を昭かにするなり。）人統の授時は以て夏時を用ふるに比すべし。故にこれを舍《お》きて論ぜず。その中人の如きに逮びては、外朝の人材更に　中華に抗すべからず。凡そ春秋傳に載するところは亂臣賊子及び名家冑族の冒惡沈婬、中華未だ嘗て有らざるの屬《たぐひ》乏しからず、況や傳の前後をや。詩賦章句の如きは皆外國を祖として　中華の文士ここに鳴る者枚擧すべからず。仲滿・圓載は盛唐の李・王・皮・陸に金蘭たり。唯にここに鳴るのみにあらず、彼れに愧ぢず。粟田・阿倍なる者は　中朝の微臣にして、或は宴に麟徳に陪《はんべ》り、或は寵を粛宗に稟《う》く。唯だ文章に愧ぢざるのみにあらず。幷せ按ずべきなり。書畫百工の技、劒刀器械の藝も亦多く外國に愧ぢざるなり。高麗は本《もと》我が屬國なり、文と云ひ武と云ひ、又外朝に比すべからず。況や　中華に於てをや。故に慢りに表して愧を受け、鐵の楯的幷に羽表を獻じて、共に　中朝の文武に恐懼す。後世　橘正通《たちばなまさみち》少しく硯席を事とし、對馬守親光虎を射て、麗王各〻美官厚祿を授くるの屬《たぐひ》、その人物言はずしてこれを知るべきなり。

〔大意〕
七、或ひとが左記の疑問を発した。
外朝支那と高麗朝鮮は、中華たるわが国の人材と比較した場合、その優劣は、如何か。
これに対して私は、左記のように思う。
地理的空間には、東西の懸隔があり、歴史的時間には、前後の差違がある。然るに、中華たるわが国の神聖と外国支那の聖人とが、方法が同じであるのは、『論語』にいう「上知は移らず」で、最上の知者は、境遇を異にしても堕落することなく、空間と時間の差違を超えて天地の秀気を同じくしているからに他ならない。

　そもそもわが国往古の神勅、つまり「まさに猶、吾を視るがごとくすべし」は、そのまま、堯・舜・禹三帝の大禹謨《だいうぼ》の禅譲の際の言葉「[※36]人心唯《こ》れ危ふく、道心惟れ微《かす》かなり。唯《た》だ精、唯だ一、允《まこと》に厥《そ》の中《ちゅう》を執《と》れ」に匹敵し得るし、『春秋左氏伝』にいう「清廟《せいびょう》茅屋《ちおく》、粢食《しし》を鑿《しら》げざる」、つまり清粛なる宗廟は芽ふきの家とし、祭祀に用いる黍稷《しょしょく》の食は精米しないという倹素ぶりは、伊勢神宮の倹素に比肩し得るところである。また、わが皇統の暦法は、支那古代の夏の時代の制度を用いるに比肩しうるといえよう。だから、このことは、改めて論じないでおいて、普通一般の人についていえば、外朝支那の人材は到底《とうてい》、中華たるわが国に対抗し得ないのである。

　だいたい、『[※37]春秋左氏伝』の記述する乱臣賊子及び名家冑族《ちゅうぞく》（名門の家柄）の造悪乱姪の所業は、中華たるわが国では、未曾有の類のものが少なくないのである。『左氏伝』の前後の時代もまた同様であることは勿論であった。

　詩賦章句（漢詩漢文）の類は皆、外国支那を祖とするものであるが、その分野においても中華たるわが国の詩人・文人で名声を馳せた者が数え切れないほど輩出している。例えば、仲満（阿倍仲麿《あべのなかまろ》の華名）・圓載《えんさい》（比叡山の僧侶）は、盛唐（唐詩の最も盛んな時）の李白・王維・皮日休・陸亀蒙《りくきもう》（何れも有名な詩・文人）と固く親しい交りを結ぶ畏友であった。唯、名声を馳せただけではない。彼ら有名な詩・文人に劣ることなど全く無かったのである。粟田眞人や阿倍仲麻呂などは、中朝たるわが国においては、微臣（身分の低い臣下）に過ぎなかったのに、粟田は則天武后の麟徳殿の宴に招待され、阿倍は粛宗《しゅくそう》皇帝の寵遇《ちょうぐう》を受け光禄大夫《こうろくたいふ》の顕官に抜擢される程であった。唯、詩文において劣るところが無かっただけでは無かったのである。このことも併せて考えてみなければならない。

書画百工の技（書道・絵画や諸芸術）の技能、劔刀器械（刀剣や器具類）を作成する技能もまた、外国に劣り愧じる所は全くなかったのである。

高麗朝鮮は、もともとわが国の属国に過ぎず、文においても武においても、外朝支那とは比《くら》べものにならなかったのである。ましてや中華たるわが国と比べものにならないことは言うまでもないことである。だからこそ、推敲《すいこう》不足の文章のまま上表して恥辱を受けたり、献上した鉄の盾的を射抜かれ、或いはまた、鳥の羽に墨書して解読しにくいように図った上表を解読されたりして、中朝たるわが国の文にも武にも畏怖せざるを得なかったのである。後世の橘正通《たちばなのまさみち》（圓融《えんゆう》天皇の頃の学者）文筆に従事し、対馬守親光《ちかみつ》が虎を射殺したりしたことに対して、高麗王がそれぞれに高官厚禄を授けた等の理由は、その人物如何《いかん》を問わずして明らかに知ることができよう。

※36…人心惟れ危うく…「舜曰、……人心惟危、道心惟微。惟精惟一、允執㆓厥中㆒」。〈大意〉欲にくらみがちな人心にしたがうことは、危険のもとである。また道義の心は、その欲心のためにおおい隠されがちのものであるから、微《かす》かにして見がたい。だから、人心については危うきに陥らないように、道心についてはこれを明らかにするよう専念して事に当たらなければならない。そこで人としては精《くわ》しくこれを察し、専一に雑念を去って、天から授かった中庸の道をとることにつとめねばならない。

これは、舜が禹に位を譲るときの言葉であるが、『論語』には、堯が舜に位を授けるときの言葉として、「允《まこと》に厥《そ》の中《ちゅう》を執れ」の一句が出ている。中を執り守ることは、堯・舜・禹三代の政治の中心であった（大禹謨）。

※37…『春秋左氏伝』の記述…『孟子』（滕文公下）に「孔子、春秋を成《な》して、乱臣賊子懼《おそ》る」（孔子は『春秋』をつくったので乱臣賊子が自分の非を恥じ懼れるに至った）とあるように、非常に厳しく為政者を褒貶《ほうへん》する筆法であったので、「春秋の筆法を以てする」という譬喩《ひゆ》の言葉も生まれた。

或ひと疑ふ、儒と釋道とは共に異國の教にして　中國の道に異なるか。

愚謂へらく、神聖の大道は唯一にして二ならず、天地の體に法《のつと》りて人物の情に本づく。その教《をしへ》の端《もと》を異にするは皆水土の差と風俗の殊なるに因れり。五方の民各〻その性あり、以て同じからず。唯だ　中華は天地精秀の氣を得て外朝に一《ひと》し、故に神《かみ》授けたまひ、聖《ひじり》受けたまひ、極を建て統を垂れたまふ。天下の人物各〻その處を得ること殆ど千年に幾《ちか》く、而して後住吉《すみのえ》大神《すみよしのおほんかみ》　三韓を我れに賜ひ、初めて外國の典籍相通じ、以てその揆《のり》を一にすることを知る。その神教と曰ひ、その聖教と曰ひ、その　皇極の受授と天下の治政と、猶ほ符節を合せたるがごとし。これより信を通じ好を修《しう》し、その經典を摘《と》りその文字を便《なら》ひ、以て今日の捕拾《ほしふ》と爲す。

佛教の如きは徹上徹下《てつじやうてつか》悉く異教なり。凡そ西域は外朝の西藩なり。その水土西に偏《かたよ》り、天地・寒煖・燥濕甚だ殊なり、民のその間に生ずるものは必ず偏塞の俗あり。釋氏は彼の州《くに》の大聖たり、その水土人物を融通して以てその教を設く。その道は西域に可《よろし》くしてこれを　中國に施すべからず。夫れ耳を信じ奇を好むは人情の蔽《つひえ》なり、何れの時か否《しからざ》らんや。釋教一たび通じて人皆これに歸し、天下終に習染してその異教たるを知らず、牽合傅會《ふくわい》して　神聖を以て佛の垂迹と爲す。猶ほ腐儒が太伯を以て祖と爲すがごとし。吁《ああ》、是れ何と謂ふことぞや。

先《さき》に　天神彼れを諱《い》むの戒を嚴にし、圓頂・桑門は籬前に進むを得ず、僧尼の獻物は內侍所に上《たてまつ》ることを得ず。是れ乃ち異教を禁ずるの明戒なり。異教を禁ずるは、その教《をしへ》は俗を殊にして以てこれを天下國家に施すべからざればなり。後世に到り岐路分派し、人人その情を縱《ほしいまま》にして、王道津《みち》に迷ひ、神も亦靈に遠ざかり、聖も亦興らず、各〻その私說臆意を信じてこれを　朝廷の正教に規《ただ》さず、而も微言日に隱《かく》れ異端競ひ起つて、以てその本を忘るるに薄《いた》る。道家が世に行はれざるの說は、明の宋景濂《そうけいれん》の日東曲に出づ。日東曲に曰はく、青牛渡らず大洋海、怪しむことなかれ人の道書を識るなきを。注に云はく、國中に道士なし。（然れども）凡そ仙道は亦人の奇なり、何れの國かなからんや。　中華の仙道は舊紀口碑に汎汎《はんはん》たり。宋濂何をか知らんや。是れ治教の補《たすけ》にあらず、唯だ氣を養ひ生を貪るの事のみ、論ずるに足らず。姑《しばら》くこれを舍《お》く。

〔大意〕

八、或ひとが左記の疑問を発した。

儒教と仏教とは、共に異国の教えなので、中国たるわが国の教えの道にもとるのではないか。

これに対して私は、左記のように思う。

神聖の大道（在り方）は唯一無二であって天地の在り方にのっとり、人や物の実情に基づいている。その教えが多端にわたる原因は皆、水土や風俗の差違によるのである。中国及び東西南北の異民族の国民には、それぞれの性質があって同一ではない。ただ中華たるわが国は、天地の精秀の気を得て外朝支那と変わりない。神聖が相授受して、大事業の基礎を定め子孫に受け継がせたまうのである。

天下の人物は、それぞれ処を得て、千年近くにもなっていて、その後、住吉大神が朝鮮三韓の国々をわが国に賜わった結果、外国の書物が流入して来て、中華たるわが国と外朝の教えの大道が一致していることが判明したのである。神聖の教えの道は、大事業の基礎を定め、子孫に受け継がせ、天下を統治する政事を、あたかも符節を合せたように一致しているのである。それ以来、通信・修好し合い、外国の書物を学び、文字文章を習うことで、今日の在り方を補完しているのである。

　これと比して仏教は、徹頭徹尾、ことごとく異なる教えである。だいたい、西域は、外朝支那の西方辺境の藩屏《はんぺい》である。その国土は、西に片寄っており、天地・寒暖・乾湿の状態が大変異質であって、その国民も、それぞれの状態に応じて偏った風俗を有している。

　釈迦は、そのような国の大聖人であって、その水土や人物を総合的に勘案してその教義を構築（設定）しており、その教えの在り方は、西域には適合するが、これをそのまま、質を異にするわが国に普及（布施）することはできない。

　ところが、異国のことを聞いて信じ、珍奇なことを好むのは、人情の欠点であり、いつの時代にもないことはなかったのである。そこで、釈迦の教えがわが国に伝来すると、人は皆、この教えに帰依してしまって、天下皆、この教えにかぶれて、それが異国の教えであると知らないまま、理窟をこじつけて、神聖を以って、仏が仮りの姿を借りて現われた者と見做したのである。これはちょうど、低俗な儒者が、呉の太伯《たいはく》（泰伯）を以てわが皇祖と見做《みな》したようなものである。ああ何という誤った説であろうか。

　先に早く、天神《ツ》が異教を忌避する禁戒を厳しく定められたので、僧侶仏教は、伊勢の大社から遠ざけられ、僧尼の献納した物は、宮内の内侍所には献上できないのである。これはとりもなおさず、異教を禁じた明確な戒めに他ならない。異教を禁ずる理由は、異教は、わが国と風俗を異にする異国の教えであるので、これを天下国家に普及することのできないものであるからに他ならない。

ところが後世になると、異端の分派も生じ、人情の赴くままに、正統の王道にも迷ひが生じ、神の霊威も遠ざかり聖人も興らず、さまざまな私説臆測が信じ込まれ、朝廷の正教に照らして規正されることもなく、かくして上古の神聖の幽微な言も、次第に隠蔽され、異端の分派が台頭して、本来の在り方が忘れ去られる結果に及んだのである。

例えば、神仙の道を説く道家は、わが国には行なわれなかったという説が、明代の学者、宋景濂《そうけいれん》の日東曲という作品に見えるが、だいたい神仙の道というものは、珍奇なことを好む人の常に基づくものであり、どの国にもあるものである。現に、中華たるわが国の古い歴史書や伝説には、広汎に見える所である。宋景濂ごときが、何を知っているというのであろうか。このような俗説は、わが国の統治や教化には役立つものではない。唯だ民衆の日日の生活を慰労する娯楽に過ぎない。全く論ずるに足りないものであって、しばらくそのままにしておく。

或ひと疑ふ、中華の教、身を修め徳を崇《たふと》ぶの審《つまびらか》なる、未だこれを聞かず。

愚謂へらく、神聖《かみ》の天に繼ぎ極を建てたまふは、身を修め徳を崇ぶの道に在らずんばあらず、知徳の顯象著明なるや、身を立て名を揚げて迹を日月に垂るるは、身を修め徳を崇ぶの義なり。言行の暴惡横邪なるや、天靈を祖父とするも亦免るる能はざるは、これに反《そむ》けばなり。夫れ 二神は白銅鏡《ますみのかがみ》・天瓊矛《あまのとほこ》を以てし、天祖は三器を以て 天孫に奉じ、別に寶鏡を以てその 勑を嚴にす。是れ乃ち萬世身を修め徳を崇ぶ所以の 神教なり。蓋し 神聖《かみ》は靈鏡を以てその教を表はしたまふ。豈その由《いはれ》なからんや。

竊に按ずるに、人物は皆この性心あり、而して人の萬物の長たるものは、その知萬物より靈なればなり。靈とは何ぞ。明にして惑はざるなり。その知明かならざるときは禽獸に異ならず、知りて惑ふは則ち未だその實を致《きは》めざればなり。故に道を修め徳を崇ぶは唯その知を致《きは》むるに在り。その知致めざるときは、德とするところ道とするところ、皆私意に落在して、専ら己れが徳とするところを徳とし、己れが道とするところを道として公共底を得ず。所謂公共とは、天地とその徳を同じくし、人物とその道を共にし、古今以て因り、尊卑以て共にす。乃ち　神聖が極を建つるところの道徳なり。然して夫の致《きは》むるところは唯この知に在り。故に寶鏡を以て　神勅を表す。是れ外國の大聖が、大學の道は致知格物を以てする所以なり。

〔大意〕

九、或ひとが、左記の疑問を発した。

中華たるわが国の教えの中に、身を修め徳望を磨くことを重視する詳細な教えが見当たらないのは、どうしてだろうか。

これに対して私は、左記のように思う。

神仙が、天意を継承して大事業の基礎を定め子孫に受け継がせたまうたのは、身を修め徳望を磨く道で無いものはなかったといえる。徳を知ることが天空に懸かる物象のように著しく明らかなように、身を立て名を揚げて日月の前に模範を示し残すということは、身を修め徳望を磨くことを重視する教えを意味しているのである。これと反対に、言行が暴悪横邪な事は、ちょうど素戔嗚尊のように天神《あまつかみ》を祖父とする者でも、免れることができないのは、身を修め徳望を磨く道に反しているからに他ならない。そもそも、伊弉諾尊《いざなぎのみこと》と伊弉冊尊《いざなみのみこと》の二神は、天神授与の白銅鏡《ますのかがみ》や天瓊矛《あまのと(ぬ)ぼこ》に依拠し、天照大神は、三種の神器を天孫に授与して、また別に宝鏡（知徳の象徴）を授けて厳しく神勅を示したのである。このことはとりもなおさず、いつの世にあっても、身を修め徳望を磨くことを重視した意味合いの神の教えに他ならない。考えてみるに、神《か》霊《み》が霊鏡を以てその教えの象徴としたまうことに、どうしていわれ（理由）がないことがあろうか（そのいわれは、明白なのである）。

心ひそかに考えてみるに、人や物には皆、天命により附与された性心（持ち前の心）がある。その中で人間が万物の長とされる理由は、その知性（天理を解する理性）が、万物より霊妙であるからに他ならない。霊妙というのは、明らかであって惑わないという意味である。人間の知性が明らかでないときは、何ら禽獣と異ならない。また知って惑うのは、知性の働らきが不充分だからである。そのゆえに、道を修め徳望を磨くことを重視するには、その知性を十全に発揮して極致を究めねばならない。そうしないと、その人の徳とし道とするところが皆、人欲私意に陥ってしまって、専ら自分が徳とするところを徳と思い込み、自分が道とするところを道と思い込んでしまって公平な客観性は得られない。公平な客観性とは、つまり、天地とその徳を同じくし他の人物とその道を共にして、古今を通して妥当し、尊卑の差違を越えて共通することを意味している。それはとりもなおさず、神聖が、天意を継承して大事業の基礎を定め子孫に受け継がせたまうた道徳に他ならないのである。そしてその極致は、この知性に還元される。そのゆえに知性の象徴である宝鏡を以て神勅の真意を表示したまうたのである。このことは、外国の大聖（孔子）が、修己治人の『大学』の要諦として、致知格物を最重視したゆえんでもあるといえよう。

或ひと疑ふ、本朝を　中國と稱するは、直《ただ》以てこれを稱美するや、又その所《ゆ》以《ゑ》あるの名か。

愚謂へらく、二神磤馭盧嶋を以て國《ノ》中の柱と爲す。是れ乃ち　本朝は天地の中たるなり。天照大神天上に在《ましま》して曰《のたま》はく、聞く、葦原《ノ》中《ツ》國に保食神《うけもちのかみ》ありと。又高皇產靈尊は天津彥火瓊瓊杵尊を立てて以て葦原《ノ》中《ツ》國の主《きみ》と爲さんと欲《おぼ》したまふ。是れ天神皆この地《くに》を以て中國と爲すなり。これより歷代　中國と稱す。蓋し地《くに》は天の中に在りて、中國又その中を得、是れ乃ち中の又中なり。土《くに》天地の中を得るときは人物必ず精秀にして、事義また過不及の差《たがひ》なし。　本朝の太祖　天御中主尊　國常立尊は、その尊號名義既に常中の言あり、以て國中の柱を建てたまふ。故にその　中國たる所以は乃ち天然の勢なり。

竊に按ずるに、外朝の聖禮、これをここに論ずるときは殆ど過厚に幾《ちか》し。所謂衣に裘毳《きうぜい》あり、食に牛羊あり、居に榻牀《たふしやう》あり、廟に釁《まつ》《ちまつ》るに牲を以てし、誓盟に牛を殺し、喪に含斂《がんれん》あり、婚に娣妹《ていまい》を媵《そばめ》とするの類、是れなり。西蕃の釋教、これをここに論ずるときは、太甚《はなはだ》漓博《りはく》にして及ばざるなり。その髮を髡《そ》りて菜を食ひ、運水搬柴《はんさい》して以て道と爲し、祭るに蔬麵を用ひ、喪に火葬あり、その　大《はなはだしき》に及びては、終に君を無《なみ》し父を蔑《あなど》り、倫を亂るに薄《いた》るの類、是れなり。唯だ　本朝は　神聖相續ぎたまひ、大賢英才日に興り、その宜《よろしき》を挹《と》りてその禮を制す。是れ乃ち天地人物事義の中《ちゆう》、至誠息むことなきの道なり。故に　皇統は天壤と與に窮りなく、禮義因循して天下これに由る。惜しい哉、舊紀の詳なるもの入鹿の火に厄《かか》ること。然れども世世人に乏しからず、若しその遺風餘烈に因りて、以て禮樂の實を斟酌するも亦難からざるをや。是れ中國の稱は唯だ　本朝のみ虚名ならざる所以なり。

〔大意〕

十、或ひとが、左記の疑問を発した。

　本朝（わが国）を中国と呼称するのは、唯だ単に称美しているに過ぎないのか、そうではなく理由があってのことなのか。

　これに対して私は、左記のように思う。

伊弉諾尊《いざなぎのみこと》・伊弉冊尊《いざなみのみこと》二神が磤馭盧島《おのころじま》を以て国中《くにのちゅう》の柱とした。これはとりもなおさず、本朝は、天地の中である証拠である。

　天照大神が天上に在《まし》ましてのたまわれるには、聞けば、葦原中国《あしはらのなかつくに》に保食神《うけもちのかみ》があるという、と。更にまた高皇産霊尊《たかみむすびのみこと》は、天孫である天津彦火瓊瓊杵尊《あまつひこほのににぎのみこと》を立てて葦原中国の君主にしようと欲《おぼ》しめしたまうた。このことは、天神《あまつかみ》が皆、この国土を以て中国となしたまう証左に他ならない。これ以後、歴代にわたって、中国と称してきた。まさしく国土は天下の中に位置していて、中国とは天地の中を得ている呼称である。これは、すなわち中のまた中であることを意味する。国土が天地の中を得ていると、その人も物も必ず、精秀であって、事物の意義も亦《また》、過不及なく中庸を得るものである。本朝の太祖、天御中主尊《あめのみなかぬしのみこと》も、国常立尊《くにとこたちのみこと》も、その尊号の名称に常と中の言葉が見える。その精神が、国中《くにのちゅう》の柱を建立したまうたのである。したがって本朝が中国であるゆえんは、天の然らしむる趨勢《すうせい》に他ならないといえよう。

心ひそかに考えてみるに、外朝支那の神聖なる礼儀を論じてみれば、どれを見ても、過厚、つまり厚きに過ぎて中庸を逸脱しているように見える。衣食住のことで考えてみれば、衣といえば、毛の衣服の厚きに過ぎ、食といえば、牛羊の厚きに過ぎ、住居に榻牀（長椅子、細長い寝台）の厚きに過ぎている。祭礼のことで考えてみれば、廟つまり祖先の霊廟の祭りに牲《いけにえ》の血を以てする厚きに過ぎ、天神地祇に誓盟するに牛を殺す厚きに過ぎ、葬礼に当たって死者に玉を含ませる厚きに過ぎ、堯帝が、舜を微《び》賤《せん》の身分から登用して後継者として帝位に就けるに先立ち、二人の息女（娥皇《がこう》と女英）を同時に舜の妻として結婚させる厚きに過ぎた類例がこれに該当している。

これに比して西方異国の仏教について論じてみれば、すべて皆、淡薄に過ぎて、過不及の中の不及（不足）に該当する。剃髪して菜食し、自ら衣食住のことを営むことを仏道と心得、祭に粗末な麵を用い、喪礼は、火葬で済ましてしまい、その極端な例を挙げれば、君臣の義を軽視し、父子の親礼を蔑視して人倫を乱すに到るような不及（不足）の類例がこれに該当している。

これに比較して、独り本朝のみは、神聖が相続きたまい、偉大な賢人英才が日日に台頭して、過不及ない中庸の宜《よろ》しきを以てこの国の礼を制定したのである。これこそ、とりもなおさず、天地人物事義の中※38、至誠息《や》むことのない本朝の道に他ならない。そのゆえに皇統は連綿として続いて、天地と同様に窮ること無く正しい礼儀が継承されて天下は皆、これに依拠している。惜しいことに、その昔からの歴史の詳細は、大化改新の際に蘇我入鹿によって焼却されてしまった。けれども時代ごとに人材が輩出し、神代上古の遺風余烈（後世に残された故人の教化や功業）に基づいて、礼楽の実態を斟《しん》酌《しゃく》（あれこれ照らし合せて取捨すること）することも困難でないとすれば、本朝が中庸を得ることも可能といえよう。

　こう考えてみると、中国の呼称は、本朝のみ虚名でない理由が明らかになるのである。

※38…天地人物事義の中…天も地も、人も物も、事柄もその意識も、皆、中（庸）を得ている。

或ひと疑ふ、八耳《やみみの》皇子は聖徳と號す、殆どその實なきか。馬子が弑逆《しいぎゃく》を討《う》つ

こと能はず、西教を信じて浮屠《ふと》の法を熾《さかん》にす、その本大いに聖德に違ふか。

愚謂へらく、馬子の弑逆の罪は、太子の聰明なる、未だ曾てその機を知らずんばあらず。良史ありて、太子八耳　天皇を弑し奉ると書して隱さずんば、太子また法の爲にその惡《つみ》を受くべし。太子は蘇我が勸引涵洽《かんかふ》に因りて以て異教を信ず、尤も可ならざるの大なるものなり。竊に按ずるに、太子が　推古帝に攝政してその行ふところその施すところ、治道の休善《きうぜん》、皆　神聖《かみ》の道にして西域の教にあらず。その憲章を述作するや、禮を以て人民の本と爲し、その好《よしみ》を外國に通ずるや、　天皇を以て抗稱《かうしょう》して屈せず、その聰明度量は、睿知寬仁と謂ふべし。故に天下大いに化す。その薨じたまふや、少壯の考妣《かうひ》を喪ふがごとく、哭泣の聲道路に盈ち、耕舂《かうしょう》するもの耒杵《らいしょ》を釋《お》く。然らば乃ちその功化は聖德を以てするも亦宜ならずや。蓋しこの時釋氏の教專ら熾なりと雖も、未だ心性を弄し空虛を彫《ゑ》るの太甚《はなはだしき》に至らず、唯だ專ら信じ篤く敬して以て福を祈《もと》め奇を尙ぶのみ。故に太子建つるところの憲章は禮を以て道を制す。幷せ按ずべし。俗儒皆疑ふ、憲章に三寶の說あり、然らば乃ち信ずるに足らずと。

愚謂へらく、憲法の內一條に三寶の敬篤あるも、一非を以て十六條の是《ぜ》を掩ふは君子の志にあらず。その寺を建て僧を度《ど》するは皆西教の染習なり。憲章の如きは尤も治世の要戒なり、豈信ぜざるべけんや。後世太子の過誇《くわこ》を尊信して悉くその實を銷《け》し、以てその私記臆說を附會牽合するは、更に言論するに足らず。唯だ日本紀に據りて證《ただ》し見つべし。

〔大意〕

十一、或ひとが、左記の疑問を発した。

八耳皇子《やみみのみこ》、即ち聖徳太子が、聖徳を称号とするのは、実態に相応していないのではないか。蘇我馬子が崇峻《すしゅん》天皇を暗殺させた弑逆《しいぎゃく》を討伐することが出来ず、馬子と共同執政者として推古天皇を擁立したこと、西方渡来の仏教を繁栄させたことなど、その根本において聖徳の称号と違っているではないか。

これに対して私は、左記のように思う。

蘇我馬子の弑逆の罪については、聖徳太子の聡明さを以てすれば、その動機を知らなかったことなどあり得ない。とすれば、黙認したことになり、弑逆に組したことになってしまう。このため、権勢に媚びて曲筆することのない歴史家が現われて、太子八耳、天皇を弑し奉ると隠さず記述したとすれば、太子といえどもまた、法を免れなかったであろう。また、太子は、仏教の受容に尽力した蘇我氏の永年にわたる勧誘に依って仏教を信仰するようになった。これが最も良くない所であった。心ひそかに考えてみるに、太子が推古天皇の摂政として施政した所を考察してみると、政治のやり方は非常に善く、どれをとっても、古来の神聖の道（やり方）に沿うもので、決して西域異国の教えではなかったのである。その十七条の憲章（法）を述作した際にも、礼を以て人民の本と為したし、その外国との善隣修好を推進した際にも、外国支那の帝王に天皇の呼称を以て対等に対抗して屈服することがなかったところなど、その聡明度量は、まさに睿知寛仁とも謂うことができる程であった。そのため天下は大いに教化されたのであった。太子が薨去《こうきょ》したまうと、少壮の者がその父母を喪った時のように、哀しみに泣きさけぶ声が、道路に満ち、農耕する者も農具を投げ出してしまうほどであった。

とすれば、太子の功績教化に対して聖徳太子と呼称し奉るも亦《また》、当然といえよう。思うにこの時代、仏教が専ら盛んであったといっても、まだ、人々の心性を翻弄《ほんろう》してしまって絵空事を信じ込ませるほど深刻な影響をもたらすには至っておらず、唯だ単に専ら信じ篤く敬して現世利益を求め、珍奇な物を尚ぶことに過ぎなかったのである。そこで太子の制定した憲法は、仏教ではなくわが国古来の礼によって国の在り方を制定した事も、併せて考えなければならない。ところが低俗な学者は、十七条憲法に、篤く三宝（仏法僧）を敬えという条項が見えることを挙げて、これでは信ずるに足りないと疑義を呈するのである。これに対して私が思うには、憲法の中の一条に、篤く三宝を敬えとあったとしても、唯一の非（過誤）によって他の十六条の是（正当）をおおい隠してしまうのは、およそ君子たる者の心ばせとはいえないであろう。寺院を建立し僧侶を尊崇するのは、仏教の習俗に過ぎないけれども、憲法は、治世（国家統治）の要諦となる教戒に他ならない。どうして信頼しないことなどできようか。後世、太子の一条の過誤を誇大視して信じ込み、他の十六条の正当な事実を消し去ってしまって、自分だけの思い込みを無理にこじつけて正当化する説などは、全く論評するに値しないものである。唯だ『日本書紀』に依拠して正しく考察すべきことである。

或ひと疑ふ、太子は先に弑逆《しいぎゃく》の過《あやまち》あり、奚《いづく》んぞ後善を以てその大罪を掩《おお》はんや。今論ずるところ最もその短を護るに似たり。

愚謂へらく、天地の道は寛大にして克《よ》く容る。故に高明厚博にして息むなし。神聖これに法る、故に悠久にして疆《かぎり》なし。嘗て聞く、伯夷が惡を惡むや、惡人と言《ものい》ふこと朝衣朝冠を以て塗炭に坐するが如しと。然れども夫子は舊惡を念《おも》はざるを以てこれを稱《たた》へたり。春秋の書たるや、亂臣賊子を懲すが爲にして、楚の穆王その君父を弑せしを、夫子嚴にその罪を書し、好を修するに及びて、※39その臣に名を書し使と稱しその爵を書す。管仲はその讎を相《たす》けしも、九合に及びて仁を以てこれに與《ゆる》す。問ふところの說の若《ごと》くんば、乃ち君を弑し讎を相《たす》くるの罪豈修好九合の後を掩はんや。而るに夫子の筆言此の如し。蓋し馬子の弑逆を太子の討《う》たざるは、猶ほ晏嬰《あんえい》・蘧瑗《きょゑん》が君を弑するの謀を與《あづか》り聞くがごとし、而してその禮を建て章を剏《はじ》めて以て天下の人心を化せしは、豈修好九合の屬《たぐひ》ならんや。その短を護るが如しとするは一家の私言にして公議にあらず。

〔大意〕

十二、或ひとが、左記の疑問を発した。

聖徳太子には、既に弑逆《しいぎゃく》の過ちを犯してしまっている以上、以後いかに善行があったとしても、弑逆の大罪をおおい隠すことなどできようか。今までの論評を見ると、専らその過ちを掩護しているように見えるではないか。

これに対して私は、左記のように思う。

天地の道（在り方）は、寛大であり抱擁力豊かである。だから天は高明であり地は厚博であって、その作用は休息することがない。わが国の神聖も、この天地の道に則している。だからその功績は悠久であり限界がない。

伯夷《はくい》が悪を憎む様は、悪人と会話するのは、宮廷用の正装を着て汚泥の中に坐っている様なものだと、かつて『孟子』で読んだことがある。けれども孔子は『論語』で「伯夷、叔齊《しゅくせい》は旧悪を念わず」として、その伯夷を称賛している。

五経の一つ『春秋』は、乱臣賊子を厳しく懲戒するために孔子が書いた史書であるが、その中で、孔子は、楚の穆王が太子の時に父王を弑殺したその罪を厳正に記述していながら、ひとたび修好するや、陳の功臣の名を礼ある者として明記し、陳侯に封じた行為を評価したのである。管仲は、主君の公子糾を殺した斉の桓公に挙用され、宰相として斉の桓公をして、天下を九合※40する覇者たらしめた。これを孔子は、「当時、周の王室が衰微して、諸侯が服せず、四方の夷狄が中国へ侵入しようとしたとき、桓公が武力を用いず、戦争の惨禍を避けて、諸侯を会合してその盟主となり、周王を尊敬し、夷狄を追い払ったのは、管仲輔佐のお蔭である。天下を平らかにし、万民を安んじたという功績は大きい。管仲の仁は偉大である」と評価した。或ひとの疑問の説のようであったとすれば、とりもなおさず、主君を殺した敵である桓公を補佐してその宰相となった罪は天下九合の功績をも、おおいかくしてしまわないことなど、どうしてあり得ようか。あり得ない。然るに孔子の『論語』の言葉は右記の通りであった。

考えてみるに、蘇我馬子の弑逆を聖徳太子が討伐しなかったのは、あたかも、※41晏嬰《あんえい》や※42蘧瑗《きょえん》（伯玉）が、君主を弑殺する陰謀について聞き知っていながら、これを敢て阻止しなかった史実のようなものであろう。

聖徳太子が、十七条の憲法を制定し施行して天下の人心を教化した功績は、偉大であり、右記の「修好」や「九合」と同類のものなどと、どうしていえようか。或ひとのいう「短を護るに似たり」（長所を挙げて短所を掩護しているように見える）とするような見解は、一部の人の私言に過ぎず、決して広く天下の公議公論ではないのである。

※39…その臣に名を書し…『春秋左氏伝』宣公十一年の記事に基づく。楚の軍が陳を討伐して、一時陳を滅ぼして楚の県にしたがい、晉に行っていた陳侯が帰国し、さまざまな議論の後、人の物を懐より取って返還するのはしないよりましであるとして、再び陳侯に封建した上で、陳の各郷より一人ずつを取って楚に帰り、夏氏の乱を討伐した記念と

して、これを記録したのであった。楚が礼に依っていたことを記録したのである。
※40…九合…周の天子を尊敬するよう責めただして集合させること。古注では、九度会合させた、としている。朱子は、「九」は糾で、督の意味だという。
※41…晏嬰…春秋時代、斉の賢大夫。始め荘公に仕えていたが、権臣の崔杼が荘公を弑して景公を擁立した。晏嬰は、この間にあって、社稷（国家）を重んずるという名目で、崔杼に抵抗せず、景公に仕えて斉の強大を招来した。
※42…蘧瑗（伯玉）…春秋時代、衛の賢大夫。字は伯玉。衛の臣、孫文氏がその君献公の暴虐に憤り謀反しようとして、伯玉に相談した際、「君其の国を制す、臣敢へて之れををかさんや。之れを奸すと雖も以てまさることを知らんや」と対《こた》えて、その乱を作《な》さんことを与り聞きしも知らざる風をして遂に国を去れり、と『春秋左氏伝』に見える。孔子は『論語』の中で、これを称賛して「君子なる哉、蘧伯玉、邦に道あれば仕へ、邦に道なければ、則ち巻きてこれを懐にすべし」と述べている。

或ひと疑ふ、中華禮儀の制は一定の事なく、代代變易するは何ぞや。

愚謂へらく、禮に一定の則ありて一定の事なきは、是れ乃ち禮の實なり。時に治亂あり、地に豐凶あり、人に長幼交代あり、事に儉奢あり、物に始終新舊有餘不足あり、豈一定の事を以てせんや。故に一定の則を以てその宜しきを制し、天地人物の性情を通ず。是れ　神聖の禮なり。豈唯だ　中華のみならんや。外國の聖聖も亦然り。故に或は質を尙《たふと》び、或は文を尙び、或は文質並び行はる。周は農を以て興り、天子后妃必ず親ら耕蠶して農桑を導き、漢始めて元旦の賀禮を行ひて以て君臣相和するの屬《たぐひ》、皆一代の制なり。周の禮は萬代の模範にして、夫子、顏子に告ぐるに夏《か》の時を行ふを以てす。然らば乃ち事は今日時物の情に通ずるに在るのみ。代代の變易怪《あや》しむべからず。

〔大意〕

十三、或ひとが、左記の疑問を発した。

中華たるわが国の礼や儀が一定不易ではなく歴代に亘って変化しているのは、どういうことなのか。

これに対して私は、左記のように思う。

礼には、一定の原則があって一定の事実がないのは、これこそとりもなおさず、礼の実態に他ならない。時勢には、治と乱との別があり、土地には、豊作と凶作との差があり、人間には、長老と幼壮との交代が伴い、事柄には、倹素と奢侈との違い、物事には、始めと終わりとが、また新と旧とが、更に有余と不足とが、それぞれあって、どうして一定不易の事実を以てこのような変化に対応することができるであろうか。それゆえに、一定不則の原則に基づいて、さまざまな場合にふさわしいやり方を定めて、天地や人物のそれぞれの本性や実情に適応しようとしたのである。これこそ神聖の礼に他ならない。しかもこのことは、中華たるわが国のみに限っていえることではなく、外国の列聖についても亦《また》、同様であったといえよう。このゆえに、或《ある》ときは質実を重視し、或ときは文飾を尊重し、或ときは、文飾と質実とが均衡調和を保って行われてきたのである。周王朝の祖は、農耕で栄えて后稷《こうしょく》（農作物の君主）と呼ばれ、その天子や后妃は、例外なく自身で、農耕や養蚕を指導したし、漢王朝の高祖劉邦は、始めて正月を歳の初めと定めて、元旦の賀礼を行って君臣相和するようにした類例は、歴代変遷する礼制のうちの一代の制度に他ならない。

周王朝に始まる礼は、その後、あらゆる時代の模範となるが、孔夫子が、愛弟子の顔回に、夏の時代の暦法を用い、殷の時代の車軌《しゃき》を用い、周の時代の衣冠を着用するなど、さまざまな場合に応じて取捨し斟酌《しんしゃく》すべしとの心意を伝えたのは、それぞれの時代により物事によって取捨して即応することを教えていたのである。とすればとりもなおさず、事の要諦は、今日の時勢に即応する情況を知ることにあるといえよう。礼や儀が、歴代に亘って変遷してきたことは、少しも怪しむべきことではないのである。

此の一編 仁徳朝以下はその尤《いう》なるものを擧げて、餘は姑《しばら》くこれを舍《お》けり。蓋し三韓來服の後は、外朝の典籍相通ず、故に嘉言善行もまた蹈襲《とうしゅう》の嫌あり、況や異教の太だ熾《さかん》なる、神聖の道竟に雜《まじ》りて醇ならざるをや。今往古の 神勅を祖述し、人皇の聖教を憲章するは、唯だ 中華の文物は天地と參《さん》し、萬邦の幷び比すべきにあらざるを懸象するのみ。

〔大意〕
この『中朝事実』では、仁徳天皇の時代以後の事柄については、代表的なもの（最もすぐれているもの）のみを取りあげて、それ以外は、とりあえず対象としないで置くことにした。考えてみるに、三韓朝鮮が朝貢して来るようになってからは、外朝支那の経典や書籍が流入するようになり、記述されている嘉言善行（模範となる言行）も、模倣、継承されがちになって、そのうえ異国の仏教も盛行していたので、これら外来の文化に紛れて、わが国の神聖の道（神道）も、古来の純粋さを保てなくなったのである。

今、遠くは往古の神勅を本旨として承け継ぎ、近くは皇統の聖教を模範として明らかにするためには、専ら、中華たるわが国の文物が、[※43]天地と並び立って、天・地・人三才《さんさい》の一つであり、世界のどの国も、比肩し得ない国であることを明確に掲げ示すことが肝要であろう。

※43…天地と並び立って…素行は、『中庸』の哲学に立脚して、わが国が神代以来、「中華」であり、「中朝」であることを立証しているが、この文章の原典は、左記の『中庸』の文章を下敷きにしている。

「唯々《ただ》天下《てんか》の至誠《しせい》、能《よ》く其《そ》の性《せい》を尽《つ》くすことを為《な》す。能《よ》く其《そ》の性《せい》を尽《つく》くせば、則《すなわ》ち能《よ》く人《ひと》の性《せい》を尽《つ》くす。能《よ》く人《ひと》の性《せい》を尽《つ》くせば、則《すなわ》ち能《よ》く物《もの》の性《せい》を尽《つ》くす。能《よ》く物《もの》の性《せい》を尽《つ》くせば、則《すなわ》ち以《もっ》て天地《てんち》の化育《かいく》に賛《さん》す可《べ》し。以《もっ》て天地《てんち》の化育《かいく》に賛《さん》す可《べ》ければ、則《すなわ》ち以《もっ》て天地《てんち》と参《さん》す可《べ》し」

結語部分を訳釈すれば、「……天と地とが万物を生成化育する営為《えいい》を賛助《さんじょ》することができる。以て天地が万物を化育する営為を賛助することが出来れば、即ち天・地・人の三《さん》才《さい》として天と地と共に肩を並べて立つことが出来るのである」

おわりに替えて——『中朝事実』解説

現代に通じる『中朝事実』の教え

江戸初期の儒学者・山鹿素行（一六二二～一六八五年）の『中朝事実』といえば、武士道論と並ぶ素行の思想の中核をなす日本学の名著ですが、現代人には耳遠い書物かもしれません。

しかし、かつては日露戦争で軍功を挙げた乃木希典大将が座右に置き、幼き日の昭和天皇に献上したほど、日本人に大きな思想的影響を与えた書物でした。私が私淑する安岡正《まさ》篤《ひろ》先生もまた日本精神を語る上で、とても重要な書として位置づけられています。

『中朝事実』の核となる部分を端的に申し上げれば、『日本書紀』などの歴史書や多くの古典を基にして万世一系の皇統と、それを基盤にした日本の歴史、武士道精神の意義を説いたことにあります。

儒学（朱子学）が官学だった当時は、他のどこの国よりも優れているのは勢力も文化も中国である、とする「中華」思想が日本にまで蔓延《まんえん》していました。

危機感を抱いた素行は自ら儒学の第一人者でありながらこの思想に真っ向から反対し日本精神に立ち返るよう主張、「日本こそが中朝（中華）」「世界に冠たる君子国である」と万丈の気を吐くのです。その思想は支那崇拝、自国卑下の風潮にあった学界に大きな衝撃を与えました。

約四百年経った現在もまた、日本は中国の台頭、膨張政策の脅威に直面しています。日本という国の本質や未来に向けた方向性が問われるいまのこの時に、『中朝事実』を改めて紐解いてみるのは大変意義があると思います。

もう一つ、戦後、日本人の心に弊害をもたらしたものの一つに、いわゆる自虐史観があります。ＧＨＱの占領政策によって日本に押しつけられたもので、日本の歴史を醜悪《しゅうあく》に歪曲して国民の誇りや自信、使命感を喪失させることがその本来の狙いでした。

七十年近く日本人を縛りつけたこの自虐史観も、さすがに一時ほどの力はなくなりましたが、日本人自身が誇りと自信、民族としての使命感を取り戻し、しかもそれを健全で中正なものにするには、どうしてもこの自虐史観の誤りを正し、日本人としての姿勢を確かなものにしていく必要があります。

将来の展望と活路を見出す要諦は、まさに日本の歴史を正しく学び、知ることにあるのです。その意味で日本がいま精神的に大きな変革期を迎えていることは間違いありません。

歴史とは過去と現在との対話

本題からは少し外れますが、『中朝事実』に入る前段として「国家」という概念についてここで考えておく必要があります。

世界の政治や経済は原則的にNation state（国民国家、民族国家）を単位に動いています。その形成に不可欠な思想や理念をNationalismと表現しています。これは民族主義、国民主義、時には国家主義とも訳される非常に多義的な概念ですから、端的にNationalismと表現したほうがより誤解を受けなくてすむのかもしれません。

そのNationalismをNationalismたらしめるのに不可欠の要素が三つあると言われています。

一つはNational tradition、国民的、民族的伝統です。これは過去に結びつきます。国の歴史を学び伝統に誇りと自信を持ち愛国心を培うのは、まさにNational traditionです。二つ目はNational interests、これは国民的利益、国益と訳され、現在に結びつきます。そして、将来に結びつく三つ目の要素がNational mission、国民的、民族的使命感、つまりその国、その民族が未来に向けて国際社会で果たすべき役割を意味しています。

いま述べたこれら三つの要素によってNationalismは形成されます。国民や民族の意見が一致した時、これをNational consensusといいます。わが国はこのconsensusが得られていないために内外ともに大変な状況に直面しているのです。

以上を前提として、もう一つの側面、歴史とはなんであるかを原点に立ち戻って考えてみましょう。E・H・カーというイギリスの歴史学者は「What is History?（歴史とは何か）」というケンブリッジ大学の連続講演の中で「歴史とは過去と現在との間の尽きることを知らぬ対話である」と述べています。後に「過去の諸事実と、次第に現れてくる未来の諸目的との対話」と呼ぶべきだった、と補足していますが、要するに私たちが課題を持って前に進もうとする時に、過去にその答えを訊《たず》ねると過去が答えてくれる、そういう対話こそが歴史の意義だというのです。

このようにNationalismという概念とE・H・カーの歴史観を併せて考えると、私たちは日本の国の歴史や伝統を学ぶことで正しく誇りある生き方ができるという視点が見えてきます。『中朝事実』はまさに過去と対話するに当たって看過することのできない書物であり、活路を見出すことも、過去と現在との対話から生まれるのだと私は思います。

いまは欧米の横文字の学問が主流となっていますので、そのいわば「横の学問」の概念と論理に沿って『中朝事実』の意義を説明してみたのです。和魂漢才の伝統に立つ「縦の学問」を修めた人は『中朝事実』に直参すべきでしょう。

『中朝事実』は素行学の結晶

明治時代、日本人初の東京帝国大学哲学科教授に就任した井上哲次郎博士の三部作の一つに『日本古学派之哲学』という名著があり、そこでは山鹿素行をはじめとする古学派（朱子学や陽明学と並ぶ学派の一つ）の先哲、先賢の思想、業績が顕彰されています。

こと素行については「当時の学問という学問のあらゆる範囲を窺うことに務めたり」「当時の学術は悉《ことごと》く之を修了するにあらざれば已まざるの概あり」と大変な称え方をしています。

その言葉どおり素行は早熟の天才でした。六歳から四書五経を学び、九歳で当代一の学者・林羅山に入門。やがて素行がその名を成すことになる軍学、兵学を修め、さらに六十四歳で亡くなるまで神道から歌学、和学、仏教、老荘思想と広汎多岐にわたる分野で蘊奥《うんのう》を究めています。安岡先生の素行に対するお言葉を借りれば、「人間の一大事相究め」ようと研鑽に努めた人生だったのです。

素行の学説はその人生の中で四度の脱皮、変貌《へんぼう》を遂げています。

一つは儒教、仏教、道教を統一したものとして見る二、三十代の「三教一致時代」です。当時の学者は儒教にも仏教にも通暁《つうぎょう》しているのが一流とされてきましたが、素行もまたそういうインテリの一人になろうと努めたのです。

三十代になると素行の関心は朱子学に向かいます。朱子学の理論の体系的な美しさに魅せられ、深く学問を追究していった。これが「朱子学信奉時代」と呼ばれる第二の転機です。

ところが、朱子学を熱心に学ぶ中で素行はある疑問にぶつかります。朱熹《しゅき》が体系づけた理論は、孔子や周公は一言も触れていない、これはある種の形而上学、朱熹の哲学にすぎないのではないか、という疑問です。「だとしたら、もう一度、孔子や周公の思想に立ち返って顕彰すべきだ」と考えた素行は『聖教要録《せいきょうようろく》』という書物を著すのです。これは第三の変遷で、「古学唱道時代」と呼ばれます。

素行のこの主張に異議を唱えた人物がいます。幕府の保科正之です。官学の朱子学を信奉する保科にとって、それと異なる古学を認めるわけにはいきませんでした。幕府の忌諱《きい》に触れた素行は播州・赤穂《あこう》へと流されてしまうのです。

ただ幸いにして赤穂はかつて浅野内匠頭長直《たくみのかみながなお》が素行を尊崇し、一千石という破格の処遇で素行を賓師として迎え入れた懐かしい有縁の地でした。素行は赤穂にいた九年間に生涯の主だった著作を執筆していますが、その精神遍歴の最後の到達点とも言える四十八歳の書が『中朝事実』でした。

その詳しい内容は後述しますが、素行はここで神道、儒教、兵学などに基づいた独自の境地を開拓し、併せて和漢の歴史を対比させながら日本固有の大道を説き、日本を以て「中国」「中朝」と称すべきことを論証しました。これが「日本学時代」という第四の変遷です。

いま中国といえば中華人民共和国を指します。しかし「中国」「中華」という言葉は、大本を辿れば華夷《かい》（中華）思想から生まれたものです。自分たち中華の周りに狄《てき》、戎《じゅう》、夷《い》、蛮《ばん》という野蛮な民族がいる、中華こそが物・心両面で世界の中心という思想です。素行は言葉の混同を避けるために、日本を「中華」ではなく「中朝」と呼んでその優位性を説くのです。

民族的危機感──武士たちに警鐘

素行が生きた江戸初期はどのような時代だったのでしょうか。徳川幕府を中心とする幕藩体制が確立されたとはいえ、それはまだ緩い封建的統一とでもいうべきものでした。二百六十余の藩が分立していわば独立国の大名が存在する。一方で幕府は参勤交代により中央集権を維持する、というように分権と集権のバランスの上に成り立っていたにすぎなかったからです。

国外に目を転じると、アジアでは太祖ヌルハチによる満洲民族の大王朝ができ、明帝国を滅ぼし朝鮮をも征服し清帝国を建国していました。時の康熙帝《こうきてい》はフランスのルイ十四世から名帝と称えられたほど中国の力は絶大で、その勢いは止まることを知りませんでした。しかし、この状況は日本にとって脅威に他なりません。蒙古帝国が日本に攻め入った文永の役、弘安の役と同じ軍事的危機に、緩い幕藩体制では到底太刀打ちできません。加えて経済が活性化し文化面での華やかさが増す泰平の世にあって、幕府を守るべき武士の志気は低下するばかりでした。

素行が『中朝事実』によって歴史的伝統を顕彰し、武士道哲学を通して幕藩体制下のわが国を守る者のあり方を力説したのは、そういう状況に強い危機意識を抱いたからなのです。

孔子の思想は日本でこそ根づいてきた

『中朝事実』の大きな特徴の一つは、応神天皇以前の『日本書紀』などの記述に基づいた万世一系の皇統の優位性を、『易経』『中庸』などの理論を基に立証していった点にあります。応神天皇以前に焦点を絞ったのは、漢籍などが日本に入る前の、より純粋な日本精神を見極めようとしたためです。

そして素行は、わが日本の道徳や国民の生き方が太古以来、決して「外朝」に劣ったものではないことを説き示していくのです。

「外朝」とは宋、元、明、清と易姓革命と征服王朝とを繰り返し、そのたびに王朝が入れ替わっている支那を指します。周公、孔子が説いた儒教の精神、理想国家は外朝ではなく、太古の昔から皇室という形でわが国に根づいており、天皇の徳の実践からすれば、わが国こそが中朝と呼ぶにふさわしいというのです。

そういう素行の考えを『中朝事実』の具体的な中身を通して見ていきたいと思います。以下は「自序」という前書きの部分です。『中朝事実』には印象的な言葉が随所に鏤《ちりば》められていますが、それが総括されて述べられているのは、なんといってもこの自序の部分だと思います。難しい言い回しもありますが、訓読していただければ、素行の意気が伝わってくるのではないでしょうか。

「恒《つね》に蒼海《そうかい》の窮《きわま》りなきを観る者は、其の大なることを知らず。常に原野の畦《かぎり》なきに居る者は其の広きを識らず。是れ久しくして狃《な》るればなり（同じ環境にいると慣れてしまうからだ）。豈《あ》にただ海と野のみならんや（海や野に限ったことではない。学問も同じだ）」と美文を承けて、こう述べています。

愚《ぐ》（自分は）、中華文明の土《ど》（日本）に生まれしも、未だ其の美なることを知らずして、専ら外朝（支那）の経典を嗜《たしな》み、嘐嘐《こうこう》として其の人物を慕ひたり。何ぞ其れ放心《ほうしん》なるや。何ぞ其れ喪志《そうし》なるや。…（中略）……夫れ中国（日本）の水土は万邦に卓越し、而《しか》して人物は八紘《はっこう》（世界）に精秀たり。故に神明の洋々たる（人の精神が洋々としている）、聖治の緜緜《めんめん》たる（聖天子の優れた政治が長く続いている）、煥乎《かんこ》たる文物（学問・芸術、宗教などの文物が光り輝くようだ）、赫乎《かっこ》たる武徳（武徳にも勢いがある）、以て天壌《てんじょう》に比すべき（天地の偉大さにも匹敵すべき）なり。

自分は若い頃、外朝と言われた支那の人物を敬慕してきた。いまはそのことを後悔し、最後には「最も素晴らしいのは日本だ」と民族的な自覚に回帰していった――そういう素行の心の変遷がよく分かります。学問によって日本人としての自覚と誇りを呼び覚まされ、日本に生まれたことに無上の喜びを感じたことがこの著述となっていったのでしょう。

『中朝事実』は全十三章から成り立っています。最初の「天先章」では天孫降臨をはじめとする神話が皇室へと結びついていく歴史が記されています。続く第二章「中國章」では日本こそが中華と称すべき優秀な国だと強調し、第三章「皇統章」では天照大神が孫の瓊《に》瓊杵尊《ぎのみこと》に下した神勅《しんちょく》（天壌無窮《てんじょうむきゅう》の神勅）から連綿と続いている皇室の徳を称えています。

理想の国を目指した孔子の説いた精神は外朝ではなく、太古からわが国に存在していると素行が述べるのは、まさにこの皇室の伝統に他なりません。

さらに日本が無窮の国体を維持する根底には、民の心を心としてきた皇室の至誠の精神があると述べ、その上で易姓革命によって王朝が生滅を繰り返した支那との根本的違いを明確にしていくのです。

同書にはこの他、神道の三種の神器（勾玉、鏡、剣）が知、仁、勇の象徴であること（神器章）や人材の任用のあり方（神治章）、治平や外交の要は礼にあること（禮儀章）、わが国固有の政治の大道は外国人をも引きつけ数多く帰化していること（化功章）など様々な視点で他国にはない日本の優位性が綴られています。

このように、江戸時代初期の時点で、早くも日本人の民族的主体性の確立を促すという先駆的役割を果たしたのが素行でした。言い換えればわが国の Nationalism の先駆者、日本人の National identity、日本精神の先覚者としての役割を果たしたとも言えます。

日本の歴史にも多大な影響

『中朝事実』はその後に現れた国体論（天皇を倫理的、政治的中心としたわが国独自の政治の仕組み）、皇道論（天皇を中心とした統治のあり方）、日本精神論にも多大な影響を与えました。

冒頭に紹介した乃木希典大将もその一人です。乃木大将は殉死する二日前、十一歳で皇太子となられた裕仁《ひろひと》親王（後の昭和天皇）を訪ね、二冊の本を風呂敷から取り出して手渡しました。

うち一冊が『中朝事実』で、そこには重要な部分には赤線が引かれ、幼い皇太子のために難しい言葉には分かりやすく説明が添えられていました。手渡すに当たり乃木大将は「ご成人あそばされ、文字に明るくおなりあそばした時には、必ずお読みくださいますように」と伝えたといいます。

乃木大将は明治四十一年の学習院院長時代、この本を読んでいたく感奮興起し「広く日本人が読むべき書物である」と自ら費用を出して印刷させ、国の中枢を担う人たちに配ったと言われますが、いずれ元首となる昭和天皇にもこれだけは伝えなくてはならない、という強い使命感に揺り動かされたに違いありません。

もう一冊は三宅観瀾《みやけかんらん》という漢学者の『中興鑑言《ちゅうこうかんげん》』という、祖国の歴史に殉じた愛国者の記録をまとめた書物です。

この二冊を皇太子に献上した二日後、明治天皇の大喪の日、出棺の弔砲が轟く中で乃木大将は夫人とともに自刃するのです。日本精神の権化というべき乃木大将の昭和天皇への遺言だったのでしょう。

時代は遡《さかのぼ》りますが、江戸時代の儒学者である伊藤仁斎や荻生徂徠《おぎゅうそらい》、『古事記』の研究をもとに国学を説いた本居宣長も、『中朝事実』の発想をそのベースにそれぞれの思想を確立していったと思われます。

さらに吉田松陰をはじめとする明治維新の志士に大きな影響を与えた藤田東湖《とうこ》、会沢正志斎《せいしさい》ら後期水戸学の所説も、その源流にはやはり『中朝事実』の発想がありました。つまり『中朝事実』は直接的、間接的に明治維新の思想的原動力となったわけで、日本史に与えた役割は極めて大きいものがあったと申し上げて過言ではないでしょう。

いまこそ見直すべき日本の古典

繰り返し述べてきたように、『中朝事実』は素行の長い求道研鑽、精神遍歴の集大成、総仕上げというべき日本学の書です。一時的な愛国の熱情に駆られて書き上げたものではなく、諸学を究め尽くす中で最終的に祖国の歴史、和魂により高い次元で回帰したところは特筆すべきことだと思います。

いま東アジアの国際的緊張の中であらためて日本人の誇り、国民的自覚、愛国心が問い直されています。しかし、悲しいかな、青少年の心のバックボーンが求められる世界の潮流の中で、日本の若者の多くが国や民族ということを全く意識しないまま今日まで来てしまっているのです。

安岡先生が『中朝事実』に着目して『山鹿素行の中朝事実と神国日本の自覚』という論文を執筆されたのは大正十三年、二十七歳の時でした。当時は第一次世界大戦後の戦争景気のバブルがはじけ、バブルに浮かれた日本人への天譴《てんけん》のごとき関東大震災が勃発した直後でした。安岡先生がこの危機的状況を踏まえ、日本精神の復興を痛感して同書を出版されたことを思えば、国内外の状況がその時代と酷似する昨今、『中朝事実』に注目する意義はとても大きいものがあると思います。

先ほどE・H・カーの言葉を紹介しましたが、日本にも「温故知新」という箴言《しんげん》が定着しています。大きな問題に直面した時、歴史に学び過去に問いかけるのはリーダーの常識であり原則です。日本の歴史を正しく知れば、そこに日本人の誇りと自信、勇気、未来に向けた挑戦の意欲が湧き上がるはずです。そうなれば困難な現状を打開でき、新たな日本の活路を見出すことができると私は確信します。

〈著者略歴〉

荒井桂（あらい・かつら）

昭和10年埼玉県生まれ。東京教育大学文学部卒業（東洋史学専攻）。以来40年間、埼玉県で高校教育、教育行政に従事。平成5年から10年まで埼玉県教育長。在任中、国の教育課程審議会委員並びに経済審議会特別委員等を歴任。前公益財団法人郷学研修所・安岡正篤記念館副理事長兼所長。安岡教学を次世代に伝える活動に従事。著書に『安岡教学の淵源』『安岡正篤「光明蔵」を読む』『大人のための「論語」入門（伊與田覺氏との共著）』（いずれも致知出版社）。

山鹿素行「中朝事実」を読む

平成二十七年一月二十五日第一刷発行
令和　五　年四月二十五日第三刷発行

著　者　荒井　桂
発行者　藤尾　秀昭
発行所　致知出版社
〒150-0001 東京都渋谷区神宮前四の二十四の九
TEL（〇三）三七九六―二一一一
印刷・製本　中央精版印刷

ISBN978-4-8009-1051-6 C0095

ホームページ　https://www.chichi.co.jp
Eメール　books@chichi.co.jp

いつの時代にも、仕事にも人生にも真剣に取り組んでいる人はいる。
そういう人たちの心の糧になる雑誌を創ろう——
『致知』の創刊理念です。

私たちも推薦します

稲盛和夫氏　**京セラ名誉会長**
我が国に有力な経営誌は数々ありますが、その中でも人の心に焦点をあてた編集方針を貫いておられる『致知』は際だっています。

鍵山秀三郎氏　**イエローハット創業者**
ひたすら美点凝視と真人発掘という高い志を貫いてきた『致知』に、心から声援を送ります。

中條高德氏　**アサヒビール名誉顧問**
『致知』の読者は一種のプライドを持っている。これは創刊以来、創る人も読む人も汗を流して営々と築いてきたものである。

渡部昇一氏　**上智大学名誉教授**
修養によって自分を磨き、自分を高めることが尊いことだ、また大切なことなのだ、という立場を守り、その考え方を広めようとする『致知』に心からなる敬意を捧げます。

武田双雲氏　**書道家**
『致知』の好きなところは、まず、オンリーワンなところです。編集方針が一貫していて、本当に日本をよくしようと思っている本気度が伝わってくる。“人間”を感じる雑誌。

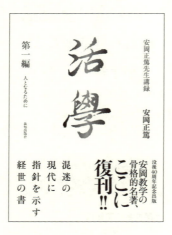

人間力を高める致知出版社の本

東洋古典のバイブル

「格《かく》言《げん》聯《れん》壁《ぺき》」を読む

◉

荒井 桂 著

◉

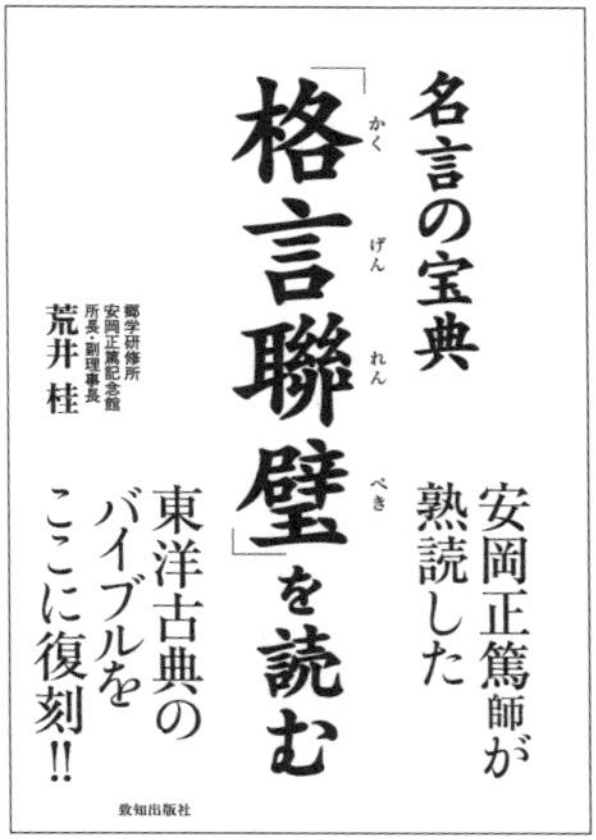

人間学の宝庫とも呼ぶべき歴史的名著。
450 頁を超える全巻が、金科玉条の文字で埋め尽くされています。

◉四六判上製　◉定価＝3,080円（10%税込）